기독교문서선교회(Christian Literature Center: 약칭 CLC)는 1941년 영국 콜체스터에서 켄 아담스에 의해 시작되었으며 국제 본부는 미국 필라델피아에 있습니다. 국제 CLC는 59개 나라에서 180개의 본부를 두고, 약 650여 명의 선교사들이 이동도서차량 40대를 이용하여 문서 보급에 힘쓰고 있으며 이메일 주문을 통해 130여 국으로 책을 공급하고 있습니다. 한국 CLC는 청교도적 복음주의 신학과 신앙서적을 출판하는 문서선교기관으로서, 한 영혼이라도 구원되길 소망하면서 주님이 오시는 그날까지 최선을 다할 것입니다.

추천사

이 광 순 박사
미국 Hudson Taylor University 총장

중국내지선교회(China Inland Mission, CIM) 선교사로 사역 후 미국 트리니티복음주의신학교에서 선교학 교수로 오랫동안 강의하셨던 저명한 선교학자 허버트 케인(Herbert Kane) 박사의 한국어판 『세계 선교 역사』의 출판을 축하한다.

선교 역사의 고전인 귀한 책을 본인의 제자인 변창욱 박사가 번역하게 된 것을 기뻐한다. 그는 대학과 대학원에서 영어교육학과 영어학을 전공하고 영어교사로 학생들을 가르치다가 하나님의 특별하신 선교의 소명을 받고 장로회신학대학교 신학대학원에 와서 두 개의 석사학위(교역학, 선교학)를 받았다. 그리고 유학을 가서 미국 프린스턴신학교에서 선교학 전공으로 신학석사(Th. M.)와 철학박사(Ph.D.) 학위를 받았다.

특히 그는 박사 과정과 논문 작성에서 세계적 선교학자로서 존경받는 미국의 사무엘 마펫(Samuel H. Moffett[마삼락], 1916-2015) 박사와 영국의 앤드루 월스(Andrew F. Walls, 1928-) 박사의 지도를 받았다. 박사학위를 받은 후에 그는 대학 시절 하나님 앞에 드린 서원을 따라, 선교사로 나가서 3년 6개월 동안 필리핀 신학교에서 현지인들을 가르치며 학교를 운영하는 교육 행정을 맡아 수고하였다. 이처럼 그는 학문과 실천을 겸비한 균형 잡힌 학자이며 선교사였으며, 이 시대의 에스라와 같이 먼저 하나님의 율법을 연구하고 그 말씀대로 준행하며 가르치려고 애쓰는 학사 겸 제사장이다.

좋은 번역서는 단순한 원문 번역만이 아니라 해당 분야에 대한 상당한 지식과 이해를 필요로 한다는 것을 생각하면 선교 역사 전공인 번역자는 충분한 역량을 갖추었다고 확신한다. 번역자의 세심한 노력을 통해 원저자 허버트 케인 박사가 품었던 세계복음화의 비전이 생생하게 되살아남으로써 한국교회와 세계 선교에 '꺼지지 않는 복음의 발전소'(Unquenchable Gospel Powerhouse)가 되기를 기도하며 『세계 선교 역사』를 적극 추천한다.

조용중 박사
한국세계선교협의회(KWMA) 사무총장

내가 미국 트리니티복음주의신학교(Trinity Evangelical Divinity School)에서 공부할 때, 허버트 케인 박사(1910-1988)는 백발의 노인이었다. 그는 부드러운 목소리로 "선교의 역사"를 강의하셨다. 어느 날 수업 중에 교수님은 우리에게 더 이상 중국에 선교사로 나가지 말라고 말씀하셨다. 중국 선교사로 사역하셨던 케인 박사의 이 말을 듣는 순간 우리 모두는 당황하지 않을 수가 없었다. 이어서 그의 설명이 이어졌다.

중국의 가정교회(house church)는 순교자의 피 위에 세워진 교회입니다. 가르치기 위해 선교사로 가려고 한다면 가지 마십시오. 그러나 배우려는 자세를 가지고 있다면 가도 좋습니다.

이처럼, 내가 아는 허버트 케인 박사는 항상 겸손하며 따뜻한 분이셨고, 예수님의 마음이 그 안에 살아있는 사람이었다. 특별히 그분의 책『세계 선교 역사』는 선교 역사의 개론서로서 교과서와 같은 책이다. 로마제국 하의 초기 기독교에서부터 시작하여 개신교 선교의 발전 과정을 간결한 문장으로 핵심을 찌르고 있다.

본서는 1978년 초판, 1982년 재판으로 출판되었다. 하지만 거의 40년의 시간이 흐른 지금에는 통계 자료와 선교방법론을 새롭게 개정할 필요가 있었다. 이에 장로회신학대학교 변창욱 박사가 최신 선교 자료로 보완하고, 새로운 내용을 추가함으로써 완전 리모델링한 예쁜 새 집과 같은 교과서를 다시 탄생시켰다. 좋은 번역으로 읽기 편한 문장을 제공하고 새로운 정보로 케인 박사의『세계 선교 역사』를 2020년에 새로운 모습으로 재창조해 주신 변창욱 박사에게 깊은 감사를 드린다.

본서는 기독교 선교 역사를 이해하려는 분들에게 개론서로서 꼭 읽어야 하는 필독서다. 선교에 관심 있는 사람이라면 본서를 꼭 한 번은 정독해야 한다. 아울러 하나님의 나라의 세계적인 확산과 흐름에 대해서 관심을 가지고 있는 모든 성도에게 본서를 적극 추천하는 바이다.

변 진 석 박사
한국선교훈련원(GMTC) 원장

『세계 선교 역사』의 출간을 크게 환영한다. 선교훈련자로서 세계 선교 역사를 가르칠 때마다 케인 박사의 책보다 더 효과적으로 사용할 수 있는 책이 거의 없었다. 그것은 본서가 출간된 지 많은 시간이 흘렀지만, 세계 선교 역사에 대해 간략하면서도 의미 있는 내용을 이처럼 박진감 있게 전개하는 책을 찾기가 쉽지 않았기 때문이다.

그리스도인은 역사를 보는 독특한 관점을 가지고 있다. 우리는 역사 속에 인류 구원을 위한 하나님의 섭리가 작동하고 있으며, 예수 그리스도가 그 역사의 중심이자 완성자라고 믿는다. 따라서 그리스도인들은 하나님의 구원 계획이 지난 2,000년 동안 어떻게 전개되어 왔는지에 대한 '확실한 지식'을 갖는 것이 중요하다. 그것을 깨닫게 되면 그 이야기에서 우리가 차지하는 위치와 역할을 알게 되고, 하나님의 구원 계획에 깊이 참여하려는 마음을 갖게 될 것이다.

이번에 변창욱 박사가 본서 제2부를 최신 내용으로 수정하고 보강함으로써 21세기에 사용해도 손색이 없도록 만든 것에 감사한다. 케인 박사의 원래 책과 비교할 때 본서의 제10장 "1910년 에딘버러 세계 선교사 대회의 역사적 의의"를 새로 넣은 것은 아주 적절하다고 평가한다. 19세기 개신교 선교 역사의 정신이 총집결 되었던 에딘버러대회는 20세기 말 활발하게 일어난 한국교회 선교 운동에도 지대한 영향을 주었기 때문이다. 21세기에 들어서면서 한국교회 선교 운동은 선교에 대한 새로운 정신과 전망을 가져야 한다는 자각이 강해지고 있는 상황에서 본서가 그러한 성찰에 도움을 주리라 믿는다.

케인 박사는 제11장 아시아 선교 외에도 아프리카, 라틴아메리카, 유럽 등 대륙별 선교를 개관하는 부분을 넣었는데 변창욱 박사는 그 내용을 제12장에 간단히 언급하거나 생략한 것은 아쉬운 점이다. 라틴아메리카 선교사로 사역하면서 남미 지역교회들의 활기와 세계 선교에 참여하고자 하는 뜨거운 열기를 경험했던 추천자로서는 라틴아메리카의 선교 역사와 '이베로아메리카선교운동'(COMIBAM)에 대해 한국 그리스도인들이 반드시 알아야 한다고 생각한다. 그럼에도 케인 박사가 원래 집필 목적에서 밝혔듯이, 본서를 통해 대륙별 선교 역사에 대한 깊은 연구와 관심을 촉발시키는 계기가 될 것으로 기대한다.

세계 선교 역사

A Concise History of the Christian World Mission
Written by J. Herbert Kane
Translated by Chang Uk Byun

Copyright © 1978, 1982 by Baker Book House
Originally published in English under the title
A Concise History of the Christian World Mission
by Baker Academic,
a division of Baker Publishing Group,
Grand Rapids, Michigan, 49516, U.S.A.
All rights reserved.

Korean Edition Copyright © 2020 by Christian Literature Center, Seoul, Korea.

이 한국어판 저작권은 Baker Publishing Group와(과) 독점 계약한 (사)기독교문서선교회가 소유합니다. 신저작권법에 의하여 한국 내에서 보호를 받는 저작물이므로 무단 전재와 무단 복제를 금합니다.

세계 선교 역사

1993년 8월 31일 초판 발행
2020년 9월 30일 개정증보판 발행

| 저　　　자 | J. 허버트 케인 |
| 편 역 자 | 변창욱 |

편　　　집	박민구, 정재원
디 자 인	김현진
펴 낸 곳	(사)기독교문서선교회
등　　　록	제16-25호(1980.1.18.)
주　　　소	서울특별시 서초구 방배로 68
전　　　화	02-586-8761~3(본사) 031-942-8761(영업부)
팩　　　스	02-523-0131(본사) 031-942-8763(영업부)
이 메 일	clckor@gmail.com
홈페이지	www.clcbook.com
송금계좌	기업은행 073-000308-04-020 (사)기독교문서선교회

ISBN 978-89-341-2177-0(93230)

이 도서의 국립중앙도서관 출판예정도서목록(CIP)은 서지정보유통지원시스템 홈페이지 (http://seoji.nl.go.kr)와 국가자료공동목록시스템(http://www.nl.go.kr/kolisnet)에서 이용하실 수 있습니다. (CIP제어번호: CIP2020029765)

이 책의 저작권은 저자와 (사)기독교문서선교회가 소유합니다. 신저작권법에 의하여 한국 내에서 보호받는 저작물이므로 무단 전재와 무단 복제를 금합니다.

세계 선교 역사

History of the Christian World Mission

개정증보판

J. 허버트 케인 지음
변창욱 편역

CLC

목차

추천사   1
   이 광 순 박사 미국 Hudson Taylor University 총장
   조 용 중 박사 한국세계선교협의회(KWMA) 사무총장
   변 진 석 박사 한국선교훈련원(GMTC) 원장

저자 서문   12
편역자 서문   13

제1부 A.D. 30년부터 1850년까지 선교 역사   15

제1장 로마제국 하의 기독교(A.D. 30-500)   16
  1. 3대 문명: 복음 확장의 준비   16
  2. 지리적 확장   22
  3. 수적 증가   43
  4. 문화적 침투   55
  5. 초대교회의 특징   63
  6. 로마의 기독교 박해   75
  7. 콘스탄틴 황제의 회심   83

제2장 유럽의 기독교화(A.D. 500-1200)   89
  1. 서방교회: 서유럽 국가들의 기독교 전래   89
  2. 동방교회: 동유럽 국가들의 기독교 전래   105

제3장 기독교와 이슬람의 만남(A.D. 600-1200)   111
   1. 이슬람의 확장과 정복된 지역의 그리스도인   112
   2. 북아프리카 교회의 멸망 원인   116
   3. 십자군 전쟁   119

제4장 로마 가톨릭교회의 선교(A.D. 1300-1700)   125
   1. 식민지 개척과 선교   126
   2. 아시아 선교   132
   3. 남미 선교   141
   4. 북미(북아메리카) 선교   150
   5. 아프리카 선교   152

제5장 유럽의 개신교회 선교의 시작(A.D. 1600-1800)   158
   1. 종교개혁 이후 개신교회가 선교하지 못한 이유   158
   2. 대륙에서의 선교 시작   163
   3. 17세기 독일의 경건주의 운동과 선교   165
   4. 덴마크-할레선교회: 지겐발크와 플뤼챠우   167
   5. 모라비안 선교   169
   6. 복음주의 대각성운동   174
   7. 초기 영국의 선교 활동   176

제6장 영국과 미국에서의 개신교 선교의 시작(A.D. 1750-1850)   180
   1. 영국에서의 선교 태동   180
   2. 미국에서의 선교 태동   188

제2부 19세기 이후 개신교 선교 역사   195

제7장 19세기 개신교 선교의 확장기   196
   1. 십자가와 국기   196
   2. 네 종류의 선교 사업   198
   3. 성서공회   201

4. 19세기 선교의 특징　　　　　　　　　　　　　　　　203
　5. 선교사에 대한 현지인들의 반응　　　　　　　　　　205
　6. 선교사들이 감내해야 했던 고통　　　　　　　　　　207
　7. 19세기의 뛰어난 선교사들　　　　　　　　　　　　209

제8장 20세기 개신교 선교의 발전기　　　　　　　　　218
　1. 20세기의 세 가지 선교 운동　　　　　　　　　　　218
　2. 식민주의의 붕괴와 선교 상황의 변화　　　　　　　224
　3. 1970년대 이후 생겨난 두 가지 선교 프로그램　　　229
　4. 1930년대 이후 생겨난 두 가지 선교 프로그램　　　231
　5. 1960년대 이후 생겨난 세 가지 선교 운동　　　　　232
　6. 선교 동원을 통한 선교 헌신자 발굴　　　　　　　235
　7. 선교의 국제화 시대　　　　　　　　　　　　　　237
　8. 기독교 문서 활동　　　　　　　　　　　　　　　239
　9. 비서구권 교회의 선교사 파송　　　　　　　　　　240

제9장 이슬람 세계의 선교　　　　　　　　　　　　　242
　1. 이슬람의 정복 과정과 확산　　　　　　　　　　　242
　2. 이슬람 선교의 특징　　　　　　　　　　　　　　244
　3. 이슬람 선교가 어려운 이유　　　　　　　　　　　246
　4. 이슬람 세계의 틈새를 이용한 선교 방안　　　　　252

제10장 1910년 에딘버러 세계 선교사 대회의 역사적 의의　260
　1. 캐리의 초교파 세계 선교사 대회 제안　　　　　　261
　2. 에딘버러 세계 선교사 대회 이전 19세기의 선교사 대회　263
　3. 에딘버러 세계 선교사 대회의 역사적 의의　　　　271
　4. 에딘버러 세계 선교사 대회의 선교 정신과 한국교회　277

제11장 아시아 선교　　　　　　　　　　　　　　　　280
　1. 아시아에서 시작된 기독교　　　　　　　　　　　280
　2. 기독교와 이슬람의 조우　　　　　　　　　　　　281
　3. 아시아 선교 개관　　　　　　　　　　　　　　　282
　4. 아시아 3개국 선교　　　　　　　　　　　　　　286

제12장 근대 개신교 선교 운동   304
  1. 아시아 선교   304
  2. 아프리카 선교   313
  3. 선교: 젖은 나무 불붙이기   322

제13장 세계 선교 운동의 회고와 평가   323
  1. 선교사들의 과오(過誤)   324
  2. 선교사들의 공적(功績)   330

제14장 교회의 선교 사명과 미래 전망   347
  1. 교회는 인명 구조소   347
  2. 세계 종교 지형의 변화   350
  3. 21세기 미래 선교의 전망   356
  4. 이슬람의 도전과 기독교 선교   358
  5. 교회는 선교 공동체   360
  6. 조선(Chosen), 선택받은 나라 한국   362

선교 역사 연대표   363

저자 서문

J. 허버트 케인 박사

『세계 선교 역사』는 1976년 미국 어바나(Urbana '76) 대학생선교대회(Student Missions Convention)의 사무총장 데이비드 하워드(David M. Howard) 박사의 격려로 저술하게 된 책이다. 하워드 박사는 수년 동안 대학생(InterVarsity) 사역을 감당하면서 대학생들과 젊은이들에게 선교에 대한 동기 부여가 절대적으로 필요하다는 사실을 깨닫게 되었다.

하워드 박사는 모든 헌신된 그리스도인은 기독교 세계 선교 역사에 대한 상당한 지식을 지니고 있어야 한다고 생각했다. 그는 선교 역사에 관한 기존의 서적들이 너무 두껍고 자세하여 일반인들이 이해하기는 어렵다며, 오순절 성령강림 이후 윌리엄 캐리(William Carey)까지의 선교 역사를 간략히 기술하여 나의 책 『기독교 선교 역사 개관』(*A Global View of Christian Missions*)의 제1부에 넣을 것을 제안하였다.

『세계 선교 역사』는 신학교에서 선교학(선교 역사)의 개론서로서 유용한 책이다. 본서는 여러 권으로 나와 있는 기존의 방대한 분량의 연구 도서들을 대체할 목적으로 출간된 것이 아니다. 그보다는 지난 2,000년 동안 세계 기독교회가 추진해 왔던 다양한 선교사역을 개략적으로 살펴보고, 이를 바탕으로 독자들에게 세계 선교 역사에 대한 보다 심도 있는 논의와 지적 호기심을 불러일으키려는 목적으로 집필했다.

편역자 서문

변 창 욱 박사
장로회신학대학교 선교신학 교수

 허버트 케인 박사는 중국내지선교회(CIM, OMF[동아시아선교회]의 전신) 선교사로 15년간(1935-1950) 사역하다가 중국 공산화 이후 추방되어 미국의 여러 신학교에서 30년간(1951-1980) 선교학을 가르쳤다. 케인 박사는 역사(History)는 하나님의 이야기(His Story), 즉 하나님의 목적과 통치 하시는 나라가 나타나는 곳이며 하나님이 역사의 주인공이라고 확신한다.
 역사를 깊이 연구할수록 하나님의 계획과 섭리를 깨닫게 되며, 많은 선교사와 함께 하셨던 하나님의 임재를 알 수 있게 된다는 것이다.『세계 선교 역사』는 케인의 이러한 방법론과 학문적 주장이 녹아있는 대표적인 저술이다. 본서는 초대교회의 오순절 성령 강림부터 1850년에 이르기까지의 기독교 선교 역사를 개관하고 있다.
 케인 박사는 제1부에서 시대별로 기독교 선교 역사를 고찰하고, 제2부에서는 특정 지역에서 추진되었던 선교 활동을 평가하면서 균형 잡힌 시각을 제시하려고 노력한다. 편역자는 본서를 장로회신학대학교 신학대학원 선교 역사 수업의 필수 교재로 수년간 사용했다. 그 이유는 본서의 두께가 얇아서 읽기에 부담이 없으며, 선교 역사를 간략하게 정리하면서도 핵심 내용(논점)을 놓치지 않고 다루고 있기 때문이다. 따라서 기독교 선교 역사를 처음 접하거나 개괄적인 측면에서 전반적인 내용을 알기 원하는 사람들에게 개론서로서 적합한 책이다.

많은 장점을 지니고 있음에도 불구하고 본서의 약점은 19세기 후반부터 20세기에 이르는 선교 역사에 대한 서술이 없으며, 1982년에 마지막 판이 출판되었기에 선교 관련 통계가 오래되어 현재의 상황에 맞지 않는다는 것이다. 이러한 문제를 해결하기 위해 편역자는 케인의 책 제1-7장은 그대로 번역하되 오래된 통계는 최근 자료로 바꾸었고, 제8-9장, 제13-14장의 일부 내용은 최근의 변화된 선교 상황을 반영하여 수정하였으며, 제10-12, 15장은 편역자가 집필한 글로 대체하고, 제13장은 삭제했다. 이러한 편집 과정을 거쳐 재출간된 본서의 구성은 제2부 제14장으로 나뉘어 있다. 독자들의 이해를 돕기 위해 편역자가 소제목을 붙였으며, 원문의 문맥적 의미를 더욱 정확하게 파악하도록 역주를 달아 본서의 내용을 더 충실하게 만들었다.

본서는 절판되기에는 너무 아까운 케인 박사의 역작이다. 본서가 나온 이후 지난 40년의 오랜 기간 동안 전 세계 그리스도인들에게 널리 읽혀져 왔다는 사실이 이를 증명한다. 본서의 한국어판이 1993년 기독교문서선교회(CLC)에 의해 출간되었지만 이번에 오랜 시간과 정성을 다해 새롭게 편집하여 출간된다. 지난 2,000년의 기독교 선교 역사에 나타나 있는 다이내믹한 하나님의 역사와 미래의 선교 전망에 대해 알고자 하는 분들에게 본서가 명쾌한 길라잡이 역할을 할 것으로 믿어 의심치 않는다.

제1부

A.D. 30년부터 1850년까지 선교 역사

제1장 로마제국 하의 기독교(A.D. 30-500)
제2장 유럽의 기독교화(A.D. 500-1200)
제3장 기독교와 이슬람의 만남(A.D. 600-1200)
제4장 로마 가톨릭교회의 선교(A.D. 1300-1700)
제5장 유럽의 개신교회 선교의 시작(A.D. 1600-1800)
제6장 영국과 미국에서의 개신교 선교의 시작(A.D. 1750-1850)

제1장

로마제국 하의 기독교(A.D. 30-500)

기독교는 진공상태에서 시작된 것이 아니라 위대한 3대 문명이라 일컬어지는 그리스 문명, 로마 문명, 히브리 문명이 서로 만나는 지점에서 생겨났다. 이들 각각의 문명은 초기 3세기의 기독교 형성과 확장기에 매우 중대한 공헌을 했음을 기억해야 한다.

1. 3대 문명: 복음 확장의 준비

1) 그리스 문명

초기 기독교에 끼친 그리스 문명의 자취와 영향력을 확인하는 것은 그다지 어려운 일이 아니다. 그리스의 회화, 미술, 건축술, 문학, 언어, 과학, 철학 등 그리스 문명의 요인들이 초기 기독교 형성에 많은 영향을 끼쳤다. 그리스 민족은 아주 작은 종족에 불과한데 어떻게 이들이 풍부한 철학 사상과 광범위한 활동 반경을 자랑하며 엄청난 업적을 남기게 되었는지 감탄하게 된다. 그리스 민족이 지닌 놀라운 특성은 당시의 시대적 정황보다는 그리스인의 지적 탐구열, 지칠 줄 모르는 불굴의 도전 정신, 인생에 대한 열정과 열망에서 그 해답을 찾을 수 있다.

이집트인들의 문명이 지리적으로 나일강 계곡에 국한되어 있었던 것에 반해, 그리스인들은 무역과 여행에 관심이 많았고 B.C. 8세기와 6세기 사이에 지중해와 흑해의 해안선을 따라 수많은 식민지를 건설했다. 그리스인들은 가는 곳마다 자신들의 우수한 문명의 혜택을 지역민들과 나누었다.

시간이 경과하면서 그리스인들은 페니키아인들을 밀어내고 지중해 세계의 전체 상업의 주도권을 장악해 나가기 시작했다. 비록 그리스인들의 항해 거리가 페니키아인만큼 길지 않았고 무역을 통해 그렇게 많은 수익을 남기지는 못했지만, 문명에 끼친 그리스인들의 영향력은 페니키아인들이 끼친 것보다 더욱 강력했고 확실히 더 영구적이었다. 과학을 이용한 항해술 그리고 지리학에 관한 최초의 지식은 모두 그리스인들이 창안해 낸 것이었다.

1세기 그리스의 역사학자이자 지리학자 스트라보(Strabo, B.C. 64/63-A.D. 24)와 2세기 그리스의 여행가이자 지리학자 파우사니아스(Pausanias, 110-180)가 남긴 저술들은 우리가 신약성경 사도행전의 지형을 공부할 때 지금도 우리에게 가장 신뢰할 만한 정보를 제공해 주는 자료가 되고 있다.

역사적으로 볼 때, 전쟁을 통한 정복 활동이 인간의 문명 발전에 공헌한 적은 거의 없었다. 그러나 예외적으로 알렉산더 대왕(Alexander the Great, B.C. 356-323)의 동방 정복은 그리스 문명을 널리 확산시키는 데 크게 기여했다. 아리스토텔레스(Aristoteles, B.C. 384-322)가 다루기 힘든 제자였던 알렉산더가 철학 공부를 포기하고 왕위에 올라 세계를 정복해 나가기 시작했을 때, 그는 서방 세계의 지형을 바꾸고 기독교 복음 전파의 길을 준비하는 역할을 섭리 가운데 감당하기로 되어 있었던 것이다.

알렉산더는 소아시아 연안을 따라 무질서하게 널려있던 그리스 문명의 여러 지식을 갖고 나가 그가 정복해나간 모든 나라에 확산시켰다. 동방과 서방은 갑자기 하나로 합쳐졌다. 분리되어 살아가던 종족들이 하나의 제국으로 통일되었다. 새로운 도시들이 건설되고 정치의 중심지로 세워졌다. 각 지역을 연결하는 도로망이 건설되어 교역 활동이 전례 없이 활발하게 전개되었다. 이제 새로운 문화가 생겨나 비시디아(Pisidia)와 루가오니아(Lycaonia, 행 14:6, 11)의 산맥[1]까지 침투해 들어갔다. 티그리스와 유프라테스강은 그리스의 강이 되었다. 바빌로니아에 거주하는 유대인들도 이제 아테네의 언어(헬라어)를 사용하게 되었다.[2]

위대한 정복자 알렉산더가 갑자기 죽게 되었을 때 안디옥과 알렉산드리아는 각각 시리아와 이집트의 그리스 왕들이 다스리는 수도가 되었다. 이 두 도시에는 유대인 집단 거주지가 오래 전부터 존재했다. 또한 이들 도시에는 로마 총독이 상주하고 있었다. 두 도시는 모두 기독교 활동의 중심지였으며 이후 동방교회(Eastern Church)의 대관구(patriarchate)[3]가 되었다.

인류 역사상 가장 풍부하고 섬세한 어휘력을 가진 것으로 여겨지는 헬라어(Greek)는 페르시아만[4]에서 지브롤터 해협[5]의 입구에 이르는 광범위한 지역에서 문화와 상업의 언어로 사용되었다. 헬라어는 서방 세계의 철학자 플라톤(Platon)과 아리스토텔레스(Aristoteles)의 모국어였으며, 동방교회 안디옥의 감독 이그나티우스(Ignatius, 35-107)와 교회 역사가 유세비우스(Eusebius, 260-340)의 모국어이기도 했다. 기독교로 개종한 바울, 알렉

---

1 터키 남부에 위치한 높고 험준한 토러스(Taurus, 해발 3,756m) 산맥. 당시 강도들이 출몰하고 있었으며, 바울이 '강도의 위험'을 당했던 곳(고후 11:26)으로 추정된다(역주).
2 William J. Conybeare and John S. Howson, *The Life and Epistles of St. Paul: A Classic Work on the Life and Writings of the Great Missionary Apostle* (Grand Rapids, MI: Wm. B. Eerdmans Publishing, 1987), 7.
3 381년 콘스탄티노플 공의회는 지중해 연안을 중심으로 형성되어 있던 기독교 세계를 로마, 콘스탄티노플, 알렉산드리아, 안디옥, 예루살렘의 5개 대관구로 정했다. 1054년에 동방교회와 서방교회가 분열된 후 동방정교회는 콘스탄티노플, 예루살렘, 안디옥, 알렉산드리아를 4개 대관구로 정했다(역주).
4 아라비아 반도와 이란 사이의 만(역주).
5 아프리카의 모로코 북단과 스페인 사이의 지중해와 대서양이 나뉘는 좁은 교차점(역주).

산드리아의 유대인 철학자 필로(Philo, B.C. 25-A.D. 50), 로마 최고의 웅변가이자 철학자인 키케로(Cicero, B.C. 106-43)도 헬라어를 사용했다. 바울과 그의 선교 동역자들은 외국어를 배울 필요가 없었고 통역이 필요하지도 않았다. 그 이유는 로마제국 전역에서 헬라어로 소통이 가능했기 때문이었다.

유대인들은 B.C. 3세기에 구약성경을 헬라어로 번역(70인역[Septuagint])하였는데, 이 70인역 성경은 예수님과 제자들이 사용하던 성경이기도 했다. 이처럼 철학의 언어였던 헬라어는 신학의 언어가 되었던 것이다.

> 신약성경이 최고의 사상과 소중한 감정을 가장 섬세하게 표현할 수 있는 언어인 헬라어로 쓰여진 것은 결코 우연이 아니었다. 헬라어는 당시 모든 나라에서 교육언어로 사용되고 있었다. 예수 그리스도의 가르침과 제자들이 저술한 글과 서신들이 알렉산드리아 방언(헬라어)으로 기록된 이후에야 신약성경의 정경화가 완성되었고 복음 전파가 본격화된 것도 결코 우연이 아니었다.[6]

2) 로마 문명

알렉산더가 세운 제국은 그가 죽은 뒤 네 개의 제국으로 분열되어 그의 부하 장군들에 의해 통치되었지만 오래 가지 못했다. 정치 세계에서 윤리적 정직함은 없어졌고 대신 정치적 술수가 자리 잡게 되었다. 무엇보다 철학은 냉소주의로 변질되었다가 다시 회의주의로 전락해 버렸다. 사회생활은 무가치하고 시시한 오락 장소가 되어 버렸다. 종교는 부패해져 가는 세상을 막을 수 있는 힘을 상실해 버렸다. 로마는 곧 그리스를 대신해 지중해 세계의 여왕으로 군림하기 시작했다.

---

6 Conybeare and Howson, *The Life and Epistles of St. Paul*, 9.

로마제국은 117년 무렵 가장 넓은 영토를 소유하고 있었는데, 유럽의 스페인에서 유프라테스강까지, 북해에서 북아프리카의 사하라 사막까지 이르는 500만㎢가 넘는 광활한 지역을 통치할 정도로 막강한 힘을 보유하고 있었다. 로마제국 내에는 이탈리아인, 그리스인, 이집트인, 독일인, 켈트인 등 1억 명의 인구가 거주하고 있었다. 이 광대한 로마제국의 초대 황제 아우구스투스(Augustus, B.C. 63-A.D. 14)부터 시작해 약 200년 동안 로마제국 안의 도시가 번성하고 치안도 확보되어 모든 로마인이 평화를 누렸는데, 로마의 역사가 노(老) 플리니(Pliny the Elder, 23/24-79)는 이 시기를 '로마의 평화'(*Pax Romana*)라고 불렀다. 로마의 이 평화의 시기는 로마제국 최고의 번성기이기도 하였다.

로마인들은 매우 활동적인 민족이었다. 로마는 바다에서 해적들을 완전히 소탕했고, 육지에서는 고대의 가장 견고한 도로들을 건설했는데, 이 길을 이용해 상인들과 군인들뿐만 아니라 초대교회의 복음 전도자들도 별다른 위험 없이 신속하게 다닐 수 있었다.[7] 제국 전역에서 로마 군단(legion)은 평화를 유지해 주었고 로마 행정관들은 법을 집행했다. 이처럼 로마의 정복활동은 곧이어 전개될 기독교의 복음 확산을 준비하고 촉진시키는 역할을 해 주었다.[8]

로마는 강력한 힘을 바탕으로 철권통치를 하였고, 제국 내 안전문제에 대해서만은 매우 엄격하게 처리했다. 로마는 제국의 모든 주에서 세금을 징수했고,[9] 이 세금을 납부하지 않으려는 납세 회피자들을 엄벌에 처했다. 동시에 로마는 제국의 안전을 위협하지 않는 범위 안에서 정복한 지역에

---

[7] 3세기 말까지 로마가 건설한 도로의 총 길이는 85,000km(서울-부산 거리[430km]의 198배)에 달했다(역주).

[8] 4세기의 교회사가 유세비우스(Eusebius)는 로마제국은 기독교의 성장과 확산을 예비하는 "복음에로의 준비"(*preparatio evangelica*)로 간주했다(역주).

[9] 로마 시민권자는 상속세 5%, 노예 해방세 5%, 관세 1.5-5%, 소비세 1%를 납부했고, 로마 시민권이 없는 속주민은 병역 의무가 없었으므로 속주세(수입의 10%)를 납부했다(역주).

가능한 한 많은 자치권을 허용했다. 특히 로마는 종교문제에 대해선 관용적인 태도를 취했다. 유대교는 로마제국으로부터 '합법 종교'(*religio licita*)로 인정되어 많은 특권과 자치권을 부여받았고 한동안 기독교도 유대교의 한 분파로 인식되어 박해를 받지 않았다.

바울은 로마 시민권 소지자였으며 선교사역 중에 복음 증거를 위해 여러 차례에 걸쳐 로마 시민으로서 자신의 로마 시민의 권리를 주장했다. 사도행전에서 누가는 최소한 초기 기독교는 세속 권력인 로마의 보호를 꾸준히 누렸음을 강조하고 있다. 그리하여 미국의 역사학자 윌 듀런트(Will Durant, 1885-1981)는 주장했다.

"십자가는 로마의 권력을 뒤따라 확장되어 나갔고, 로마제국의 독수리 문양은 복음 확산을 위한 대로를 평탄하게 만들어 주었다."[10]

3) 히브리 문명

그리스 문명이나 로마 문명보다 기독교와 더 밀접한 관련을 맺고 있는 것은 히브리 문명이었다. 유대 민족의 분산은 메시야 도래와 복음 전파를 예비하는 데 가장 중요한 요소였다. 당시 유대인들은 로마제국 전역에 흩어져 살고 있었는데 특히 이집트, 시리아, 바빌로니아에서 집단으로 거주하고 있었다. 1세기 그리스의 지리학자 스트라보(Strabo)는 다음과 같이 기록했다.

> 지구상에서 사람들이 거주하는 곳마다 유대인들이 거주하지 않는 곳은 없었다. 이들은 어디를 가나 재산을 모아서 잘 살아간다.[11]

---

10 Will Durant, *Caesar and Christ, The Story of Civilization*, Vol. III (New York: Simon Schuster, 1944), 602.
11 Flavius Josephus, *Antiquities of the Jews*, xiv, 7.

유대인들은 어느 곳으로 이주해 가든지 유일신 신앙과 하나님께 대한 예배, 오실 메시야에 대한 희망, 그리고 당시의 공용어인 헬라어로 기록된 성경(70인역)을 가지고 갔다. 또한, 유대인들은 가능하다면 어느 곳에서든지 회당(synagogue)을 조직했는데 회당은 유대인 공동체의 종교적, 문화적 중심지의 역할을 감당했다. 회당에는 유대인뿐 아니라 그들의 경건한 삶에 마음이 끌려 모여든 많은 이방인도 출입했는데, 유대 관습을 열심히 따랐던 이방인 개종자들(proselytes)과 이들보다는 덜 열성적이었던 하나님 경외자들(God-fearers)이 있었다.

히브리 문명의 이러한 요인들은 기독교 선교사들이 로마제국 전역을 여행하며 복음을 전하고 교회를 개척할 때 커다란 도움이 되었다. "이방인의 사도"로 불리던 바울의 마음은 언제나 그의 동족인 유대인과 함께 했다. 어느 도시에 들어가든 그는 먼저 회당을 찾아가서 그곳에 있는 유대인들과 이방인 개종자들을 만나 복음을 전했다. 유대인들이 복음의 메시지를 거부할 때만 바울은 이방인들에게로 발걸음을 돌렸다. 이처럼 초기 기독교의 교회 조직은 유대교 회당 조직을 많이 따랐던 것을 알 수 있다.

2. 지리적 확장

기독교는 전 세계 모든 지역에 분포되어 있는 유일한 종교다. 그러나 기독교의 창시자는 석가모니(B.C. 563-483)와 무함마드(571-632) 시대의 중간쯤 되는 때에 로마제국의 외떨어진 변두리 지역의 한 마구간에서 태어나 무명으로 살다가 나무 십자가에서 못 박혀 죽었다. 예수님이 33세에 갑작스레 죽게 되자 제자들은 혼란에 빠지게 되었다. 그러나 그가 3일째 되는 날에 부활함으로써 제자들은 메시아에 대한 소망을 다시 갖게 되었고, 꺼져가던 복음 전파의 열정을 다시 회복하게 되었고 세상을 구원하기 위해 온 세계로 보냄을 받게 되었다.

제자들의 임무는 막중했으나 그들의 선교 활동이 성공할 가능성은 거의 없었다. 제자들은 자신들을 보호해 줄 중앙 조직을 갖고 있지 않았고, 경제적 지원도 받을 수 없었으며, 그들을 도와줄 영향력 있는 친구나 정치 기구도 가지고 있지 않았다. 제자들이 맞닥뜨려야 했던 것은 산헤드린(Sanhedrin)의 교권 세력, 로마제국의 정치적, 군사적 힘과 극단적인 유대인의 종교적 광신주의였다. 또한, 제자들의 지도자는 자신의 삶과 가르침을 복음 메시지를 통해 전했지만 그의 가까운 몇몇 친구들 외에는 그를 아는 사람이 없었다. 그는 책을 저술하지 않았고 기념비나 교육기관을 세우지도 않았다. 제자들의 임무는 아무런 가망도 없는 일로 보였다.

  사도행전은 핍박을 두려워해 예루살렘 마가 다락방에서 비밀리에 모인 120명의 겁먹은 제자들의 이야기로 시작되고 있다. 한 세대가 경과한 후 사도행전이 끝날 무렵에 서쪽으로는 로마까지 복음이 전파되었고, 로마제국 동쪽의 거의 모든 주요 도시에는 급성장하는 기독교회들이 설립되어 있었다. 이처럼 30년에 유대교의 한 분파로 시작된 기독교가 60년에 이르러서는 세계적인 종교로 성장했던 것이다. 초기 기독교의 확장과 성장에 관한 자세한 내용은 그리 많이 남아 있지 않지만 사도행전에서 부분적으로나마 찾아볼 수 있다.

1) 교회는 선교 공동체

  사도행전 1:8에는 기독교 신앙의 확장에 대한 전망이 제시되어 있다. 복음은 예루살렘에서 시작해 유대와 사마리아를 거쳐 땅끝까지 퍼져나가도록 계획되어 있었다. 승천하시기 전에 예수님은 제자들에게 두 가지 명령, 즉 위로부터 성령의 힘을 덧입기 전에는 예루살렘을 떠나지 말 것과 성령 받은 다음에는 만민에게 나아가 복음을 전파할 것을 명령하셨다.

  열흘 동안 기도하고 금식하던 이들에게 약속하신 성령이 임했다. 이 역사적인 오순절 성령강림 사건으로 기독교회가 시작되었을 뿐 아니라 세계 선교 운동도 시작되었다. 주목할 점은 초대교회 당시에 교회는 곧 선교를 의미했다(Church was mission)는 것이다.

기독교는 유대교와의 관계를 분명하게 단절한 것이 아니었다. 기독교에 우호적인 사람들 중에는 기독교를 유대교의 개혁운동으로 생각한 사람도 있었고, 반대하는 사람들 중에는 기독교를 이단 분파로 여기는 사람도 있었다. 하지만 기독교는 여전히 유대교의 중요한 요소들을 간직하고 있었다. 따라서 기독교가 유대교와 구별되는 자신만의 독특한 신학을 발전시켜 나가고, 기독교의 이미지를 세우는 데는 상당히 오랜 시간이 소요되었다.

세상으로 나아가 모든 민족을 제자로 삼으라는 명령을 주님께 받았음에도 불구하고 제자들은 예루살렘을 특별히 선호해 그곳을 떠나지 않았다. 그들은 예루살렘 성전을 중심으로 열심히 모이고 기도와 친교에 힘쓰며 예배에 계속 참여했다. 제자들의 가르침 대부분은 성전에서 이루어졌다.

이후 제자들의 사역은 예루살렘에 산재해 있는 400개가 넘는 회당으로 확장되어 나갔다. 그들이 전하는 메시지에는 유대교적인 색채가 강하게 나타나 있었다. 제자들은 고난받는 종으로서의 메시아를 전파하며 회개할 것을 촉구했고 죄 용서와 회복의 복음을 전했다. 제자들의 전도로 세워진 교회들은 기독교보다는 유대교에 더 가까웠다. 오순절 성령강림 때 교회가 세워지고 한 세대가 지난 다음에도 교인들은 여전히 성전을 드나들었으며, 모세의 율법대로 결례를 행하고 서원을 했으며 성전에 들어가 희생제물을 드리기도 했다(행 21:20-24).

2) 예루살렘의 멸망

이처럼 예루살렘교회는 유대교의 속박에서 아직 벗어나지 못하고 있었다. A.D. 70년에 예루살렘이 로마에 의해 파괴됨에 따라 예루살렘교회는 없어지고 말았다. 그러나 이 예루살렘 멸망이 단순히 받아들일 수 없는 비극적인 사건만은 아니었다. 만약 예루살렘이 없어지지 않고 기독교 예배의 중심지로 계속 존재하는 일이 벌어졌다면 기독교는 결코 세계적인 종교가 될 수 없었을 것이다. 예루살렘의 멸망으로 인해 기독교회는 주님이 의도하셨던 것과 같이 세속 권력이나 특정 지역에 얽매이지 않는 영적이며 세계적인 종교가 될 수 있었기 때문이다. 예루살렘이 파괴되지 않고 존재했더라면 예루살렘은 지금 기독교 세계의 중심지가 되었을 것이고, 성지의 요단강은 인도 힌두교의 갠지스강처럼 우상화되었을 것이다.

베드로는 12명의 제자들 가운데 가장 중심이 되는 수제자였다. 그 후에 스데반과 빌립 집사 같은 제자들이 교회 지도자로 부상하게 된다. 이들 제자들은 모두 선교사역을 훌륭하게 감당하는데, 스데반은 예루살렘의 회당에서 그리고 빌립은 사마리아 성에 있는 회당에서 놀라운 사역을 감당했다. 성경이 증언하는 대로, 다소(Tarsus) 출신의 사울이 기독교를 최초로 접한 것은 길리기아의 유대인 회당에서였다는 사실은 의심할 여지가 없다. 그때 사울은 스데반이 지혜와 성령이 충만해 말하는 것을 능히 당하지 못하였던 것이다(행 6:9).

3) 박해와 복음의 확산

뒤이어 발생한 스데반의 순교와 예루살렘교회에 불어 닥친 큰 박해는 갓 태어난 교회에게는 커다란 타격이었다. 그러나 이 박해로 교회가 무너진 것이 아니라 그리스도인들이 민들레 홀씨처럼 흩어져 유대와 사마리아로 복음이 확장되는 결과를 낳은 축복이 되었다(행 8:1). 핍박으로 흩어진 사람들은 두루 다니면서 복음의 말씀을 전했기 때문이다(행 8:4). 스데반의 순교 이후 불어 닥친 큰 박해로 말미암아 흩어진 자들이 베니게(Phoenicia)와 구브로(Cyprus)와 안디옥까지 나아가 처음으로 이방인들에게 복음을 전했다(행 12:19-20).

초대교회가 이방인에 대한 복음 전파 사역에 더욱더 박차를 가하게 된 매우 중요한 두 가지 사건이 발생했다.

첫째, 그리스도인들을 핍박하다가 이방인의 사도가 된 다소 출신 사울의 회심이 있었다.

둘째, 베드로가 이달리아(Italy) 군대의 백부장 고넬료에게 복음을 전하는 과정에서 가졌던 특이한 체험 때문이었다.

사도행전의 저자 누가는 이 두 사건을 매우 중요하게 다루고 있다고 볼 수 있는데, 그 이유는 그가 바울의 회심 사건을 사도행전에 세 차례나 반복하여 기록하고 있고, 베드로의 고넬료 전도 사건도 두 번이나 기록하고 있다는 사실에서 확인할 수 있다.

바나바와 바울의 가르침과 지도력 밑에서 안디옥교회는 교인 수가 늘어나는 양적 성장과 질적 성장을 동시에 달성하면서 기독교 세계의 모교회(mother church)라고 불리는 예루살렘교회에 견줄 정도로 크게 성장했고, 마침내 예루살렘교회를 대신하는 교회가 되었다.

4) 안디옥: 바울의 선교 거점 도시

시리아 안디옥은 B.C. 300년에 셀류쿠스 1세(Seleucus I, B.C. 312-280)가 세운 이래로 여러 인종이 섞여 살고 있었는데, 상당한 규모의 마케도니아인, 그리스인, 그 지역의 시리아인과 유대인 집단 거주지가 형성되어 있는 매우 세련된 국제적인 도시였다. 예수 그리스도 당시 안디옥은 로마제국 내에서 가장 중요한 세 개의 도시 가운데 하나였다.

전략적 관점에서 볼 때도 로마에서 동쪽으로 세력을 확장해 나가는 주요 도로상에 위치해 있던 안디옥은 동양과 서양이 자연스럽게 만나는 중요한 거점 지역이기도 했다. 그리스 문화와 로마 행정 체제가 합쳐져서 생겨난 안디옥은 기독교 복음을 받아들이기에 아주 좋은 곳이 되었다. 광신도들이 많이 거주하는 예루살렘과 같은 도시에서는 불가능했던 공공질서가 잘 유지되었고 이러한 보호를 받았던 안디옥교회는 그 규모와 영향력이 급속도로 커져 나갔다.

실제로 안디옥은 로마제국 내에서 복음 전도에 대해 주민들의 격렬한 반발을 불러일으키지 않은 몇 안 되는 도시 가운데 하나였다. 또한, 바로 이곳에서 예수를 따르던 제자들은 처음으로 그리스도인(Christian)이라고 불리게 되었다(행 11:26).

바울은 활발한 선교 활동을 하는 동안 안디옥을 자신의 선교 거점으로 삼았다. 15년이 조금 안 되는 기간 동안 진행된 제1-3차 선교여행 동안 바울은 로마제국 내에서 가장 많은 사람이 거주하는 4개 지역, 즉 아시아의 갈라디아와 아시아, 유럽의 마케도니아와 아가야를 중심으로 선교사역을 추진했다. 잘 닦여진 로마의 도로를 따라 형성된 주요 도시마다 바울은 교회를 세워나갔다. 제3차 선교여행이 끝나갈 무렵, 바울은 이렇게 보고하였다.

> 내가 예루살렘으로부터 두루 행하여 일루리곤[12]까지 그리스도의 복음을 편만하게 전하였노라(롬 15:19).

"이 지방에서는 더이상 사역할 곳이 없기 때문에" 바울은 스페인으로 가서 복음을 전할 계획을 세웠다. 스페인으로 복음을 전하러 가는 도중에 바울은 로마제국의 서쪽 절반을 복음화하기 위한 전초기지로 삼기 위해 로마도 방문하고자 했다. 마침내 바울은 로마에 도착하기는 했지만 선교 사역을 계속하여 추진하지는 못했다.

---

12 일루리곤(Illyricum)은 현재의 알바니아와 코소보 지역이다(역주).

5) 무명의 선교사들

물론 그 당시에 바울만이 유일한 선교사는 아니었다. 바울 이외에도 수많은 선교사가 있었지만 그들의 이름이 역사에 기록되지 않았을 뿐이다. 또한, 난민 신세로 떠돌아다니면서도 복음을 전했던 수많은 평신도가 있었음을 기억해야 한다. 성경에는 유대, 갈릴리, 사마리아(행 9:31), 시리아와 길리기아(행 15:23), 본도, 갑바도기아, 비두니아(벧전 1:1)에 교회들이 세워져 있었다고 기록되어 있다. 언제 그리고 누가 이 교회들을 설립했는지를 알아보는 것은 흥미로운 주제일 것이다.

우리는 사도행전 2장에서 오순절에 예루살렘에 모인 유대인들과 이방인 개종자들(proselytes)이 로마제국 내의 15개 지역에서 찾아온 사람들이며 이들은 베드로와 다른 사도들이 전하는 복음을 들었던 것이다. 그날에 예루살렘에 모인 사람들 중에 많은 이가 기독교 신앙을 받아들였고 고향으로 돌아가 여러 회당에서 그리스도를 전파할 뿐 아니라 교회를 설립했을 것이라는 데는 의심할 여지가 없다.

한 가지 분명한 사실은 사도행전이 초대교회 선교에 대한 모든 역사를 기록하고 있지는 않다는 것이다. 바울서신에는 누가 사도행전에 기록한 것보다 훨씬 더 광범위한 지역에서 기독교 복음이 선포되었다는 암시가 도처에 나타나 있다. 예컨대, 바울은 복음이 "천하 만민에게 전파된 바요"(골 1:23)라고 기록하였고, 로마 교인들의 믿음이 "온 세상에 전파되었으며"(롬 1:8) 데살로니가 교인들의 믿음의 소문이 "각처에 퍼졌다"(살전 1:8)라고 기록하고 있다.

2세기와 3세기에 관한 초기 기독교회의 성장과 확장에 관한 정보는 훨씬 더 빈약하다. 이 시기에 접어들면서 알렉산드리아, 카르타고(Carthage), 에뎃사(Edessa) 등지에 상당한 규모의 영향력 있는 교회들이 세워져 있음을 알 수 있지만, 이 교회들이 언제 그리고 누구에 의해 설립되었는지에 대한 기록은 없다. 우리는 기독교가 로마제국의 주요 도로와 강을 따라 계속 확산되어 나갔을 것으로 추정할 뿐이다.

 복음은 로마의 동쪽으로 다마스커스와 에뎃사를 경유해 메소포타미아로 확장되어 나갔고, 남쪽으로는 보스트라(Bostra)와 페트라(Petra)를 거쳐 아라비아로 퍼져 나갔으며, 서쪽으로는 알렉산드리아와 카르타고를 거쳐 북아프리카로 확장되어 나갔고, 북쪽으로는 안디옥을 거쳐 아르메니아(Armenia), 본도(Pontus), 비두니아(Bithynia)까지 확장되어 나간 것으로 보인다. 그 후에 기독교는 스페인, 고올(Gaul), 영국 등에 전파되었고, 마침내 로마제국의 국경을 넘어 아일랜드, 에티오피아, 중국과 같이 아주 멀리 떨어진 지역에까지 퍼져 나갔다.

6) 북아프리카 복음 전래

(1) 알렉산드리아(Alexandria)

 사도 시대에 이집트에 어떻게 복음이 전해졌는지에 대해 신약성경은 아무런 언급을 하고 있지 않기 때문에 기독교의 이집트 전래에 대한 우리의 궁금증을 불러일으킨다.[13] 복음이 남쪽에 위치한 알렉산드리아로는 전파되지 않고 예루살렘에서 곧바로 북쪽의 안디옥으로 전해졌다는 것은 생각할 수 없는 일이다. 왜냐하면, 당시 예루살렘과 알렉산드리아 두 도시 간에 왕래가 빈번했기 때문이다. 이집트교회의 기원에 대해 현존하는 자료가 거의 없지만 전승에 의하면 마가 요한이 알렉산드리아까지 와서 복음을 전하여 교회가 설립되었다고 한다.[14]

---

[13] 신약에는 예수님이 이집트(애굽)로 피신하신 사건이 기록되어 있다(마 2:13-23). 오순절에 예루살렘에 와서 베드로의 설교를 듣고 돌아간 사람들 중에는 애굽과 북아프리카의 구레네와 리비야 여러 지역의 사람들도 있었으며(행 2:10), 이들이 돌아가서 이집트에 교회를 세웠을 것으로 추정한다. Otto F. A. Meinardus, *Christians in Egypt* (Cairo/New York: The American University in Cairo Press, 2006), 33(역주).

[14] 알렉산드리아 교회는 콥틱(Coptic)교회라는 이름으로 알려져 있다(역주).

로마의 하드리안 황제(76-138) 통치 때 알렉산드리아에 그리스도인들이 존재했으며 2세기 말에 그곳에 교회가 견고하게 서 있었다는 기록이 존재한다. 또한, 후에 인도 선교사로 나갔던 판테누스(Pantaenus, ?-200)는 180년 무렵에 알렉산드리아에 유명한 기독교 교리문답학교를 세운다. 판테누스를 뒤이어 클레멘트(Clement, 150-216)가 문답학교 교장을 맡았고, 그 후임으로 초대교회사에 화려한 족적을 남긴 오리겐(Origen, 185-254)이 3대 교장으로 사역했다.

이들은 모두 이집트 기독교를 기독교 전통의 주류로 올려놓는 데 중요한 역할을 감당한 이들이었다.[15]

(2) 구레네(Cyrene)

이집트 서쪽에는 구레네가 위치해 있는데 신약에 네 번이나 언급되어 있다. 만약 구레네 사람들이 안디옥에 복음을 전했다면(행 11:20), 그들이 자기 동족들에게도 복음을 전했을 것이라고 추정해도 무방하다고 생각하지만 이에 대한 기록은 발견되지 않는다. 프톨레마이스(Ptolemais)의 주교 시네시우스(Synesius, 370-413)는 4세기 말경에 구레네에 6명의 주교가 있었다고 기록한다.

(3) 카르타고(Carthage)

알렉산드리아에서 서쪽으로 가다 보면 당시 북아프리카의 로마 문명의 중심지인 카르타고에 이르게 된다. 카르타고에도 기독교회가 융성했는데 이곳에 전래된 기독교는 로마 혹은 에베소에서 지중해를 건너 전해졌거나 아니면 이집트를 통해 전해진 것으로 추정된다. 이 도시 주변에는 최초의

---

15 Walter W. Oetting, *The Church of the Catacombs* (Saint Louis, MO: Concordia Publishing House, 1964), 80.

라틴어 신약성경 번역본을 비롯해 라틴어 문헌들을 광범위하게 사용하는 활동적인 기독교회가 존재했다.

2세기 말엽에는 터툴리안(Tertullian, 155-240)이 로마 총독에게 그리스도인을 향한 박해를 중단하지 않으면 반란을 일으킬 수도 있다며 당당하게 언급할 정도로 카르타고의 기독교 공동체가 매우 커졌다. 터툴리안의 뜨거운 열정과 키프리안(Cyprian, 200-258)의 탁월한 능력과 락탄티우스(Lactantius, 240-320)의 화려한 문장력으로 무장된 카르타고의 기독교 공동체는 크게 번성할 수밖에 없었다.

북아프리카교회의 현저한 특징은 주교의 숫자가 많다는 것이었다. 모든 도시 혹은 거의 모든 마을에 한 명의 주교가 상주했다. 그중 가장 유명한 주교는 로마제국의 변두리에 있는 북아프리카의 도시 히포(Hippo)[16]의 주교 어거스틴(Augustine, 354-430)으로서 그의 저술을 통해 서방교회(로마 가톨릭)는 1,000년 동안 신학적 기초와 체계를 견고하게 세울 수 있었다.[17]

7) 서바나(Spain)

바울은 서바나를 방문하여 선교하려는 계획(롬 15:22-24)을 야심차게 세웠는데 이를 실현했는가?

신약성경은 이 점에 관해 침묵하고 있다. 전승에 의하면, 로마의 클레멘트(Clement)는 '바울'이 로마제국의 서쪽 맨 끝인 스페인에 가서 복음을 전했다고 한다. 만약 이것이 사실이라면 바울을 스페인 교회의 설립자로 보아야 한다. 우리가 분명하게 알고 있는 것은 3세기 초에 스페인 남부에 기독교회가 존재하였다는 사실이다. 오늘날과 마찬가지로 당시의 스페인 기독교는 교회 질서가 잘 세워져 있지 않았다. 그리하여 우상 숭배, 간음, 살

---

16 현재 알제리의 안나바다(역주).
17 어거스틴의 『고백록』과 『하나님의 도성』은 구원론(은혜론), 삼위일체론 확립에 커다란 영향을 주었다(역주).

인이 만연해 기독교의 이미지를 손상시켰다고 한다.

8) 고올(Gaul)

복음은 고올[18] 지방의 추운 기후에서도 매우 느리게 확산되고 있었다. 고올 지역에는 기독교가 동쪽에서 전래된 것으로 생각된다. 2세기경에는 특히 프랑스 남부의 리용(Lyons)과 비엔나(Vienne)를 중심으로 벌써 많은 교회가 꽤 견고하게 뿌리내렸다. 리용의 주교 이레니우스(Irenaeus, 175-200 재위)는 켈트어와 라틴어를 사용하는 사람들에게 복음을 전했다. 그러나 사람들은 그의 전도에 대해 그다지 긍정적인 반응을 보이지 않았다. 250년경까지도 흩어져 있던 6개 지역의 교회에서 소수의 개종자만 얻었을 뿐이었다.

371년에 투르의 마틴(Martin of Tours, 316-397)이 투르의 주교로 임명되었을 때도 그 주변 지역 대부분은 여전히 이교도였다. 전직 군인이었던 마틴은 즉각적인 결과를 얻기 위해 무력을 동원한 전도방법을 동원했다. 그 결과 마틴은 수도사들과 함께 시골을 순회 전도하면서 이교도 신전들을 파괴하고 우상들을 때려 부수며 개종자들에게 세례를 주었다.

9) 영국

영국에 누가, 언제, 어떻게 기독교를 전파했는지 우리는 정확히 알지 못한다. 신뢰할 만한 최초의 자료에 의하면, 314년에 남부 고올 지역에서 개최된 '아를 주교회의'(Council of Arles)에 3명의 영국 주교들이 참석했다고 전해진다. 이로 미루어 보건데 아마도 영국에는 2세기 중엽의 이른 시기

---

18 고올(Gaul) 또는 갈리아(Gallia, 라틴어)는 로마 제국의 멸망 이전까지 현재의 프랑스, 벨기에, 스위스 서부 그리고 라인강 서쪽의 독일을 포함하는 지방을 가리킨다(역주).

에 이미 복음이 전래된 것으로 추정할 수 있다.

10) 소아시아

2세기 초엽에 그리스도인의 숫자는 소아시아, 특히 비두니아와 본도에서 급속히 증가했다. 그리스도인들이 통제 불가 상태로 늘어나자 비두니아와 본도의 총독 플리니(Pliny)는 트라얀(Trajan) 황제에게 이들을 어떻게 처리하면 좋을지 대처 방안을 문의했다.[19] 3세기경에 그레고리 타우마투르고(Gregory Thaumaturgus)의 지도력 밑에서 본도에서 기독교로 집단 개종이 일어났다.

240년경 그가 고향 본도의 주교가 되었을 때 단지 17명의 그리스도인이 존재했지만, 열심히 전도한 결과 30년 후 그가 사망했을 때 본도에는 그리스도인이 아닌 사람이 17명밖에 없었다. 수많은 이교도가 기독교로 개종한 데는 그를 통해 나타난 많은 기적과 그가 그리스도인들로 하여금 이교도의 축제일(pagan feast)을 받아들여 기독교 축제일(Christian festival)로 바꾸어 기념하는 것을 허락했기 때문이었다.

11) 로마제국 밖의 복음 전래

3세기에 접어들면서 기독교는 로마제국의 국경을 넘어서 확산되기 시작했다. 이후 기독교는 파르티아(Parthia),[20] 에티오피아, 아일랜드, 인도,

---

19 112년경에 비두니아-본도의 총독 플리니는 트라얀 황제에게 보낸 편지에서 그리스도인들에 대해 보고하면서, 그들은 동이 트기 전 함께 모여 그리스도께 찬양하고 절도와 간음과 기타 부도덕한 범죄를 범하지 않기로 다짐하는 비밀집회를 가지며, 이러한 집회를 금지하였지만 이러한 '미신행위'를 계속하고 있는데 이들을 어떻게 할지 문의했다. 이에 대해 트라얀 황제는 고발이 접수될 때는 수사하고 그때도 로마의 신들에게 절하지 않을 경우에만 처벌하라고 명령했다(역주).
20 오늘날의 이란 동북부 지역이다(역주).

심지어 저 멀리 중국[21]까지 전파되었다.

(1) 에뎃사

기독교 복음의 동진(東進) 과정을 살펴보면, 시리아 안디옥에서 출발해 두라-유로포스(Dura-Europos)[22]를 거쳐 주요 무역로를 경유하여 티그리스강 유역의 쌍둥이 고대 도시인 오늘날 이라크의 크테시폰(Ctesiphon)과 셀루시아(Seleucia)까지 확산되어 나갔다. 이 지역에 거주하던 최초의 그리스도인들은 오순절에 베드로의 설교를 들었던 "메소보다미아(Mesopotamia)에서 온 사람들"로 그곳에 거주하던 유대인들이었을 것으로 추정한다 (행 2:9).

225년에 이르면 카스피해에서 페르시아 걸프만에 이르는 티그리스-유프라테스강 유역을 중심으로 많은 교회가 세워지게 된다. 이후 에뎃사는 기독교 영향력이 강한 지역이 되었고 선교 활동의 중심지가 되었다.[23] 2세기 말에 기독교는 에뎃사의 국가 종교가 되었다.[24] 이들 교회에서는 시리아어(Syriac)를 사용했고 이곳에서 신약성경이 최초로 시리아어로 번역되었다.[25] 그 후 4세기 초에는 에뎃사의 거의 모든 지역이 기독교화 되었을

---

21 635년 기독교의 한 갈래인 경교(Nestorian)가 당 태종 때 장안까지 전파되었다(역주).
22 시리아 내 이라크 국경 부근 도시로서 유프라테스 강가에 위치하고 있다. 콘스탄틴의 밀라노 칙령(313) 이전에 세워진 기독교 가정교회(선한 목자, 예수의 중풍병자 치유, 물위 걸으신 사건이 벽화로 표현, A.D. 235)와 유대교 회당(구약의 여러 사건을 벽화로 표현)이 발굴되었다. 불행하게도 시리아 내전(2011-2014) 때 IS에 의해 유적의 상당 부분이 파괴되었다(역주).
23 에뎃사는 시리아 안디옥에서 동쪽으로 약 260km 떨어져 있고, 전에는 시리아 영토였으나, 현재는 터키 땅으로 샨르우르파(Sanliurfa)로 불린다. 에뎃사는 유프라테스강의 지류에 위치하여 페르시아만의 동남쪽으로 통하는 교통의 요지였으며, 아브라함 시대 때부터 대상(隊商), 즉 캐러반(caravan)들의 주요 통행로가 된 곳이었다. 에뎃사는 기독교가 인도와 중국으로 전파되는 선교 거점이 되었다(역주).
24 A.D. 200년경 오스로에네(Osrhoene) 왕국(수도 에뎃사)이 기독교를 국교로 수용한 사건은 콘스탄틴 황제의 기독교 공인(313)이나 데오도시우스 황제가 기독교를 국가 종교로 수용한 것(391)보다 100-200여 년 빠르다(역주).
25 2세기에 오스로에네 왕국에서 사용하던 시리아어 성경 페쉬타(Peshitta)이다(역주).

것으로 추정한다.[26]

(2) 아르메니아

복음은 3세기 말에 갑바도기아(Cappadocia)에서 아르메니아로 전래되었을 것으로 추정한다. 조명자 그레고리(Gregory the Illuminator)라는 위대한 선교사의 전도로 아르메니아 국왕 티리다테스(Tiridates)가 기독교로 개종하였고[27] 이후 대규모로 집단개종이 일어나 아르메니아는 기독교 왕국이 되었다. 410년에 처음으로 신약성경이 아르메니아어로 번역되었다. 그 후 아르메니아교회는 수많은 어려움과 난관을 극복했고 마침내 오늘날 기독교 세계에서 가장 오래된 교회 중 하나로 남아있다.[28]

(3) 아라비아

전승에 의하면, 아라비아에 최초로 복음을 전한 사람은 예수님의 12사도 중 한 명인 바돌로매라고 전해진다. 사도행전 2장에 보면, 오순절 성령강림 때 예루살렘에 모였던 사람들 중에 그레데인과 아라비아인들도 있었고(행 2:11) 이들이 새로운 신앙을 소유하고 고향으로 돌아가서 전도했을 것으로 생각한다. 우리는 4세기 말엽에 히라(Hirah)[29] 지역에 기독교 공동

---

26 에뎃사는 로마제국과 파르티아(바대) 왕국 사이에 위치한 소왕국 오스로에네(Osrhoene)의 수도였다. 에뎃사에는 옛날 시리아교회 문서들이 보존되어 있는데 에뎃사의 왕 아브가르 5세(Abgar V, 재위 B.C. 4-A.D. 9, A.D. 13-50)와 예수 사이에 서신 교환이 있었다는 기록이 있다. 전설에 의하면, 아브가르 왕의 치유 사건을 계기로 오스로에네 왕국에 기독교가 전래된 것으로 추정하며, 역사상 최초의 기독교 왕국이 되었다(유세비우스, 『교회사』 제1권 13장; Stephen Neill, *A History of Christian Missions* (New York: Penguin Books, 1990), 42-43,47; Samuel Hugh Moffett, *A History of Christianity in Asia, Vol. 1: Beginnings to 1500* (New York: HarperCollins Publishers, 1992), 46-48(역주).
27 아르메니아 국왕이 중병에 걸려 사경을 헤맬 때 그레고리의 기도로 치유되어 기독교로 개종했다(역주).
28 스티븐 닐(Stephen Neill)은 오스로에네가 첫 번째 기독교 왕국이고, 아르메니아는 두 번째 기독교 왕국이라고 주장한다(역주).
29 이라크 중남부 유프라테스강 서안에 위치하며, 이슬람 정복 이전 동방기독교의 주요 도시다(역주).

체가 존재했음을 안다. 525년경에 이 지역에 이미 기독교가 견고하게 뿌리내린 것이 확실해 보인다.

(4) 인도

인도의 광대한 대륙에 언제 어떻게 기독교 복음이 침투해 들어갔을까? 3세기의 교회 역사가 유세비우스(Eusebius)는 1세기경 사도 도마에 의해 인도에 교회가 세워졌다고 주장하며, 마토마교회(Mar Thoma Syrian Church) 교인들은 도마에 의한 기독교 전래를 굳게 믿고 있다. 앞서 살펴본 대로 판테누스는 인도에 선교사로 가기 위해 180년경 알렉산드리아의 교리문답학교를 떠났다고 전해진다. 여하튼 3세기 이래로 인도에서 기독교는 분명하게 존재해 왔고 마토마교회는 카이버 고개(Khyber Pass)[30] 동쪽 지역에서 가장 오래된 기독교회로 남아있다. 마토마교회 외에도 인도에는 시리아어 예전을 고수하는 오래된 정교회들도 존재한다.

(5) 에티오피아

전도자 빌립에 의해 세례를 받은 후에 에티오피아 내시는 본국에 돌아가서 복음을 전했을까?(행 8:26-39)

만약 그랬다면 그의 전도 노력은 그다지 성공했다고 평가할 수 없을 것이다. 왜냐하면, 4세기 중엽 이전까지 에티오피아에 기독교회가 존재했다는 증거를 찾아볼 수 없기 때문이다. 에티오피아 기독교 전래에 관한 흥미로운 이야기가 전해진다. 홍해에서 난파된 배에서 구출된 두 명의 그리스도인 청년이 에티오피아에 노예로 팔려갔고 그곳의 악숨(Axum) 왕국의 궁에서 일하게 되었다. 거기서 그들은 열심히 복음을 전했고 그 결과 많은 개종자가 생겨나게 되었다. 상당한 시간이 지나 일이 많아졌을 때 그들 중

---

30 파키스탄 북서부 상업 도시 페샤와르에서 아프가니스탄 동쪽 국경으로 연결되는 해발 1,070m의 산길 도로다(역주).

한 명인 프루멘티우스(Frumentius, 300-380)는 이집트로 돌아가서 도움을 요청했다. 알렉산드리아 총 대주교 아타나시우스(Athanasius)는 프루멘티우스를 에티오피아 감독으로 임명해 돌려보냈는데 그는 에티오피아 콥틱교회의 초대 주교로 죽을 때까지 사역을 감당했다.

(6) 고트족

고트족은 다뉴브강 북쪽의 튜튼족 중에 최초로 기독교를 받아들여 집단으로 개종한 민족이었다. 그들은 3세기에 로마제국을 공격하러 왔다가 사로잡은 그리스도인 전쟁 포로들에게서 복음을 처음으로 전해 듣게 되었다. 그러나 고트족 선교가 조직적으로 시작된 것은 갑바도기아인 아버지와 고트족 어머니 사이에 태어난 울필라스(Ulfilas, 311-382)부터였다.

콘스탄티노플에서 10년을 거주한 후 그리스도인이 된 그는 자신의 동족에게 복음을 전하기 위해 고국으로 돌아갔다. 선교사로서 울필라스가 남긴 탁월한 업적은 성경을 고트어로 번역한 것이었다. 고트어 성경 번역을 위해 그는 고트어를 글로 표기하는 법을 개발하였다. 그는 성경 번역 선교사로서 성경 보급뿐 아니라 언어학과 문학 분야에 커다란 공헌을 한 자랑스러운 선교사 중 한 사람이 되었다.

(7) 프랑크족의 집단 개종

예일대학교의 선교 역사가인 케네스 스콧 라투렛(Kenneth Scott Latourette) 교수는 5세기 말에 있었던 프랑크족의 회심이야말로 "유럽의 북서지역에 집단으로 거주하던 비로마인들 가운데 일어났던 기독교 확장사에 있어 가장 중요한 단계"[31]였다고 진술한다.

---

31 Kenneth S. Latourette, *The First Five Centuries* (New York: Harper and Brothers, 1937), 208.

프랑크족은 오랫동안 로마제국과 관계를 맺어 왔고 그들 중 일부는 실제로 기독교로 개종한 사람들도 있었다. 그러나 A.D. 496년 크리스마스에 이교도였던 프랑크족의 국왕 클로비스(Clovis, 재위 481-511)가 3천 명의 부하들과 함께 기독교 신앙을 받아들이기로 하고 세례를 받는 날에 선교적 돌파구를 찾게 된다. 그가 그리스도인이 되기로 결심한 데는 여러 가지 동기가 혼합되어 있었는데, 그중 하나는 치열한 전투 중에 기독교의 신이 그에게 전쟁에서 승리를 가져다 주면 기독교 신앙을 받아들이겠다고 서약한 자신의 맹세를 지키기 위함이었다.[32] 마침내 클로비스는 전쟁에서 승리를 거두었고 자신의 맹세를 지켜 그리스도인이 되었던 것이다. 그는 부하들에게 강제로 그리스도인이 되도록 강요하지 않았지만 대부분의 부하들은 그를 따라 세례를 받고 기독교로 개종했다.

(8) 아일랜드

이 시기에 가장 늦게 기독교 복음을 받아들인 지역은 당시 세계에서 가장 서쪽에 위치한 아일랜드였다. 아일랜드에 복음을 전한 사도는 패트릭(Patrick)이었는데, 많은 사람은 그가 아일랜드 사람일 것으로 생각하지만 그는 아일랜드와 전혀 관련이 없었다. 그는 389년 로마령 브리튼(영국)에서 그리스도인 부모 밑에서 태어났고 그는 정규 교육을 거의 받지 못했지

---

[32] 프랑크 왕 클로비스의 개종에는 그의 그리스도인 아내 클로틸다(Clotilda)의 공헌이 크다. 독일의 알라만(Alaman)족의 침공에 대항해 싸우던 클로비스는 연이은 패전으로 위기에 직면한다. 이런 절박한 상황에서 클로비스는 하나님께 다음과 같이 기도한다. "클로틸다가 살아계신 하나님의 아들이라고 부르는 예수 그리스도시여, 당신은 어려움에 처한 사람들의 기도를 듣고 돕는 분이며, 당신에게 소망을 두는 자들에게 승리를 주시는 분임을 믿습니다. 이제 제가 당신을 신뢰하오니 저를 도와주소서. 당신이 저에게 승리를 주시면 저는 당신의 능력과 도움을 결코 잊지 않을 뿐만 아니라 당신의 이름이 우리 민족 위에 높이 칭송되도록 하겠습니다. 저는 지체하지 않고 그리스도인이 될 것이며 제가 지금까지 섬기던 이방신들을 버릴 것입니다. 그들은 저에게 아무런 도움도 주지 못하는 잡신에 불과하기 때문입니다. 클로틸다의 하나님이시여, 제가 당신을 신뢰하고 간구하오니 저의 대적에게서 승리하게 하옵소서." 이후 클로비스는 알라만족과의 전투에서 승리했다(역주).

만 당대 가장 위대한 선교사가 되었다.

12살 때 패트릭은 아일랜드에 포로로 잡혀갔는데 거기서 그는 양치기 일을 하게 되었다. 이국땅에서 포로로 생활하는 동안 그는 자신의 생애를 변화시키는 영적 체험을 하게 되었고 이를 통해 어린 시절의 명목상의 신앙에서 벗어나 참된 신앙을 소유하게 되었다. 6년 동안의 외로운 노예 생활을 마친 후 그는 프랑스로 탈출할 수 있었다. 이후 그는 그곳의 레린스(Lérins)수도원에서 수도사로서 수년간 섬겼다. 마침내 그는 영국으로 돌아가 가족들에게 따뜻한 환영을 받았다.

그러나 패트릭의 마음은 계속해 흑암에 빠져있는 아일랜드 사람들 생각 때문에 편치 못했다. 어느 날 꿈속에서 패트릭은 "거룩한 젊은이여, 우리는 당신이 다시 와서 우리를 도와주기를 간청합니다"라고 외치는 소리를 들었다. 그는 이러한 외침을 포로로 잡혀갔던 땅으로 돌아가라는 하나님의 선교 소명으로 받아들였다. 그리하여 그는 부모와 친구들의 만류를 뿌리치고 아일랜드로 돌아가서 '아일랜드의 사도'로서 일생을 선교사로 헌신했다.

깊은 신앙심과 복음 전도의 뜨거운 열정을 소유한 패트릭은 아일랜드 복음화를 위해 35년 동안 아낌없이 헌신했다. 드루이드족(Druid) 족장들과 군인들 그리고 강도떼의 온갖 위험을 무릅쓰고 그는 수천 명의 개종자들에게 세례를 주었고 수백 개의 교회를 세웠으며 많은 사람을 교육시켜 현지인 목회자로 안수해 세웠다.

패트릭의 영향력은 그가 사망한 후에도 계속 발휘되었고, 그의 고국을 넘어서 여러 나라에까지 영향을 미쳤다. 아일랜드의 개척 선교사 패트릭을 통해 형성된 켈트 기독교(Celtic Christianity)의 필수 불가결한 부분이 된 수도원은 기독교 문화의 중심이었을 뿐 아니라 열정적인 선교의 중심지였다. 이처럼 수도원은 다음 몇 세기 기간 동안 북유럽 선교에 있어 중요한 역할을 감당하게 된다.

5세기 말엽에 이르면 기독교는 로마제국 전역에서 성공적으로 뿌리를 내리게 된다. 기독교는 로마제국을 넘어 남쪽으로는 사하라 사막에서, 북쪽으로는 스코틀랜드 북동부의 하드리안의 방벽(Hadrian's Wall)까지 그리고 동쪽으로는 인도에서, 서쪽으로는 스페인에 이르는 지역까지 확장되어 나갔다.

(9) 중국

중국에 처음으로 기독교가 전래된 과정을 간단하게 살펴보자. 위에서 언급했듯이 메소포타미아와 페르시아에는 이른 시기에 기독교회가 세워졌다. 이곳으로부터 기독교는 인도, 중앙아시아 및 중국으로 확산되어 나갔다. 이 기독교 종파는 네스토리우스파 기독교(Nestorian Church)로 알려져 있는데, 이 명칭은 콘스탄티노플의 총대주교 네스토리우스(Nestorius)에서 유래되었다. 그는 에베소 종교회의(431년)에서 이단으로 정죄된 후 로마제국에서 추방되었다. 그 후 네스토리우스파 기독교는 모든 세기를 통틀어 가장 위대한 선교교회 중 하나가 되었다.

네스토리우스파 기독교는 경교(景敎)로도 불렸는데, 중국 문화가 최전성기에 달하고 각종 종교에 대해 포용 정책을 실시하던 당나라 초기인 635년에 중앙아시아를 거쳐 중국으로 전파되었다.[33] 당(唐)나라 황제 태종(太宗, 599-649, 재위 626-649)의 치하에서 중국은 아마도 세계에서 가장 부유하고 문명이 발달한 세계적인 제국이었을 것이다. 당나라의 수도였던 장안(長安, 현재의 시안)은 당시 지구상에서 가장 크고 번영한 도시였다.

---

33 네스토리우스파 기독교가 중국에 전래된 당나라 정관 9년(635년)은 신라의 선덕여왕 (재위 632-647) 4년에 해당한다(역주).

① 아라본(Alopen)

네스토리우스파 기독교의 중국 전래 상황을 생생하게 보여주는 가장 신빙성 있는 자료는 8세기에 돌비석 위에 글로 새겨져 세워진[34] 네스토리안 비석(碑石)이다.[35] 경교비(景敎碑)로 알려져 있는 이 비석은 1625년 시안(西安)에서 발견되었는데, 기독교가 중국에 전래된 시기와 확산 과정을 자세히 기록하고 있다. 이 경교비에 따르면 최초의 기독교 선교사 아라본(Alopen)은 635년(태종 9)에 중국에 도착했다.

당 태종은 아라본 일행을 열렬하게 환영해 주었고 그 자신이 기독교에 대해 배우고 인정해 줄 뿐 아니라 기독교를 전파할 수 있도록 배려해 주었다. 아라본은 성경을 갖고 왔는데 그와 동료 선교사들은 성경을 중국어로 번역하기도 했다. 당나라 수도 장안에는 21명의 선교사를 수용하는 수도원도 건립되었다. 이후 네스토리우스파 기독교는 "10개 성"에 퍼져 나갔고 "100개 도시"에 수도원을 건립하기도 했다고 전해져 온다.

이후 네스토리우스파 기독교는 200년 동안 생존했지만, 이들은 주로 수도원에만 제한되어 있었으며, 수도원에 거주하던 네스토리우스파 수도사들은 언어 공부와 기독교 서적을 중국어로 번역하는 일에 몰두하였기에 일반 대중과의 교류는 거의 없었던 것으로 추정된다. 이러한 당나라 황실의 호의에도 불구하고 기독교는 불교 신자들로부터 많은 탄압을 받게 된다.

845년 열렬한 도교 신자였던 당나라 황제 무종(武宗, 814-846, 재위 840-846)은 도교를 숭상하고 기타 종교를 배척하는 정책을 시행한다. 그는 은둔 생활을 하는 모든 수도원을 해산하고 수도사들에게 세속 생활로 돌아가도록 명령하는 법령을 공표하였는데, 불교와 네스토리우스파 기독교가

---

[34] 대진경교유행중국비(大秦景敎流行中國碑)가 세워진 781년은 통일신라의 선덕왕 2년에 해당된다(역주).
[35] 이 비석은 "대진경교유행중국비"(大秦景敎流行中國碑) 혹은 "경교비"로 알려져 있으며 현재 중국 시안의 비림박물관(西安碑林博物館)에 보존되어 있다(역주).

가장 큰 어려움을 겪게 된다. 무종의 불교 탄압 정책의 결과로 20만여 개의 사찰을 가지고 있던 불교가 가장 큰 타격을 받았고, 수도원 형태로 존재하던 네스토리우스파 기독교도 괴멸에 가까운 타격을 받고 쇠퇴하게 되었다.

그러나 네스토리우스파 기독교는 완전히 없어지지는 않았다. 13세기 몽골족이 지배할 때 네스토리우스파 그리스도인들이 매우 중요한 역할을 감당하게 되었고, 이때 경교 수도원들이 복구되었고 수도원을 관리하는 정부 관청이 설립되기까지 했다. 우리는 진강(鎭江), 항저우(杭州), 양저우(揚州)와 같이 중국 동부의 여러 고대 도시에 네스토리우스파 교회가 존재했다는 기록을 읽게 된다. 어떤 기록에 의하면 당시 중국에 3만 명의 네스토리우스파 교인들이 존재했다고 한다.

② 몬테코르비노의 요한(John of Monte Corvino)

1294년에 몬테코르비노의 요한(John of Monte Corvino, 1247-1328)의 인솔하에 프란시스코수도회 선교사들이 북경에 도착했을 때 그들은 네스토리우스파 교회들이 견고하게 설립되어 있고 그 교인들이 자신들의 선교 활동을 철저하게 반대하고 있음을 알게 된다. 네스토리우스파 교인들은 프란시스코회 선교사들에 대한 거짓 소문을 퍼뜨렸을 뿐 아니라 그들이 중국 황제의 신뢰를 얻지 못하도록 하기 위해 노력했다. 당시 네스토리우스파 기독교에 대해 관찰한 14세기 코라의 요한(John of Cora)은 네스토리우스파 기독교가 어느 정도의 성공을 거두고 있었다는 사실을 진술한 바 있다.[36] 그는 네스토리우스파 그리스도인들에 대해 다음과 같이 기록했다.

---

36 1330년 중국을 방문한 베네딕트회 수도사 코라의 요한(John of Cora)은 *Book of the Estate of the Great Khan*을 저술해 당시 중국 상황과 프란시스칸 수도사들에 대한 기록을 교황에게 보고했다(역주).

그들은 하나님과 성인들을 경배하기 위해 십자가와 성상을 새겨 놓은 아주 멋지고 경건한 분위기를 자아내는 교회를 소유하고 있습니다. 그들은 앞에서 언급한 황제의 호의로 여러 관직을 소유했고 황제로부터 많은 특권을 얻기도 했습니다. 그러므로 만약 그들이 프란시스코회 선교사들과 중국에 거주하고 있는 다른 훌륭한 그리스도인들과 한 마음이 되어 전도했더라면, 그들은 중국인들 전부와 황제를 참된 신앙의 길로 회심 시킬 수 있었을 것이라고 믿습니다.[37]

3. 수적 증가

1) 예수님의 선교

예수님은 숫자에 별 관심이 없으셨다. 그분은 회심자의 숫자보다 제자들의 훈련에 더 관심을 가지셨다. 그는 12사도를 택하신 후 대부분의 시간과 열정을 12제자에게 쏟으셨다. 많은 사람이 예수를 따랐지만 대부분은 예수님에게서 떠나갔다. 그 이유는 그들은 "빵과 물고기"에만 관심이 있었기 때문이었다. 예수님은 사람들의 속마음이 얼마나 자주 바뀌는지를 아시기 때문에 자신을 그들에게 의탁하지 않으셨다(요 2:24-25).

사람들의 인기가 절정에 달해 그들이 예수님을 임금으로 삼으려고 할 때도 이를 거절하셨다(요 6:15). 이와 반대로 따르던 무리가 줄어들 때도 그는 실망하지 않으셨다(마 15:12-13). 그는 자신을 따르는 사람들을 "적은 무리"라고 불렀다(눅 12:32). 때때로 그는 참으로 자신을 따르는 삶은 매우 어렵다고 말씀하셨다(눅 9:57-62). 그는 천국으로 들어가는 문은 "좁고" 길

---

[37] Henry Yule, *Cathay and the Way Thither*, Vol. I (London: The Hakluyt Society, 1925), 89-190.

은 "협착하여 찾는 자가 적다"라고 선포하셨다(마 7:13-14).

그럼에도 불구하고 숫자를 전적으로 무시해서는 안 된다. 왜냐하면, 그리스도인들의 질뿐만 아니라 양도 사역의 성공 척도가 될 수 있기 때문이다. 예수님은 그의 제자들에게 "너희는 온 천하에 다니며 만민에게 복음을 전파하라"(막 16:15), "너희는 가서 모든 민족을 제자로 삼으라"(마 28:19)고 명하셨다.

예수님은 얼마나 많은 숫자의 사람을 예수를 따르는 자들로 남겨 두셨을까?

이 질문에 답하기는 어렵다. 누가는 오순절 이전에 약 120명의 무리가 다락방에 모여 기도에 힘썼다고 기록한다(행 1:14-15). 바울은 500명이 넘는 형제들이 부활하신 예수님을 다같이 목격했다고 증언한다(고전 15:6). 따라서 이보다 더 많은 숫자의 사람이 예수를 따랐던 것은 의심할 여지가 없는 사실이다.

초대교회 선교 초기에 3천 명이 한 날에 세례를 받았다고 기록되어 있다(행 2:41). 그 후에 사도들의 전도로 예수를 믿게 된 남자가 약 5천 명으로 증가했다(행 4:4). 시간이 경과하면서 구원받는 사람들의 수가 날마다 더해졌으며(행 2:47), 하나님의 말씀이 도처에 확산되면서 "제자의 수가 더 심히 많아졌다"(행 6:7). 예수를 믿고 주께로 나아오는 남녀의 수가 많아지면서 "큰 무리를 이루게 되었다"(행 5:14).

그 외에도 수많은 병든 사람과 더러운 귀신들린 사람이 예수께 나아와 다 나음을 얻었다(행 5:16). 심지어 예루살렘에 있는 제자들뿐 아니라 "허다한" 제사장의 무리가 이 도에 복종하는 역사가 일어났다(행 6:7). 이 엄청난 결과를 직접 본 산헤드린 공회는 베드로와 요한이 예루살렘을 예수의 가르침으로 가득하게 했다고 그들을 비난하며 전도하지 못하게 했다(행 5:28).

2) 빌립의 선교

빌립이 사마리아 성에 내려가 복음을 전파했을 때 무리가 "한마음으로 빌립의 말을 따랐으며," "그 성에 큰 기쁨이 생겨났다"(행 8:6-8). 예루살렘 교회에 불어 닥친 핍박 때문에 흩어진 교인들이 안디옥까지 가서 복음을 전할 때에 주의 손이 전도자들과 함께 하시매 "수많은 사람들이" 믿고 주께 돌아왔다(행 11:21).

그 후에 바나바가 전도할 때에 "큰 무리가 주께 더해졌다"(행 11:24). 비시디아 안디옥에서는 바울이 전하는 복된 소식을 듣기 위해 "도시의 온 시민이 거의 다 모였다"(행 13:44). 데살로니가에서는 하나님을 경외하는 헬라인의 "큰 무리"와 "적지 않은" 귀부인들이 예수를 믿었다(행 17:4). "수많은" 고린도 사람도 예수를 믿고 세례를 받았다(행 18:8). 바울이 두 해 동안 에베소에 머무는 동안 "아시아에 사는 자는 유대인이나 헬라인이나 다 주의 말씀을 들었다(행 19:10)."

에베소에서는 마술을 행하던 많은 사람이 은 5만에 해당하는 부적과 마술 책들을 불태웠는데(행 19:19), 불사른 책의 가치를 고려할 때 많은 수의 마술사가 예수를 믿었을 것으로 추정할 수 있다. 은 5만을 현재의 가치로 환산하면 1만 달러에 해당하는 엄청난 액수의 금액이기 때문이다.

3) 바울의 선교

바울의 선교사역에 대한 누가의 기록을 보면, 바울이 설립한 교회들이 영적으로 활발했을 뿐만 아니라 수적으로도 상당한 규모의 교회였을 것이라는 느낌을 받는다. 아덴에서 바울이 전도할 때만 예외적으로 소수의 사람들이 복음에 응답해 예수를 믿기로 결단했다(행 17:34). 그런데 사도행전을 제외하면 초대교회의 수적 성장을 추론할 수 있는 기록을 찾기가 쉽지 않다. 다시 말해 초대교회의 성장에 대한 통계 자료가 거의 존재하지 않고 일부 존재하는 자료의 신뢰성도 확신할 수 없다. 또한 때때로 신앙적인 이유나 두려움 때문에 초대교회의 통계 자료들은 과장되어 있는 경우가 많다.

4) 복음의 확산

초기 2세기 동안 기독교는 꾸준히 성장해 나갔는데 특히 로마의 동부 지역에서 기독교의 확산이 두드러졌다. 그중에서도 소아시아 지방에 그리스도인들이 특히 많았다. 120년경에 비두니아의 총독 플리니(Pliny, 111년에 총독 임명)는 로마의 신전들은 거의 버려진 채로 방치되어 있고 새로운 미신인 기독교가 여러 도시뿐만 아니라 시골까지도 확산되어 있다고 불평했다.

이후에 순교한 저스틴 마터(Justin Martyr, 100-165)는 다음과 같이 기록했다.

> 헬라인이나 야만인이나 어느 종족 할 것 없이 십자가에 달리신 예수님의 이름으로 창조주이신 하나님 아버지께 기도와 감사를 드리지 않는 민족이 없었다.

200년경 북아프리카의 교부 터툴리안(Tertullian, 155-240)도 이렇게 자랑했다.

> 우리는 어제 그리스도인이 되었으나 오늘 우리는 로마제국 구석구석까지 침투해 들어갔다.

그러나 이러한 진술들을 지나치게 문자 그대로 받아들여서는 안 된다. 이들의 언급을 "믿지 않는 사람들의 숫자에 비하면 그리스도인의 비율은 여전히 소수에 지나지 않았다"고 증언한 오리겐(Origen, 185-254)의 진술에 비추어 해석하는 것이 좋을 것이다.[38]

교회역사가 하르낙(Harnack, 1851-1930)은 2세기 중엽 이후까지 그리스도인들의 숫자가 결코 많지 않았다고 주장한다. 영국의 역사가 에드워드 기번(Edward Gibbon, 1737-1794)도 저스틴 마터의 진술을 그대로 받아들이기 어렵다며 그의 주장은 "은혜롭게 들리지만 지나치게 과장되고 부주의한 진술"이라고 평가했다.[39]

로마제국이 붕괴되기 시작하는 3세기에 이르러서야 많은 사람이 기독교를 받아들이게 되었다.

> 3세기에 불어 닥친 혼란과 공포로 인해 사람들은 쇠약해진 국가의 보호로부터 벗어나 견고한 종교의 위로를 갈망하게 되었고, 사람들은 그 어떤 종교보다 기독교에서 풍성한 위안과 소망을 발견하게 되었다.[40]

3세기 초에 기독교는 이미 프리기아(Phrygia)의 여러 도시에서 지배적인 종교로 자리 잡았다. 소아시아의 전역에서도 그리스도인들은 상당한 규모의 소수 집단을 형성하고 있었다. 북아프리카에서는 집단 개종 운동(mass movement)이라고 부를 정도로 회심자들이 많이 생겨났다.

A.D. 260년에서 300년까지 40년간의 평화 기간 동안 교회는 박해로 인한 장애와 어려움 없이 교회의 영향력을 확장할 수 있는 기회를 갖게 되었다. 기독교에 대한 핍박이 가장 심했던 디오클레티안(Diocletian, 재위 305-311) 황제의 박해기 직전의 이 40년 동안 기독교회는 역사상 전례 없는 성장의 시기를 맞이했다. 수천 명의 개종자들이 자신의 재산을 교회에 헌납

---

38 Origen, *Contra Celsum*, I, viii, 424.
39 Edward Gibbon, *The Triumph of Christendom in the Roman Empire* (New York: Harper and Brothers, 1958), 68.
40 Will Durant, *Caesar and Christ*, 650.

하였고 어떤 경우에는 이방 종교를 완전히 버리지 않은 채로 교회로 몰려들기도 했다. 교회는 로마제국 내에서 가장 부유한 종교 단체가 되었다.

> 거의 모든 도시에 세워져있는 초대교회의 예배 처소는 계속 늘어나는 개종자들을 수용하기에 너무 협소했기 때문에 공중 예배를 드리기 위한 더 장엄하고 넓은 예배당 건물들이 세워졌다.[41]

3세기 말엽에 수적인 면에서 가장 많은 교인 수를 자랑하는 기독교의 두 거점 지역은 소아시아와 북아프리카였다. 에뎃사(Edessa)는 기독교를 공식 종교로 받아들인 최초의 국가가 되었다.

5) 초대교회의 교세

통계학적 측면에서 보면 로마교회와 안디옥교회만이 정확한 교세 통계 자료를 제공하고 있다. A.D. 250년에 로마교회에는 100명의 성직자와 1,500명의 가난한 사람들을 재정적으로 지원했다. 에드워드 기번(Edwward Gibbon)은 당시 로마의 인구수는 1백만 명이 넘었을 것으로 추정하면서 그리스도인의 숫자는 5만 명 정도로 추산한다.

한편 하르낙(Harnack)은 당시 그리스도인들의 숫자를 3만 명으로 추산한다. 다른 학자는 300년경에 기독교 인구가 10만 명에 달한 것으로 간주한다.

안디옥교회는 로마제국 동쪽에서 가장 오래되고 유명한 교회였다. 초대교회의 교부 크리소스톰(John Chrysostom, 349-407)은 4세기 말엽에 안디옥의 인구수는 50만 명인데 그중 기독교 인구는 절반을 차지한다고 보았다. 그러나 에드워드 기번은 크리소스톰의 추산은 너무 높게 잡은 것이라며 50%가 아니라 20%로 보는 것이 적절하다고 보았다.

---

41 Edward Gibbon, *The Triumph of Christendom in the Roman Empire*, 125.

3세기 말엽에 로마제국에 정확히 얼마나 많은 그리스도인이 있었을까? 솔직히 말해서 자세히 알 수 없다. 로마제국에 대해 기록해 놓은 신뢰할 만한 인물이 없고 더군다나 교회에 대한 기록은 훨씬 더 찾아보기 힘들다. 그럼에도 불구하고 학자들은 당시 교인들의 숫자를 추정하는 시도를 감행해 왔다. 미국의 역사학자 윌 듀런트(Will Durant, 1885-1981)는 로마의 인구를 1억 명으로 추산하는 반면에, 영국의 선교사가 스티븐 닐(Stephen Neill, 1900-1984)은 로마의 인구를 그 절반인 5천만 명으로 추정했다. 기독교회의 교세 통계에 대한 추산도 학자들마다 다르다.

아무튼 로마 인구의 10%를 그리스도인으로 간주하는 것은 지나치게 높게 잡은 추정치다. 분명한 사실은 로마제국의 동부 지역에 훨씬 더 많은 그리스도인들이 거주했다는 것이다. 듀런트는 제국의 동부 지역에 전체 기독교 인구의 1/4이 살았고, 제국의 서부 지역에는 1/20이 거주했다고 추산한다.

6) 콘스탄틴의 기독교 공인

콘스탄틴 황제의 개종 이후 기독교는 확장의 시기를 맞이하게 된다. 왕실의 보호와 로마제국의 재정 지원을 받으며 교회는 4세기에 급성장했다.

> 밀라노 칙령이 발표되고 100년이 경과한 다음 세기에 로마제국 내 그리스도인 숫자는 최소한 4배로 성장한 것으로 추정된다.[42]

로마교회의 수세자 현황 통계에 따르면 12,000명의 남자들과 이와 비슷한 숫자의 여자들과 아이들이 1년 동안에 세례를 받았다고 기록되어 있다. 기독교가 불법 종교였을 때는 개종을 꺼려하던 야만족들이 앞 다투어

---

42 Stephen Neill, *A History of Christian Missions* (New York: Penguin Books, 1990), 41.

자신들의 정복자의 종교인 기독교를 받아들였다. 기독교 복음에 응답하지 않던 북아프리카의 원주민들에게서도 커다란 변화가 일어났다. 머지않은 시기에 "이집트의 많은 도시에는 주교들로 가득 차게 되었고 북아프리카 사막은 은둔자들로 들끓었다."[43] 4세기 말엽에 대부분의 에뎃사 주민들은 기독교로 개종했다.

기독교를 지원하는 것에 만족하지 못한 로마제국은 머지않아 토착 종교들을 박해하기 시작했다. 서로마제국의 황제 그라시안(Gratian, 재위 367-383)은 그동안 이방 종교에 제공하던 국가 원조를 중단했을 뿐 아니라 사원 재산을 몰수해 버렸다. 동로마의 황제 테오도시우스(Theodosius I, 재위 379-395)는 한걸음 더 나아가 이방 신전들을 폐쇄해 버리고 비밀리에 이방 사원에서 분향하는 자들을 엄벌에 처했다. 그리스도인 황제들의 이러한 칙령에 고무되어 그리스도인들은 수도승들의 지도 하에 이방 신전들을 파괴하기도 했다.

기독교 신앙을 배교한 자들은 교회의 특권뿐만 아니라 시민의 권리도 박탈당했다. 종교를 갖고 싶은 사람들에게 사실상 기독교 외에 다른 종교를 선택할 길이 완전히 막혀있었다. 그러므로 4세기에 이르러 그리스도인의 수가 4배로 증가했다는 것은 조금도 놀랄 일이 아니었다.

7) 유대교와 기독교

그러나 교회가 거둔 이러한 성공이 결코 완전한 것은 아니었다. 그 이유는 로마제국의 여러 곳에 기독교에 대한 저항 세력이 존재했기 때문이었다. 이상하게 들릴지 모르지만, 유대인들이 기독교 복음에 가장 적대적이었다. 초기에 유대인들을 개종시키려는 많은 시도가 있었지만 그들 중에 복음을 받아들인 사람은 없었다. 70년에 예루살렘이 멸망한 이후 유대인

---

[43] Edward Gibbon, *The Triumph of Christendom in the Roman Empire*, 64.

과 그리스도인들 사이에 긴장 관계가 더 심해졌다.

1세기 이후에도 유대인 가운데 예수를 믿은 사람들은 거의 없었다. 그리스도인들은 유대인들의 완강한 반항심에 참을성을 잃어갔고 처음에는 그들을 미워하다가 나중에는 핍박을 가하기 시작했다.

> 이방인 중심의 초대교회가 유대인들에게 자행한 끔찍한 행위는 역사상 전례가 없는 일이었다. … 이는 마치 딸이 처음에는 자기 어머니의 것을 빼앗더니 결국 어머니와의 관계를 끊어버린 것과 같았다.[44]

결과적으로 기독교는 유대인이나 심지어 셈족 토양에서는 뿌리를 내리지 못하고 말았다. 불교와 마찬가지로 기독교는 발생지에서는 말라죽고 다른 나라에서 꽃을 피우게 되었다.

바르 코크바(Bar Cocheba)의 지도 하에 일어난 반란(132-135)으로 광신적 유대인들이 자유를 회복하기 위해서 로마에 대항해 죽음을 무릅쓴 봉기를 마지막으로 일으킨 때인 135년 이후에 유대인들은 예루살렘에서 추방되어 들어갈 수 없게 되었다.[45] 반란의 대가는 참혹해 3년여의 전쟁 기간 동안 100만 명이 넘는 사상자가 발생해 유대인들은 몰살되다시피 하였고 근대에 이르기까지 유대인들은 다시 회생하지 못할 정도였다.

> 이 순간부터 유대인들은 중세기에 접어들게 되었다. … 그 어느 민족도 그토록 오랜 기간 동안 유배 생활이나 참혹한 운명을 겪어보지 못했을 것이다. 유대인들은 추방되어 모든 곳으로 흩어져서 빈곤 가운데 굴욕적인 삶을 살

---

[44] Adolf Harnack, *The Mission and Expansion of Christianity in the First Three Centuries* (New York: Harper and Brothers, 1962), 69.
[45] 135년에 바르 코크바 반란이 진압되었을 때 로마인들은 이전의 유대 성전 자리에 쥬피터(Jupiter) 신전을 세웠고 유대인들은 예루살렘 도성에 들어가면 사형에 처해졌다 (역주).

왔고, 철학자들과 교인들로부터도 냉대를 받으면서 공적 활동에서 물러나 사적인 연구나 예배로 은둔생활을 해야만 했다. … 유대교는 그의 후손격인 기독교가 세상을 정복하고 있는 동안 두려움 속에 조용히 숨어 지냈다.[46]

8) 아프리카의 기독교 전래

북아프리카에서 기독교는 카르타고(Carthage) 지역과 그 주변에 거주하던 라틴어를 사용하는 사람들 사이에서 견고하게 뿌리를 내렸지만, 퓨닉(Punic)어를 사용하는 사람들 사이에서는 그다지 성공을 거두지 못했다. 특히 아프리카 북부에 흩어져 살던 베르베르족(Berber)은 거의 복음을 듣지 못한 상태에 놓여 있었다. 조로아스터교와 경쟁을 해야만 했던 페르시아에서도 기독교는 그다지 뿌리내리지 못한 것으로 보인다.

이집트에서는 기독교가 오랫동안 알렉산드리아에서만 활발하게 확산되어 나갔는데, 어떤 면에서 알렉산드리아는 주변의 다른 지역과는 현저히 다른 문화를 소유한 이방 식민지였다. 3세기에 오리겐(Origen, 185-254)의 시대에 이집트 그리스도인을 만나는 것은 아주 드문 일이었다. 이방종교는 고올(Gaul), 이탈리아, 스페인의 여러 도시에서 1세기까지 그리고 페니키아와 팔레스타인에서는 6세기까지 없어지지 않고 존재했다.

529년에 황제의 칙령에 의해 아카데미(Academy)가 폐쇄될 때까지 아테네는 기독교 전래 이전의 철학의 본산 역할을 했지만, 그리스의 배후 지역에는 복음이 거의 침투해 들어가지 못한 것으로 보인다.[47]

---

46 Will Durant, *Caesar and Christ*, 549.
47 B.C. 387년 고대 그리스 시대에 플라톤이 세운 아카데미는 로마 때도 유지되다가 529년 동로마(비잔틴)제국의 독실한 그리스도인 황제 유스티니아누스 1세(Justinianus, 482-565, 재위 527-565)가 아카데미에서 가르치는 철학이 이교사상이라고 생각해 폐쇄했다(역주).

9) 초대교회 교인들

초기 그리스도인들은 어떤 사람들이었는가?
그들은 어느 계층 출신들이었는가?
초대교회 대적자들의 평가에 의하면 초대교회 그리스도인들은 인간쓰레기나 다름없었다. 2세기의 그리스 철학자요 기독교 대적자인 켈수스(Celsus)는 그리스도인들은 "쓸모없고 경멸의 대상이었고 바보들이었고 그들 대부분은 노예들이었으며 불쌍하고 가여운 여성들과 어린 아이들이었다"라고 묘사하고 있다.[48]

바울은 고린도교회에도 "지혜로운 자가 많지 아니하며 능한 자가 많지 아니하며 문벌 좋은 자가 많지 아니하도다"(고전 1:26)라고 증언한다. 이러한 상황은 놀랄 만한 일이 아니었다. 기번(Gibbon)은 이렇게 진술하고 있다.

> 이는 당시 시민사회의 구조였다. 소수의 사람들이 부와 명예와 지식을 독점하고 있었음에 반해, 대부분의 사람들은 비천과 무지와 빈곤 속에서 살아가야 했다. 그러므로 모든 계층의 사람들에게 복음을 전하는 것을 사명으로 여기는 기독교는 상류 계층보다 하류 계층 사람들에게 전도해 수많은 개종자들을 얻어야만 한다.[49]

그런데 시간이 경과해 교회가 재산을 증식하게 되자 상류 계층의 사람들이 교회에 대규모로 몰려들게 되었다. 2세기 초엽에 플리니(Pliny)는 모든 계층에서 수많은 사람이 그들이 신봉하던 옛 종교를 버리게 되었다고 기록하고 있다. 200년경에 터툴리안(Tertullian)은 "각계각층에서 다양한 연

---

[48] Origen, *Contra Celsum*, iii, 49-55.
[49] Edward Gibbon, *The Triumph of Christendom in the Roman Empire*, 69-70.

령층이 교회에 몰려오고 있다"고 주장했다. 이후에 기독교가 로마제국의 국교가 되었을 때는 점점 더 엄청난 숫자의 상류 계층 사람들이 교회로 밀려들어 왔다.

10) 무명의 평신도 전도자들

이 기간 동안에 주목할 점은 이후 시대에 수행되었던 조직적인 선교 활동이 없었다는 것이다. 이 시기에 복음은 평신도 전도자들에 의해 전파되었다.

"거의 대부분의 회심한 그리스도인들이 뜨거운 열정으로 선교 활동을 전개했다."[50]

그 어떤 무기 대신에 진리만을 선포하고, 깃발 대신에 그리스도의 사랑을 품은 이들 예수의 제자들은 육지와 바다를 건너 로마제국의 모든 지역을 순회하며 가는 곳마다 만나는 친구와 이웃과 새로운 사람들에게 이 새로운 기독교 신앙을 기쁨으로 전했다. 이들 전도자들은 노예나 상인으로서 후에는 군인으로서 그들은 자신들의 세속 직업을 가진 채로 그리스도의 복음을 확장시켜 나갔다. 심지어 유배당해 아주 어려운 곳에서도 그들은 자신들의 신앙을 멀고 먼 산간벽지에까지 전했다.

---

50 Will Durant, *Caesar and Christ*, 602.

4. 문화적 침투

1) 개인 구원과 사회 변혁

예수님은 사회 개혁보다 개인의 구원에 더 많은 관심을 가지고 계셨다. 그는 개인 구원에 대해 자주 말씀하셨지만 사회 변혁에 대해서는 거의 아무런 언급을 하지 않으셨다. 이는 예수님이 사회의 필요에 대해 개의치 않으셨거나 무관심하셨다는 말이 아니다. "네 마음을 다해 네 하나님을 사랑하고 네 이웃을 네 몸과 같이 사랑하라"(눅 10:27)고 하신 예수님의 말씀에는 인간의 모든 의무가 잘 요약되어 있다. 그런데 여기서 그 순서가 중요하다. 복음은 개인 구원에 우선적 관심을 가져야 하지만 거기에 머물러서는 안 되며 사회 변혁의 단계까지 나아가야 한다.

누룩의 비유(마 13:33)와 빛과 소금의 비유(마 5:13-16)를 통해 우리는 그리스도인의 현존(presence)이 그 주위 환경에 어떤 영향을 미쳐야 하는지를 깨닫게 된다. 세상의 소금으로서 그리스도인들은 사회에 침투해 들어가서 부패를 막고 나아가 사회를 활기차게 만들어 줄 뿐 아니라 새로운 활력과 맛을 부여해 주어야 한다. 세상의 빛으로서 그리스도인들은 복음의 진리를 갖고 나아가 이방 종교의 무지와 미신을 타파함으로써 흑암에 사는 사람들을 깨우쳐야 한다. 빛은 높은 곳에 놓일 때만 유익한 빛을 비출 수 있다. 소금은 침투해 접촉했을 때에만 부패를 막는 효력을 발휘할 수 있다.

예수님은 12명의 제자를 택해 진리의 말씀을 위탁하셨고 성령으로 충만케 하시고 그의 능력으로 덧입히신 후에 세상으로 파송하셨다. 어느 곳에 가든지 그리고 언제나 제자들은 빛과 소금의 역할을 잘 감당했다. 그들은 성품이나 행동, 몸가짐이나 도덕성, 행동의 동기나 생각에 있어 다른 사람들과 달라야만 했다. 그렇게 함으로써 그들은 죄인을 구원할 뿐 아니라 사회도 변혁시킬 수 있었던 것이다.

초기 그리스도인들은 대부분 도시에 거주하였는데 그들은 도시에서 자녀들을 키우고 이방 종교를 신봉하는 사람들과 더불어 살면서 장사도 하며 그들과 같이 지냈다. 소란도 피우지 않고 허세도 부리지 않은 채 단순하지만 건실하게 그리고 기쁜 마음으로 살아가는 이 그리스도인들의 존재감과 신비스러운 삶의 모습이 사람들에게 조금씩 알려지기 시작했다. 빛이 빛나고 있었고, 소금은 각계각층으로 침투해 들어가고 있었다. 누룩은 사회 구석구석에까지 스며들고 있었다. 200년경에 이르러 기독교의 영향력이 너무 광범위하게 퍼져 나갔는데 터툴리안은 이에 대해 다음과 같이 기록하고 있다.

> 신흥 종교 집단인 기독교는 도시, 섬, 시골, 장터, 심지어 군대 막사, 여러 부족, 왕궁, 원로원, 법정 등 로마제국의 모든 영역에까지 이미 침투해 들어갔다. 이제 남은 곳은 이방 신전들뿐이다.[51]

그리스도인들은 고립된 지역에 홀로 살지 않았다. 터툴리안은 계속해서 다음과 같이 말한다.

> 우리는 상류 계층에 속한 사람들이 아니다. … 우리는 사회에서 쫓겨나 숲에 거주하고 있다. … 우리는 세상에 거주하면서 법정, 공중목욕탕, 작업장, 시장 그리고 교역이 이루어지는 모든 장소를 잘 이용하면서 당신들과 함께 이 세상에 살고 있다. 우리는 당신들과 함께 항해하고 밭을 경작하고 거래도 하고 있다.[52]

---

51 Tertullian, *Apology*, 37.
52 Tertullian, *Apology*, 42.

그러나 그리스도인들은 그들 스스로나 또 다른 이들에 의해 언제나 다른 종류의 사람들이나 특별한 이들로 간주되었다. 사도 베드로는 그리스도인을 "택하신 족속이요 왕 같은 제사장들이요 거룩한 나라요 그의 소유가 된 백성"이라고 불렀다(벧전 2:9). 그들은 자신들을 향한 거룩한 소명과 천국에 대한 소망을 결코 잊지 않았다.

그들은 세상에서 "이방인과 순례자"로 살아가는 자들임을 고백했다. 그들은 천국의 식민지인 이 세상에서는 무국적자로 살아갔고, 예수 그리스도의 재림을 간절히 소망하며 그의 의의 통치를 기대했다. 당시 로마인들이 제1의 종족, 유대인들이 제2의 종족으로 불리었는데 이들 그리스도인들은 매우 독특한 사람들로서 "제3의 종족"으로 불리게 되었다.

정치에 대한 초기 그리스도인들의 태도는 협소하고 부정적이었다. 그들은 사탄이 '세상의 신'(고후 4:4)이며 '공중의 권세 잡은 자'(엡 2:2)인 사단이 지배하는 이 세상 조직은 '하나님의 생명에서 떠나 있고'(엡 4:18) '하나님과 원수가 되었고'(롬 8:7) 하나님의 형벌 아래에 놓여 있다(살후 1:7-8)고 믿었다. 그들은 "세상 안에" 있고 그곳에서 벗어날 수 없었지만, 세상에 '속하지는' 않았다. 끊임없는 외침은 "그들 중에서 나와서 따로 있으라"는 것이었다(고후 6:17).

그럼에도 불구하고 초대교회 교인들은 정부의 역할에 대해서는 건전한 생각을 갖고 있었다. 바울의 주장(롬 13장)에 의하면 그들은 준법 정신이 투철한 시민들이었다. 그들은 세속 정부라도 하나님께서 세우신 기관이기 때문에 그 권력에 복종해야 한다고 생각했다. 그들은 그리스도의 말씀을 기억하면서 기꺼이 세금을 납부했다. 그들은 "가이사의 것은 가이사에게 바치라"(마 22:21)는 말씀을 기억하고 기쁜 마음으로는 아니었을지라도 기꺼이 세금을 바쳤다.

한편 초대 그리스도인들은 지역 조직이든지 로마제국의 조직이든지 간에 정치 조직에 대해서는 전적으로 만족하지 못했다. 그 이유는 모든 조직은 본질적으로 악한 것이라고 생각해 온 세계 조직의 일부였기 때문이었다. 그러한 조직은 기껏해야 무정부 상태보다 조금 나은 필요악에 지나지 않았고, 나쁘게 보면 폭군적이며 악마와 다름없었다.

2) 황제 숭배와 기독교

대부분의 그리스도인은 황제 숭배를 우상 숭배로 간주해 죽음을 무릅쓰고 이에 저항했다. 그렇지만 반역죄로 공격받게 되었을 때 그들은 이러한 혐의에 대해 단호하게 반박했다. 그들은 핍박자들에게 자신들은 황제의 안녕을 위해 끊임없이 기도해 왔을 뿐 아니라 로마제국의 평화와 번영을 도모해 왔다는 점을 상기시키며 자신들의 뜻을 전달하려고 노력했다.

기독교의 초기 200년 동안은 그리스도인들이 공공기관이든 군복무이든지 간에 어떤 형태이든지 정부를 위한 봉사에 참여하기를 거부했다. 이후 이러한 태도는 점차적으로 바뀌었다. 그리스도인이 되기 전에 정부에 고용된 사람들은 예외로 간주하기 시작했다. 3세기 말에 이르러 그리스도인들은 법정, 일반 공무원, 군대 등 모든 종류의 직업에 종사하게 되었다.

3) 기독교 변증가

초대교회 그리스도인들은 세상 지혜를 그다지 중요하게 생각하지 않았다. 12명의 제자 중 학자는 한 명도 없었다. 예수님 자신도 복음의 비밀을 "지혜롭고 슬기 있는 자들에게는 숨기시고 어린아이들에게는 나타내셨다"(마 11:25)고 말씀하셨다.

바울은 "이 세상이 자기 지혜로 하나님을 알지 못했고"(고전 1:21), 고린도교회에도 "지혜로운 자가 많지 아니하다"(고전 1:26)고 말하고 있다. 바울은 당대 최고의 학식과 뛰어난 사상을 지닌 사람이었지만 복음을 전할 때 "말과 지혜의 아름다운 것으로"(고전 2:1) 하지 않기로 작정하였고, 고린도 교인들에게 세상의 "철학과 헛된 속임수"(골 2:8)에 빠질 수 있는 위험을 경고했다.

(1) 멜리토

그리스도인들은 가족 간의 연대, 정직한 노력, 권위에 대한 복종, 정의 실현을 위한 열정, 인간에 대한 사랑, 그 외에 많은 미덕으로 인해 사회 구조에서 가장 안정적인 위치를 차지하게 되었다. 2세기의 변증가이며 소아시아의 사데교회 감독인 멜리토(Melito, 190년 사망)는 기독교를 박해하던 황제 마르쿠스 아우렐리우스(Marcus Aurelius, 161-180)에게 보낸 기독교를 옹호하는 『변증서』(*Apology*)에서 기독교가 로마제국을 하나로 단합시키는 데 도움을 주었고 이 신흥 종교가 출현한 이후 제국이 계속해 번성했음을 지적했다.[53]

(2) 이그나티우스

대부분의 초기 그리스도인들이 기독교를 철학의 한 분파로 간주하지 않고 구원에 이르는 한 방편으로 여겼다는 것은 그다지 놀라운 일이 아니다. 그들은 "예수 그리스도와 그가 십자가에 못 박히신 것 외에는"(고전 2:2) 그 어떤 것도 전하지 않기로 작정하고서 직설적이고 단순한 복음만을 전했다. 2세기에 이르러 철학자들을 포함한 지식인들이 기독교를 받아들이기 시작하면서 그들은 교회가 헬라 사상을 연구하고 헬라 철학의 도전에 답변해야 할 의무감을 느끼기 시작했다.

이제 교회는 제국 내에 있는 가장 뛰어난 계층의 지지를 받게 되었다. 안디옥(Antioch)의 감독이었던 이그나티우스(Ignatius)는 강력한 속사도 교부(post-apostolic fathers) 시대의 문을 열었고 기독교에 철학적 사고를 부여했으

---

[53] Eusebius, *Ecclesiastical History*, IV, 26.

며 기독교 대적자들과 논쟁을 벌여 그들을 압도했다.[54]

(3) 변증가 저스틴과 클레멘트

저스틴은 사마리아 출신 헬라 철학자로서 기독교로 개종해 위대한 변증가가 되었고 순교하였기 때문에 순교자 저스틴(Justin Martyr, 100-165)이라고 불렸다. 그는 철학을 좋은 것으로 간주할 뿐만 아니라 철학을 신앙과 연결지어 생각했다. 알렉산드리아의 클레멘트(Clement of Alexandria, 150-216)는 철학은 하나님이 헬라인들에게 주신 선물이며 헬라인들을 "그리스도께로 인도하는 초등교사"(갈 3:24)가 되어 그들을 신앙으로 이끈다고 담대하게 선언했다.[55]

다른 사람들은 클레멘트보다 한걸음 더 나아가 소크라테스(Socrates)가 진리의 선구자이며 세네카(Seneca)에게서도 이와 비슷한 정신을 엿볼 수 있다고 주장했다. 이러한 기독교 변증가(apologist)들은 발전한 사회에서 세상 학문을 연마하게 된다면 궁극적으로 지식인 계층을 기독교로 개종시킬 수 있음을 인식하고서 기독교 진리를 철학적인 용어로 표현하고자 노력했다.

(4) 타티안과 터툴리안

변증가들의 이러한 새로운 시도에는 위험성도 있었고 비난도 뒤따랐다. 2세기 말에 타티안(Tatian, c.120-180)과 터툴리안(Tertullian)은 좋든 나쁘든 모든 철학을 배격했다. 타티안은 믿을 수 없을 만큼 지루하게 헬라 철학을 공격했지만 이후 그는 교회를 떠나 이단에 빠지는 잘못을 저지르기도 하였다.

---

54 Will Durant, *Caesar and Christ*, 611.
55 순교자 저스틴은 이방 철학에도 말씀(진리)의 씨앗(*Logos spermatikos*)이 들어있다고 보았다(역주).

터툴리안은 복음은 신앙에 호소하도록 해야 하며 이성으로 판단해서는 안 된다고 주장했다. 또한 터툴리안은 복음이 불합리하기 때문에 기독교는 믿을 만하다고 주장했다. 이 두 사람은 복음의 단순성이 세련된 인간의 이성 때문에 손상될 것을 두려워했다. 그들의 말이 모두 틀린 것은 아닐 것이다. 왜냐하면, 지식은 종종 신앙의 모체가 되기도 하지만 이단의 모체가 되기도 하였기 때문이다.

하지만 시간이 지남에 따라 교회의 교부들은 기독교 자체를 철학으로 간주하기 시작했다.

결국 기독교도 하나님과 인간의 문제를 다루고 있지 않는가?

기독교는 세상의 기원, 삶의 의미 그리고 인간의 운명에 대해 관심을 기울이고 있지 않는가?

이처럼 변증가들은 기독교의 교리는 참된 진리이며 따라서 진정한 철학임을 확신했다. 그들은 기독교 교리는 진리 이상이며 하나님의 지혜라고 생각했다. 이러한 지혜는 가장 고상한 철학이며 모든 진리는 어디서 발견되든지 간에 하나님에게서 나온 것이기에 '기독교적' 지혜라고 간주했다. 심지어 헬라 철학의 진수는 기독교에서 차용한 것일 뿐이라고 주장하는 이들도 있었다.

(5) 오리겐

초대교회의 가장 영향력 있는 변증가는 알렉산드리아 출신의 오리겐(Origen)이었다. 그는 18세의 젊은 나이에 클레멘트에 뒤이어 알렉산드리아 교리문답학교의 교장이 되어 기독교 신학과 변증에 탁월한 능력을 발휘했다. 그는 일평생 동안 6천여 개의 글을 쓴 것으로 유명하고, 로마 황제들과도 많은 서신을 교환했다. 오리겐은 이방 철학자 켈수스의 주장을 반박하는 변증서 『켈수스 반박』(*Contra Celsum*)을 248년에 저술하여 유명해졌다.

오리겐은 이를 통해 초기 기독교 변증을 이끌었다. 듀란트는 아래와 같이 말했다.

> 많은 이방 철학자에게 깊은 인상을 심어주었으며 이는 그 이전의 어떤 변증가도 해내지 못한 일이었다. 그로 인해 기독교는 단순히 위안을 주는 종교의 수준을 넘어 성경을 바탕으로 하면서도 이성을 이용하는 성숙한 철학으로 자리잡게 되었다.[56]

그러나 기독교와 이방 철학 간의 근본적 갈등은 양대 세력 간의 논증 문제라기보다는 세력 다툼에 있었다. 소크라테스를 포함한 헬라 철학자들은 대답보다는 질문을 더 많이 제기했다. 기독교 철학자들은 그런 질문들에 대한 모든 대답을 갖고 있지는 못했지만 그들보다 더 좋은 대답을 제시했다.

"사람이 어떻게 지혜로우면서도 선한 존재가 될 수 있을까?"

이러한 가장 심오한 질문에 대해 무엇보다도 기독교 철학자들은 명쾌한 대답을 제시했다. 이방 철학자들은 세상을 설명하는 데 그들의 시간을 다 허비했다. 그러나 기독교 철학자들은 세상을 변화시키는 일을 조용히 하고 있었던 것이다.

4) 노예 제도와 초대교회

'노예 문제'로 인해 초대교회가 곤란을 겪었을 것이라고 생각하는 것은 잘못이다. 예수님과 그의 제자들은 노예제도를 로마의 경제 및 정치 체제에서 없어서는 안 될 필수불가결한 것으로 받아들였기 때문이다. 바울은 노예들에게 "부르심을 받은 그 부르심 그대로 지내라"(고전 7:20)고 훈계했

---

[56] Will Durant, *Caesar and Christ*, 615.

다. 초기 그리스도인들은 노예제도 폐지를 적극적으로 주장하지 않았다. 그러나 그들은 그리스도의 사랑으로 노예들이 처한 상황을 개선하기 위해 노력했다.

노예 주인들은 노예들을 친절하고 동정심으로 대할 것과 공정하고 평등하게 대우할 것을 성경은 명하는데, 그 이유는 주인들이나 노예들의 상전이 하늘에 계시고 그에게는 사람을 외모로 취하는 일이 없기 때문이었다(엡 6:9).[57] 노예들은 정직하고 부지런하며 신실할 뿐 아니라 주인에게 순종해야 하고(딛 2:9-10) 주인과 주 안에서 한 형제라는 사실을 악용하지 말 것을 조언하고 있다.

만약 노예가 자유를 얻어 종의 신분에서 벗어날 기회를 얻게 된다면 해방 노예가 되어도 좋다. 그러나 노예로 있을 때에 부르심을 받았더라도 그는 그리스도 안에서 누리는 영적 자유로 인해 기뻐해야 했다(고전 7:21-22). 노예 소유주들은 그들의 노예를 해방하도록 권장되었다. 교회는 기독교로 회심하는 노예들을 해방시키기 위한 기금을 책정하기도 했다. 몇몇 기독교 공동체는 노예 해방을 기념하는 특별 행사를 거행하기도 했다. 노예제도 체제를 정면으로 공격하기보다 교회는 복음의 누룩이 이방 사회에 스며들도록 해 교훈과 실천을 통해 사람들에게 인간의 존엄성과 개인의 가치를 깨닫게 되기를 소망했던 것이다.

5. 초대교회의 특징

초대교회의 두 가지 훌륭한 미덕은 자선(구호)과 순결이었다. 이 두 가지는 사도 야고보가 참된 경건의 덕목으로 정의한 "하나님 아버지 앞에서

---

[57] 초대교회가 노예제도 폐지를 주장하지는 않았지만 교인들이 노예들을 평등하게 대해주는 모습 때문에 그들은 기독교에 매력을 느꼈다(역주).

정결하고 더러움이 없는 경건은 곧 고아와 과부를 그 환난 중에 돌보고 또 자기를 지켜 세속에 물들지 아니하는 그것이니라"(약 1:27)는 말씀의 강조점과 일치한다. 초기 그리스도인들은 은밀하게 자기들끼리 신원을 확인하는 수단으로 비밀 기호와 상징을 사용했고 친숙하게 지내기 이전부터 서로를 사랑했다.

기독교의 특징이 된 사랑은 세 가지 강력한 영향력을 통해 나타났다.

첫째, 주님의 완전한 사랑을 보여주는 사랑의 본보기(요 13:34-35).
둘째, 사복음서에 나타나는 구세주의 고상한 가르침(마 5:43-48).
셋째, 성령의 역동적인 사역(롬 5:5).

1) 구호와 자선 사업

마태복음 25장에 나오는 양과 염소의 비유보다 초대교회에 더 큰 영향을 끼친 비유는 아마도 없을 것이다. 여기에 분명히 언급되어 있는 사랑의 실천은 초대교회가 수행한 여러 자선 사업에 놀라운 정도로 그대로 포함되어 있었다.[58]

사도행전 전반부에는 제자들이 모든 물건을 서로 통용하고 각 사람의 필요를 따라 나누는 공산주의와 유사한 원시 기독교 공동체의 모습이 나타나 있다(행 2:44-45; 4:32). 안디옥교회는 예루살렘교회의 가난한 성도들을 돕기 위해 구제 헌금을 보냈다(행 11:27-30). 나중에 마게도냐와 아가야의 이방인 교회들도 예루살렘교회에 구제 헌금을 보냈다(고후 9장). 바울은 기독교 신앙의 사회적 의미와 책임을 분명히 인식하고 있었기 때문에 부자 교인들에게 가난한 성도들을 도우라고 가르쳤고(고후 8:14) 믿음이 강한

---

58 "어느 때에 나그네 되신 것을 보고 영접하였으며 헐벗으신 것을 보고 옷 입혔나이까, 어느 때에 병드신 것이나 옥에 갇히신 것을 보고 가서 뵈었나이까 하리니"(마 25:38-39).

자들에게 믿음이 약한 자를 도우라고 가르쳤다(롬 15:1). 성도들은 짐을 서로 나누어짐으로써 그리스도의 법을 성취하도록 요구받았다(갈 6:2). 또한 그들은 "모든 이에게 착한 일을 하되 더욱 믿음의 가정에 속한 사람들에게 더 많은 선행을 베풀도록 권장되었다"(갈 6:10).

요한은 하나님의 사랑은 인간의 동정심으로 반드시 표현되어야 한다고 가르친다(요일 3:17-18).[59] 사도 야고보도 믿음에 관해 똑같은 말을 하고 있는데(약 2:14-16)[60] 사랑과 믿음은 모두 자선 사업을 통해 나타나야 한다는 것이다.

초기 그리스도인들은 서로 사랑하라고 가르쳤던 예수님의 말씀으로부터 시작했다. 무엇보다 그들은 예수님의 교훈과 모범을 따라 말과 혀로만 사랑하는 것이 아니라 행함과 진실함으로 그 사랑을 실천했다. 교회사학자인 아돌프 하르낙(Adolf von Harnack)은 초대교회 교인들이 베푼 10가지 자선 사업을 다음과 같이 자세히 기술한다.

① 일반적인 자선 사업
② 가르치는 자와 교직원에 대한 재정 지원
③ 고아와 과부 구제
④ 병든 자와 장애인 후원
⑤ 죄수와 광부 돌봄
⑥ 가난한 자들을 위한 장례
⑦ 노예 보살핌

---

[59] "누가 이 세상의 재물을 가지고 형제의 궁핍함을 보고도 도와 줄 마음을 닫으면 하나님의 사랑이 어찌 그 속에 거하겠느냐, 자녀들아 우리가 말과 혀로만 사랑하지 말고 행함과 진실함으로 하자"(요일3:17-18).

[60] "내 형제들아 만일 사람이 믿음이 있노라 하고 행함이 없으면 무슨 유익이 있으리요 그 믿음이 능히 자기를 구원하겠느냐, 만일 형제나 자매가 헐벗고 일용할 양식이 없는데, 너희 중에 누구든지 그에게 이르되 평안히 가라, 덥게 하라, 배부르게 하라 하며 그 몸에 쓸 것을 주지 아니하면 무슨 유익이 있으리요"(약 2:14-16).

⑧ 재난 당한 자 구호
⑨ 일자리 제공
⑩ 여행자 대접[61]

초대교회가 베풀었던 이 모든 자선은 말할 것도 없이 그 당시 이방 사회의 모습과는 너무나 현저한 대조를 이루는 것이었다. 플라톤(Platon)은 가난한 사람들을 죽어가도록 내버려두는 것은 그들의 고통을 덜어주는 것이라고 했다. 키케로(Cicero)는 구제를 지혜롭게 사용할 수 있는 사람들에게만 구호 사업을 하라고 조언했다. 로마 사회는 고아들을 전혀 돌보지 않았고 그들은 자라서 매춘부가 되기도 했다. 노예들은 상품이나 재산으로 간주되어 매매되기도 했다. 초기 그리스도인들이 보여준 자선 행위는 그리스도인들에게만 국한되지 않았다.

이러한 구제는 모든 계층의 사람에게 아무런 차별 없이 베풀어졌다. 로마 황제 막시미누스 다자(Maximnus Daza, 270-313, 재위 308-313)의 통치 기간에 발생한 큰 역병을 언급하면서 유세비우스(Eusebius)는 다음과 같이 보고한다.

> 그때 그리스도인들은 이방인들에게 가장 밝은 빛을 분명하게 비추었다. 왜냐하면, 그토록 끔찍한 전염병이 창궐하는 중에도 그리스도인들은 형제애와 동정심을 행동으로 보여준 유일한 자들이었기 때문이다. 그들은 날마다 죽어가는 자들을 매장해 주느라 바빴을 뿐 아니라 굶주림으로 고통받고 있는 모든 사람을 한 곳에 모아 빵을 나누어 주었다.[62]

---

61 Adolf Harnack, *The Mission and Expansion of Christianity*, 153.
62 Eusebius, *Ecclesiastical History*, IX, 8.

그 당시 그리스도인들의 숫자가 적었고 나눌 수 있는 재원도 부족했다는 점을 감안할 때, 초기 그리스도인들은 후대의 어느 신자들보다도 고통 가운데 있는 사람들을 돕는 일에 최선의 노력을 기울였던 것을 알 수 있다.

> 로마제국 내에서 그리스도인들이 보여준 자선과 구호 사업은 교회에 주어진 영광스러운 호칭 중에 최고의 찬사였다. 이방인들조차 이러한 사실을 인식하고 있었다. 기독교를 이해하기보다 조롱했던 헬라의 풍자 작가 루시안(Lucian, 125-180)도 "그리스도인들이 어려움에 처해 있는 사람들을 열정적으로 서로 돕는 모습을 보는 것은 놀라운 일이다. 그들은 아무 것도 아끼지 않는다. 이는 그들의 창시자(예수)가 그들은 모두 형제라는 생각을 갖고 살아가도록 가르쳤기 때문이었다라고 하였다.[63]

2) 순결과 거룩한 삶

초기 그리스도인들의 두 번째 중요한 덕목은 순결이었다. 여기서도 예수의 제자들은 그의 교훈과 모범으로부터 그 실마리를 얻었던 것이다. 예수 그리스도의 무죄성은 인간 세상에서 유일한 현상이었다. 그는 죄 없이 태어났을 뿐만 아니라 죄 없이 사셨다. 그리스도가 죄를 알았던 유일한 때는 그가 "친히 나무에 달려 그 몸으로 우리 죄를 담당하셨던"(벧전 2:24) 때였다. 그는 세리와 죄인들과 친구였는데 이는 그들을 순결한 삶으로 인도하기 위해서였다.

그리스도는 죄인들을 용서해 주시지만 "가서 다시는 죄를 짓지 말라"는 단서 조항을 항상 붙이셨다. 그는 사람들에게 죄, 즉 육체적 죄뿐만 아니라 정신적 죄가 미치는 파괴적 영향력에 대해 끊임없이 경고했다. 그는 거

---

[63] Walter Oetting, *The Church of the Catacombs*, 80.

룩한 삶을 살았으며 그를 따르는 사람들에게도 그러한 삶을 살도록 가르쳤다. 그는 마음이 청결한 자들이 특별한 복을 받는다고 선포했다. 예수의 윤리의 본질은 "하늘에 계신 너희 아버지의 온전하심과 같이 너희도 온전하라"(마 5:48)는 명령에 잘 요약되어 있다.

(1) 우상 숭배

초대교회 교인들이 거룩한 삶을 살아가기에는 그 주변 환경이 여러 가지 면에서 좋지 않았다. 당시 로마인들의 생활은 우상 숭배와 심각한 성적 부도덕이라는 두 가지 큰 죄악으로 특징 지워졌다. 로마인의 종교 생활은 우상 숭배로 가득 차 있었고 로마인의 사회 생활은 성적 문란에 빠져있었다. 그러한 세상에 살면서도 "흠 없는 하나님의 자녀로" 사는 것은 초기 그리스도인들에게 계속 반복되는 문제였다.

첫 번째 문제는 우상 숭배였다. 우상 숭배에 관한 사도들의 가르침은 신약의 다음의 구절에 분명히 나타나 있다.

> 너희가 어떻게 우상을 버리고 하나님께로 돌아와서 살아 계시고 참되신 하나님을 섬기는지와 … 그의 아들이 하늘로부터 강림하실 것을 너희가 어떻게 기다리는지를 말하니 이는 장래의 노하심에서 우리를 건지시는 예수시니라(살전 1:9-10).

> 이런 헛된 일을 버리고 천지와 바다와 그 가운데 만물을 지으시고 살아 계신 하나님께로 돌아오게 함이라(행 14:15).

> 우리가 그를 힘입어 살며 기동하며 존재하느니라(행 17:28).

> 영생은 곧 유일하신 참 하나님과 그가 보내신 자 예수 그리스도를 아는 것이니이다(요 17:3).

예수 그리스도는 사단의 왕국을 쳐부수고(마 12:29), 마귀의 일을 멸하고(요일 3:8), 한평생 죄에 매여 종노릇하는 모든 자들을 놓아 주기 위해(히 2:15) 하늘에서 오셨다. 하나님은 우리를 흑암의 권세에서 건져내사 그의 사랑의 아들의 나라로 옮겨주셨다(골 1:13). 빛과 어둠이 사귈 수 없고 그리스도와 벨리알이 조화될 수 없으며 하나님의 성전과 우상이 일치될 수 없다(고후 6:14-16).

> 다신교에 물들지 않도록 우리 자신을 지키는 것이 그리스도인의 최고의 의무로 간주되었다. 이것은 그 어떤 것보다 우선시되는 의무였다. 그것은 신앙고백 다음에 지켜야 할 의무이며 '우상 숭배의 죄'는 다른 어떤 죄보다도 기독교회에서 엄격하게 다루어졌다.[64]

기독교 변증가들이 이방 철학에 맞서 논쟁을 강화시켜 나가던 2세기와 3세기 동안에도 우상 숭배에 대한 투쟁은 계속되고 있었다. 변증가들의 대응은 두 가지로 나타나는데 먼저, 우상에 대한 이방 종교의 가르침이 어리석음을 보여준 후에, 우상의 가증한 죄악을 밝혀냄으로써 이방신에 대한 도덕적 분노를 유발시키는 방식이었다.

그러나 변증가들은 우상 파괴를 조장하는 일이 발생하지 않으려고 신중하게 대처했다. 만약 어떤 그리스도인이 우상을 때려 부숨으로써 죽임을 당한 경우는 순교자로 인정받지 못했다. 우상 제작업은 불법 직업으로 간주되었고 그 일 외에 생계를 꾸려 나갈 다른 방도가 없더라도 이러한 직업은 포기해야만 했다. 또한, 그리스도인들은 점성가나 마술사로 일할 수 없었다.

---

[64] Adolf Harnack, *The Mission and Expansion of Christianity*, 202.

(2) 황제 숭배

두 번째 문제는 우상 숭배보다 더 미묘하고 위험한 것은 로마제국 당시 만연하던 황제 숭배(emperor worship) 사상이었다. 왜냐하면, 로마는 황제 숭배를 거부하는 그리스도인들을 반역죄로 몰아 처형했기 때문이다. 이처럼 로마 황제 숭배는 초기 그리스도인들에게 가장 큰 고통과 압박감을 가져다 준 사안이었다. 황제를 위한 제단에 향을 조금 집어서 뿌리기만 하면 황제 숭배자들의 요구를 충족시킬 수 있었을 것이다. 그러나 그리스도인들은 이러한 행위를 우상 숭배로 간주하여 거부했다.

그리스도인들은 국가의 법에 복종하고 황제의 평안을 위해 기도하는 예를 들며 자신들을 반역자로 몰아가는 것을 반박했다. 그들은 살아있는 황제의 권위를 인정하고 죽은 황제를 존중해 기념했지만, 황제를 숭배하는 것은 단호하게 거절했다.

> 기독교 신앙을 받아들인 후 그리스도인들은 사람들이 볼 때 이상하고 용납될 수 없는 행위로 인해 어려움을 겪어야 했다. … 교인들은 관습과 교육의 성스러운 관계를 끊어버렸고 로마의 종교적 규범을 지키지 않았으며 그들의 조상들이 진리로 믿고 거룩하다고 경배한 것들을 고의로 멸시했다. 모든 그리스도인들은 로마의 수많은 이방신과 사람과의 관계를 완전히 거부했다.[65]

이러한 행동 때문에 로마인들이 그리스도인들을 의구심과 적대적 감정으로 대하게 된 것은 지극히 당연한 일이었다. 루시안(Lucian)은 이들을 반미치광이, 광신자로 간주했다. 타키투스(Tacitus)는 그들은 인류에 대한 증오심을 가진 무리라고 보았다. 기독교를 공격하던 헬라 철학자 포피리(Porphyry, 234-305)는 그들을 야만족이라고 생각했다. 몇몇 사람들이 그

---

[65] Edward Gibbon, *The Triumph of Christendom in the Roman Empire*, 80.

들에게 마지못해 찬사를 보내기도 했지만 대다수의 이방 작가와 철학자는 사회생활에 참여하지 않는 그들을 '혐오스러운 존재'로 평가했다.

사람들이 가장 이해하기 어려운 면은 기독교의 예배 방식이었다. 철학자들에게 있어 유일신론은 이해될 수 있고 심지어 인정될 수 있는 것이었다. 그러나 그리스도인들의 '비밀 예배'는 부자연스럽고 괴상하며 혐오스레 보였다. 로마의 시인 카이킬리우스(Caecilius)는 그리스도인들이 낮에는 사람들을 피해 숨어 지내고 사람들 앞에서 침묵하다가 굴속이나 구석 후미진 곳에 가서는 수다쟁이가 되곤 한다며 그들에 대해 다음과 같은 질문을 던진다.

> 만약 그들이 예배하고 숨기는 것이 처벌받을 짓에 해당하거나 수치스러운 일이 아니라면 … 왜 그들은 제단이나 성전도 없고 알아볼 수 있는 형상도 사용하지 않는 것인가? … 외롭고 비참한 유대인들조차 사원과 번제단을 소유하고 희생제, 정결 의식을 행하면서 한분 하나님을 공개적으로 예배한다. … 그런데 그리스도인들은 어떠한가! 도대체 무슨 놀라운 짓, 극악무도한 짓을 하길래 자신들의 행동을 감추고 있는 것일까?[66]

(3) 성적 타락

성적 타락은 로마제국 전역에서 만연하고 있었는데 특히 대부분의 그리스도인이 거주하고 있던 도시 지역에서는 그 정도가 더 심했다. 에베소, 고린도, 로마와 같은 대도시는 죄악의 소굴이었는데, 로마의 역사가 타키투스(Tacitus, 55/56-117)에 따르면 "부도덕한 행위에는 온갖 종류의 사람들을 끌어들이는 마력이 있다." 이와는 대조적으로 그리스도인들은 사업 방식, 가정생활, 시민으로서의 책임 및 사회적 관계에서 새로운 방식의 삶을

---

[66] Caecilius, *Minut. Felix*, VIII, f.

살아감으로써 건전한 삶을 보여주었다.

2세기의 기독교 변증가 아리스티데스(Aristides)는 그리스도인들을 부도덕하다고 공격하는 비난에 맞서 교인들을 변호하면서 『변증서』(Apology)에서 다음과 같이 썼다.

> 그들은 간음이나 음행을 저지르지 않으며 거짓 증언도 하지 않으며, 담보로 잡힌 물건을 가로채거나 남의 물건을 탐내지 않습니다. … 오 황제여, 그리스도인 여성들은 처녀처럼 순결하고 그 딸들은 현숙하며 그 남자들은 어떤 형태의 불륜이나 불결한 남녀 관계에서 깨끗한 자들입니다.[67]

새로운 기독교로 개종한 자들은 개인적인 삶에 있어서 "세상 정욕을 다 버리고 신중함과 의로움과 경건함으로 이 세상에 살라"는 교훈을 받았다(딛 2:12). 사회생활에서도 그들은 "뭇사람을 공경하며 형제를 사랑하며 하나님을 두려워하며 왕을 존대하라"(벧전 2:17)는 가르침을 받았다. 육신에 짓는 무거운 죄뿐 아니라 사악한 눈, 불결한 생각, 조급한 성격, 날카로운 혀, 무익한 말과 같은 보다 교활한 영적인 죄를 범하지 않아야 했다. 분함, 노여움, 악의, 비방, 입의 부끄러운 말과 같이 옛 사람에 속한 삶에서 떠나야 했다(골 3:8).

(4) 세상과 단절

세례를 받은 교인은 모든 죄악된 삶과 단절된 삶을 살아야 했다. 만약 죄를 짓게 되면 그 죄를 고백해야만 했다. 만일 지은 죄가 중대한 경우에는 공적 자리에서 통회하고 참회의 눈물을 나타내 보여야 했다. 계속해서 같은 죄를 짓는 자들은 출교를 당했다.

---

[67] Aristides, *Apology* 15.

오락 문제는 세상과의 분리 원칙이 가장 철저하게 적용되었던 예였다. 로마의 원형 경기장, 곡마단(circus), 극장 출입은 엄격하게 금지되었다. 교인들은 배우나 검투사가 되어서는 안 되고 연기를 가르치는 것도 허용되지 않았다. 당시의 여흥거리인 대중 시합에 대한 열기는 엄청났다. 그러나 그리스도인들은 널리 인기가 있던 대중적인 오락을 즐기지 않도록 요청받았다.

교회는 공연되는 연극에 묘사된 이방신들과 사람들 간의 부도덕한 모습 때문에 극장을 못마땅하게 여겼다. 로마 최고의 인기를 누리던 검투사 시합은 두 가지 이유로 비난받았다.

첫째, 검투사 시합의 기원이 신들에게 제물로 드려지는 행사에서 유래했으므로 우상 숭배에서 자유로울 수 없었다.

둘째, 교회는 검투사 시합에서 살해 장면을 목격하는 것은 살인 행위나 마찬가지라는 입장을 기독교회가 가졌기 때문이었다.

물론 그리스도인들은 이러한 시합을 중단시킬 힘이 없었다. 하지만 그들의 저항은 콘스탄틴이 황제로 등극해 권력을 장악했을 때 때마침 대중의 여론도 들끓어 국가가 이러한 잔인한 경기들을 축소할 수 있었고 후대에 검투사 시합은 폐지되었다.

(5) 결혼과 동성애

결혼은 인생의 고귀한 유산으로 간주되었다. 그러나 독신 생활이 이상적인 삶으로 권장되기도 했다. 그리스도인들에게는 교인들과의 결혼만이 허락되었다. 로마 사회에서 이혼은 매우 많았는데 교인들의 이혼은 불신자인 배우자가 요구할 경우에만 허용되었다. 과부와 홀아비들의 재혼은 승인되지 않았다. 고대 로마에 아주 드물게 존재한 동성애는 철저히 정죄받았다.

교인들은 자녀들을 하나님이 주신 선물로 이해했고 하나님을 경외하는 자녀들로 교육해야 했다. 이방 사회에 만연하던 낙태와 영아 살해는 살인으로 간주되어 금지되었다. 기독교 신앙을 통해 자유함을 얻었지만 여성들은 겸손하고 단정한 태도로 공중 예배에 참여해야 했다. 여성들은 화장품이나 보석과 같은 겉치장이 아니라 '온유하고 안정된 심령으로' 속사람을 단장하도록 요청받았다(벧전 3:4).

(6) 구별된 삶

교인들에 대한 행동 기준이 이렇게 너무 높다 보니 교회는 그러한 기준에 도달하기가 쉽지 않았다. 지상의 교회들 가운데 완전한 교회는 없었기에 고린도교회처럼 몇몇 교회들은 윤리적으로나 신학적인 문제로 어려움을 겪기도 했다. 약점들이 발견되기는 했지만 그리스도인들의 놀라운 성품과 행동에 주목하며 이들에게 찬사를 보내는 이방인들이 존재했던 것도 사실이다.

비두니아의 총독 플리니(Pliny the Younger)는 그리스도인들이 평화롭고 모범적인 삶을 살았다고 보고하고 있다. 고대 로마 시대의 의사(해부학자)이자 철학자인 갈렌(Galen, 129-200)은 그리스도인들은 자기 훈련(절제)에 철저하고 도덕적으로 탁월한 삶(moral excellence)을 추구하며 철학자 못지않게 참되게 살아가는 자들이라고 평가했다.

그러나 시간이 지남에 따라 부패해 갔던 다른 기관들처럼 교회도 예외는 아니었다. 교회의 쇠퇴는 3세기 초엽에 시작되어 260년에서 300년 사이의 핍박이 없었던 40년의 평화 시기에 쇠퇴가 가속화되었다. 평화는 교회에 번영을 가져왔지만 이 번영은 박해기에 기독교회에 가해진 해악보다 더 많은 해를 가져다주었다. 교회는 새로운 재산을 취득하게 되면서 위풍당당한 교회 건물을 건축하게 되었다. 그 후 사람들이 대규모로 교회로 몰려 들어오기 시작했다.

데시안(Decian) 황제와 디오클레티안(Diocletian) 황제의 박해 사이에 교회는 로마제국 내에서 가장 부유한 종교 집단이 되었고 이후 교회는 부(wealth)에 대한 공격을 점차 누그러뜨리게 되었다. 키프리안(Cyprian)은 자신의 교구민들이 돈을 버는 데 혈안이 되어 있고 그리스도인 여성들은 얼굴 화장에 관심이 있으며, 주교들은 많은 봉급을 주는 국가의 공직에 앉아 떼돈을 벌고 높은 이율로 고리대금업을 하는데, 이는 위험한 첫 징후이며 신앙을 저버리는 행위라고 비판했다. 4세기의 교회역사가 유세비우스(Eusebius)는 성직자들이 성직 임명을 둘러싸고 서로 경쟁하며 격렬히 싸우는 것을 개탄했다. 기독교가 세계를 변화시키는 동안에 세계는 기독교를 변질시키고 있었다.[68]

6. 로마의 기독교 박해

예수는 제자들에게 매우 솔직하셨다. 그는 기독교에 적대적인 세상에서 제자들이 처하게 될 상황을 에두르지 않고 솔직하게 말씀해 주셨다.

세상에서는 너희가 환난을 당할 것이다(요 16:33).

너희는 세상에 속한 자가 아니기 때문에 세상이 너희를 미워할 것이요. 사람들이 나를 박해하였은즉 너희도 박해할 것이다(요 15:19-20).

예수는 심지어 "너희를 죽이는 자가 생각하기를 이것이 하나님을 섬기는 일이라"(요 16:2)고 생각할 것이라는 경고까지 했다.
초대교회의 역사는 예수의 이러한 말씀을 다음과 같이 확증해 주고 있

---

[68] Will Durant, *Caesar and Christ*, 657.

다. 스데반 집사는 돌에 맞았다. 사도 야고보는 칼로 목 베임을 당해 죽었다. 베드로는 죽음의 문턱까지 갔다가 천사의 도움으로 죽을 고비에서 벗어나기도 했다. 바울은 "나는 날마다 죽노라"(고전 15:31)고 고백했다. 그는 새로 예수를 믿는 자들에게 "우리가 하나님의 나라에 들어가려면 많은 환난을 겪어야 할 것이라"(행 14:22)고 권면했다.

바울은 디모데에게 보낸 편지에서 "그리스도 예수 안에서 경건하게 살고자 하는 자는 박해를 받으리라"(딤후 3:12)고 썼다. 사도 베드로는 고난 중에 있는 그리스도인들에게 보낸 편지에서 "너희를 연단하려고 오는 불 시험을 이상한 일 당하는 것 같이 이상히 여기지 말라"(벧전 4:12)고 격려했다.

사도행전에 나오는 기독교의 첫 세대 동안에 교회를 박해한 것은 로마 원로원이 아니라 유대교 회당이었다. 사도행전의 저자 누가는 로마 정부가 새로운 종파인 기독교에 대해 관용을 베풀어 주었을 뿐만 아니라 실제로 기독교 대적자로부터 보호해 주기까지 했다는 사실을 보여주려고 노력했다. 바울과 그의 선교 동역자들은 로마 관리들의 적절한 도움으로 목숨을 건진 적도 여러 번 있었다.

로마제국이 초기 그리스도인들을 핍박한 원인, 박해의 성격 그리고 박해의 정도를 정확하게 밝히는 것은 쉽지 않다. 기독교에 대한 비난과 반론에 대한 진실성과 정확성이 분명하지 않기 때문에 올바른 평가를 내리기가 어렵기 때문이다. 역사적 문헌이 거의 남아있지 않고 또한 현존하는 역사 자료가 모든 역사적 사실을 전해주지 못하기 때문에 객관성이 결여되어 있다.

초기 기독교 변증가들이 대중 토론회에서 그리스도인들의 미덕을 과장하기도 했다는 것은 의심의 여지가 없다. 한편 기독교 대적자들은 그리스도인들을 '멍청이들'(루시안), '신에게 버림받은 바보들'(켈수스) 그리고 '인간을 혐오하는 자들'(타키투스)이라고 부르면서 기독교 진리를 폄하했다.

1) 네로 황제의 박해

기독교가 유대교의 한 분파로 인식되는 동안 기독교는 유대교에 허용되던 '합법 종교'(religio licita)의 특권을 누릴 수 있었다. 그러나 시간이 지남에 따라 기독교와 유대교 사이의 간격은 넓어져 갔다. 50년에 이르러 예수의 추종자들은 자신들의 입지를 굳게 세우게 되었고 그리스도인이라는 명칭도 얻게 되었다(행 11:26). 64년에 네로(재위 54-68) 황제의 방화에 의해 로마(Rome)가 불탄 후에 그리스도인들은 사형에 처해질 수 있는 중범죄자로 취급되었던 것으로 보인다.

로마의 대화재로 정치적 궁지에 몰린 네로는 자신의 무죄를 주장하기 위해 희생양을 찾기 시작했다. 마침내 그는 그리스도인들을 방화범으로 지목하고 그들을 가장 잔혹하게 다루었다. 타키투스(Tacitus)는 네로의 기독교 박해를 다음과 같이 기록하고 있다.

> 그리스도인들은 정교하고도 잔인한 방법으로 사형에 처해졌다. 네로는 고문당하는 그들을 조롱하고 비웃기까지 했다. 어떤 이들은 맹수의 가죽으로 덮어 쓰여 개들에게 먹잇감으로 던져졌고 다른 이들은 십자가에 못 박혀 처형되기도 했다. 불에 타 죽은 사람들도 많았고 가연성 물질이 뿌려진 후 불이 부쳐져 어두운 밤을 밝히는 횃불처럼 처형되기도 했다.[69]

특히 그리스도인들의 단호한 황제 숭배 거부는 로마 사람들에게 도발적인 것으로 간주되었다. 하르낙은 이렇게 밝혔다.

> 황제 숭배에 대한 거부는 최악의 신성모독일 뿐만 아니라 최대의 반역죄로 간주되었고 이것 때문에 기독교에 대한 국가의 탄압이 언제나 시작되

---

69 Tacitus, *Annals*, XV, 44.

었던 것이다.[70]

황제 숭배에 관한 법이 로마의 모든 지역에서 획일적으로 적용된 것은 아니었다. 지방 행정관 중에는 교양 있고 관용적인 사람들이 많았다. 로마 황제들 중에는 그 법령을 강하게 집행하지 않고 고의적으로 방치한 이들도 많았다. 하드리안(Hadrian) 황제는 관리들에게 확실한 증거가 없으면 그리스도인들을 내버려 두라는 지시를 내렸다. 트라얀(Trajan) 황제는 골치 아픈 비두니아 지방의 플리니(Pliny) 총독에게 그리스도인을 '찾아내는 수색 활동'을 금지시켰고 고발자가 자신의 이름을 밝히지 않으면 그리스도인들을 체포하지 못하도록 했다.

2) 2세기-313년의 박해

교회에 가해진 두 번째 박해는 도미티안(재위 81-96) 황제의 치하에서 발생하는데 이때에 사도 요한은 밧모섬으로 유배되었다. 156년경 안디옥의 감독 이그나티우스(Ignatius)가 순교했고, 156년경에는 서머나(Smyrna)의 감독 폴리갑(Polycarp)이 순교했다. 마르쿠스 아우렐리우스(Marcus Aurelius, 재위 161-180)의 통치 기간에 자연 재해가 발생했을 때 그 원인이 그리스도인 때문이라며 또 다시 누명을 뒤집어씌웠다. 비엔나와 리용에서는 화난 군중들이 길거리로 나온 그리스도인들에게 돌을 던지며 공격했다.

코모두스(Commodus, 재위 180-193) 황제 치하에서 상황이 호전되기도 했지만 셉티미우스 세베루스(Septimius Severus, 재위 193-211) 황제의 후반기에 다시 악화되었다. 세베루스는 기독교로의 개종을 금지하고 세례를 범죄로 간주했다. 203년에 많은 그리스도인들이 북아프리카 카르타고에서 순교

---

[70] Adolf Harnack, *The Mission and Expansion of Christianity*, 296.

를 했다.⁷¹

3세기 이전에는 지역적인 핍박은 있었지만 로마제국 전역에 걸친 박해가 가해지지는 않았음을 주목하는 것이 중요하다. 선교 역사가 스티븐 닐은 "장기간에 걸쳐 지속적인 박해를 계속해서 받은 교회는 없었고 순교자의 숫자도 후대의 교인들이 생각하는 만큼 그렇게 많지 않았다"⁷²고 주장한다. 교회가 로마제국 내에서 막강한 힘을 소유하기 이전의 초기에는 예수를 구주로 고백하는 사람들이 처형당했을 뿐이다. 이러한 사람들은 '순교자' 혹은 '증인'으로 알려졌다.

3세기가 되면서 그리스도인 수가 증가해 그들을 처형하게 되면 인구수가 격감할 정도가 되었다. 이 시기에 그리스도인들은 신앙을 저버릴 때까지 고문을 당했다. 배교자가 되기를 거부하고 고문을 견뎌낸 자들을 '고백자'(confessor)라고 부르기 시작했다.

기독교 초기 2세기 동안에 교회에 가해진 박해는 지역적이고 간헐적이었다. 이 시기에 박해의 기간과 박해의 강도는 시간과 장소에 따라 달랐는데 지방 행정관의 기질이나 황제의 의도에 따라 달라졌다. 로마의 관리들은 분노한 군중들에 떠밀려 그리스도인들을 핍박하곤 했는데, 군중들의 미신적인 분노는 그리스도인들의 열심에 따라 더 강해지기도 하고 누그러지기도 했다.

그리스도인들은 이웃들로부터 멸시를 당하기도 했고 미움을 받기도 했다. 그리스도인들은 무신론자, 부도덕한 자, 비애국자로 비난받았다. 또한 그리스도인들은 인육을 먹고 사람의 피를 마시며 한밤에 음탕한 술파티를 즐기는 등의 흉악한 일을 자행하는 비밀 집회를 여는 무리로 간주되었다. 이러한 비난은 잘못된 것이라는 주장도 별 차이가 없었는데 특히 로마제

71　203년경에 카르타고의 상류 계층의 젊은 여인 퍼페츄아(Perpetua)와 시녀 펠리시타스(Felicitas)가 순교했다. 처형 당시에 퍼페츄아는 출산한 지 얼마 되지 않은 때였다 (역주).
72　Stephen Neill, *A History of Christian Missions*, 38.

국이 심각한 재정난에 빠져있고 사람들의 성질이 난폭해져 있던 때는 더더욱 그러했다.

기독교에 대한 이러한 박해가 교회의 발전에 전적으로 해로운 것만은 아니었다.

> 이러한 일시적인 박해는 신실한 성도들의 열심을 불러일으키고 연단시키는데 도움을 줄 뿐이었다. 심한 박해의 순간들을 이겨내면서 성도들은 이보다 더 긴 평화와 평안한 시기로 보상 받았다. 몇몇 행정관들의 무관심과 방종으로 인해 그리스도인들은 비록 합법적인 관용은 아니었지만 실제로는 공공연하게 종교의 자유를 누릴 수 있었다.[73]

3) 3세기의 간헐적 박해와 디오클레티안의 대박해(303-311)

3세기 초반에는 셉티미우스 세베루스(Septimius Severus, 재위 193-211), 막시미니우스(Maximinius, 재위 235-238), 데키우스(Decius, 재위 249-251) 황제 치하에서 산발적으로 박해가 있었다. 그 후 261년에 갈리에누스(Gallienus, 재위 260-268) 황제가 최초로 관용을 허용하는 칙령을 선포하면서 전례가 없던 40년간의 평화의 시기가 있었다.

이러한 평화는 디오클레티안(Diocletian, 재위 284-305) 황제가 303년에 반포한 박해 칙령에 의해 갑자기 깨지고 말았다. 로마제국 전역을 대상으로 하는 이 법령은 기독교에 가장 심한 그리고 마지막 박해를 초래했다. 이 칙령은 기독교회의 파괴, 기독교 집회 해산, 기독교 서적의 소각, 그리스도인들의 공직 배제 등을 명령했다. 이 박해 법령에도 불구하고 비밀 집회를 계속하던 그리스도인들은 죽음을 당했다.

---

[73] Edward Gibbon, *The Triumph of Christendom in the Roman Empire*, 115.

니코미디어(Nicomedia)성당이 불에 타면서 시작된 이 시기의 박해는 10년 동안 지속되었다. 이탈리아와 로마 동부에서는 이 칙령을 수행하기 위해 군대까지 동원되었다. 고올(Gaul) 지역과 영국에서 몇몇 교회들이 불에 탔고 그 외 로마제국 전역에서 순교자들이 생겨났다. 1,500명의 순교자가 발생했고 수많은 그리스도인이 재산을 몰수당했다. 로마의 주교를 포함해 수천 명의 교인들이 신앙을 저버리고 변절했다.

4) 밀라노 칙령(313)과 기독교 공인

A.D. 313년에 콘스탄틴(Constantine, 재위 306-337) 황제가 '밀라노 칙령'(Edict of Milan)을 발표하면서 항구적인 평화와 신앙의 자유가 교인들에게 주어졌고, 교회는 지난 10년 동안 몰수당했던 재산을 되찾게 되었다.

박해 시기에 보여준 그리스도인들의 끈질긴 인내와 죽음에 직면해서도 신앙을 지킨 순교자들의 승리에 찬 믿음은 교회 역사에서 가장 영광스러운 페이지를 장식하고 있다. 놀라울 정도로 순교자들은 "너희 원수를 사랑하며 너희를 박해하는 자를 위해 기도하라"(마 5:44) 하신 주님의 가르침을 실천했다.

기독교 초기 2세기 동안 그리스도인들은 "황제가 주님이다"(Caesar is Lord)라고 고백하도록 강요를 당했고, 이를 거부하는 그리스도인들에게 온갖 고문이 자행되었지만 별 소용이 없었다. 당시에 알려져 있던 박해 방법들이 모두 다 동원되었지만 신앙을 버리고 변절한 사람들은 거의 없었기 때문이다. 초대 교인들은 감옥, 광산 노역, 유배지로 쫓겨 가면서도 기쁘게 갈 수 있었다. 그들은 죽음을 피하기보다 기꺼이 죽음을 맞이하려는 자들처럼 보이기까지 했다.

로마에서 맹수의 먹잇감으로 던져지는 선고를 받게 되었을 때 순교자 저스틴(Justin Martyr)은 친구와 적 모두에게 개입하지 말 것을 부탁했다.[74] 터툴리안(Tertullian)은 그리스도인들은 사형 선고를 받았을 때에도 감사를 드렸다고 증언한다. 몇몇 그리스도인들이 죽여 달라고 하도 졸라대니까 지방 총독 안토니우스(Antonius)는 그들의 태도에 화가 치밀고 혐오감에 소리쳤다.

"불쌍한 인간들! 가여운 자들! 그토록 살기가 싫으면 밧줄에 목을 매든지 높은 낭떠러지에서 그냥 뛰어내리지 않느냐?"[75]

박해는 기독교를 없애 버린 것이 아니라 오히려 교회를 더 강화시키는 결과를 낳았다. 순교자의 피는 교회의 씨앗임이 입증되었던 것이다. 한 사람이 순교할 때마다 수많은 사람이 이방신을 버리고 기독교 신앙을 받아들였다.

> 몇몇 초기 그리스도인들이 보여준 광경보다 인류 역사에서 더 놀라운 드라마는 없었다. 그들은 계속해 로마 황제들에게 조롱과 핍박을 받았으나 많은 시련을 불굴의 정신으로 견디며 조용히 그 숫자가 배가되어 갔고, 그들의 대적이 혼란을 야기할 때도 질서를 세워 나가고 칼에는 말씀으로 맞서며 잔인하게 대해도 희망을 잃지 않음으로써 마침내 인류 역사상 가장 강한 나라를 물리치고 말았다. 황제와 그리스도는 원형 경기장에서 결전을 벌였고 그리스도가 승리를 거두었다.[76]

74　165년경 저스틴은 참수형을 당했다(역주).
75　Edward Gibbon, *The Triumph of Christendom in the Roman Empire*, 112.
76　Will Durant, *Caesar and Christ*, 652.

7. 콘스탄틴 황제의 회심

디오클레티안 황제 치하에서 기독교는 가장 혹독한 핍박을 받았지만 교회는 이러한 시련을 이겨내고 승리를 쟁취했다.[77] 이러한 박해가 끝나고 교회는 유례없는 평화의 시기를 맞이했다. 이러한 변화를 가져오게 된 결정적인 사건은 콘스탄틴(Constantine, 재위 306-337) 황제의 회심이었다.

기독교 역사학자인 유세비우스(Eusebius)에 의하면, 312년 왕권을 둘러싸고 막센티우스(Maxentius)와 최후의 결전을 앞둔 전날 밤 꿈에서 콘스탄틴은 하늘에서 불타는 십자가와 "이 표시로 정복하라"는 음성과 함께 글귀를 환상 중에 보았다고 한다.[78] 콘스탄틴은 십자가의 상징을 사용해 막강한 막센티우스의 군대를 격파하고 서구의 확실한 통치자로 로마에 입성했다.

313년 초에 콘스탄틴 황제는 그 유명한 밀라노 칙령을 발표하여 로마제국 내에서 기독교에 신앙의 자유를 허락했고 디오클레티안 황제의 박해 때에 몰수했던 교회 재산을 되돌려 줄 것을 명령했다. 그로부터 10년이 지난 324년에 동로마제국의 황제 리키니우스(Licinius, 재위 308-324)를 물리치고 동·서로마제국의 단독 황제가 된 콘스탄틴은 자신을 그리스도인이라고 선포한 후 그의 신하들에게도 기독교를 받아들이도록 권유했다.

---

[77] 303년부터 311년까지 8년간 박해가 지속되었다(역주).
[78] 그 표시는 그리스어로 그리스도(Χριστός)의 처음 두 글자였다. 첫 두 글자 키(X)와 로(P)를 겹쳐놓은 문양을 라바룸(Labarum)이라고 부르는데 후에 기독교의 상징이 되었다. 다음날 콘스탄틴은 군사들 방패에 ☧(라바룸)을 새기게 하고는 4배나 많은 숫자의 막센티우스와의 전투에서 승리한다(역주).

1) 유세비우스

콘스탄틴 황제의 통치 하에서 일어난 두 가지 사건은 기독교회 역사에서 매우 중요한 의미를 지니고 있다. 그 하나는 325년에 황제가 소집한 니케아 공의회였고 또 하나는 같은 해에 완성된 유세비우스의 『교회사』(Ecclesiastical History)였다. 당대 최고의 석학이자 위대한 역사학자 유세비우스는 주교였고 콘스탄틴 황제의 총애를 받던 사람이었고, 기독교의 시작부터 니케아 공의회까지의 교회 역사를 기술함으로써 교회는 그에게 영원한 빚을 지게 되었다.

그런데 유세비우스의 기념비적인 저작인 『교회사』에는 일반 역사가에게서 엿볼 수 있는 객관성이 결여되어 있다. 그럼에도 불구하고 그는 사료들을 비판적으로 검토했고 그의 진술은 고대 역사서만큼이나 정확하다고 평가할 수 있다. 이 책은 초기 3세기 동안의 교회 역사를 가장 포괄적이면서도 권위 있게 다룬 저작이다. 이 책이 없었다면 초대교회에 대한 우리의 지식은 매우 제한적이었을 것이다.

2) 니케아 공의회(325)

니케아 공의회는 콘스탄틴 황제에 의해 소집되었고, 그의 공의회 소집 동기는 종교적이기보다는 정치적이었다고 볼 수 있다. 교회가 심각하게 분열되어 있었기 때문에 황제는 제국 안의 교회의 연합을 발판삼아 제국을 하나로 통일하기를 원했다. 이 최초의 에큐메니칼 공의회에는 318명의 주교와 그보다 낮은 계급의 성직자들이 많이 참석했다. 이 회의는 황제의 궁정에서 개최되었는데, 콘스탄틴 황제가 회의를 소집하고 사회를 보았을 뿐만 아니라 신학 논쟁에 참여하기도 했다.

니케아 공의회에서는 아타나시우스(Athanasius, 296-373)와 아리우스(Arius, 256-336) 간에 격렬한 교리 논쟁이 벌어졌는데 결국 아타나시우스가 승리를 거두었다. 니케아 공의회에서는 예수 그리스도는 "낳아진 것이지 창조된 것이 아니며, 그는 아버지와 동일한 본질(同一本質, homoousios)로 되어 있다"[79]라고 선포한 니케아 신경이 발표되었다.

3) 교회의 세속화

콘스탄틴의 개종 이후 기독교는 갑자기 인기를 얻게 되었고 많은 사람이 교회로 몰려들었다. 웅장한 교회 건물들이 세워지기 시작했는데 때로는 국가의 지원으로 때로는 이방 신전에서 몰수한 보물로 건축되었다.

교회와 국가의 결탁으로 인해 기독교는 엄청난 번영과 부의 축적을 갖게 되었지만 기독교 공동체의 영적 상태나 도덕성을 높이지는 못했다. 수많은 사람이 기독교 신앙을 갖게 되면서 교회는 선교적 노력을 기울일 필요가 없는 것처럼 보였다. 그리하여 개종을 목표로 하는 선교 활동과 헌신된 삶에 대한 관심은 더 이상 중요한 관심사가 되지 못했다. 교회에 출석하기 시작한 개종자들은 이방 종교의 습관과 재산을 그대로 갖고 들어왔다.

콘스탄틴 황제로부터 현재에 이르기까지 서구의 기독교회는 개신교나 로마 가톨릭교회를 막론하고 시기에 따라 그리고 정도의 차이는 있었지만 국가와 동일시되거나 국가 권력의 지원을 받기도 했다. 교회의 권력이 영적 세력에 해를 끼치는 정치 권력과 결탁하기 시작한 것이다.

---

[79] 325년 니케아 공의회(오늘날 터키의 이즈니크)에서는 예수가 피조물이라 주장한 아리우스가 이단으로 정죄되었다(역주).

4) 콘스탄틴 개종의 진정성 논란

콘스탄틴 황제의 회심은 진정한 회심이었는가?
그가 기독교를 공인한 이유가 정치적으로 계산된 것이었는가?
콘스탄틴의 공인 없이 기독교는 로마제국을 정복할 수 있었을까?
이러한 질문에 대해 최종적이고 확실한 대답을 할 수는 없다. 이방 종교의 압도적인 지배 아래 있는 나라에서 그리스도인 황제가 자신의 종교적 성향을 완전히 참되게 표현하거나 황제의 개종 동기가 온전히 순수하기를 기대하는 것은 불공평한 생각일 것이다. 공적 삶에서 정치 지도자들이 자신에게 편리한 상황을 항상 거부하기가 쉽지 않다는 것을 보게 된다. 양보와 타협은 정치 생활에 필요한 기본 요소다. 절대 군주조차도 사회적, 정치적, 경제적 상황을 태연하게 무시할 수는 없을 것이기 때문이다.

5) 콘스탄틴의 기독교 공인(313) 이유

콘스탄틴 황제가 기독교의 확산을 장려했던 이유에 대해서는 개인적인 이유와 정치적인 이유가 타당한 근거로 분명하게 제시되어 있다.

첫째, 기독교가 그에게 생소한 것이 아니었다. 그의 어머니 헬레나(Helena)가 그리스도인이었기 때문에 아들에게 새로운 신앙에 대해 말해주었을 것이라는 데는 의심의 여지가 없다.

둘째, 10번에 걸친 박해가 있었지만 기독교를 멸망시킬 수 없었다는 로마 역사를 잘 알고 있었던 그는 기독교의 생존 능력에 커다란 감동을 받았을 것이다.

셋째, 십자가의 깃발 아래 그의 군대는 위대한 승리를 거두었다. 교회가 황제를 후원해 준 것은 그가 막센티우스와 리키니우스와에 대항해 싸운 12개의 로마 군단과 맞먹는 엄청난 것이었다.

넷째, 그리스도인들은 사회를 안정적으로 유지시켜 주는 중요한 요인이었고 제국을 견고하게 세워 주는 굳건한 기반을 제공해 주었다. 그리스도인들은 모두 열심히 일했고 국법을 존중하고 잘 지켰다. 그들은 좋은 이웃이자, 선량한 시민이었으며 용맹한 군인이었다. 그들과 사촌 관계에 있는 유대인들과 달리 그리스도인들은 반란도 일으키지 않았다. 그들의 경전인 성경은 모든 사람을 사랑하며 하나님을 경외하고 왕의 권세에 복종하라고 가르쳤다.

황제로서 그리스도인들에게서 더 이상 바랄 것이 없을 정도였다. 만약 누군가가 황제를 도와 제국을 견고하게 할 수 있는 사람들이 있다면 바로 이 이상한 사람들, 즉 '제3의 종족'이라 불리는 그리스도인들이었을 것이다.

6) 콘스탄틴의 이중성

한편 콘스탄틴(272-337, 재위 306-337) 황제는 이 모든 일을 신중하게 추진해야만 했다. 그 당시 그리스도인들은 로마 전체 인구의 10%를 넘지 못했다. 그는 기독교에 호의를 베풀면서도 제국의 이방 종교의 풍습을 배척하지 않았다. 한동안 그는 이 두 진영 모두와 관계를 가지면서 자신의 이익을 취했다. 결과적으로 그는 이방 종교와의 결별을 확실하게 하지 않았던 것이다.

콘스탄틴은 교회를 건축했지만 이와 동시에 이방 사원을 복원하기도 했다. 330년 콘스탄틴이 동로마제국의 수도를 콘스탄티노플로 이전하고 헌당할 때에 그는 기독교 의식과 함께 이방 종교 의식도 행했다. 그는 풍년을 기원하고 질병을 치료하기 위해 마술을 사용했다. 그는 로마제국의 황제 칭호와 폰티펙스 막시무스(Pontifex Maximus)라는 이교의 최고 사제의 칭

호를 죽을 때까지 같이 사용하기도 하였다.[80]

권력을 강화한 후에 콘스탄틴은 이전보다 더 확고한 기독교 신앙의 입장을 취했다. 그가 발행한 여러 주화에서 앞면의 황제 형상과 함께 새겨져 있던 뒷면의 이방신의 형상을 동전에서 제거해 버렸다.[81] 주교들에게는 교권뿐만 아니라 사법권도 주어졌다. 교회 재산에 대해서는 세금을 면제해 주었다. 일요일은 기독교의 예배의 날(주일)로 선포했다. 교회 건물과 기독교 자선 사업을 위해 거금을 제공했다. 그러나 그 자신에게만 알려진 이유 때문에 그는 죽음이 임박했을 때 세례를 받았다.[82]

미국의 역사학자 듀런트(Durant)는 콘스탄틴을 "노련한 장군이요 뛰어난 행정관이며 최고의 정치가"[83]라고 묘사한다. 이러한 시각과 달리 그를 사치스럽고 변덕스럽고 무자비한 사람으로 평가하기도 한다. 그는 매우 야심만만하고 아첨에 약한 자였다. 절대 군주로서 그는 정적을 없애기 위해 무력 사용도 주저하지 않았는데, 324년에 자신의 처남과 조카들을 죽였고, 326년에는 아들과 부인마저도 처형했다.

---

80 콘스탄틴은 태양신도 함께 숭배한 혼합주의자였다는 주장도 있다(역주).
81 313년 콘스탄틴은 로마 역사상 최초로 기독교 주화를 발행한 황제다. 그가 발행한 로마 동전에는 콘스탄틴의 형상과 함께 태양신을 비롯한 이방신의 형상이 새겨진 것들도 있었다. 그러나 320년 이후 기존 주화에 사용되던 이교 신앙의 형상과 문구들이 사라지고 기독교 상징('십자가'-318년, '키(X)-로(P) 문양'-325년, '하나님의 손'-337년)이 사용되기 시작했다. 김동주, "콘스탄티누스 대제의 기독교 주화에 대한 연구," 「영산신학저널」 43권 (2018): 41-71(역주).
82 죽음이 임박해 세례를 받는 것은 당시의 관례였는데, 그 이유는 죽음 직전에 세례를 받으면 그 이전의 모든 죄가 사해진다고 믿었기 때문이다(역주).
83 Will Durant, *Caesar and Christ*, 664.

제2장

유럽의 기독교화(A.D. 500-1200)

1. 서방교회: 서유럽 국가들의 기독교 전래

1) 아일랜드교회의 선교

중세의 암흑시대 동안 아일랜드는 몰려오는 어둠 속에서도 횃불의 역할을 잘 감당했다. 6세기에서 8세기에 이르는 동안 아일랜드는 서유럽에서 가장 진보한 나라였다. 아일랜드는 무자비한 야만족의 약탈과 침략을 받지 않았고, 유럽 전역이 암흑기를 지내며 어두움에 사로잡혀 있을 때 아일랜드교회는 학문의 등불을 밝히고 있었다. 영국과 유럽에서 학자들이 몰려들 때 아일랜드는 그들을 끝없이 환대하며 받아들였고 그들과 함께 당대 최고의 교육 수준을 제공할 수 있었다. 특히 아일랜드의 훌륭한 수도원 학교들이 없었더라면 서유럽의 학문은 거의 사라지고 말았을 것이다.

아일랜드교회의 또 다른 중요한 특징은 선교 열정이 특심했다는 점이었다. 패트릭(Patrick) 때 이후로 아일랜드교회는 철저히 복음적이고 선교적이었다. 6세기에서 7세기 동안에 아일랜드교회는 역사상 가장 선교사를 많이 파송하는 교회들 가운데 하나가 되었다. 해박한 성경 지식과 성령의 능력을 힘입어 아일랜드 선교사들은 기독교 유럽을 집어삼킬 듯이 위협하던 이방 종교에 대항해 뜨거운 열정을 갖고 맞서 싸웠다. 거룩한 열정으로 그들은 이방 민족의 복음화에 헌신했다. 스코틀랜드의 사나운 픽트족(Picts), 영국의 야만인이었던 앵글로색슨족(Anglo-Saxons), 베네룩스 3국(네덜란드, 벨기에, 룩셈부르크)의 프리지안족(Frisians)과 같은 야만족들을 복음화하는 데 전력을 기울였다.

아일랜드 선교사들은 고난과 핍박, 심지어 순교를 무릅쓰고 고올(Gaul) 지방, 네덜란드, 독일, 스위스, 북부 이탈리아 등지로 나아갔다. 그들은 가는 곳마다 기독교 문화와 선교 활동의 중심이 되었던 수도원을 설립했다. 이 수도원에서 훈련받은 수도사들은 선교사로 파송되어 복음을 전했고 그들은 휴식과 영적 갱신을 위해 다시 그곳으로 되돌아오곤 했다.

> 우리 교회는 원시 켈틱(Celtic) 기독교에 어떤 빚을 지고 있는가? 대답은 켈틱교회는 역사상 전례가 없는 가장 위대한 선교적 열정과 희생적 노력을 기울였다는 것이다. 유럽이 야만족의 말발굽 아래 유린당하고 있을 때 아일랜드 켈트족 출신 순회 전도자들은 북해[1]로부터 이탈리아 북부의 롬바르디아 평원까지 독일 라인강을 넘어 영국 국경에 이르기까지 유럽의 이교주의 중심지까지 침투해 들어가 살면서 그 암흑의 시기에 학문의 등불을 밝혔다. 이들은 야만적이었던 유럽을 개종시켰을 뿐만 아니라 샤를마뉴(Charlemagne, 재위 768-814) 대제 때까지 가장 뛰어난 학자들을 배출했던 것이다.[2]

---

1 대서양 북동부의 해역으로 유럽 대륙과 영국 사이의 바다(역주).
2 Gough Meisser, "The Mission and Expansion of Celtic Christianity," in W. A. Philips, *History of the Church of Ireland* (London: Oxford University Press, 1933), 49.

2) 영국의 기독교 전래

영국에서 기독교의 기원은 분명하지 않다. 우리는 복음이 언제 그 국가에 처음으로 소개되었는지 정확히 알지 못한다. 그러나 3세기에 영국에 기독교회가 존재했다는 사실은 확실한 것으로 간주된다. 최초의 신뢰할 만한 정보는 314년 남프랑스 아를(Arles)에서 개최된 종교회의에 잉글랜드의 런던, 요크, 링컨 지역에서 온 3명의 주교가 참석했다는 기록이 존재한다. 그러나 5세기에 앵글로색슨족이 영국을 침략했을 때 이 초기 기독교의 흔적은 대부분 없어져 버렸고 서부의 접근하기 힘든 고립된 지역에 소수의 교인들만이 존재하게 되었다.

6세기에 이르러서야 기독교는 영국에 영구적인 뿌리를 내리게 된다. 영국의 기독교 전래과정을 보면 두 방향으로 전개되는데, 563년 아일랜드교회를 통한 북방 루트와 596년 로마교회를 통한 남방 루트를 통해 복음이 전해졌다.

(1) 콜럼바와 아이오나수도원(563)

영국이 일찍이 복음을 전해준 아일랜드가 이제는 그들의 가장 훌륭한 사도인 유명한 콜럼바(Columba, 521-597)를 스코틀랜드에 선교사로 보내게 되었다. 그는 귀족 가문 출신의 인문학에 재능이 많았고 학문에도 조예가 깊은 사람이었다. 콜럼바는 아일랜드의 더니골(Donegal)에서 출생했고 인생의 절반을 조국인 아일랜드의 복음화를 위해 헌신하며 그곳에 많은 교회와 수도원을 설립했다. 그중에 데리(Derry)와 대로우(Darrow)에 세운 수도원이 가장 널리 알려져 있다.

전기 작가는 콜럼바를 "외모는 천사 같고 말은 솔직하고 사역은 거룩했으며 그는 최고의 재능과 분별력을 지닌" 사람으로 묘사했다. 563년 콜럼바가 42세가 되는 해에 그는 12명의 동료들과 함께 아일랜드 해협을 건너가 스코틀랜드 서해안에 위치한 아이오나(Iona)섬에 수도원을 설립했다.

이 수도원은 이후 역사상 가장 유명한 선교 활동의 중심지가 되었다. 아이오나 수도원의 구성원은 세 부류, 즉 영적인 일에 전념하며 특히 성경 복사에 몰두하던 선임 수도사들, 육체 노동에 종사하는 형제들, 수련중인 젊은 초보자들로 구성되어 있었다.

> 모든 사람은 모자가 달린 수도사의 긴 옷과 흰색의 속옷과 가죽 샌들을 신고 있었다. 그들은 들판과 부엌에서 육체 노동과 힘든 일을 감당해야 했고 수도원의 작은 방이나 채플에서 공부나 예배드리는 일을 감당해야만 했다. 이 모든 일은 예수 그리스도의 이름을 들어보지 못한 사람들에게 복음을 전하기 위한 목적으로 수행되었던 것이다.[3]

콜럼바와 그의 동료들은 스코틀랜드와 가까운 바다의 여러 섬을 광범위하게 순회하면서 농부와 어부들에게 복음을 전하고 개종자들을 교육시키고 많은 교회와 수도원을 설립하는데, 이 모든 사역은 아이오나수도원의 중앙 통제 하에 추진되었다. 놀라운 열정과 경건한 사람이었던 콜럼바는 아이오나뿐만 아니라 스코틀랜드 전역에 그의 발자취를 남겼다. 그는 597년에 사망했으나 그가 설립한 아이오나수도원은 그의 사후 200년 동안이나 영국의 여러 섬과 유럽의 전 지역에 수많은 선교사를 파송했다.

(2) 노덤브리아 선교사 아이단

아일랜드 선교사들은 스코틀랜드 선교에 만족하지 않고 불굴의 용기를 가지고 엄청난 희생을 치르면서 영국 북부에 위치한 노덤브리아(Northumbria) 왕국의 이교도인 앵글로색슨족(Anglo-Saxons)에게도 복음을 전했다. 이들은 잔인하여 영국인들의 증오와 두려움을 불러일으켰던 잔인한

---

[3] V. Raymond Edman, *The Light in Dark Ages* (Wheaton, Ill.: Van Kampen Press, 1949), 149.

족속이었다. 콜럼바의 제자 중에서 가장 유명한 아이단(Aidan, 590-651)은 아이오나수도원 출신으로 영국 동부 해안에서 떨어져 있는 섬인 린디스판(Lindisfarne)에 수도원을 세웠다.

린디스판은 제2의 아이오나로서 선교사 훈련과 파송의 중요한 역할을 감당하는 데 아이단은 635년 노덤브리아 왕국의 중심지에 들어가 전도 활동을 시작했다. 그로부터 17년 동안 아이단은 많은 동료 수도승의 도움을 받으며 사나운 앵글로색슨족에게 평화의 복음을 전파했고 많은 결실을 거두었다. 치열한 전투 중에 기독교 신앙을 받아들인 노덤브리아의 왕 오스왈드(Oswald, 604-642, 재위 634-642)는 수도원에 기부금을 헌납함으로써 기독교 선교를 적극적으로 지원했다. 도처에 교회가 설립되었고 수많은 사람이 교회로 몰려들었다. 아이단을 뒤이어 쿠트버트(Cuthbert, 634-687)가 초기 노덤브리아교회의 기초를 놓았는데, 그는 경건한 삶과 끈질긴 노력으로 앵글족 선교를 완성했다.

(3) 그레고리 교황과 잉글랜드 복음화의 선구자 어거스틴

그러는 중에 영국에 대한 두 번째 복음 전파의 시도가 일어났다. 콜럼바(Columba)가 죽기 1년 전인 596년에 교황 그레고리 1세(Gregory the Great, 540-604, 재위 590-604)는 40명의 베네딕트 수도사와 함께 어거스틴을 영국에 선교사로 파송했다. 앵글로색슨족의 야만적 행위에 관한 무서운 이야기를 듣고서 어거스틴(Augustine, ?-604)[4]은 고올(Gaul) 지방으로 방향을 돌렸다. 그러나 교황은 어거스틴에게 영국으로 돌아가도록 명령을 내렸다. 597년 영국 남부의 켄트(Kent) 지방에 도착한 어거스틴[5]과 이제 7명으로 줄어든 그의 선교단은 그리스도인이었던 프랑크족 출신의 아내 버르타

---

[4] 히포의 유명한 신학자 어거스틴(Augustine of Hippo, 354-430)과는 다른 사람이다(역주).
[5] 비드(Bede)가 731년에 저술한 『영국교회사』(Historia Ecclesiastica Gentis Anglorum, Ecclesiastical History of the English People)에 기술되어 있다(역주).

(Bertha)로부터 복음에 대해 어느 정도 들어서 알고 있던 켄트족의 왕 에덜버트(Ethelbert, 560-616, 재위 589-616)의 따뜻한 영접을 받았다.

에덜버트 왕은 어거스틴의 전도를 주의 깊게 경청했지만 확신이 들지 않아 기독교로 개종하지는 않았다. 그럼에도 불구하고 그는 어거스틴에게 로마 가톨릭 신앙을 전할 수 있는 자유를 허락했을 뿐 아니라 그와 동료 수도사들에게 숙박과 음식을 제공해 주었다. 이후 597년에 에덜버트는 아내의 간절한 설득으로 세례를 받고 기독교로 개종했다. 왕은 기독교를 강요하지는 않았지만 당시의 관습에 따라 그날 1만 명의 신하들이 왕과 함께 세례를 받았다. 이후 영국 최초의 교회인 캔터베리(Canterbury)대성당이 건립되고 어거스틴은 캔터베리의 초대 대주교가 되었다.

(4) 켈트교회 vs. 로마교회

영국교회 내에서는 켈틱 기독교(Celtic Christianity, 아일랜드 전통)와 로마 기독교(베네딕트 수도원 전통) 사이에 갈등이 한동안 존재했었다. 그러나 요크의 주교(Bishop of York) 윌프리드(Wilfrid, 634-709)의 지도 하에 로마 기독교가 우세했는데 이는 그가 켈트교회 의식이 아닌 로마교회의 규칙과 예배 양식을 도입했기 때문이다.[6] 669년에 로마 교황청은 다소(Tarsus) 출신의 늙은 수도사 테오도르(Theodore, 602-690, 재위 668-690)를 캔터베리 대주교로 임명하는데 그는 영국 전역을 로마교회 관할 구역으로 편입시켰다.

7세기가 끝나갈 무렵 윌프리드(Wilfrid)가 영국 남부의 서식스(Sussex)에 거주하던 색슨족(Saxons)을 복음화하면서 영국의 복음화는 완성된 것으로

---

6   7세기 영국교회에는 켈틱 기독교와 로마 기독교의 두 전통이 공존했는데 부활절 날짜 계산 등의 문제를 둘러싸고 갈등 상태에 있었다. 그러던 중 664년 휘트비(Whitby) 종교 회의에서 영국교회는 로마교회의 교리를 따르기로 한다. 이후 잉글랜드교회에서 켈트교회의 영향력은 약화되고 로마 교황청이 임명한 감독의 체제하에 통합되기 시작했다. 1534년 헨리 8세(재위 1509-1547)가 영국 국왕이 영국교회의 유일한 우두머리라는 '수장령'(Acts of Supremacy, 首長令)을 발표함으로써 휘트비 종교회의 이후 유지해 오던 가톨릭교회와의 관계를 단절하고 영국 성공회가 탄생하게 된다(역주).

간주한다.

아일랜드교회로부터 복음을 받아들인 영국은 아일랜드교회의 선교 정신도 잘 받아들였다. 이후 2세기 동안 영국교회는 수많은 선교사를 유럽의 이교 지역에 끊임없이 파송했는데 그중에는 뛰어난 선교사들도 많았다.

3) 고올 지방

고올 지방은 이전에 여러 번 선교사를 통해 복음이 전해지긴 했지만 선교 활동이 끝나면 이방 사상이 다시 살아나곤 했다. 그리하여 6세기에 선교 사업이 다시 추진되어야만 했다. 이 시기에 고올 선교는 아일랜드 출신의 콜럼반(Columban, 543-615)에 의해 주도되었다. 그는 뛰어난 경건과 성경에 대한 해박한 지식으로 유명했다. 그는 아일랜드 뱅골(Bangor)수도원의 설립자이자 수도원장인 콩골(Congall, 517-597/602)의 지도 하에 훈련을 받은 후 40세가 되는 해에 12명의 제자들을 데리고 독일로 선교여행을 떠났다. 최종 목적지에 도착하기 전에 콜럼반은 프랑스 동남부의 부르고뉴(Burgundy)에 정착했다가 뤽세이유(Luxeuil)에 수도원을 설립했다.

20년의 고된 시련을 거친 후에 콜럼반은 세례 요한처럼 상류층의 부도덕한 행위에 대해 거침없이 비난했다가 왕실의 진노를 초래했다. 뤽세이유에서 추방된 후 콜럼반과 그의 켈트족 수도승 선교사들은 라인강을 건너 스위스로 가서 현대 스위스인의 조상인 야만인들에게 복음을 전파했다. 투르의 마틴(Martin of Tours, 316-397)처럼 그는 뜨거운 열정으로 이교도에 대항해 전쟁을 선포했는데 우상들을 때려 부수고 이방 사원을 불태운 후 그 자리에 교회와 수도원을 건립하곤 했다.

두 번째로 도피해야 했을 때 그는 이탈리아 북부로 옮겨가서 보비오(Bobbio)에 수도원을 설립했는데 이는 그가 생전에 세운 마지막 수도원이었다. 콜럼반은 "항상 배우고 항상 가르치며 항상 순례하며 항상 복음을 전했다"라고 전해져 온다.

4) 네덜란드

프리지아인들(Frisians)로 알려져 있는 유럽 북해 연안의 벨기에, 네덜란드, 룩셈부르크에 최초로 복음을 전한 영국 선교사는 윌프리드(Wilfrid, 633-709) 주교였다. 그는 로마로 여러 차례 여행하던 중에 프리지아(Frisia) 지역을 방문해 그들과 접촉을 시도했다. 그가 전도할 때 놀라운 능력이 나타났고 많은 지도층 인사들과 수천 명의 사람이 세례를 받고 기독교로 개종했다.

692년에 노덤브리아 출신의 수도사 윌리브로드(Willibroad, 658-739)는 그는 아일랜드의 리폰(Ripon)과 에그버트(Egbert)의 수도원에서 훈련을 받은 후 11명의 제자들과 함께 아일랜드를 떠나 북해를 건너 프리지아인들에게 복음을 전한 최초의 선교사가 되었다. 그는 프리지아인들의 사도로 불리었다.

궁중 장관인 페펭 2세(Pepin, 635-714)의 후원을 받았지만 믿음이 약한 프리지아인들과 그들의 왕 라드보드(Radbod, 재위 680-719)[7]의 의심을 받으면서도 윌리브로드는 네덜란드의 위트레흐트(Utrecht)와 서스테렌(Susteren), 벨기에의 앤트워프(Antwerp), 룩셈부르크의 에히터나흐(Echternach) 등지에 수도원을 세우면서 40년 동안 많은 변화에 직면해야 했다. 이 기간 중에 그들이 겪은 가장 큰 어려움은 박해 때문이 아니라 정치 때문이었다.

프리지아인들은 윌리브로드와 그 선교사들을 권력에 굶주린 페펭(Pepin)과 그의 프랑크족과 같은 일당이라고 생각했다. 이처럼 윌리브로드는 이들 프리지아인과 프랑크인의 두 민족 사이에 존재하는 정치적 긴장 상태에 휘말리게 되었다. 그럼에도 불구하고 윌리브로드의 선교 활동은 전

---

7 라드보드는 프리지아의 마지막 이교도 왕이었다(역주).

반적으로 성공적이었으며 프리지아인들 사이에 교회가 견고하게 세워져 나갔다.

5) 독일

독일에는 아일랜드와 영국의 수도사들의 수고로 기독교가 전파되었다. 바울 이후에 가장 위대한 선교사로 추앙받는 보니페이스(Boniface, 680-754)는 영국 귀족 집안 출신의 베네딕트 수도사로서 중년기에 독일에 선교사로 파송되었다. 40년 이상을 뛰어난 선교사로 사역하면서 그는 '독일인의 사도'라는 칭호를 얻었다. 722년에 교황 그레고리 2세(Gregory II, 669-731, 재위 715-731)에 의해 독일 변방의 주교로 서품을 받은 그는 고정된 교구는 맡지 않았다. 다음 해에 보니페이스가 미신과 우상 타파를 위해 극적인 태도를 취한 사건을 계기로 독일에서 그의 선교사역은 새로운 전환점을 맞이하게 된다.

723년에 보니페이스는 이방 종교의 영향력이 강한 독일 헤세(Hesse)의 가이스마(Geismar)[8] 지역에서 천둥의 신 토르(Thor)에게 드려져 우상으로 섬기던 참나무(oak)를 도끼로 찍어 베어버린 사건으로 유명해졌다. 이방신들과 여호와 사이에 힘의 대결을 통해 무엇인가를 보여줘야 할 때가 왔음을 깨달은 그는 수천 명의 분노한 이교도와 두려움에 반신반의하는 그리스도인들 앞에서 신성시되던 나무의 밑동을 도끼로 내리찍어 넘어뜨렸던 것이다.[9]

이 거대한 나무가 땅에 넘어졌지만 보니페이스가 이방신으로부터 아무런 보복도 받지 않음을 확인한 사람들은 기독교 신(神)이 이방신보다 강한 힘을 소유하고 있음을 깨닫고 개종하는 사람들이 많이 생겨나게 되었다.

---

8 현재 독일의 괴팅겐(Göttingen) 지역이다(역주).
9 보니페이스는 베어버린 참나무를 사용해 교회를 건축했다고 전해진다(역주).

탁월한 학자요 뛰어난 조직자이며 뜨거운 열정의 복음 전도자인 보니페이스는 독일교회의 기초를 견고하게 다져놓았다. 그는 독일 남부의 라이헤나우섬(Reichenau, 724), 중부 헤센주의 풀다(Fulda, 744), 남서부의 로쉬(Lorsch, 763)에 훌륭한 수도원을 건립했다. 741년에 그는 프랑크 교회 개혁의 책임을 떠맡았는데 그 당시 프랑크족 교회는 온갖 죄악에 물들어 있었으며, 성직자 중에 술주정뱅이와 간음하는 자들이 많았으며, 심지어 살인자들의 소굴이 되기까지 했다. 프랑크교회 개혁에 있어 그는 부분적인 성공만 거두었다. 741년에 보니페이스는 마인츠(Mainz) 대주교로 임명되었으며, 751년 페펭(Pepin)이 프랑크 왕국의 왕에 즉위할 때에 그의 대관식을 주재했다.

보니페이스는 생애 말년에 개척 선교사의 정신으로 재무장했다. 그는 독일을 떠나 여전히 이교도로 살아가던 프리지아인들이 거주하던 네덜란드 지역으로 갔다. 그는 예전처럼 놀라운 능력으로 복음을 전해 많은 개종자를 얻었다. 자주 그런 일이 발생하듯이 이교도들이 폭력사태를 일으켰고, 755년 6월 5일 보니페이스와 그의 동료 50명이 죽임을 당했다.

6) 색슨족

색슨족(Saxons)은 영토 확장 과정에서 프랑크족과 충돌하게 되었다. 색슨족의 개종은 프랑크 왕국의 샤를마뉴(Charlemagne, 742-814, 재위 771-814) 대제의 통치 기간에 일어났다. 772년 샤를마뉴는 색슨족을 개종시키기 위해 전쟁을 시작했다. 그는 도덕적, 종교적 설득이 아니라 군사적 정복에 의존해 기독교를 전파했다.

800년에 신성로마제국이 세워지면서 절정에 달했던 교회와 국가 간의 온당치 못한 제휴(unholy alliance)[10]는 교회로 하여금 영적 목적을 달성하기

---

[10] 800년 교황 레오 3세는 성 베드로성당의 성탄절 미사에 참석하러 온 샤를마뉴를 신성로마제국의 황제로 추대했다. 샤를마뉴는 교회의 영적 권위를 이용해 자신의 권력을 강화했다(역주).

위해 세상적인 방법의 사용을 가능하게 해주었다. 군사 행동을 이용한 교세 확장은 기독교 선교, 특히 색슨족의 개종에 있어 가장 비참한 결과를 초래했다. 이는 교회 역사에서 가장 지우고 싶은 어두운 역사의 한 페이지일 것이다.

이후 1천 년간 지속된 신성로마제국의 첫 통치자인 샤를마뉴는 역사상 가장 위대한 황제 가운데 한 명이었다.[11] 다른 황제들과 마찬가지로 그는 많은 군사적 정복을 감행했다. 그러나 그는 종교와 정치를 혼합했고, 정복한 야만족들에게 종교의 위안뿐만 아니라 문명의 혜택을 제시했다는 점에서 그의 사례는 다른 왕들과 구별되었다. 영국의 선교 역사가 스티븐 닐(Neill)은 다음과 같이 설명한다.

> 일단 게르만 부족이 정복되면 이후 부족의 개종은 따라오게 되어 있었다. 왜냐하면, 군사력에 의한 샤를마뉴 황제의 보호와 선한 통치를 누리기 위한 대가로서 지불해야 하는 평화 협정의 내용에 개종이 들어있었기 때문이다.[12]

그런데 안타깝게도 야만적인 색슨족은 기독교뿐 아니라 기독교 문명도 원하지 않았다. 그래서 황제는 군사력을 동원해 두 가지 모두를 강요했고 이러한 정복 과정에서 잔혹 행위가 자행될 때도 있었다. 그리하여 샤를마뉴의 명령으로 하루에 4,500명의 색슨족 남녀 어른들과 어린아이들이 살해되었다. 이방족에게 기독교 문명을 강요하기 위해 수많은 마을이 불태워졌고 농작물은 파괴되는 등 마을 전체가 초토화되기도 했다. 그러므로 선교사들이 이들 가운데 개종자를 거의 얻지 못한 것은 놀라운 일이 아니었다.

11　800년에 탄생한 신성로마제국의 황제 칭호는 나폴레옹이 1806년에 폐기할 때까지 유지되었다(역주).
12　Stephen Neill, *A History of Christian Missions*, 68.

물론 색슨족들도 이에 대항해 잔인하게 싸웠다. 이 와중에 선교사들은 색슨족의 빈번한 공격의 대상이 되었고 실제로 많은 이가 살해되었다. 그러나 순교당한 선교사들을 뒤이어 계속해 선교사로 헌신하는 사람들이 생겨났다. 엄청난 고통을 인내하며 기도하며 사역을 잘 감당해 온 선교사들의 헌신적인 노력으로 복음은 커다란 진보를 이루게 되었다. 샤를마뉴가 임종할 즈음에 색슨족의 '개종'이 완성되었다.

7) 스칸디나비아(바이킹족)

스칸디나비아의 바이킹족(Vikings)의 출현은 9세기 당시에 영국과 유럽 대륙에 하나의 재앙의 모습이었다. 바이킹은 영국과 유럽의 수도원과 교회를 무자비하게 약탈하고 파괴해 영국교회가 선교사 파송을 한동안 중단할 정도로 엄청난 피해를 입혔기 때문이다. 바이킹의 계속되는 약탈에 시달리던 중 영국 웨식스 왕국의 알프레드 대왕(Alfred the Great, 849-899, 재위 871-899)이 878년에 바이킹족과의 전투에서 대승을 거두고 30여 명의 바이킹 족장들에게 강제로 기독교를 받아들이게 함으로써 상황이 안정되었다.

이 무렵 용맹스러운 선교사들이 덴마크, 노르웨이, 스웨덴 등지를 순회하며 선교 활동에 힘썼으나 커다란 성공을 거두지는 못했다. 스칸디나비아 사람들이 이방신을 섬기며 그들 나름의 생활 방식을 고수했기 때문에 복음에 호의적인 반응을 보이지 않았기 때문이다. 그 후 스칸디나비아에서 집단 개종이 일어나기까지에는 수백 년이 소요되었다. 집단 개종이 실제로 발생했을 때 이들 스칸디나비아 3개국 모두에서 동시에 발생했다. 이들 나라에서 기독교로의 개종은 대부분 평화롭게 이루어졌으나 노르웨이에서만은 무력이 사용되었다.

샤를마뉴의 아들 경건왕 루이(Louis the Pious, 778-840, 재위 813-840)[13]는 유럽 북부 지역에 기독교를 확산시키는 데 많은 관심을 기울였다. 823년에 그는 프랑스 랭스(Rheims)의 대주교 에보(Ebo, 775-851)를 덴마크에 파송했다. 에보는 군대의 힘에 의지하는 개종을 시도하지 않았고, 즉각적인 선교의 열매를 거두지도 못했다.

이후 덴마크 왕 하랄드(Harald, 약 850-932, 재위 872-930)가 개종한 후에 루이 왕은 당대의 가장 위대한 선교사인 안스카(Anskar, 801-865)를 리더로 하는 일단의 선교사들을 또 다시 파송했다. 안스카는 콜럼바가 프랑스 북부에 세운 유명한 코르비(Corbie)수도원에서 훈련받은 프랑스 수도사였다. 그러나 그곳 사람들의 반감과 적대감으로 인해 선교 사업의 결과는 매우 미미했다. 나중에 루이 왕의 요청에 따라 안스카는 스웨덴을 두 차례 방문했는데 그 첫 번째 방문은 올라프(Olaf) 왕의 초청으로 이루어진 것이었다. 안스카는 첫 여행에서 타고 가던 배가 해적들에게 약탈당해 그의 소유물을 다 빼앗기고 말았다. 그러나 그는 좌절하지 않았고 마침내 스웨덴에 도착해 18개월을 머물면서 많은 귀족이 기독교 신앙을 받아들이도록 인도했다. 또한 안스카는 스웨덴 최초의 교회를 설립하기도 했다.

안스카가 스웨덴에서 돌아오자 루이 왕은 교황 그레고리 4세(Gregory IV, 재위 827-844)와 협의해 안스카를 북유럽의 스웨덴인, 덴마크인, 슬라브인들에게 교황 사절로 파견하도록 조처했다. 832년경에 안스카는 함부르크(Hamburg) 대주교로 서품되었다. 즉각적으로 안스카는 자신이 관할하는 광활한 관구를 자신의 선교 활동의 주요 거점으로 삼았다. 그는 전에 훈련받았던 코르비수도원에 많은 수도사를 불러 모았고 스칸디나비아 전 지역에 파송할 선교사 훈련 프로그램을 지원했다. 엄청난 인내와 지혜로 안스카는 기독교의 강력한 적대자였던 덴마크의 호릭(Horic, 재위 827-854) 왕

---

13 840년 신성로마제국 황제이며 프랑크 왕국의 왕 루이 사후에 그의 아들들 사이의 상속권 분쟁이 발생하였고, '베르뎅조약'(Treaty of Verdun, 843)으로 영토는 셋(동, 중, 서 프랑크 왕국)으로 분열되었다(역주).

의 신임을 얻었고 왕은 덴마크 내에 2개의 교회를 세울 수 있도록 허락해 주었다.

안스카는 기독교 신앙을 신속하게 확산시키는 과정에서 정치적 상황의 도움을 그다지 받지 못한 선교사였다. 결과적으로 그는 독일에서 보니페이스(Boniface)가 거둔 것과 같은 엄청난 선교의 결과를 얻지는 못했다. 그럼에도 불구하고 함부르크(Hamburg) 약탈[14]을 포함한 많은 장애와 간헐적인 반전에도 불구하고 안스카는 인내와 불굴의 의지로 스칸디나비아반도가 종국에는 기독교로 개종하는 길을 예비해 준 역할을 수행했다. 스칸디나비아에서 그는 오늘날까지도 '북극의 사도'로 추앙받고 있다.

8) 덴마크

앞서 살펴보았듯이 덴마크는 스칸디나비아 국가 중 처음으로 복음을 받아들인 나라였다. 덴마크가 기독교와 최초로 접촉한 것은 독일 국경 지대의 함부르크 관구를 통해서였다. 안스카의 제자 림버트(Rimbert, ?-888)는 덴마크와 스웨덴에서 선교사역을 감당하고 있었다. 그러나 당시의 정치적 불안정과 미약한 교회 상황으로 인해 선교 활동은 매우 어려운 처지에 놓이게 되었다.

10세기 초 기독교를 강력하게 반대하던 곰(Gorm, c.900-958, 재위 936-958) 왕은 덴마크에서 기독교를 추방하는 조치를 취했다. 그리하여 교회들이 파괴되었고 사제들이 처형되었다. 그러자 당시 독일(동프랑크)의 왕 헨리 1세(Henry Fowler, 876-936, 재위 919-936)가 934년에 덴마크를 침공해 정복한 후 그들의 통치자들 중 한 명에게 기독교를 받아들이도록 강권했을 때 기독교 적대 정책이 바뀌었다. 함부르크 대주교 운니(Unni, 재위 916-

---

14 샤를마뉴 대제와 그의 아들 경건한 왕 루이가 사망한 840년을 기점으로 덴마크계 바이킹은 프랑스, 독일, 잉글랜드를 공격하기 시작했다(역주).

936)는 이 사건을 70년 전에 안스카(Anskar)가 기초를 닦아놓은 선교 사업을 새롭게 시작할 기회로 간주했다.

덴마크교회의 운명은 왕들의 기독교에 대한 정책에 따라 성장과 쇠퇴를 반복해 왔다. 곰 왕의 후계자이자 아들인 하랄드 블루투스(Harald Bluetooth, 910-987, 재위 958-986)는 제국을 통일하고 960년대에 기독교로 개종하였는데 그의 통치 기간 동안 기독교는 번성했다. 그러나 그의 아들 하랄드의 스벤(Sweyn, 960-1014, 재위 986-1014) 통치 동안에는 쇠퇴했다. 1018년부터 1035년까지 덴마크와 영국의 왕이며 스벤의 아들로서 그리스도인이었던 세계적으로 유명한 크누트(Canute, 995-1035, 재위 1016-1035) 대왕이 통치하는 동안 기독교는 덴마크에서 마침내 견고하게 뿌리를 내렸다. 11세기 말에 영국에서 12명의 선교사 수도사들이 왕의 초청으로 덴마크로 파견되어 수도원을 설립했다. 덴마크를 기독교화하기 위한 선교적 노력은 1104년에 대주교 관구가 설립되면서 결실을 맺었다고 볼 수 있다.

9) 노르웨이

노르웨이에 복음을 전해 준 나라는 덴마크가 아니라 영국이었다. 노르웨이에 기독교가 전래되는 과정에는 많은 폭력이 수반되었다. 이러한 폭력을 주도적으로 사용한 세력은 선교사들이 아니라 왕들이었다. 영국에서 자라면서 그리스도인이 된 노르웨이의 호콘(Haakon, 920-961, 재위 934-961) 국왕은 처음으로 노르웨이에 기독교를 소개했다. 백성들과 고위층으로부터 다소 강한 반대에 부딪히자 그는 반란이 일어나지 않도록 조심스럽게 전도를 시도했다. 하지만 그는 선교 목적을 제대로 성취하지 못한 채 961년에 사망했다.

올라프 1세(Olaf I Tryggvason, 963-1000, 재위 995-1000) 국왕의 통치 아래 그의 적극적인 지원으로 기독교는 노르웨이에서 견고하게 뿌리를 내렸다. 그는 전임자 호콘과 마찬가지로 한동안 영국에 머물렀는데 그때 기독교를 받아들였다. 바이킹 출신으로 군주가 되었던 올라프 왕은 "잘 생기고 우람한 체격에 용맹하고 두려움을 모르는" 성품을 지녔고 호콘 왕이 실패한 선교 사업을 성공시켰다. 올라프는 무력과 회유를 적절하게 병행하는 독창적인 정책을 활용해 노르웨이의 기독교화를 위해 노력했다.

그러나 기독교가 노르웨이의 종교로 자리를 잡은 시기는 그의 후계자 올라프 하랄손(Olaf Haraldson, 995-1030, 재위 1015-1030)이 이방 종교에 결정타를 가한 11세기 초 이후였다.

10) 스웨덴

853년에 안스카(Ankar)가 스웨덴을 두 번째로 방문했을 때 고틀랜드(Gothenland) 의회는 새로운 종교인 기독교에 호의적인 태도를 취했다. 그러나 안스카를 뒤이어 스웨덴에서 활동했던 선교사들은 적대적인 환경 속에서 이 새롭고 이상한 종교를 계속해서 확장시키는 데 필요한 비전과 열정을 갖고 있지 못했다. 그리하여 스웨덴은 스칸디나비아의 다른 나라들보다 늦게 기독교를 받아들이게 되었다.

노르웨이의 경우와 마찬가지로 스웨덴에 처음으로 복음을 전해준 나라는 영국이었고 그 외 일부 선교사들은 덴마크에서 왔다. 10세기 무렵 스웨덴에는 영국교회가 파송한 많은 선교사가 활동하고 있었다. 올로프 셋코눙(Olof Skötkonung, c.980-1022, 재위 993-1022)은 1008년에 세례를 받은 후 기독교 신앙의 확산을 위해 노력한 최초의 군주였다. 노르웨이의 왕들과 달리 올로프는 개종자를 얻기 위한 무력 사용을 피했다.

올로프의 아들 아눈드 야코브(Anund Jacob, 1008-1050, 재위 1022-1050)의 오랜 통치 기간 동안 기독교는 스웨덴의 모든 지역으로 전파되었다. 1164년에 웁살라(Uppsala)에 최초의 대주교 관구가 설립되면서 스웨덴은 명목상으로는 기독교 국가가 되었다.

2. 동방교회: 동유럽 국가들의 기독교 전래

동유럽 지역에서 기독교는 수 세기 동안 크게 두 갈래로 성장해 왔다. 기독교의 한 갈래는 로마에서 유래된 서방교회(로마 가톨릭)이며, 또 다른 하나는 콘스탄티노플에서 유래한 동방교회(정교회)였다. 우리는 서방교회에 대해서는 잘 알고 있지만 동방교회에 대해서는 잘 모른다. 동방교회에 대해 더 많이 알아야 할 필요가 있다.

> 동방교회는 로마가 아니라 주로 콘스탄티노플을 중심으로 시작되었다. 동방교회는 성경과 예배 의식에서 라틴어(Latin)가 아니라 그리스어(Greek)를 사용했다. 동방교회는 서방교회보다는 추상적인 신학에 더 많은 관심이 있었고 실제적인 적용에 관심을 덜 가졌으며 서방교회에 비해 정복 중심의 선교 활동은 거의 없었다. 총대주교(Patriarch)라 불리는 동방교회의 수장은 일반적으로 콘스탄티노플(비잔틴 제국)의 황제에 의해 조종을 받았다. 이처럼 황제는 동방교회의 우두머리였고 교황은 서방교회의 우두머리였다. 동방교회와 관련해 성장한 문명은 비잔틴(Byzantine) 문명이라 불리었다. 비잔티움(Byzantium)은 콘스탄티노플의 옛 이름인데 콘스탄틴 황제가 로마제국의 수도를 옮긴 후에 자신의 이름을 따서 이름을 바꾼 것이다.[15]

7세기 초 무함마드 시대부터 1453년 콘스탄티노플(Constantinople)의 함락에 이르기까지 위대한 비잔틴 제국은 동유럽으로 영토를 정복해 나가려는 이슬람의 세력 확장 시도를 막는 견고한 방벽 역할을 감당했다. 모든 제국의 영향력이 그러했듯이 비잔틴 제국의 영향력도 강할 때가 있었고 약할 때도 있었다. 그러나 "가장 상황이 어려운 때에도 콘스탄티노플

---

15 Basil Mathews, *Forward through the Ages* (New York: Friendship Press, 1960), 50.

은 당대 기독교 세계에서 가장 위대하고 문명화된 도시였다."[16]

1) 모라비아

10세기에 비잔틴 제국이 르네상스 시대를 맞이하고 있을 당시에 동방 교회는 북부 유럽의 비(非)그리스도인들에게 관심을 갖기 시작했다. 동방 교회의 선교적 관심을 끈 첫 번째 민족은 슬라브족이었고 키릴(Cyril, 826-869)과 그의 형 메소디우스(Methodius, 815-885)가 슬라브족 최초의 선교사로 파송되었다. 862년 모라비아의 군주 라스티슬라프(Rastislav, 재위 846-870)가 콘스탄티노플로 사절단을 보내어 선교사 파송을 요청하자 863년에 콘스탄티노플 총대주교는 철학자와 화가였던 이 두 형제를 모라비아(현 체코 동부)에 선교사로 파송했다.

비록 선교사 파송 요청이 정치적인 동기로 이루어진 것이었지만 그 요구는 기독교 신앙의 불모지에 복음을 확장할 기회를 제공해 주었다. 철학 교수였던 키릴은 슬라브어 문자를 고안한 후 슬라브어로 복음서를 번역하고 예배 의식용으로 사용함으로써 슬라브 문명의 기초를 다져놓았다.

콘스탄티노플(정교회)은 예배 시에 현지어(vernacular) 사용을 허용하지만 로마 가톨릭교회는 현지어 사용을 금지했다. 이처럼 현지어를 사용하는 비잔틴 선교사들의 선교방법은 새로운 시도였고 이후 19세기와 20세기의 근대 개신교 선교 역사에서 꽃을 활짝 피우게 되는 선례를 남겨 주었다.

868년에 두 형제는 교황의 소환을 받고 로마를 방문했는데 교황(니콜라스 1세, 재위 858-867)은 이들이 사역하던 모라비아를 자신의 관할 하에 두려고 했기 때문이다. 두 형제는 로마를 여러 번 방문했는데 키릴은 869년에 그곳에서 사망했다. 키릴 사후에 메소디우스는 혼자서 북부 지역에 들어갔고 성경 전체를 슬라브어로 번역했다. 이 기간 동안 그는 교황과 계

---

[16] Stephen Neill, *A History of Christian Missions*, 71.

속해 연락을 주고받았는데 교황은 처음에 선교 현지어 사용을 금지했다가 나중에 묵인해 주었다.

설상가상으로 독일의 가톨릭 성직자들은 메소디우스가 자신들의 관할 구역을 침범했다고 간주해 이 비잔틴 선교사와 슬라브어로 번역한 문서에 대해 격렬하게 반대했다. 870년에 그들은 메소디우스를 스와비아(Swabia)의 수도원에 3년 동안이나 투옥시키기까지 했다. 885년에 그가 죽은 후에 모라비아의 기독교 공동체는 불운에 빠지게 되었다. 그의 후임 선교사들은 모라비아에서 추방당하자 불가리아로 가서 복음을 전했다. 그곳의 지배적 분위기는 모라비아보다 토착적 기독교 문화 발전에 더 수용적이었다.

2) 불가리아

865년에 보리스(Boris, 재위 852-889) 왕이 세례를 받음으로써 불가리아 최초의 기독교 왕이 되었고, 뒤이어 불가리아 민족의 집단 개종과 세례가 급증했다. 그 후 얼마 지나지 않아 보리스 왕은 수도원을 세웠는데 이 수도원은 슬라브 기독교 문화의 빛나는 중심지가 되었다. 그는 그의 아들 시메온(Simeon, 재위 893-927)을 콘스탄티노플에 보내어 수도사 교육을 받게 했다. 후에 그는 유명한 선교사인 클레멘트(Clement, 840-916)[17]를 마케도니아에 파송해 선교사 훈련 대학을 설립했다.

907년 보리스 왕이 사망할 즈음에 불가리아교회는 슬라브 세계의 기독교 지도자로 활약하기 시작했다. 보리스의 아들 시메온 왕은 주교들에게 불가리아교회의 자치를 선포하도록 했고 총대주교를 그 수장으로 선출하도록 함으로써 새로운 역사를 창조했다. 이후 불가리아교회는 유고슬라비

---

17 키릴과 메소디우스의 제자로서 그들과 함께 모라비아에서 선교 활동을 하다가 독일의 성직자들에게 추방당해 불가리아로 왔다(역주).

아와 러시아까지 영향력을 확장시켜 나갔다.

비록 키릴과 메소디우스 형제 선교사가 남긴 선교 사업 대부분이 사라지고 없지만 "오늘날까지도 지속적으로 커다란 영향력을 미치고 있는 위대한 슬라브 기독교 문화의 창시자들이 바로 이들 선교사였다는 사실은 의심할 여지가 없다"[18]고 평가받고 있다. 예일대학교의 선교 역사가 라투렛 교수도 이들은 "역사상 가장 위대한 선교사로서 조금도 손색이 없다"고 평하고 있다.[19]

3) 러시아

러시아에 기독교를 전파하기 위해 두 번의 시도가 있었지만 모두 실패하고 말았다. 첫 번째 시도는 9세기 중엽에 콘스탄티노플의 총대주교 포티우스(Photius, 810/820-893, 재위 858-867; 877-886)가 키예프(Kiev) 궁정에 선교단을 보내었지만 실패로 끝났다. 그로부터 1세기 후인 957년에 올가(Olga, 890-969) 공주는 콘스탄티노플을 방문해 성대하게 세례를 받고서 러시아 기독교화를 위해 노력했지만 귀족들의 완강한 반대에 부딪쳐 실패했다. 그녀의 손자 블라디미르(Vladimir, 958-1015, 재위 980-1015) 때에 이르러서야 기독교는 러시아에서 확고하게 뿌리내릴 수 있었다.

블라디미르는 여러 종교를 조사한 후에 나라의 종교를 결정하려고 마음먹었다. 한때 그는 이슬람에 많은 관심을 기울이기도 했지만 마침내 그는 기독교를 받아들이기로 결정했다. 비잔틴 황제(Basil II, 958-1025, 재위 976-1025)의 누나와 결혼하게 되면서 그는 기독교를 받아들였다. 이 결혼으로 인해 이후 러시아가 비잔틴 제국(Byzantine Empire)의 후계자라고 주장하게 되는 법적 근거를 제공하게 된 셈이다.

---

[18] Stephen Neill, *A History of Christian Missions*, 75.
[19] Kenneth S. Latourette, *The Thousand Years of Uncertainty* (New York: Harper and Brothers, 1938), 166.

4) 폴란드

기독교가 폴란드에 전래된 시기는 정확하게 알려져 있지 않다. 폴란드에 기독교를 전해준 초기 선교사들은 슬라브족과 게르만족이었다. 폴란드에 기독교가 견고하게 자리 잡은 것은 10-11세기에 군주제가 확고하게 수립되는 과정과 때를 같이 한다. 966년 미에슈코(Mieszka, 930-992, 재위 960-992) 왕이 세례받고 그리스도인이 되면서 폴란드에서 본격적인 선교가 이루어지기 시작한다. 그는 보헤미아 왕의 여동생이며 그리스도인인 도브라와(Dobrawa, 940/945-977)의 설득에 의해 로마 가톨릭 신앙을 받아들인 것으로 추정된다.

미에슈코 왕의 아들 볼레수아프 1세(Boleslaw I, 967-1025, 재위 992-1025)의 통치 기간 동안 폴란드는 동유럽에서 가장 큰 왕국이 되었다. 볼레수아프 왕이 기독교 사업을 적극적으로 지원해 준 덕분에 교회는 국가의 발전과 더불어 번영할 수 있었다. 그의 통치 기간 동안 기독교는 급속한 성장을 이루었으나 그가 죽은 후에 정치·권력과 함께 교회 권력도 쇠퇴했다. 그 후 가혹한 박해의 시기가 계속되면서 교회와 수도원들이 파괴되고 수도사들이 추방되었다. 볼레스와프 3세(Boleslaw III, 1085-1138, 재위 1102-1138)의 통치 기간 동안 정치적 안정과 교회 질서가 다시 회복되었다. 선교 활동이 재개되었고 많은 포메라니아 사람(Pomeranians)이 기독교 신앙을 받아들였다.[20]

지면의 제한 때문에 마자르족(Magyars), 벤드족(Wends), 프러시아인(Prussians) 등 다른 민족의 개종 역사를 논의하지는 못한다. 다만 여기서는 1200년경에 이르러 대부분의 유럽인이 이름뿐인 그리스도인(nominal Christian)이 되었다는 사실만 기억해도 충분할 것이다. 선교 역사가 스티븐

---

20 발틱해 연안에 거주하던 슬라브족으로 1124년과 1128년에 대규모 개종이 발생했다 (역주).

닐(Stephen Neill)은 이 700년 동안에 유럽에서 기독교가 정착하고 확장해온 과정을 다음과 같이 간결하게 설명한다.

> 유럽 여러 나라의 기독교가 전래된 과정은 거의 대부분 비슷하다. 최초로 부임한 주교는 야만족에 의해 순교를 당하게 되고 그 후 순교의 피는 교회의 씨앗(the seed of the Church)으로 작용하게 된다. 전래 초기에는 복음이 성공을 거두지만 이후 이교도들의 반대에 부딪히게 된다. 그러나 기독교로 개종한 신앙심 깊은 왕들의 후원을 받고 몇몇 탁월한 교회 감독들이 생겨나면서 교회는 다시 살아나게 된다. 초기에 사람들의 기독교 이해는 지극히 피상적일 수밖에 없으나 오랜 기간의 훈련 과정을 거치면서 기독교는 사람들의 신앙의 유산으로 자리잡게 된다. 부족 간 혼인에 의한 정치적 결속이 빈번하게 이루어지지만 프랑크족의 왕 클로비스(Clovis)와 켄트족의 왕 에덜버트(Ethelbert)의 사례처럼 기독교 신앙을 먼저 받아들인 왕비들이 왕들의 개종에 중요한 역할을 하는 경우가 많았다.[21]

---

21 Stephen Neill, *A History of Christian Missions*, 77-78.

제3장

기독교와 이슬람의 만남(A.D. 600-1200)

미국의 역사학자 윌 듀런트(Will Durant)는 7세기 이슬람의 확장에 대해 아래와 같이 평가한다.

> 아라비아 반도에서 생겨난 이슬람이 지중해 세계의 절반이나 되는 광활한 지역을 정복하고 그곳의 사람들을 무슬림으로 개종시킨 사건은 중세 역사에서 가장 놀라운 현상이다.[1]

역사상 기독교회가 직면한 가장 큰 위협은 7세기의 이슬람의 갑작스러운 출현과 급속한 확산이었다는 점은 분명하다. 이슬람은 전투적이고 선교적인 종교이며 지금까지도 기독교에 가장 적대적인 종교로 남아있다.

무함마드와 헤지라

이슬람의 창시자 무함마드(Muhammad, 570-632)는 570년 인도와 이집트 사이의 주요 무역로에 위치한 전략적으로 중요한 대상(隊商, 카라반) 지역인 아라비안 반도의 메카(Mecca)에서 태어났다. 그는 메카를 통치 하던 부

---

[1] Will Durant, *The Age of Faith: A History of Medieval Civilization-Christian, Islamic and Judaic- from Constantine to Dante: AC 325-1300* (New York: Simon & Schuster, 1950), 155.

족인 쿠라이쉬족(Quraish) 출신이며 글을 읽지 못하는 문맹자였다. 40세에 그는 세계 역사를 뒤바꾸고 그를 중세 역사에서 가장 중요한 인물로 나서게 되는 환상을 보았다. 천사장 가브리엘(Gabriel)이 무함마드에게 나타나 일생의 대업을 맡기며 "너는 알라(Allah)의 사자(使者, messenger)이며 나는 가브리엘이다"라는 말을 전했다고 한다. 이후 무함마드는 메카 사람들과 거기에 모여든 순례자들에게 새로운 도덕과 유일신 신앙을 전파하기 시작했고 박해를 받기 시작했다. 무함마드가 622년 메카에서 메디나(Medina)로 도피한 것을 이슬람에서는 '헤지라'(Hejira)라고 하며 이를 이슬람의 시작으로 보며 무슬림 달력은 이때를 원년으로 한다.

632년 무함마드의 죽음 이후에 그의 추종자들은 아라비아반도에서 서로 싸우던 부족들을 무력으로 정복해 하나로 통일했다. 이후 이슬람은 정복 과정에서 매우 쉽고 신속하게 승리를 쟁취하면서 확장과 이슬람으로의 개종 활동을 계속해 나갔다.

1. 이슬람의 확장과 정복된 지역의 그리스도인

1) 이슬람의 정복 과정

(1) 제1차 정복

전광석화와 같은 속도로 이슬람 군대는 다마스커스(Damascus, 635), 안디옥(Antioch, 636), 예루살렘(Jerusalem, 638), 가이사랴(Caesarea, 640), 알렉산드리아(Alexandria, 642)를 정복해 나갔다. 650년에 이르러는 페르시아제국(Persian Empire)까지 멸망시켰다. 이후 아프리카 북부 지역을 한순간에 정복해 나갔는데 그 과정에서 거의 아무런 저항도 받지 않았다. 697년에는 북아프리카 기독교의 거점이었던 카르타고(Carthage)가 함락되었다.

715년에 이르러 스페인의 대부분 지역이 무슬림의 손에 함락되었다. 피레네 산맥을 건너 프랑스로 침공해 들어가던 이슬람 군대는 732년 프랑스 투르(Tours)에서 찰스 마르텔(Charles Martel, 686-741)에 의해 패배한 후 퇴각했다. 이 전투는 역사상 가장 중요한 전투 중 하나로 평가되는데 이후 이슬람의 유럽으로의 확장이 좌절되었기 때문이다. 이와 비슷한 시기에 아랍 무슬림들은 인도 북부의 펀잡(Punjab) 지방에 들어갔으며 멀리 중앙아시아까지 진출했다.

엄청난 기세로 확장되어 나가던 이슬람은 8세기 이후 500년간의 교착상태에 접어들게 된다. 이 시기에는 그 이전에 네스토리우스파 선교사들을 통해 기독교를 접한 바 있던 중앙아시아의 셀주크 투르크인들(Seljuk Turks)이 이슬람으로 개종한 후에 소아시아(Asia Minor)의 대다수 지역을 정복하기 시작했다. 기독교회 내에 십자군 전쟁(1096-1291)이 일어난 것은 이들 이슬람 침입자들에 대항하기 위해서였다. 시리아(Syria)와 성지(Holy Land)의 일부 지역이 회복되기는 했지만 전체적으로 볼 때 십자군 전쟁은 실패로 끝났다.[2]

(2) 제2차 정복

이슬람의 두 번째 정복 활동은 13세기와 14세기에 전개되었다. 오스만 투르크(Ottoman Turks, 1299-1922)와 중앙아시아의 몽골족(Mongol)은 이슬람교의 용맹스럽고 열광적인 추종자가 되었고 정복 과정에서 미쳐 날뛰며 가는 곳마다 약탈과 파괴를 자행했다. 15세기에 이르러 오스만 투르크인들은 그리스와 발칸제국을 침략했다. 1453년에 비잔틴(동로마)제국의 수도 콘스탄티노플(Constantinople)이 오스만 투르크에 의해 함락되었다. 이 시기에 이슬람의 무어족(Moors)은 스페인에서 계속 쫓겨나다가, 마침내

---

[2] 1099년 7월 15일 제1차 십자군 전쟁(1096-1099)은 예루살렘을 함락했지만 무슬림과 유대인들을 잔인하게 살육함으로써 역사에 큰 오점을 남겼다. 예루살렘에 세운 기독교 라틴 왕국은 1187년 10월 2일 술탄 살라딘(Saladin)에 의해 다시 정복되고 말았다. 살라딘은 항복한 그리스도인들을 학살하지 않고 도시를 떠나도록 해줬다(역주).

1492년에 그들의 마지막 거점이었던 알함브라(Alhambra)를 기독교에 넘겨주고 말았다.

자신들의 세력을 공고하게 만들기 위해 무슬림들은 다마스커스에 우마이야 왕조(Umayyad Caliphate, 661-750)를 세웠고 바그다드(Baghdad)에 압바시드 왕조(Abbaside Caliphate, 750-1258)를 세웠다. 유럽이 중세기 암흑시대의 가장 암울한 때를 맞이하고 있던 시기에 아랍 문명은 최고봉에 도달해 있었다. "기독교" 유럽의 전 지역에서 등불이 꺼져가고 있었지만 이슬람 문명권에서는 엄청난 일들이 생겨나고 있었다. 만약 다마스커스에 "100년 동안 거주하면서 매일 일어나는 일을 숙고하게 된다면 날마다 새로운 일이 생겨나는 것을 보게 될 것이다"[3]라고 윌 듀런트는 주장한다.

바그다드에는 26개의 공공도서관과 수많은 사립도서관이 자랑스럽게 세워져 있었다. 또한 "10세기 페르시아의 유명한 학자인 사히브 이븐 압바드(Sahib ibn Abbad, 938-995)는 유럽의 모든 도서관이 소장하고 있는 책을 합친 것만큼의 책을 소유하고 있었다"[4]고 한다.

2) 이슬람 지배하의 그리스도인(딤미)

일반적으로 무슬림들은 정복 과정에서 피정복민에게 꾸란과 칼 둘 중에 하나를 선택하도록 했다고 알려져 있다. 그러나 이러한 주장은 사실이 아니다. 그리스도인과 유대인들은 무함마드에 의해 '책의 백성'으로 간주되어 '딤미'(dhimmi), 즉 '보호받는 사람'이라는 특별한 지위를 부여받았기 때문이다. 딤미들은 이슬람이 요구하는 여러 제약을 수용하는 조건으로 자신들의 종교 행위를 계속할 수 있도록 허용되었지만, 무엇보다 그들은 무슬림보다 더 무거운 세금을 납부해야만 했다. 바그다드의 경우에 이

---

3 Will Durant, *The Age of Faith*, 231.
4 Will Durant, *The Age of Faith*, 237.

슬람 군주(Caliphate, 칼리파 국가)의 왕궁 바로 앞에서도 여러 교회, 수도원, 학교를 가진 거대한 기독교 공동체가 있을 정도였다.

이집트와 시리아에서 가톨릭이 아닌 다른 그리스도인(non-Catholic Christians)들은 비잔틴제국의 통치 때보다 무슬림 통치 때가 더 살기가 좋았다. 비잔틴 통치자들은 비잔틴제국 내에 하나의 신앙을 확산시키기 위해 무력 사용도 주저하지 않았기 때문이다. 마찬가지로 페르시아의 네스토리우스파 그리스도인들은 조로아스터교 왕의 통치 때보다 이슬람 통치 때가 더 살기 좋았다. 탁월한 행정 능력을 인정받은 일부 그리스도인들은 무슬림 정복자들의 행정 관청에서 근무하기도 했다. 그리스도인들은 대신 그들의 새 통치자들에게 그리스(Greek) 문명을 공유했으며 그리스의 고전 작품들을 아랍어(Arabic)로 번역했다.

3) 그리스도인들이 받았던 차별과 제약

물론 그리스도인들은 여러 가지 형태의 차별을 받아야 했기 때문에 이로 인해 2등 시민으로 살아갈 수밖에 없었다. 나치 독일 치하의 유대인들과 마찬가지로 그리스도인들은 열등민의 표시로 옷 위에 색깔이 있는 천 조각을 덧대어 입어야 했다. 무슬림들과의 결혼은 허락되지 않았으며 공직 생활에서도 그리스도인들은 일정 지위 이상의 높은 직책에 오를 수 없었다.

그들은 종교를 계속해서 가질 수 있었지만, 이 경우에도 명확하게 규정된 제약들이 있었다. 그들은 교회를 새로 건축할 수 없었다. 교회의 종을 타종할 수 없었다. 예배당 안에서 조용하게 예배를 드릴 수는 있었지만 지역에서 전도는 허락되지 않았다. 개종은 언제나 한 방향으로만 가능했다. 즉 유대교나 기독교에서 이슬람으로는 개종할 수 있었지만, 이슬람에서 기독교로 개종할 수는 없었다.

이슬람에서 기독교로 개종하는 것은 이슬람 신앙의 배교자가 될 뿐 아니라 민족의 반역자가 되는 것을 의미했다. 아랍인이 된다는 것은 무슬림이 되는 것이었다. 따라서 기독교 신자가 되는 것은 이 둘을 다 포기하는 것이었다. 또한, 배교법(Law of Apostasy)이 존재했기 때문에 이슬람 신앙을 저버리는 자를 공동체가 죽이는 것이 허용되었다. 개종자를 극형에 처하는 배교법이 항상 준수되지는 않았지만, 이슬람 세계에서 배교법은 시행 중이었고 이는 기독교로 개종하는 것을 가로막는 강력한 장애물로 작용했다. 무슬림 신자에게 세례를 베풀고 기독교 신앙을 갖게 하면 대부분의 이슬람 국가에서 대규모 폭동이 발생할 가능성이 매우 높다.

이란의 이슬람 교도들은 시아파(Shi-ites)에 속하는데 이들은 수니파(Sunnis) 무슬림 보다 관대한 편이다. 인도네시아 정부는 종교의 자유를 인정하고 있는데[5] 많은 무슬림이 기독교를 받아들이고 있다. 최근 몇 년 동안에도 수많은 무슬림이 기독교 신앙을 받아들이고 있다.

2. 북아프리카 교회의 멸망 원인

이슬람은 기독교보다 역사가 짧은 유일한 주요 종교이며 선교 열정이 강하며 기독교 다음으로 전 세계적으로 활발한 선교 활동을 벌이고 있는 종교다. 실제로 아프리카의 일부 지역에서는 기독교보다 더 많은 개종자를 얻고 있다. 7세기에 북아프리카에서 기독교회가 가장 큰 손실을 입었다. 북아프리카교회는 수적으로 많은 교인이 있었을 뿐만 아니라, 초대교회 역사에서 3명의 가장 위대한 교회 지도자이자 신학자를 배출했다.

2세기의 터툴리안(Tertullian, 155-240)은 기독교 신앙을 훌륭하게 변증했고, 3세기의 키프리안(Cyprian, 200-258)은 기독교회를 열정적으로 세웠으

---

[5] 세계에서 가장 많은 무슬림이 살고 있는 인도네시아에서는 개인의 자유의사에 따라 6개의 종교(이슬람, 개신교, 가톨릭, 힌두교, 불교, 유교) 중에 하나를 선택할 권리를 가진다(역주).

며, 4세기에 활동한 어거스틴(Augustine, 354-430)은 바울 이후 가장 위대한 신학자였다.

위대한 지성과 영성을 지닌 어거스틴의 지도 아래 북아프리카의 교회는 약 500개의 교구(기독교 전체 교구의 1/4에 해당)를 관할하고 있었는데, 이 지역 성직자들은 알렉산드리아교회나 로마교회의 성직자들보다 교육 수준이 더 높았으며 교회에 미치는 영향력도 더 컸다.

이토록 번성했던 북아프리카(카르타고 중심)교회가 몰락하고 이슬람화한 이유를 어떻게 설명해야 할까?

여기에는 사회·정치적, 선교적, 신학적 요인 등이 혼재되어 있었다.

(1) 사회·정치적 요인

첫째, 무슬림의 통치 하에 살아가는 것을 싫어해 그리스도인 중에 일부가 유럽으로 이주했기 때문이다.[6] 그러한 이주는 당연히 교회를 약화시키는 주요 요인이 되었다.

둘째, 남은 교인들이 많았는데 그들 중에는 이슬람에 맞서 용감하게 싸우기보다 신중한 태도를 취하며 자신들의 운명을 이 새로운 무슬림 통치자에게 맡기며 이슬람 신앙을 받아들이고 그들의 지배를 지지하는 사람들이 많이 생겨났다.

셋째, 이슬람 군대가 엄청난 기세로 정복 전쟁에서 승승장구하는 모습을 보고 하나님의 손이 그들과 함께 하신다고 믿고서 무슬림과 싸우는 것은 곧 하나님과 싸우는 것임으로 싸우지 않겠다는 교인들이 있었다.

넷째, 이슬람이 기독교보다 더 새롭고 고차원적인 계시라는 이슬람의 주장을 아무런 의심 없이 받아들이는 교인들도 있었다.

---

6 647년 이슬람이 북아프리카를 최초로 침공하기 시작했고 698년 카르타고가 정복되었다. 이후 엘리트 그리스도인들과 부유한 그리스도인들이 과도한 세금 부과 때문에 시칠리아, 스페인 그리고 독일까지 이주하기 시작했다. 정치적, 인종적으로 차별받던 현지인 베르베르족이 이슬람을 받아들이기 시작하였다(역주).

다섯째, 이슬람의 최고 권력과 야합해 그들로부터 보호와 특권을 누렸던 사람들도 있었다. 그러나 이 모든 요인이 그토록 강력했던 북아프리카교회가 이처럼 짧은 시간에 사라져 버린 이유를 충분히 설명해 주지는 못한다.

(2) 선교학적 요인

북아프리카에 있는 교회가 몰락하게 된 진짜 이유는 다른 데서 찾아야만 한다.

첫째, 북아프리카교회는 겉보기와는 달리 실제로는 그렇게 강하지 않았기 때문이다. 교회가 숫자상으로는 막강한 힘을 가졌으면서도 실제로 영적으로는 매우 약했다.

둘째, 무엇보다 북아프리카교회는 진정으로 토착화된 교회가 되지 못했다. 교회는 라틴 문화와 로마 권력에 너무 밀착되어 있을 뿐 현지 문화에 동화되지 못하고 있었다.

셋째, 교인들은 카르타고(Carthage)를 중심으로 대부분이 라틴어(Latin)를 사용하는 사람들로 구성되어 있었다.

넷째, 현지 원주민인 카르타고 사람들(Punic) 중에 기독교 신앙을 받아들인 사람이 거의 없었고, 심지어 베르베르인들(Berber)은 복음을 들어보지도 못한 상태에 있었다.

다섯째, 이 때문에 교회는 현지인의 토양에 뿌리를 내리지 못하고 있었다.

여섯째, 현지어로 번역된 성경이 존재하지 않았다.[7] 라틴어 성경은 접할 수 있었지만 카르타고인이나 베르베르인의 모국어로 번역된 성경은 없었다.

---

[7] '난 곳 방언' 즉 모국어로 번역된 성경이 없었다(역주).

(3) 신학적 요인

첫째, 소모적인 신학 논쟁으로 인해 교회의 힘이 약화되고 말았다. 4세기 초 어거스틴(Augustine) 시대 이전에 북아프리카교회는 도나티스트(Donatist) 논쟁에 휩싸였다. 신학자들은 하나로 뭉쳐 공통의 적에 대항하는 연합 전선을 형성하기는커녕 서로 물고 뜯는 집안싸움에 몰두하고 있었다. 그들은 복음의 능력을 과시하는 것보다 복음의 순수성을 방어하는 데 더 많은 관심이 있었다.

둘째, 그리스도인들 사이에 복음적인 신앙과 전도 열정을 잃어버렸다는 데 있었다. 시간이 지나면서 사제의 지배권이 점차 강화되고 성례 제도가 발전해 가면서 기독교 복음은 점점 더 약화되어 갔다. 교인들은 오래지 않아 첫 사랑을 잃어버리고 진실한 교인이 아닌 이름뿐인 그리스도인이 되었다.

그 결과 이슬람 군대가 북아프리카 전역을 휩쓸고 지나갈 때 기독교회는 이에 저항할 힘도 의지도 없었다. 이후 몇 십 년이 지나지 않아 북아프리카교회는 예전의 찬란했던 영광의 흔적을 찾아볼 수 없을 만큼 거의 사라지고 말았다.[8]

3. 십자군 전쟁

기독교와 이슬람이 두 번째로 충돌하게 되는 주요한 사건은 12세기와 13세기에 '십자군 전쟁'(Crusades)을 통해서였다. 다른 민족과 관련해 기독교 역사에는 두 번의 어두운 페이지가 등장하는데 하나는 오랜 기간 세계 도처에서 계속된 유대인들에 대한 박해이며, 다른 하나는 이슬람교도들을

---

8   11세기에 이르러 북아프리카교회는 급격하게 약화되고 말았다(역주).

대상으로 행해진 십자군 전쟁이었다.

1095년과 1272년 사이의 약 200년 동안 총 7차에 걸쳐 십자군 전쟁이 간헐적으로 전개되었다. 제1차 십자군 전쟁의 주창자로 알려져 있는 은둔자 피터(Peter the Hermit, 1050-1115), 제2차 십자군 원정을 독려했던 클레르보의 수도원장 버나드(Bernard of Clairvaux, 1090-1153), 제3차 십자군 전쟁을 이끌었던 영국의 사자왕 리처드(Richard the Lion-Hearted, 1157-1199, 재위 1189-1199)를 포함한 여러 지도자에 의해 십자군 전쟁은 조직되고 독려되었으며, 적어도 십자군 전쟁 초기에 십자군 원정은 로마 가톨릭교회의 재가와 지원을 받았다.

1) 십자군 전쟁의 동기

다양한 부류의 사람들이 모여 거대한 사업을 추진할 때 통상적으로 그렇듯이 십자군 전쟁은 여러 동기에서 비롯되었다. 경제적인 동기, 정치적인 동기, 심지어 개인적인 욕심도 혼재되어 있었다. 그러나 십자군의 가장 강력한 동기는 종교적인 것이었기 때문에 이에 대해 좀 더 살펴보기로 한다.

첫째, 서방교회 입장에서는 이슬람 세력인 셀주크 투르크(Seljuk Turks)로부터 팔레스타인 성지인 예루살렘을 탈환해야 한다는 보편적인 바람이 있었다. 7세기 이후 거룩한 도시 팔레스타인 지역은 아랍인들이 통치 하기 시작했다. 성지가 무슬림들의 지배하에 계속해서 놓이게 되면서, 기독교회는 모욕감을 느꼈을 뿐만 아니라 그리스도인들의 성지 순례가 위협을 받지는 않았지만 성지 순례를 어렵게 만든 것은 사실이었다.

둘째, 로마 가톨릭교회는 콘스탄티노플을 거점으로 하는 비잔틴제국(Byzantine Empire)을 도와 이슬람 세력(투르크족)의 확장을 막으려고 노력했다. 11세기에 접어들면서 비잔틴제국은 쇠퇴하기 시작했다. 비잔틴의 쇠퇴는 1025년 황제 바실 2세(Basil II, 958-1025, 재위 976-1025)의 죽음과 더불어 시작되는데 1056년 마케도니아 왕국이 멸망하면서 더 약화되었다.[9] 제국 내부의 분열과 외부의 침공은 비잔틴제국의 존재를 더욱 위태롭게 했다.

비잔틴제국의 최대 위협은 셀주크 투르크의 침공에서 비롯되었다. 이들은 중앙아시아[10] 출신들로서 이슬람으로 개종한 후 11세기에는 페르시아, 메소포타미아, 시리아, 이집트 및 팔레스타인을 포함하는 광대한 제국을 건설했다. 이슬람 세력은 소아시아(Asia Minor)로 침공해 들어갔으며 마침내 1071년 아르메니아의 반 호수(Lake Van)[11]에서 비잔틴의 군대를 대파함으로써 비잔틴제국은 쇠락하기 시작한다. 이러한 상황에서 비잔틴 황제들이 서방의 그리스도인 형제들에게 도움을 요청하는 것은 지극히 당연한 일이었고, 로마 가톨릭교회의 교황들은 기꺼이 도움의 팔을 내밀었다.

셋째, 서방교회의 로마 관구에서는 동·서방교회의 불화를 치유해서 교회의 일치를 회복하려는 상당한 갈망이 있었다. 10세기와 11세기에 로마와 콘스탄티노플 간의 관계는 악화되었다. 그 결과 1054년 콘스탄티노플 총대주교는 로마 교황 레오 9세(Leo IX, 1002-1054, 재위 1049-1054)에 의해 파문당했다. 십자군 전쟁은 이러한 불화의 간격을 좁힐 수 있는 절호의 기회를 제공해 주었다.

---

9 마케도니아 왕조 때 비잔틴제국은 황금기(867-1071)를 구가한다. 바실 1세(867-886)부터 바실 2세(976-1025) 사이의 비잔틴제국은 당시 지중해 세계의 최강자였다(역주).
10 이슬람으로 정복되기 이전에 중앙아시아 지역에는 조로아스터교, 네스토리우스파 기독교, 불교, 샤머니즘 등이 실크로드로 전래되어 혼재해 있었다(역주).
11 1071년 8월 26일 알프 아르슬란(Alp Arslan, 1029-1072)이 이끄는 셀주크 투르크 군대가 터키 아나톨리아반도 동쪽 끝의 만지케르트(Mazikert) 전투에서 동로마제국 군대를 대파했다(역주).

2) 십자군 전쟁의 전개와 결과

십자군 본래의 목적을 생각한다면 십자군 전쟁은 실패였다. 원정이 거듭되면서 그 본래의 순수한 목적에서 벗어났기 때문이다. 교인들의 생명과 재산을 지불하고 탈환한 성지는 150년 동안만 차지했다가 다시 이슬람에게 빼앗기고 말았다. 십자군 원정대는 무슬림들에게 쫓겨났을 뿐만 아니라 오스만 투르크제국 통치 기간인 14-15세기에 이슬람은 남동 유럽의 발칸반도까지 확산되었고 1529년에는 중부 유럽의 오스트리아 비엔나(Vienna)까지 이슬람의 공격을 받게 되었다.

십자군 전쟁은 이슬람의 약탈과 공격에 맞서 싸우던 비잔틴제국을 도와주기는커녕 비잔틴제국을 더 약화시키는 결과를 낳고 말았다. 사실 콘스탄티노플은 1453년에 오스만 투르크에 의해 함락 당했을 때보다 십자군들에 의해 더 큰 피해를 입고 말았다[12]. 그리하여 십자군 전쟁은 동방교회와 서방교회 간의 불화를 치유하기보다 갈등의 폭을 더 깊게 만들고 말았다.

그러나 십자군 전쟁을 통해 얻게 된 몇 가지 이득도 있었다. 십자군 원정을 통해 유럽은 자신들보다 더 발달한 동양의 선진 문명을 접하게 되었다. 유럽이 암흑기(Dark Age)를 거치고 있는 동안 바그다드에 기반을 둔 아랍 문명은 중동 지역 전체에 찬란한 문명의 빛을 발산했다. 십자군 전쟁을 통해 서구는 아랍 문명이 예술, 교육, 전쟁 등의 분야에서 기독교 문명보다 훨씬 뛰어나다는 것을 알게 되었다. 수백 개의 아랍어 어휘가 유럽 언어 속에 차용되었다. 인쇄, 화약 및 나침반 등은 십자군 전쟁을 거치면서 동방에서 유입되었다. 그리스와 사라센의 예술, 과학 및 발명품들이 십자

---

12 제4차 십자군 원정대가 1204년 4월 14일에 비잔틴(동로마)제국의 수도 콘스탄티노플(이스탄불)을 함락시키고 약탈하는 사건이 발생하면서 비잔틴제국은 회복할 수 없는 피해를 입게 되고, 1453년 오스만 투르크에게 콘스탄티노플이 함락되면서 멸망하게 된다(역주).

군을 통해 유럽에 전래되었다.

　십자군 전쟁으로 인해 육상과 해상 교통은 더 발전하게 되었고 바다를 이용한 해상 무역의 확대에도 영향을 주었다. 기사들은 성지를 빼앗겼지만 상인들은 지중해 항해권을 장악하게 되었다. 유럽의 도시들은 활기를 되찾았고 상업 활동이 활발하게 일어났다. 향료, 설탕, 직물, 과일, 향수, 보석 등 사치품으로 간주되던 물품들이 이제는 일상적으로 거래되는 품목이 되었다.

> 십자군 전쟁은 독일 야만주의의 자극으로 중세 유럽의 농업적 봉건 체제와 함께 시작되었지만 종교적 열정을 넘어서서 산업의 태동과 상업의 발달을 가져왔으며 마침내 르네상스(Renaissance)의 도래를 선도하고 지원하는 경제 혁명을 초래하는 결과를 가져왔다.[13]

3) 십자군 전쟁이 이슬람 선교에 미치는 영향

　200년 동안 지속된 십자군 전쟁이 남긴 가장 불행한 결과는 기독교와 전체 이슬람교 사이에 적대감을 고조시켰다는 것이다. 기독교회가 팔레스타인의 성지를 회복하기 위해 전쟁에 의존했다는 사실 자체가 기독교 신앙과 배치되는 점을 보여준 것이기도 했다. 전에는 교회가 이슬람 세력의 공격의 희생자였지만 이제는 무슬림들을 공격하는 세력이 되고 말았다. 이러한 행동은 예수 그리스도의 가르침을 정면으로 부인하는 것이었고 초대교회의 관습에도 명백하게 위배되는 것이었다.

　더군다나 그리스도의 이름으로 교회가 일으킨 십자군의 잔인한 행위는 무슬림들의 마음에 지울 수 없는 깊은 상처를 남겼다. 1099년에 예루살렘을 탈환한 십자군들은 1,000명의 수비대를 몰살시키는 데에 만족하지 않

---

[13] Will Durant, *The Age of Faith*, 613.

고 7만여 명의 무슬림을 남녀노소를 불문하고 대량 학살하기까지 했다. 십자군은 학살에서 살아남은 유대인들은 회당에 몰아넣고는 산 채로 화형시켰다. 그 후 십자군들은 성묘교회(Church of the Holy Sepulcher)로 몰려가서 승리에 도취해 전능하신 하나님께 감사의 예배를 드렸다.

　기독교 세계에서는 십자군 전쟁을 거의 잊어버렸지만 중동 지역의 이슬람 세계는 십자군의 잔인성에 대한 기억을 오늘까지도 생생히 간직하고 있다. 당시 십자군의 잔혹성과 보복 행위로 인해 생겨난 무슬림들의 증오심은 9백 년이 지난 오늘에도 사라지지 않고 있다. 이처럼 이슬람권에서 사역하는 선교사들의 목에는 지금도 십자군의 악한 명성이 밧줄처럼 묶여 있는 것이다.

제4장

로마 가톨릭교회의 선교(A.D. 1300-1700)

　로마 가톨릭교회는 세상의 어떤 조직체보다 더 오래되고 거대하며 가장 큰 영향력을 끼치고 있는 조직이다. 70억의 세계 인구 가운데 13억의 가톨릭 교인들이 전 세계 모든 지역에 흩어져 있다. 장구한 역사를 거치면서 가톨릭교회는 확장과 쇠퇴의 과정을 반복해 왔다. 신성로마제국(Holy Roman Empire)의 치세 하에 최전성기를 누리고 있던 가톨릭교회는 유럽의 정치, 문화, 경제, 종교 생활 전반을 완전히 지배하고 있었다. 로마 가톨릭교회의 최대의 손실은 개신교의 종교개혁으로 인해 유럽의 대부분의 지역이 가톨릭교회에서 떨어져 나감으로써 발생했다.

　그러나 유럽에서 여러 지역을 잃어버린 로마 가톨릭은 이후 몇 세기에 걸쳐 아시아, 아프리카, 남미의 신대륙에서 수행된 선교 활동을 통해 그보다 더 넓은 지역을 회복할 수 있었다. 유럽의 개신교회가 유럽 지역에서 세력을 공고하게 다져가는 동안 로마 가톨릭교회는 이른바 비기독교 세계의 선교에 여념이 없었던 것이다.

1. 식민지 개척과 선교

로마 가톨릭교회의 선교 확장은 가톨릭의 두 해양 강국인 포르투갈과 스페인의 해외 식민지 개척 시기와 그 때를 같이 한다. 프란시스코회 선교사들은 포르투갈 탐험대를 따라 북아프리카의 마데이라섬(Madeira, 1420년), 아조레스제도(Azores, 1431년), 케이프 베르디제도(Cape Verde Islands, 1450년) 개척에 동행했다. 가톨릭교회의 삼위일체수도회(Trinitarians)에 속한 선교사들은 1498년에 포르투갈 탐험가 바스코 다 가마(Basco da Gama, 1460-1524)와 함께 인도까지 뱃길로 항해해 갔다. 프란시스코 수도사들은 1500년에 포르투갈 탐험가 카브랄(Cabral, 1467-1520)과 함께 브라질에 도착했다. 스페인과 포르투갈 왕들은 로마 교황들 이상으로 이교도를 개종시키기 위한 선교 활동에 열심을 내었다.

1537년에 교황 바오로 3세(Paul III, 재위 1534-1549)는 남미 신대륙의 인디언들을 "하나님의 말씀 전파와 선한 삶의 모범을 통해" 그리스도께로 인도하라고 명령했다. 스페인의 가톨릭 군주 페르디난드(Ferdinand, 1452-1516)와 이사벨라(Isabella, 1451-1504)는 다음과 같은 내용의 칙령을 발표하기도 했다.

"우리는 복음전도와 확산 그리고 인디언들을 성 가톨릭교회의 신앙으로 인도하는 것 이외에 바라는 것이 아무 것도 없다."

1) 교황의 분계교서(1493)

1454년에 교황 니콜라스 5세(Nicholas V, 재위 1447-1455)는 포르투갈에게 아프리카와 아시아의 동인도제도에서 독자적으로 선교할 수 있는 권한을 부여했다. 그 후 스페인이 신대륙으로 진출함에 따라 포르투갈의 신세계 탐험 독점권이 침해받게 되었다. 이베리아반도의 두 가톨릭 국가의 경쟁과 충돌을 막기 위해 1493년 교황 알렉산더 6세(Alexander IV, 재위 1492-

1503)는 "분계교서"(Demarcation Bull)를 발표해 세계를 두 개로 분할해 동쪽은 포르투갈, 서쪽은 스페인에게 나누어 주었다. 이로써 포르투갈은 아프리카와 동인도제도에서 모든 선교 사업을 관장하고 후원하는 특권을 소유하게 되었고, 스페인은 남미의 신대륙에서 이러한 권한을 행사하게 되었다. 다음 해인 1494년에 경계선이 왼편으로 약간 이동해 카브랄(Cabral)이 발견한 브라질은 포르투갈 관할로 바뀌게 되었다.[1]

이러한 광대한 특권에 대한 보답으로 이베리아반도의 포르투갈과 스페인 왕들은 그들이 개척한 해외 식민지에서 기독교 신앙을 확산하고 이교도들을 개종시킬 책임을 부여받았다. 왕들은 해외 선교지에 성직자를 마음대로 임명할 수 있는 권한을 부여받았고 모든 비용은 국가의 왕들이 부담하게 되어 있었다.[2] '파트로나토'(Patronato), 즉 '선교 보호권'으로 알려져 있는 이 제도로 인해 선교사들은 상인들처럼 해외 선교지에서 자신들의 이해 관계에 따라 선교 활동보다 금은보화에 더 많은 관심을 가지기도 했다.

2) 포교성성(1622)

시간이 경과하면서 가톨릭교회의 선교가 전 세계로 확장되어 나가면서 이 후원 제도의 문제점이 발생하기 시작했다. 그러한 약점을 바로 잡기 위해 교황 그레고리 15세(Gregory XV, 재위 1621-1623)는 1622년에 신앙 전파를 위한 '포교성성'(布教聖省, Sacred Congregation for the Propagation of the Faith, Propaganda Fidei)을 설립했다. 교황청은 포교성성을 통해 해외 식민지에서

---

[1] 포르투갈 왕에게는 브라질, 아프리카, 아시아 지역을 담당하는 '선교 보호권'(Patronato)을 부여했고 스페인 왕에게는 필리핀과 남미 지역(브라질 제외)을 담당하게 했다(역주).
[2] '선교 보호권'은 선교를 조건으로 식민 정복지의 교구 설립, 선교사 파송, 십일조 징수 등을 국가의 왕에게 위임하는 일종의 교회법적 특권이었다(역주).

이교도의 개종을 위한 선교 활동을 직접 관장하고 유럽 내의 개신교도들을 가톨릭교회로 되돌리려고 노력했다. 1628년에는 세계 모든 선교지에서 온 현지인들을 가톨릭의 토착 성직자로 양성하기 위해 로마(Rome)에 '포교대학'(College of Propaganda)을 설립했는데 이는 중앙신학교와 같은 것이었다. 전반적으로 포르투갈과 스페인 왕들은 자신들의 선교적 책임을 진지하게 받아들였다.

> 콜럼버스와 바스코 다가마로부터 시작해 스페인과 포르투갈의 식민지 개척자들은 자신들의 개척활동을 십자군 운동과 선교 활동으로 간주했다. 왜냐하면, 그들은 [향료뿐만 아니라] 그리스도인들을 찾을 목적을 갖고 있었고, 선교사들이 영적인 검을 가지고 최초로 복음을 전했을 때 이를 거부하는 경우에 그들에 맞서 불과 검으로 대항해야 했기 때문이었다.[3]

3) 가톨릭교회 선교의 장점

로마 가톨릭교회의 장점은 수많은 수도회가 있어서 언제라도 파송을 명령하면 선교사로 나갈 수 있도록 훈련되고 헌신된 수도사들이 준비되어 있어서 어떤 종류의 선교 사업도 능히 감당할 수 있다는 것이다. 절대 순종과 독신 생활을 하겠다는 수도사들의 서약은 복종과 기동성을 필요로 하는 선구적인 선교 사업에 가장 필요한 두 가지 자격이었다.

수도원에서 금욕적이고 엄격한 생활로 연단 받는 공동체 생활을 하는 수도사들은 힘든 선교사역을 넉넉히 감당할 수 있는 선교사 훈련 과정을 이미 받은 셈이었다. 이처럼 가톨릭교회는 이방 세계에 복음의 메시지를 전하기로 결정하게 되더라도 선교 자원자를 별도로 모집할 필요가 없었

---

[3] Joseph Schmidlin, *Catholic Mission History* (Techny, IL: Divine Word Mission Press, 1933), 264.

다. 황제의 칙령이나 교황의 명령만 선포되면 아주 손쉽게 지구상의 어느 곳이라도 선교사를 파송할 수 있었던 것이다.

4) 가톨릭교회의 수도회들

특별히 가톨릭교회의 4개 수도회가 로마 가톨릭 선교 사업을 감당했다.

첫째, 아씨시의 프란시스(Francis of Assisi, 1181/2-1226)가 설립한 프란시스코수도회(Franciscan),
둘째, 스페인 출신 신부 도미니크(1170-1221)가 세운 도미니크수도회(Dominican),
셋째, 1256년 교황 알렉산더 4세(Alexander IV, 재위 1254-1261)가 창설한 어거스틴수도회(Augustinian),
넷째, 1540년 스페인의 귀족 이그나티우스 로욜라(Ignatius Loyola, 1491-1556))가 세운 예수회(Jesuits)다.

18세기와 19세기에 설립된 선교회 중에는 패셔니스트(Passionists, 1720), 레뎀프토르회(Redemptorists, 1732), 성령신부회(Holy Ghost Fathers, 1841), 백의(白衣)선교사회(White Fathers, 1866년), 신언(神言)수도회(Divine Word Fathers, 1875) 등이 있었다. 1911년에는 그 유명한 미국의 메리놀선교회(Maryknoll Fathers)가 창립되었는데 메리놀선교회는 1918년에 중국 남부에 최초로 선교사들을 파송했다.

당연히 유럽의 가톨릭 국가들이 가장 많은 선교사를 배출했다. 선교사 파송의 초기 수십 년 동안 가톨릭교회가 보낸 대부분의 선교사는 포르투갈과 스페인 출신이었는데 그 이유는 이 두 나라가 당시 식민지 개척을 주도하던 로마 가톨릭의 두 해양 강국이었기 때문이다. 이탈리아와 프랑스도 독일과 아일랜드교회가 보낸 숫자만큼의 선교사를 배출했다. 이에 비해 미국 가톨릭교회는 최근에 이르기까지 그다지 많은 선교사를 배출하지는 못했다.

5) 정치적 상황에 따른 가톨릭 선교의 변화

장구한 선교 역사를 거쳐 오면서 로마 가톨릭교회는 상당한 핍박과 반대에 직면해야만 했다. 1658년 네덜란드가 실론(현 스리랑카)을 점령했을 때, 1793년 영국이 캐나다를 합병했을 때 등과 같이 개신교 국가들에 의해 가톨릭 선교는 커다란 손실을 겪기도 했다. 1898년 미국이 필리핀을 점령하면서 가톨릭교회의 선교 독점 시대는 끝이 났지만 미국은 필리핀에서의 가톨릭 선교를 크게 방해하지는 않았다.

그러나 중국(1368년), 일본(1614년), 한국(1866년)[4]의 경우처럼 이 새로운 종교가 전파됨으로써 현지의 정치 권력을 약화시키거나 토착 문화를 파괴할지도 모른다는 두려움에 사로잡혔던 통치자들에 의해 로마 가톨릭 선교사들이 추방당하는 일도 생겨났다. 심지어 로마 가톨릭교회의 선교는 남아메리카에서 정치 세력에 의해 어려움을 겪기도 했는데, 1811년과 1812년의 독립 전쟁 당시 남미에서 많은 프란시스코수도회의 선교 활동이 종결되기도 했다.

---

4 한국에서는 기해박해(1838년), 병오박해(1846년), 병인박해(1866년)로 인해 파리외방선교회 선교사들과 조선인 천주교 신자들이 처형되었다. 선교 현지인에게 신학을 가르쳐서 성직자로 키우는 파리외방선교회 정책에 따라 김대건은 마카오신학교에서 공부했고 한국교회 최초의 천주교 사제가 된 김대건은 1846년 9월 16일 새남터(용산구 이촌동)에서 처형되었다. 병인박해(1866년)는 고종 3년 흥선대원군 정권하에 대규모로 천주교 신자들을 탄압한 사건이다. 당시 프랑스 선교사를 포함해 천주교 신자 6천 명이 처형되었다(역주).

6) 예수회의 해체(1773)와 부활(1814)

모든 수도회 중에서 예수회보다 더 파란만장한 역사를 가진 선교회는 없을 것이다. 예수회 선교사들은 가는 곳마다 문제를 일으키는 것처럼 보였다. 다른 선교회 입장에서는 그들의 행동이나 선교방식이 용납할 수 없는 것으로 간주되어 심지어 가톨릭 국가에서도 핍박을 받기도 했다. 18세기 중엽에 예수회 선교사들은 남아메리카의 대부분의 나라와 필리핀에서 추방되었다.[5]

예수회에 대한 반대가 너무 강해 결국 1773년 교황 클레멘트 14세(Clement XIV, 재위 1769-1774)는 유럽에서의 정치적 압력으로 예수회를 해체해 버렸다. 이후 40년이 지난 1814년 교황 비오 7세(Pius VII, 재위 1800-1823)에 의해 예수회는 다시 조직되지만 그 후에도 예수회는 유럽의 여러 가톨릭 국가에서 다시 추방되었다.

7) 가톨릭 선교회들 간의 선교지 분할

전 세계 모든 지역에서 여러 수도회가 동시에 선교를 추진하는 과정에서 선교회 간에 발생할 수 있는 경쟁과 사역의 중복을 피하기 위해 로마 가톨릭교회는 선교지역 분할(comity) 제도를 세워 실시해야 할 필요성을 느꼈다. 그 결과로 특정 수도회가 특정한 국가에 파송되기도 했다. 예컨대, 파리외방선교회(Paris Foreign Missions Society)[6]는 주로 아시아 지역 선교를 위해 설립되었는데 태국(Siam), 티베트(Tibet), 미얀마(Burma) 등지를 담

5　브라질(1754년), 포르투갈(1759년), 프랑스(1764년), 스페인과 남미 식민지(1767년) 등지에서 예수회는 추방되었다(역주).
6　1653년 로마 교황청이 프랑스 선교사들을 중심으로 창설했으며 1664년에는 신학교를 설립해 선교사들을 배출했다. 파리외방선교회는 한국과 일본의 가톨릭 선교를 개척했다(역주).

당했고, 도미니크수도회는 대만(Formosa) 선교를 전담했으며, 성심수도회(Missioners of the Sacred Heart)는 남태평양의 멜라네시아(Melanesia) 지역 선교를 감당했다.

인도, 중국, 일본처럼 광대한 나라에는 거의 모든 크고 작은 가톨릭교회의 수도회들이 선교사를 파송했다. 이렇듯 한 나라에 여러 선교회가 진출한 경우에는 신중함을 발휘해 중복되지 않게 서로 다른 지역에서 사역하도록 했다. 예를 들면, 중국에서 도미니크수도회는 푸젠성(福建省)에서 사역했고 신언수도회는 산동 지역을 전담해 선교했다.

2. 아시아 선교

1) 중국

(1) 몬테코르비노의 요한

유럽 이외의 지역에서 추진된 로마 가톨릭의 선교는 중국에서 시작되었다. 중국의 가톨릭 선교는 원나라(1271-1368) 때인 1294년 프란시스코회 선교사 몬테코르비노의 요한(John of Monte Corvino, 1247-1328)이 중국에 도착하면서 시작되었다. 요한은 교황 니콜라이 4세(Nicholas IV, 재위 1288-1292)에 의해 동양에서 역사상 가장 역사가 깊고 위대한 제국인 중국에 파송되었는데, 이전에 그는 페르시아에서 괄목할 만한 선교 사업의 성공을 거두기도 했다.

흥미로운 점은 가톨릭 선교를 반대한 것은 중국인들이 아니라 당(唐)나라 태종(太宗) 때부터 200년 동안 중국에서 번성했던 네스토리우스파 기독교의 추종자들이었다. 네스토리우스파 교인들은 새로 온 로마 가톨릭 선교사들에 대해 악의에 찬 소문을 퍼뜨림으로써 중국인들 가운데 적대감을 유발시키고자 노력했다.

그럼에도 불구하고 요한은 중국 황제의 신뢰를 얻게 되었고 북경에 교회를 건축했으며 수천 명의 개종자에게 세례를 베풀었다. 그는 11년 동안 사역하면서 150명의 중국인 신학생을 훈련시키는 데 특별한 관심을 기울였는데 이 모든 일을 혼자서 감당했다. 이후에 그는 교황 클레멘트 5세(Clement V, 재위 1305-1314)에 의해 최초의 베이징(Peking) 대주교에 임명되었다.

그 후 로마 가톨릭 신앙은 중국 해안을 따라 확산되어 나갔는데 북경의 800마일 남쪽에 위치한 푸젠(福建) 지역에도 전파되었다. 1330년에 요한이 사망했을 때 중국에는 약 10만 명의 가톨릭 신자들이 있었다. 이 모든 일은 중국의 몽골 왕들의 후원과 보호 때문에 가능했다.[7] 1368년에 한족이 다시 명나라 왕위에 오르면서 명의 통치자들이 가톨릭 선교사를 추방하면서 로마 가톨릭은 사라지게 되었다.[8]

(2) 마테오 리치

요한 이후 200년이 경과한 후 중국에 로마 가톨릭 신앙을 이식하려는 두 번째 시도가 예수회 선교사 마테오 리치(Matteo Ricci, 1552-1610)에 의해 시도되었다. 그는 포르투갈의 식민지 마카오를 선교 거점으로 삼아 길고도 험난한 육로 여행을 20년 이상 시도한 끝에 마침내 베이징에 도착했다.

중국인들의 호의를 얻기 위해 리치는 중국 문화를 수용했고 유학자의 옷으로 갈아입고 유학자 행세를 했다. 지방 관리들에게 유럽산 시계를 선물한 대가로 그는 북부 지방으로 여행할 수 있는 허가증을 얻었고 이후 광둥(廣東), 난창(南昌), 난징(南京)에 선교기지를 설립할 수 있었다. 리치가 만력황제(萬曆皇帝)라 불리던 신종(神宗, 재위 1573-1620)에게 보낸 서양의 선물 덕분에 1601년에 수도인 베이징으로 들어갈 수 있었다. 그곳에서 리

---

7 원나라(1206-1370)는 몽고족 왕조다(역주).
8 명나라(1368-1644)는 한족 왕조다(역주).

치와 동료 선교사들은 공식적으로는 황제의 시계 태엽을 감는 자로서 활동했다.

중국의 지식인들은 이 서양에서 온 위대한 학자와 토론하기 위해 몰려들었다. 그들 가운데 많은 사람이 개종해 가톨릭 신앙을 받아들였다. 리치가 베이징에서 영향력을 행사함으로써 다른 예수회 선교사들도 광대한 중국 제국의 여러 지역을 여행하고 거주할 수 있게 되었다. 1650년에 이르러 가톨릭 신자가 25만 명에 이르게 되었다.

그 후에 프란시스코수도회와 도미니크수도회에 속한 선교사들은 예수회 선교사들이 유교를 인정하고 유교의 이방 풍습과 타협했다고 비난하면서 예수회 선교사들과 논쟁이 발생했다.[9] 특히 하나님을 부르는 칭호(神名) 문제로 격렬한 논쟁이 전개되었다. 예수회 선교사들은 유교의 공자가 사용하는 '천'(天, T'ien)이라는 용어를 선호했다. 이 문제는 결국 로마 교황청에까지 회부되었고 로마 교황은 '천주'(天主, T'ien Chu, 하늘에 계신 주님)로 결정했다.[10]

이러한 결정으로 인해 중국 황제는 크게 분노했고 1717년에 모든 선교사는 리치와 예수회가 세운 선교정책을 따라야 하며 그렇지 않는 선교사는 중국을 떠나야 한다고 선포했다. 네 명의 주교를 포함한 많은 선교사가 이 정책을 수용했다. 그 외 다른 선교사들은 추방되었다. 1724년과 1736년에 중국 황제는 다시 기독교회에 대한 칙령을 반포하였고 이로 인해 가톨릭교회는 중국에서 또 한 번의 커다란 좌절을 겪게 되었다.

---

9 명나라(1368-1644) 말, 청나라(1644-1912) 초기에 가톨릭교회가 중국에서 포교할 때 어디까지 중국의 전통적 관습을 허용할 것인지의 문제를 둘러싸고 일어난 '전례논쟁'(典禮論爭, Rites Controversy)이다. 마테오 리치의 죽음(1610) 전후부터 예수회 해산(1773)까지의 160여 년에 걸쳐 일어났다. 예수회 선교사들은 포교를 위해 조상 제사를 인정하였으나 다른 수도회 선교사들은 이에 반대하였고, 교황청은 제사 의식 허용을 금지시켰다(역주).

10 중국의 '전례논쟁'은 조상 제사의 문제가 사회적 관습인가? 우상 숭배인가? 하나님 개념이 유교의 천(天)이나 상제(上帝)와 동일한 개념인지 여부의 문제를 둘러싸고 상반된 견해가 대립했다(역주).

2) 일본

로마 가톨릭교회 역사상 가장 위대한 선교사로 간주되는 프란시스 자비에르(Francis Xavier, 1506-1552)는 1540년에 교회 역사에서 최대의 선교회이며 가장 효율적으로 사역을 감당하게 되는 예수회(Society of Jesus)의 선교 사업을 시작했다.

1542년 5월 6일 그는 인도 서부 해안에 위치한 포르투갈의 식민지인 고아(Goa)에 도착했다. 인도 남부에서 3년 동안 바쁘게 전도해 그는 수천 명의 개종자를 얻었고 그 후에 자비에르는 말레이반도와 인근의 여러 섬에서 또 3년을 사역했다. "하나님의 위대한 영광을 위해"라는 거룩한 열정을 품었던 그는 불굴의 정신에 사로 잡혀 있었기 때문에 한 지역에 오래 머무를 수 없었다.

1549년 두 명의 예수회 선교사와 한 명의 일본인 개종자를 통역관으로 대동하고 '태양이 떠오르는 땅'(Land of the Rising Sun) 일본을 향해 떠났다. 그는 일본 사람들을 "자신의 영혼의 기쁨"이라고 불렀다. 2년 동안 일본에서 선교 활동을 하는 동안 그는 광범위한 지역을 순회하며 말씀을 가르치고 전하면서 세례와 성찬의 성례전을 집행했다. 다른 예수회 선교사들도 그를 뒤이어 선교 활동을 계속했다.

일본의 고유 신앙인 신도(神道)의 타락과 부패한 불교와 더불어 당시의 혼란한 정치 상황으로 인해 사람들은 기독교 신앙에 대해 호의적인 반응을 보였고 이로 인해 가톨릭은 짧은 시간 내에 많은 성과를 거두었다. 그리하여 1581년에 일본에는 200개의 교회와 15만 명의 신자들이 생겨나게 되었다. 불교 승려, 신도의 승려, 학자, 사무라이, 일반 대중 등 모든 사회 계층에서 그리스도인이 생겨났다. 두 명의 다이묘(大名, 영주)가 기독교를 받아들여 가톨릭 신자가 되었고 성내에 거주하는 백성들에게 기독교를 믿든지 아니면 유배당할 것인지를 선택하도록 명령했다.

천황(天皇)의 대신이었던 오다 노부나가(織田信長, 1534-1582)는 그 이면에 다른 속셈을 갖고 있긴 했지만 새로운 종교인 가톨릭을 도덕적으로 지지해 주었다. 그래서 16세기 말엽에 일본 가톨릭 신자는 50만 명에 이르게 되었다.

그러나 노부나가가 암살되면서 기독교 선교 활동은 커다란 타격을 입게 되었다. 새로운 지도자 도요토미 히데요시(豊臣秀吉, 1537-1598)와 도쿠가와 이에야스(德川家康, 1543-1616)는 예수회 선교사들의 정치적 의도를 의심하고 가톨릭 신앙에 반대했다. 또한, 가톨릭 내부적으로는 예수회와 그 반대편의 프란시스코와 도미니칸 선교사 간에 분쟁과 다툼으로 인해 기독교선교와 명분이 약화되었다. 1606년과 1614년의 반(反)기독교 칙령에 따라 모든 외국 선교사가 추방되었고 일본 가톨릭 신자들은 자신들의 신앙을 저버리거나(背敎) 순교하도록 요구되었다.

뒤이어진 박해는 기독교 선교 역사상 그 유례를 찾아보기 어려울 정도로 야만적이었다. 마침내 1638년에 3만 7천여 명의 가톨릭 신자들이 시마바라의 성(城)에서 반란(1637-1638)을 일으켰다. 가톨릭 신자들은 4개월 동안 영웅적으로 저항하였으나 항복한 후에 무참하게 학살당하고 말았다. 그 후 230년 동안 일본은 외부 세계와 완전히 단절된 채 은둔 국가로 존재하게 되었다.

3) 필리핀

필리핀 제도는 마젤란(Ferdinand Magellan, 1480-1521)이 1521년에 4개월에 걸친 운명적인 항해를 하면서 발견한 지역이다. 그러나 필리핀에 대한 체계적인 선교 사업은 1564년 레가스피 총독(Miguel López de Legaspi, 1502-1572)11과 그와 함께 탐험에 나섰던 어거스틴 선교사들에 의해 시작되었다. 그 후로 프란시스코수도회(1577), 도미니크수도회(1587), 예수회(1591)

---

11 1565년 2월 13일 레가시피 탐험대는 필리핀 세부(Cebu)에 도착했다(역주).

선교사들이 들어와 거의 반(半)야만적인 삶을 살아가던 섬 주민들에게 기독교 복음과 문명의 여러 기술을 가르쳤다. 여성들은 기독교 가정의 개념이 소개되면서 여성들은 노예나 다름없던 상태에서 해방을 맛보게 되었다. 오늘날 필리핀 사람의 84%가 자신을 그리스도인이라고 생각하고 있다.[12]

이 놀라운 선교 업적의 일부는 스페인의 황금기를 통치 하던 필립 2세(Philip II, 1527-1598, 재위 1556-1598)의 공으로 돌리는데 그는 이 원방의 섬나라를 식민화하는 과정에서 복음화를 주요 목표로 삼았기 때문이며 그의 이름을 따서 필리핀(Philippines)이라는 이름이 생겨난 것이다.

수많은 교사 선교사, 복음 전도자, 의료선교사를 파송함으로써 가톨릭 선교는 필리핀에 커다란 영향을 미칠 수 있었다. 곧이어 교회, 병원, 학교들이 세워졌다. 1593년의 이른 시기에 여자대학이 설립되었고, 1601년 예수회가 마닐라에 설립한 산호세(San Jose)대학은 국가 교육의 중심지가 되었다. 그로부터 10년 뒤인 1611년에 도미니크수도회가 설립한 산토토마스(University of Santo Tomas)대학교는 필리핀의 성직자 양성을 위한 교황청 인가 대학이 되었다. 그 결과 필리핀 제도가 발견된 지 1세기 만에 선교사들은 약 2백만 명에게 세례를 베풀었다. 또한, 현지인 성직자들이 점차적으로 증가해 1800년에 이르러는 필리핀 사제가 감독의 지위까지 오르게 되었다.

필리핀의 가톨릭교회는 인도네시아의 여러 섬을 통해 이슬람이 확장되는 것을 막아내는 방파제 역할을 해온 점을 인정해야 한다. 이슬람은 필리핀 남부에서 북쪽으로 확장을 시도했고 로마 가톨릭은 북부에서 남부로 확장되어 나갔다. 그리하여 두 종교는 필리핀 남부 민다나오(Mindanao)섬에서 조우했다. 오늘날에도 민다나오에는 모로(Moro)라고 알려진 500여만

---

12 필리핀의 종교 통계는 가톨릭 84%, 개신교 8%, 이슬람 5%, 불교와 기타 3% 등이다 (역주).

명의 무슬림이 거주하고 있다.
　로마 가톨릭교회의 선교는 필리핀에서 가장 큰 성공을 거두었다. 필리핀 선교의 성공에는 몇 가지 이유가 있었다.

첫째, 예수회는 필리핀의 여러 섬에 훌륭한 교육기관들을 설립했다.
둘째, 예수회 선교사들은 현지 개종자들이 예수 믿기 전부터 지켜오던 옛 종교의 신념과 관습을 계속 유지하도록 허용했다.
셋째, 가톨릭교회는 스페인 사람들이 필리핀 현지인들과 결혼을 허용함으로써 인종 차별을 없애고 혼합적인 가톨릭 문화를 만들어 내는 것을 허용했다.
넷째, 그 외에 거의 4세기 동안 스페인은 필리핀을 정치적으로나 경제적으로 통제할 수 있었다.

　이러한 정책에 힘입어 가톨릭교회는 별다른 저항 없이 이 기간 동안 필리핀 전역을 점진적으로 복음화해 나갈 수 있었다.

4) 베트남

　동남아시아 베트남 선교의 개척 선교사는 프랑스의 예수회 신부 알렉산더 드 로즈(Alexander de Rhodes, 1591-1660)였다. 그는 안남어(Anamese)를 완벽하게 배운 후에 지식인 계층과 영향력 있는 상류층에 기독교를 소개했다. 그의 초기 개종자 중에는 2백여 명의 불교 승려들이 있었는데 그중 많은 숫자가 그가 세운 교리문답학교에 입학하기도 했다. 로즈 신부는 교리교사들에게 교리 교육을 시킬 뿐 아니라 병자를 돌보는 방법을 가르쳐 그들이 거동이 불편한 가정을 직접 방문하도록 했다. 이러한 방법을 사용해 그는 큰 성공을 거두었다. 비교적 짧은 시간 내에 30만 명의 개종자가 생겨났다.

프랑스로 돌아온 그는 1658년에 파리외방선교회(Paris Foreign Missions Society)를 설립하는데 도움을 주었다. 그 후에 프랑스가 베트남을 식민지화했을 때 식민지 관리들은 프랑스 신부와 가톨릭교회를 이용하는 것이 통치에 도움이 된다는 사실을 깨달았다. 1911년에 미국의 기독교선교연맹(Christian & Missionary Alliance) 교단이 프랑스 식민지인 베트남에 선교사를 파송할 때까지는 로마 가톨릭교회가 베트남 선교를 독점하고 있었다. 프랑스 선교사들의 노력으로 베트남은 아시아에서 필리핀 다음으로 가톨릭 신자가 많으며 현재 660만 명의 신자들이 있다.

5) 인도

1498년에 바스코 다 가마(Vasco da Gama, 1469-1524)가 아프리카의 최남단 희망봉(Cape of Good Hope)을 돌아서 인도로 향하는 길을 발견했을 때 새로운 항해 시대가 시작되었다. 그와 동행하였던 프란시스코 선교사들은 인도에서 가톨릭교회의 선교 활동을 시작했다.

이슬람교도인 무굴 사람들과 포르투갈 탐험가들은 거의 비슷한 시기에 인도에 도착했다. 그런데 개종자를 얻는 데 있어 이슬람은 로마 가톨릭보다 몇 가지 이점이 있었다.

첫째, 무역에 주된 관심을 갖고 있던 포르투갈인들은 인도 서해안의 여러 작은 식민지에 만족하고 있었다. 그러나 정치적 정복에 관심을 갖고 있던 무굴 사람들은 인도를 포함한 남아시아의 더 넓은 지역을 급속도로 침투해 들어갔다.

둘째, 포르투갈 상인들의 방탕한 삶은 인도인들에게 부정적인 영향을 끼쳐 기독교에 나쁜 인상을 주었다.

셋째, 힌두교의 엄격한 카스트 제도는 새로운 종교인 기독교를 받아들이는 데 커다란 방해물로 작용했다.

넷째, 포르투갈이 아시아에서 선교 사업을 관장하는 후원 제도(patronage)의 권한을 민감하게 방어해 포르투갈이 아닌 다른 나라 출신 선교사들의 사역을 심각하게 가로막았다. 이러한 상황에서 이슬람이 기독교보다 더 많은 개종자를 얻은 것은 전혀 놀라운 일이 아니다.

(1) 악바르 대제와 인도 선교

모든 거대한 선교회가 인도에서 선교했는데 그중에 가장 큰 영향을 끼친 선교회는 예수회였다. 이미 살펴보았듯이 최초의 예수회 선교사였던 프란시스 자비에르는 1540년대에 인도에서 3년 동안 선교사역을 전개했다. 그로부터 한 세대 후에 기독교는 북인도의 무굴제국의 전성기를 이끌었던 가장 뛰어난 통치자인 악바르(Akbar, 1542-1605, 재위 1556-1605) 황제의 지적 호기심을 자극하게 되었다. 1579년에 그는 황금으로 장식된 자신의 궁전에 선교사들을 초대했다.

루돌프 아카비바(Rudolf Acquaviva, 1550-1583) 신부가 예수회 선교단의 대표로 선출되었다. 악바르 대제는 예수회 선교사 아카비바에게 강력한 매력을 느껴 그를 자주 만나 종교적 토론(1580-1583년)을 벌이곤 했다.

그러나 악바르가 그리스도인이 되기를 거부하자 예수회는 고아(Goa) 지방으로 철수했다. 그 후 얼마 되지 않아 아카비바는 광신적인 힌두교도에 의해 살해를 당하게 되는데 악바르 대제는 그의 살해 소식을 듣고서 매우 슬퍼했다. 1590년대에 예수회 선교사들이 무굴 왕조로 다시 돌아가자 악바르 황제는 그들을 따뜻하게 맞이해 주었고 무굴제국의 백성들이 기독교 신앙을 믿어도 좋다는 칙령을 발표하기도 했다. 예수회 선교사들은 무굴제국의 조정으로부터 재정적 도움을 받기도 일시적으로 했고 라호르(Lahore) 지역에 기독교를 세우기도 했지만 개종자 수는 그렇게 많지 않았다.

(2) 로베르토 드 노빌리

인도에서 사역한 로마 가톨릭 선교사 중에 가장 유명한 사람은 로베르토 드 노빌리(Robert de Nobili, 1577-1656)였다. 그는 이탈리아 귀족 출신의 예수회 선교사로서 1605년 인도 서남 해안의 항구 도시 고아에 도착했다. 그 다음해 노빌리는 남부 마두라(Madura) 지역에 정착했는데 그곳은 그때까지 기독교로 개종한 사람이 거의 없던 곳이었다. 노빌리는 동서양 간의 문화적 장벽이 선교의 가장 큰 걸림돌이라는 사실을 깨닫게 되었다. 인도인들은 유럽인들이 고기를 먹고 술을 마신다고 해서 경멸했다.

노빌리는 인도의 브라만(Brahmin) 계층 사람처럼 행동하며 음식과 의복 등 인도식 생활 방식을 채택했다. 그는 힌두교 경전 연구에 몰두해 유럽인 성자라는 명성을 얻게 되었다. 이후 힌두교도들이 그의 집으로 몰려들었다. 42년 동안 그는 인도 상류층을 대상으로 전도해 수천 명의 개종자를 얻었다. 노빌리가 죽은 후에도 그의 동료들은 그가 취했던 선교방식과 전통을 이어갔는데 그 결과 17세기 말에 이르러 마두라선교회(Madura mission)에는 15만 명의 그리스도인들이 생겨나게 되었다.

3. 남미 선교

1) 신대륙 발견과 가톨릭교회의 선교

크리스토퍼 콜럼버스(Christopher Columbus, 1451-1506)가 신대륙을 발견한 것은 경제적, 정치적 동기뿐만이 아니라 종교적 동기로도 중요했다. 스페인의 페르디난드 왕과 이사벨라 여왕 두 사람은 남미 원주민들에게 복음을 전하는 데 많은 관심을 갖고 있었다. 그러므로 '식민주의자' 뿐만 아니라 '십자가를 지고 가는 자'로 알려져 있는 콜럼버스가 신대륙을 탐험하는 곳마다 십자가를 높이 쳐들고 나아갔던 것은 전혀 놀라운 일이 아니다. 두 번째 항해에서 콜럼버스는 의사, 외과 의사 그리고 일단의 신부들을 포함해 탐험에 나섰다.

신대륙에 최초로 도착한 선교사들은 프란시스코수도회와 도미니크수도회의 신부들이었다. 프란시스코수도회의 선교사들은 1500년에 카브랄(Cabral)과 함께 브라질에 도착했고, 1502년에는 아이티에 도착했고, 1523년에는 멕시코에 도착했다. 도미니크수도회의 선교사들은 1510년 아이티, 1512년 쿠바, 1531년에 콜롬비아, 1532년에는 페루에서 선교 활동을 시작했다. 그들의 선교 초기에 어거스틴수도회 선교사들도 합류해 함께 선교사역을 감당했다.

그 후 1549년에 예수회가 브라질에 도착하기 시작했다. 1555년에 이르게 되면 탐험가들과 정복자들을 뒤이어 로마 가톨릭 선교사들이 서인도제도, 멕시코, 중남미, 콜롬비아, 베네수엘라, 에콰도르, 페루, 칠레, 브라질에 기독교를 전파하기 시작했다.

2) 라스 까사스의 원주민 보호

스페인 사람들이 남미 현지인들을 너무나 잔인하게 다루어 서인도제도에 거주하던 원주민들이 거의 사라지게 되었고[13] 부족한 노동력을 채우기 위해 백인들은 아프리카에서 흑인 노예들을 강제로 끌어다가 그들의 빈자리를 채웠다. 정복자들의 원주민 대량 학살에 반대해 목소리를 낸 것은 수도사들뿐이었다. 그들 중에 가장 유명한 사람은 도미니크수도회 선교사 바톨로뮤 데 라스 까사스(Bartholomew de Las Casas, 1474-1566) 신부였는데, 그는 일곱 번이나 스페인을 다녀올 정도로 억압받던 남미 원주민들의 인권을 보호하기 위해 노력했다.[14]

---

13 유럽인들이 신대륙으로 옮겨온 전염병(천연두, 홍역, 독감 바이러스, 매독 등)으로 인해 병원균에 대한 면역 체계가 없었던 원주민들이 1520년 이후 매년 수백만 명씩 죽어갔다(역주).
14 변창욱, "남미 정복과 원주민의 지적·종교적 능력에 대한 라스까사스와 세풀비다의 바야돌리드(Valladolid) 논쟁(1550)," 「장신논단」 42(2011): 257-276(역주).

3) 아프리카 노예의 유입

남미 원주민에 대해 많은 관심을 기울이던 스페인 왕들이 아프리카와 신대륙 사이의 거대한 흑인 노예 무역에 대해서는 별다른 관심을 기울이지 않았다는 것은 매우 이상한 일이었다. 17세기에 매달 1천 명의 노예들이 카리브해 연안에 위치한 콜롬비아의 카르타헤나(Cartagena) 항으로 실려왔고 그 후에 남미의 여러 스페인 식민지로 나눠졌다. 이처럼 3백 년 동안 이 사악한 노예 무역은 줄어들지 않고 유지되었고 이 기간 동안에 브라질 한 나라만 해도 6백만 명에서 8백만 명의 노예를 사탕수수 농장에 투입시킨 것으로 추정된다.

노예 무역선의 실내 상태는 믿을 수 없을 정도로 나빴다. 비좁고 병균이 들끓는 노예 운반선의 짐칸에서 인간 화물의 절반이 항해 중에 죽어갔다. 예수회 선교사들은 흑인 노예들이 카르타헤나에 살아서 도착하게 되면 그들에게 먹을 것을 주고 상처를 치료하고 예수 그리스도의 복음을 전하고 임종을 앞두고 있는 사람들에게는 세례를 베풀어 주었다.

이들 중에 가장 뛰어난 선교사는 예수회의 피터 클라베르(St. Peter Claver, 1581-1654)[15]였다. 그는 44년 동안 노예들을 위해 헌신적으로 사역했으며 30만 명이 넘는 흑인 노예에게 세례를 베풀었다. 교황 레오 13세(Leo XIII)는 1896년에 클라베르를 흑인 노예들을 대상으로 선교 활동을 하는 선교사들의 수호성인으로 선포했다.

---

15 스페인 출신의 클라베르는 1610년 예수회 수사로 카르타헤나항에 도착한 후 1616년 사제 서품을 받았고 노예 매매의 중심지였던 카르타헤나에서 원주민들의 처참한 상황을 개선하는 데 크게 기여했다. 그는 서아프리카에서 끌려온 노예들의 수용 막사를 정기적으로 방문해 음식과 의약품을 공급하고, 나병에 걸린 노예들을 돌보아 주었다. 그는 40년 이상 노예들을 위해 헌신하였는데 30만 명이 넘는 흑인 노예에게 세례를 베풀었다 (역주).

4) 레둑시온: 원주민 보호촌

스페인의 남미 신대륙 정복과 선교는 크게 총 3단계로 진행되었다.

제1단계에서는 군인들과 함께 간·선교사 신부들이 원주민들을 가혹하게 다루는 군인들을 찾아내어 그들을 말로써 꾸짖는 단계이다.

제2단계에서는 개척 단계로서 신부들이 레둑시온(reduction)[16]이라 불리는 선교 정착촌을 설립해 원주민들을 기독교로 개종시키기 위해 노력하는 단계다.

이들 레둑시온은 여러 선교회에 의해 관리되고 있었으며, 이들 정착촌의 규모는 수십 명을 수용하는 것부터 수천 명을 수용하는 것까지 다양했다. 이 정착촌 안에서 원주민들은 스페인 왕실의 보호를 받게 되어 있었다. 스페인 왕들은 원주민들을 기독교로 개종시켜 스페인 문화를 받아들이도록 노력하는 선교사의 활동을 식민지 관리나 백인 이주민들이 방해하지 못하도록 조처했다. 여행 중에 있는 스페인 사람들의 경우에도 레둑시온에 2-3일 이상 머물지 못하도록 했다. 평균적으로 레둑시온은 10년에서 20년 정도 지속되었다. 그 후 레둑시온의 원주민들은 교구 성직자(secular clergy)의 관할로 넘겨졌다.

제3단계에서는 그 지역의 관청이 관리를 맡으면서 개척 초기의 상황은 질서가 잡히고 세련되게 조직되어 갔다.

이렇게 1세기가 채 안되어 스페인 사람들은 남미의 광대한 지역을 교회

---

[16] 1609년 최초로 설립된 레둑시온은 예수회가 원주민 보호와 개종을 목적으로 세운 선교기지이자 원주민 보호촌이었다. 이는 복음 전파를 조건으로 원주민들에게서 세금을 징수하고 강제 노역에 동원시키는 권한을 식민주의자들에게 부여한 엔코미엔다(encomienda) 제도가 착취로 악용되고 개종이 일어나지 않았기 때문에 대안으로 나온 선교 방안이었다. 레둑시온은 160년간 존속하다가 1767년 예수회 선교사들이 남미에서 추방되면서 쇠퇴했다(역주).

(성당), 학교, 도서관, 법원, 수로 및 도로로 가득 채우게 되었다. 페루의 리마대학교와 멕시코시티대학교는 1625년에 설립된 미국 하버드대학교보다 거의 100년이나 앞서 세워졌다. 1575년에는 12개의 원주민 언어로 된 책들이 멕시코 시티에서 인쇄되었다.

5) 로마 가톨릭의 선교 구역

스페인 식민 시대에 로마 가톨릭 선교 구역은 8개의 주요 지역으로 나누어져 있었다.

첫째, 도미니크수도회와 프란시스코수도회 선교사들은 1514년에 베네수엘라 북동부의 쿠마나(Cumana) 선교기지에 도착했다. 원주민의 값싼 노동력을 활용한 카카오, 커피, 설탕을 재배하는 대규모 농장이 종군 신부들에 의해 설립되었다. 원주민들은 가축을 키우는 훈련을 받았다. 쿠마나 선교기지는 18세기에 접어들면서 쇠퇴하기 시작했는데 많은 레둑시온(reductions)이 빠른 시기에 교구 성직자와 지역 관리들에게 넘겨졌다.

둘째, 1658년과 1758년 사이에 카푸친수도회 선교사들은 수백 개의 선교기지를 베네수엘라의 광대한 평원인 카라카스(Caracas) 지역에 세웠다. 이곳에는 오늘날에도 소를 키우는 거대한 목장들이 들어서 있다. 그러나 이들 레둑시온들은 베네수엘라 독립 전쟁(1810-1821) 중에 폐허로 변하고 말았다.

셋째, 1670년에 예수회 선교사들은 오리노코(Orinoco) 강 유역에 여러 선교기지를 설립했다. 이후 브라질 북부의 국경 지역에도 선교기지들이 세워졌다. 그런데 카리브해 연안의 원주민들이 빈번히 습격해 왔기 때문에 선교 사업의 정착이 어려웠다. 그 후 1734년에 카푸친수도회와 프란시스칸수도회 선교사들은 상부 오리노코강 상류에서 예수회 선교사들과 함께 선교 사업을 추진했고, 그로부터 30여 년이 지나 예수회가 추방된 후에는 그 지역의 선교 사업 전체를 떠맡게 되었다.

넷째, 예수회 선교사들은 1629년의 이른 시기에 콜럼비아 동부 지역까지 개척해 들어가서 복음을 전했다. 원주민 개종자들은 위험을 무릅쓰고 자신들보다 더 야만적인 원주민들에게 나아가 레둑시온에 들어가도록 설득했다. 1767년에 예수회가 추방되었을 때 예수회의 선교 사업은 약화되었다.

다섯째, 1724년에 카푸친수도회와 프란시스칸수도회의 노력을 통해 남미 북동부의 기아나(Guiana)에서 선교기지가 세워졌다. 그로부터 100년 후 혁명주의자들이 가톨릭 선교사들을 공격했을 때에 선교 활동이 잠시 중단되기도 했다. 그때 선교사 가운데 14명은 감옥에 갇혔다가 방치되어 사망했고 그외 20명은 학살되었다.

여섯째, 에콰도르, 페루, 브라질 서부 지역의 마이나스(Maynas) 등지에 여러 선교기지를 세운 개척 선교사는 1560년에 도착한 예수회 수도사였다. 프란시스칸수도회 선교사들도 이 지역에서 선교 활동을 전개했다. 이 지역은 선교사역의 열매가 매우 많았던 곳인데 예수회 선교사들은 이 지역에서 50만 명의 원주민들에게 세례를 베풀었다고 한다. 그 가운데 가장 뛰어난 선교사는 예수회의 사무엘 프리츠(Samuel Fritz, 1654-1724) 신부였다. 아마존 원주민의 사도로 알려진 그는 40년 동안 아마존 지역을 탐험하고 살면서 아마존 정글의 원주민들에게 마을에 정착해 편하게 살아가도록 설득했다. 다른 곳과 마찬가지로 이 지역에서도 예수회 선교사들이 추방되면서 선교사역은 쇠퇴하기 시작했다.

일곱째, 오늘날 볼리비아 동부에 위치하고 있는 챠코(Chaco) 국경 지역의 여러 선교기지는 예수회와 프란시스칸 선교사들에 의해 세워졌다. 선교사들에게 우호적이지 않았던 이 지역에서 선교 활동을 하는 것은 어려웠다. 특히 챠코 원주민들은 아주 다루기가 어려웠고 초기 선교사들 중 일부는 이들에 의해 살해되기도 했다.

여덟째, 어떤 면에서 가장 성공적인 선교사역의 예는 예수회 선교사들이 파라과이에서 설립한 레둑시온(reduction)을 통한 선교였다. 실제로 이 지역은 브라질, 아르헨티나, 볼리비아의 여러 지역을 포함하고 있었다. 이들 레둑시온에서 종교는 생명의 원동력이었다. 하루의 삶은 기도로 시작되고 끝났다. 가톨릭교회의 축제일이나 절기는 매우 성대하게 거행되었다. 그러나 이들 축제 속에 이방 관습이 부분적으로 스며들어 있기도 했다. 각 레둑시온은 하나의 작은 마을이었는데 그 중앙에 석조 건물로 지은 교회가 웅장하게 자리잡고 있었고 교회 주위로 광장이 둘러싸고 있었다.

6) 예수회의 레둑시온

레둑시온에 세워진 원주민들의 집은 모두 다 같은 모양으로 건축되었는데 이는 서로 간에 생길 수 있는 시기와 질투를 예방하기 위한 목적이었다. 다양한 곡물이 성공적으로 재배되었고 대규모의 가축 사육도 행해지고 있었다. 나무, 돌, 금, 은 등으로 예술 작품을 만드는 세공작업도 원주민들에 의해 이루어졌다. 1767년에 예수회 선교사들이 추방당하기 전까지 예수회가 설립한 100개의 레둑시온에서 약 100만 명의 원주민이 세례를 받았다. 그래서 교회와 기독교를 공격하던 18세기 계몽주의 시대의 프랑스 철학자 볼테르(Voltaire, 1694-1778) 조차도 예수회의 레둑시온은 "인간사의 승리"라고 인정하지 않을 수 없었다.

7) 로마 가톨릭 선교의 쇠퇴

남미에서의 로마 가톨릭 선교는 두 차례의 커다란 퇴보를 겪게 된다.

첫째, 18세기 중반에 예수회가 추방된 사건이고,
둘째, 19세기 후반에 남미 여러 나라에서 생겨난 독립 전쟁의 와중에 입은 손실이었다.

(1) 예수회의 추방

3천 명의 예수회 선교사들이 1759년 브라질의 식민지였던 포르투갈에서 시작해 남미의 여러 나라에서 쫓겨났다. 예수회 선교사들이 추방당하자 그들의 사역을 다른 선교회의 선교사들이 떠맡기 위해 최선의 노력을 다했다. 그러나 가톨릭교회의 다른 선교회들이 예수회 사역의 공백을 메울 수가 없었다. 왜냐하면, 다른 선교회들도 자신의 사역을 추진하고 있었기에 예수회가 놓고 나간 사역을 감당할 수 있는 인력과 재정이 부족하였기 때문이다.

또한, 예수회 선교사들의 사역 공백을 넘겨받아 일할 수 있는 현지 성직자들도 양성하지 못한 상태였다. 교황이 스페인과 포르투갈 왕에게 부여한 후원 제도(patronato)로 인해 '포교성성'(布教聖省, Sacred Congregation of Propaganda Fide)의 정책은 남미에 적용할 수 없었다. 남미에서 최고의 직책은 스페인 출신의 성직자들에게 주어졌고, 이들은 혼혈인 크리올(Creol) 계층 출신의 사제들을 무시했다. 원주민들을 사제로 훈련시키기 위한 노력을 충분하게 기울이지도 않았다. 이러한 이유로 인해 예수회 선교사들이 추방되면서 생긴 공백을 메울 수가 없었던 것이다.

예수회 선교사들이 60-70년 후에 다시 돌아왔을 때 그들은 앞선 세대의 예수회 선교사역이 흔적도 없이 사라져 버리고만 것을 발견할 뿐이었다. 오늘날까지도 잘 훈련된 토착 현지인 성직자의 부족은 남미 로마 가톨릭교회 최대의 약점으로 남아 있다.

(2) 레둑시온의 쇠퇴

가톨릭 선교에 재앙에 가까운 영향을 미친 사건은 19세기 초반에 남미에 불어 닥친 독립 전쟁이었다. 그 이전까지 남미에서 교회와 국가가 하나였다. 더욱이 대부분의 중남미 식민 정부의 관리들과 교회 성직자들은 스페인 출신이었고 브라질의 경우는 포르투갈 출신이었다. 이러한 상황에서 로마 가톨릭교회는 엄청난 권력과 특권을 누리고 있었다. 그러나 혁명주의자들이 폭동을 일으켰을 때 그들이 나타낸 식민주의에 대한 적대감은 식민 정부의 관리에게만 국한되지 않고 가톨릭 성직자들에게도 표출되었다.

남미에서 스페인 제국이 몰락하면서 가톨릭 선교는 스페인 왕들의 도덕적, 경제적 후원을 받지 못하게 되었다. 더욱이 새로 수립된 정부는 성직자들에게 적대적이었고 그중 몇몇 정부는 폭력적으로 대하기까지 했다. 로마 가톨릭 선교사들은 거의 모두 스페인 출신이었기 때문에 그들은 자연스럽게 스페인 왕실과 결탁되어 있었다. 몇몇 주교를 포함한 적지 않은 선교사들이 스페인으로 떠나면서 목자 없이 버려진 양떼들은 비참한 결과를 맞이하게 되었다.

지난 세기에 예수회 선교사들이 추방당하면서 남겨진 수많은 레둑시온(mission reductions)은 이미 쇠퇴하는 단계에 있었고 그 후 이들 레둑시온은 세속 성직자와 식민 정부 관리의 관할로 강제적으로 넘겨졌다. 문제는 원주민들에게 기독교 신앙이 견고하게 뿌리내리기도 전에 이러한 일이 발생했다는 것이다.

(3) 종교 협약

이러한 상황에서 가톨릭교회의 후원 제도(patronage system)는 무너져 버리고 말았다. 로마 교황청은 과거의 교회 제국의 영광을 회복하려는 노력의 일환으로 새로 수립된 정권과 각 나라별로 일종의 타협안을 마련해야만 했다. '콩코르다트'(concordat), 즉 종교 협약이라고 하는 로마 교황과 세속 정부 간에 체결된 이러한 협정의 내용은 국가마다 상이했다. 일부 국가는 종교로부터의 완전한 자유를 요구했으며 우루과이 같은 나라는 세속 국가가 되었다. 교황청의 요구를 수용하는 협약을 맺은 국가도 있었다. 그러나 그중에는 기독교 선교를 방해하거나 핍박할 정도로 반교회적인 정부도 생겨났다.

4. 북미(북아메리카) 선교

로마 가톨릭교회의 선교 활동은 남미에만 국한되지 않았다. 가톨릭 선교사들은 미국과 캐나다의 여러 지역에서도 선교 사업을 추진해 왔다.

1) 미국 선교

프란시스코회 선교사들은 1526년에 플로리다에 들어와 사역을 시작했다. 1542년경에 그들은 뉴멕시코까지 진출했다. 2년 후 그들은 텍사스에서도 선교사역을 시작했다. 16세기 말 이전에 그들은 태평양과 캘리포니아만 사이의 반도에도 선교기지를 설립했다.

1655년경에 스페인 출신의 도미니크수도회와 프란시스칸수도회 선교사들은 플로리다주와 조지아주 지역에 35개의 선교기지를 개척했다. 그러나 이들 선교기지는 1704년에 영국 군대에 의해 모두 폐쇄되고 말았다. 버지니아주와 사우스캐롤라이나주에서 시작된 예수회 선교사들의 선교사역도 오래 지속되지 못하고 중단되었다. 1612년에 2명의 예수회 선교사들이 메인주(Maine)에 거주하던 아브나키족(Abnaki) 복음화를 위해 선교회를 설립했다. 1626년 프란시스코수도회의 선교사 라로슈의 요셉(Joseph de la Roche, ?-1656) 신부는 뉴욕주의 영토를 탐험했으나 사나운 이로쿠아족(Iroquois)에 의해 쫓겨났다.

1632년 앤드루 화이트(Andrew White, 1579-1656) 신부와 다른 2명의 예수회 소속 선교사는 볼티모어(Baltimore) 경과 함께 종교의 자유가 있는 땅을 찾아 체사피크만 지역에 들어갔다. 화이트 신부는 인디언의 언어를 배운 후에 교리문답서(catechism)를 만들어 그들을 개종시키기 위해 노력했다. 그러나 10년 후에 버지니아주에서 온 백인 약탈자들이 메릴랜드에 세워진 예수회 선교기지를 약탈했고 화이트 신부는 족쇄에 묶여 영국으로 끌려가 사형 선고를 받았다. 그러나 사형이 실제로 집행되지는 않았다.

2) 캐나다 선교

뉴 프랑스라 불리던 캐나다에서는 인디언의 개종이 초기 프랑스 탐험가들의 주된 관심사였다. 1608년에 퀘벡(Quebec)시를 건설한 프랑스 탐험가 사무엘 드 샹플렝(Samuel de Champlain)은 "한 영혼을 구원하는 일은 하나의 제국을 정복하는 것보다 더 가치 있는 일"이라고 선언했다. 프랑스의 항해가 자크 까르띠에(Jacques Cartier, 1491-1557)는 최초로 캐나다 해안을 탐험한 사람이었는데 1534년에 그는 일단의 신부들을 대동하고 캐나다를 방문했다. 그러나 그 후 80여 년이 경과하고 나서야 인디언 선교가 시작되었다.

1611년 퀘벡에 최초로 프란시스코회 선교사들을 대동하고 들어간 샹플렝에 의해 선교 사업이 시작되었다. 그 가운데 프란시스코회 선교사 한 명이 휴런족(Huron)에게 들어가 사역을 시작하고 1611년 두 명의 예수회 선교사가 캐나다 남동부 노바스코시아의 믹맥(Micmac) 인디언 부족에게 들어가 사역을 시작했다. 1615년에는 프란시스코의 리콜렉트수도회(Recollects) 선교사들이 그리고 1630년에는 카푸친회 선교사들(Capuchins)이 캐나다에 들어와 사역을 시작했다. 1658년에는 캐나다에 대목구(代牧區, vicariate apostolic)[17]가 세워졌다. 1674년에 캐나다 최초의 교구가 퀘벡에 조직되었다.

캐나다에 온 선교사들은 프랑스인이었는데 그들은 남미에 온 스페인 선교사들보다 훨씬 더 융통성이 있었다. 인디언 부족들이 광활한 지역에 흩어져 살고 있고 혹독한 겨울 날씨와 호전적인 인디언들, 특히 이로쿠아족의 호전적인 성향 때문에 캐나다 지역의 선교 사업은 많은 어려움을 겪었다.

캐나다 동부 지역에 거주하던 휴런족 선교의 개척자는 예수회 선교사

---

17 선교지에 세워진 임시 교구다(역주).

요한 드 브레뵈프(John de Brebeuf, 1593-1649)였는데 그는 노르망디 귀족 출신이었다. 3년간 그는 선교사 증원이 이루어질 때까지 휴런(Huron) 호수 유역에서 혼자 선교사역을 감당했다. 그의 동료 선교사 중 몇몇은 모호크족(Mohawks)에 의해 피살되기도 했다. 프랑스에 적대적이었던 이로코이족이 휴런족을 마침내 몰살시켰을 때 브레뵈프 신부와 다른 예수회 선교사들도 체포되어 가장 처참하게 살해당했다.

프랑스와 영국 간의 전쟁으로 인해 캐나다에서의 로마 가톨릭 선교는 커다란 타격을 입었다. 그러나 영혼 구원에 대한 열정, 위험을 무릅쓴 용기, 고난을 견디는 의지, 자신들을 박해하는 자들에 대한 깊은 사랑을 소유한 이 가톨릭 선교사들은 교회 역사상 가장 위대한 인물들로 간주되어야 한다.

5. 아프리카 선교

1454년 교황 니콜라스 5세(Nicholas V)에 의해 처음 도입된 가톨릭교회의 후원 제도로 인해 포르투갈은 아프리카 선교를 책임지게 되었다. 1483년 포르투갈 탐험가 디오고 카오(Diogo Cao)는 콩고에 도착했다. 1488년에는 포르투갈의 항해자 바돌로뮤 디아즈(Bartholomew Diaz)는 아프리카 희망봉을 발견했다. 이후 아프리카 서부 해안의 콩고와 앙골라와 동부 해안의 모잠비크, 로디지아, 마다가스카르 등에 선교기지가 설립되었다.

1) 콩고

포르투갈은 콩고(Congo)에 기독교를 전파하기 위해 많은 노력을 기울였다. 최초의 그리스도인들은 디오고가 포르투갈에 끌고 간 인질들 중에서 생겨났는데 그들은 그곳에서 기독교 교육을 받고 세례를 받았다. 포르투갈 최초의 선교사 5명은 1491년에 콩고에 도착해 왕으로부터 따뜻한 환대를 받았다.

콩고 국왕과 왕비 그리고 그의 아들인 왕자는 가톨릭 신앙을 받아들이고 세례를 받았다. 그러나 이후 왕의 회심은 피상적인 것으로 판명되었고, 그는 기독교를 수용하는 데 대한 압박감을 느끼고 과거의 악습을 다시 행하게 되었다. 그의 아들은 세례를 받은 후 알폰소(Alphonso, ?-1543)라는 세례명을 받았는데 형과 다른 사람들의 반대를 무릅쓰고 기독교 신앙을 굳게 지켰다. 그는 왕이 된 후 그리스도인의 삶을 살면서 여러 선교 사업을 지원했는데 교회 건물을 세우고 더 많은 선교사를 보내줄 것을 요청했다.

그 결과 1509년, 1512년, 1521년 세 차례에 걸쳐 선교사들이 추가로 도착했다. 그는 교황 율리우스 2세(Julius II, 재위 1503-1513)에게 왕의 사절단을 파견했고 여러 명의 왕자를 리스본(Lisbon)에 보내 성직자 훈련을 받게 하기도 했다. 그때 보내졌던 헨리(Henry) 왕자는 콩고에 돌아와 수도 산 살바도르(San Salvador)의 최초의 주교로 서품을 받았다.

예수회가 콩고에 파견한 최초의 선교단은 4명으로 구성되었는데 이들은 1548년에 도착했고 산 살바도르의 성문에서 국왕의 엄숙한 환영을 받았다. 그들은 3개월 동안 5천 명이 넘는 사람들에게 세례를 베풀었다고 전해진다. 그들은 귀족층만을 위한 대학을 설립하려는 원대한 계획을 세웠으나 왕과 갈등이 생겨나는 바람에 그 꿈을 이루지 못하고 왕의 명령으로 포르투갈로 돌아가야만 했다.

이처럼 콩고 선교는 극심한 침체기를 거친 후에 아프리카 남부 마탐바(Matamba) 왕국의 여왕 징가(Zinga, 1583-1663)가 1655년에 기독교로 개종한 후에 선교 활동을 정신적으로 물질적으로 지원하면서 활기를 되찾게 되었다. 그녀의 통치 기간 동안 카푸친회 선교사들(Capuchins)이 도착해 이교 관습을 퇴치하는 데 온갖 노력을 기울였다. 콩고 선교의 운명은 여러 왕과 왕비들의 태도에 따라 흥망성쇠를 거듭했다.

그중에는 백성들 사이에 기독교를 전파하려는 선교 활동을 열렬하게 돕는 왕들도 있었다. 그러나 피상적으로 개종한 후에 다시 이교도의 관습으로 되돌아가 기독교에 대해 악평을 가하는 왕들도 생겨났다. 자신들의 오랜 종교가 이 새로운 종교인 기독교보다 낫다고 판단해 기독교를 반대하고 선교사와 개종자들을 핍박하기도 했다. 17세기 중엽에 이르러 콩고에서 기독교는 사제의 부족으로 인해 점차적으로 쇠퇴해갔다.

2) 앙골라

앙골라(Angola)는 1520년에 왕과 그의 백성이 그리스도인이 된다는 조건으로 포르투갈과 교역을 시작했다. 최초의 선교사는 콩고에서 건너온 신부였는데 그는 앙골라 왕을 개종시키는 데 성공했지만 후에 그 왕은 이교도 풍습에 다시 빠지고 말았다. 포르투갈 왕은 상투메(San Thome, 북서아프리카 기니아만 앞)에서 앙골라로 여러 명의 사제들을 선교사로 파송했다.

그러나 그 선교사역은 실패로 끝났고 그들은 귀국해 버리고 말았다. 콩고 선교사역이 쇠퇴한 1560년에 4명의 예수회 선교사가 포르투갈 대사와 함께 앙골라로 들어가 국왕 담비(Dambi, 1551-1561)를 기독교로 개종시키려고 했으나 성공을 거두지 못했고 왕은 선교사들을 감옥에 투옥시켜 버렸다. 그 후 새로 왕위에 오른 국왕이 기독교를 받아들이고 그의 신하 1,000명이 개종함으로써 상황은 역전되었다. 16세기 말엽에 이르러 앙골라의 루안다(Luanda)와 마사간(Massagan)에는 2만 명의 그리스도인이 생겨났다. 17세기 중엽에 예수회 선교사들이 루안다로 돌아 왔을 때 성 바울의 교구 내에 4개의 수도원이 설립되어 있었다.

3) 기니

아프리카 서부 해안에 위치한 기니(Guinea)에서는 일찍이 14세기에 베냉(Benin)에 여러 선교기지들이 설립되었지만 문을 닫고 말았다. 17세기 초에 예수회 선교사들이 선교 사업을 재개하기 위해 돌아왔을 때 몇몇 왕들이 기독교에 대해 알기를 원하는 것을 발견했다. 그들 가운데 몇몇 왕들은 많은 신하와 함께 세례를 받기도 했다. 후에 기니 북부 지역에 카르멜수도회(Carmelites) 선교사들이 들어오고 기니 남부 지역에 카푸친수도회(Capuchins) 선교사들이 도착함으로써 이 지역의 선교 사업은 강화되었다. 17세기 중엽에 이르러 선교 활동이 감비아(Gambia)와 시에라리온(Sierra Leone)까지 확장되어 나갔다.

4) 모잠비크

로마 가톨릭 선교는 아프리카 동부 해안에서는 그다지 성공하지 못했다. 프란시스코회 선교사들은 1500년에는 카브랄(Cabral)과 함께 그리고 1541년에는 프란시스 자비에르(Francis Xavier)와 함께 인도로 가는 길에 동부 아프리카에 중간 기착해 무슬림과 이교도들에게 전했으나, 이들은 복음을 받아들이지 않았다. 흥미로운 사실은 모잠비크(Mozambique)에 최초로 복음을 전했던 선교사들은 인도 고아(Goa) 지방으로부터 파송되었다. 그들은 텅(Tongue) 지역까지 강을 따라 올라가 모잠비크 동남부의 항구 이남바네(Inhambane)의 국왕 감바(Gamba)와 그의 신하 400명에게 세례를 베풀었다.

탐험대의 대장이었던 곤칼로(Goncalo) 신부는 잠베지(Zambesi) 계곡에 거주하던 세나(Sena)와 마바트(Mabate) 부족 사람들에게 세례를 베풀고 모노모타파(Monomotapa) 왕국까지 걸어서 들어갔는데 왕은 선교사가 건네준 성모(聖母)상 꿈을 꾼 후 기독교로 개종했다. 왕과 궁궐의 신하들이 세례를 받았을 때 동부 아프리카에 기독교 신앙이 견고하게 뿌리를 내리는 것처럼 보였다.

그러나 포르투갈의 정치적 야망과 선교사를 연계시켜 기독교 세력을 약화시키려는 이슬람의 음모와 권모술수로 인해 곤칼로 신부가 살해를 당하는 사건이 갑작스럽게 일어났다. 뒤이어 박해가 시작되었고 선교 활동은 중단되었다. 곤칼로의 살해당함을 응징하기 위해 포르투갈이 군대를 파견했지만 이로 인해 동부 아프리카의 여러 통치자를 기독교에서 더욱더 멀어지게 만들었을 뿐이다.

1577년 도미니크회 선교사들이 모잠비크에 파송된 후 내륙으로 침투해 들어가면서 이슬람 사원들을 불태워 버렸다. 예수회 선교사를 통해 기독교로 개종한 사람 중에 이교도 생활로 되돌아간 자들도 생겨났는데 이들은 선교에 전혀 도움이 되지 못했다. 1607년 예수회 선교사들은 모잠비크의 오지에 선교 거점을 마련하려는 노력을 다시 시도했다. 이 두 번째 시도는 이전보다 더 성공적이었다. 1624년에 이르러 24명의 예수회 선교사들이 활동하고 있었는데 그중 12명은 모잠비크대학교에서 선교 활동을 전개했다.

거의 같은 시기에 도미니크회 선교사들은 13개의 선교기지를 운영하며 25명의 선교사가 활동하고 있었다. 동부 해안의 항구 몸바사(Mombasa) 인근 북부 지역에서는 어거스틴수도회 선교사들이 17세기 초부터 사역하고 있었다. 그들의 소중한 개종자 중 한 사람이 국왕 유서프(Jussuf)였는데 그는 선교 사업 지원을 하겠다는 통 큰 약속을 했지만 이슬람으로 재개종한 후 그 지역의 모든 그리스도인을 살해했다. 그 결과 1630년부터 잠베지 선교 사업은 쇠퇴해지기 시작했다.

5) 마다가스카르

아프리카 대륙 남동부의 섬나라 마다가스카르(Madagascar)는 아프리카 전역에서 가장 선교하기가 어려운 지역 중의 하나였다. 이곳 최초의 선교사로 1648년 포교성성이 빈센시오회(Vincentians) 선교사들을 파송했다. 그중 두 명의 개척 선교사들이 마다가스카르 동남부의 항구인 포르도우팽

(Fort Dauphin)에 도착한 지 몇 개월 만에 사망했다. 몇 년 후 두 번째 선교 팀으로 파송된 세 명의 선교사들도 같은 운명에 처해지고 말았다. 세 명의 선교사로 구성된 세 번째 선교 시도가 있었지만 이들 모두 때 이른 죽음을 맞이함으로써 별다른 선교의 열매를 거두지 못했다. 그리하여 지난 25년 간의 선교 노력에도 불구하고 마다가스카르 선교 사업은 1674년에 중단되고 말았다.

6) 로마 가톨릭의 아프리카 선교 실패 원인

18세기 중엽에 이르면 아프리카에서 로마 가톨릭교회의 선교 흔적을 거의 찾아볼 수 없게 된다.

그간의 엄청난 선교적 노력에도 불구하고 가톨릭교회가 이러한 실패를 경험하게 된 이유는 무엇인가?

이에 대해 몇 가지 요인으로 설명할 수 있다.

첫째, 견디기 어려운 기후와 의약품 부족으로 인해 선교사들의 사망률이 무서울 정도로 높았다.

둘째, 아프리카에 파송된 선교사들은 모두 포르투갈 출신이었는데 당시 포르투갈 사람들이 사악한 노예 무역에 관여하고 있었기 때문에 기독교에 대한 인식이 매우 좋지 않았다.

셋째, 토착교회 지도자들을 훈련시키고 교육하는 일에 실패해 자격 있는 현지 교회 리더십을 키워내지 못했다.

넷째, 아프리카 대륙이 수많은 왕국으로 분열되어 있었기 때문에 정치 상황이 매우 불안정했으며 종족 간 전쟁과 살육과 약탈 행위로 인해 지속적인 선교의 결과를 얻기 어려웠다.

다섯째, 위에서 진술한 여러 요인들보다 더 정확하고 유력한 원인은 가톨릭 선교사들의 피상적인 선교방법 때문이었는데 그들은 현지인들을 조급하게 기독교로 '개종'시킨 다음에 집단으로 세례를 베풀었기 때문이다.

제5장

유럽의 개신교회 선교의 시작
(A.D. 1600-1800)

종교개혁에 의해 영적 활력을 새로 얻게 된 유럽의 개신교회가 1500년 경 이후 시작된 탐험과 식민지 개척 시기 동안에 땅끝까지 나아가 복음을 전하는 선교 활동을 촉발시켰을 것으로 추정하는 사람들이 많을지 모른다. 그러나 이 시기에 유럽 개신교회는 선교 활동을 그다지 활발하게 추진하지 않았다. 1500-1700년 사이에 로마 가톨릭교회는 유럽에서 개신교회에 빼앗긴 교인들 숫자보다 더 많은 숫자의 개종자를 남미를 포함한 이방 세계에서 얻었다.

그러면 개신교회가 그렇게 오랜 기간 동안 선교 활동을 시작하지 않았던 이유가 무엇이었을까?

1. 종교개혁 이후 개신교회가 선교하지 못한 이유

첫째, 종교개혁가들의 신학 때문이었는데 이는 가장 중요한 요인이었을 것이다.

그들은 주님의 선교 명령(the Great Commission)이 원래의 12사도들에게만 주어졌다고 생각하였을 뿐 아니라, 원 사도들이 당시 알려져 있던 세계의 끝까지 복음을 편만하게 전파했기 때문에 주님의 이 지상 명령은 성취되었다고 가르쳤다. 그리고 종교개혁가들은 만약 후대의 사람들이 복음을 받지 못하게 된다면 그것은 그들 자신의 잘못으로 인한 것이며 불신앙으로 인해 그들은 하나님의 심판을 받게 될 것이라고 보았다. 또한 직접적인 소명과 독특한 기능과 기적을 행하는 능력을 부여받은 사도직은 중단되었기 때문에 후대의 교회는 땅끝까지 선교사를 파송할 권한이나 책임도 부여받지 못했다고 가르쳤다.

물론 종교개혁기에 선교가 추진되지 못하는 상황에 상반되는 사건이 발생하기도 했다. 벨기에의 개혁교회 목회자인 하드리안 사라비아(Hadrian Saravia, 1531-1613)와 네덜란드의 귀족인 저스티니안 폰 벨츠(Justinian von Weltz, 1644)는 교회가 세계 복음화를 위한 책임을 다하도록 촉구하는 소논문을 쓰기도 했다. 그러나 그들처럼 선교를 주장했던 사람들은 모두 '광야에서 외치는 자의 소리'에 지나지 않았다. 그들의 선교 호소는 언제나 무시당하기 일쑤였으며 수시로 논박을 받거나 조롱을 받기도 했다. 이상하게 들릴지 모르지만 전 세계 복음화를 가장 열렬하게 부르짖은 사람은 바로 네덜란드의 신학자 에라스무스(Erasmus, 1466-1536)였다.

1651년에 루터파 교회의 유명한 평신도인 트루크세스 백작(Count Truchsess)이 왜 교회는 선교 명령에 순종해 선교사를 파송하지 않는지를 물었을 때 비텐베르크(Wittenberg)대학의 신학 교수들이 발표한 공식 문서에는 당시 루터파 교회가 가졌던 세계 선교에 대한 부정적인 생각이 분명하게 나타나 있다.

더구나 인간의 책임은 배제하고 하나님의 절대 주권만을 강조하는 예정론자들이 많이 있었다. 그들은 하나님께서 이방인들을 개종시키기로 마음먹으시면 인간의 노력 없이도 그들은 구원받을 것이라고 생각했다. 만약 하나님이 이방인의 구원을 바라지 않으시면 인간이 그들을 구원하려고 하는 것은 어리석고 무익한 시도에 지나지 않을 것이다.

칼빈(Calvin)은 "우리는 그리스도의 왕국은 인간의 노력으로 발전되거나 유지되는 것이 아니라 오직 하나님의 일일 뿐이라고 배웠다"고 말하기까지 했다.

또한, 세상의 끝이 얼마 남지 않았으며 말세가 다가오고 있다고 믿는 낙심한 종말론자들이 있었다. 특히 마틴 루터(Luther)는 미래에 대한 부정적인 견해를 갖고 있었다. 루터는 『탁상담화』(Table Talks)에서 "앞으로 100년 후면 모든 것이 끝날 것이다. 하나님의 말씀은 설교할 사람들이 없어서 사라지고 말 것이다"라고 썼다.

둘째, 16세기와 17세기 동안 개신교회가 곤경에 처했던 슬픈 상황 때문에 활발하게 선교 활동을 추진할 수 없었다.

로마 가톨릭교회의 선교 인력과 비교해 볼 때 개신교회의 선교 역량과 선교사 수는 매우 적었다. 더군다나 가톨릭교회는 개신교의 종교개혁에 대해 반종교개혁(Counter-Reformation)을 시행해 개신교의 종교개혁으로 인해 잃어버렸던 지역의 상당 부분을 되찾았다. 한편 개신교는 로마 가톨릭에 맞서 언제 끝날지도 모르는 처참한 전쟁을 오랜 기간 싸워야 하는 불확실한 상황에 놓여 있었다. 30년 전쟁[1] 때문에 독일은 경제적, 사회적으로 혼란에 빠지기도 했다. 이처럼 개신교회는 생존을 위해 발버둥치고 있었기 때문에 세계 복음화를 위한 선교 비전이나 열정을 품을 수가 없었던 것이다.

이보다 더 심하지는 않았지만, 개신교회를 약화시킨 내부적 요인은 루터파 교회와 개혁교회들 간에 일어났던 분쟁과 갈등이었다. 만약 이 교회들이 연합 전선을 구축해 공동의 적인 가톨릭을 대상으로 힘을 하나로 합해 싸웠다면 개신교회는 국내와 해외 선교지에서 활발한 선교 활동을 전개할 수 있었을 것이지만, 그들은 교권 싸움으로 사분오열되어 있었다. 그

---

[1] 독일을 무대로 개신교(프로테스탄트)와 구교(로마 가톨릭) 간에 벌어진 종교 전쟁(1618-1648)이었다. 1648년 베스트팔렌조약이 체결됨으로써 대단원의 막을 내렸으며 그 결과로 독일 제후국 내의 루터파 교인들에게도 가톨릭 교도들과 같은 권리가 부여되었다(역주).

들은 오직 '가톨릭 교도들'을 증오하는 점에서만 하나가 되었다. 그들은 로마 가톨릭교회로부터 분리되자마자 서로 맞서 싸우기만 할 뿐이었다.

독일 작센(Saxony, 색소니) 지방에서는 "칼빈주의자가 되기보다는 차라리 가톨릭 교도가 되겠다"는 말이 유행할 정도였다. 배타적인 루터파 교인들은 칼빈주의자들을 기독교 신자로 인정하는 것조차 거부했다. 이들은 서로 싸우며 상대방을 혐오하곤 했다. 16세기 중엽 '아우크스부르크 신앙고백'(Augsburg Confession)을 채택한 교회들이 성만찬(Eucharist) 문제를 둘러싸고 격렬한 논쟁을 벌인 끝에 결국 분열되고 말았다.

> 기독교 역사상 이 시기보다 '정통 교리' 문제로 촉발된 논쟁이 교회 분열의 주요 원인이 된 적이 없었다. 그 이유는 박하와 회향과 근채와 같은 형식적 문제를 둘러싸고 서로 분열되어 물고 뜯는 광신적인 서기관들과 바리새인들로 가득 찼던 시기였기 때문이었다.[2]

셋째, 유럽의 개신교회는 아시아, 아프리카, 남미 신대륙의 선교지로부터 지리적으로 고립되어 있었다.

당시 로마 가톨릭 국가였던 스페인과 포르투갈은 종교개혁 이후에 전 세계 탐험과 식민 개척활동을 주도하던 해양 강국이었다. 100년 이상이나 이 두 나라는 대항해 시대에 바닷길을 완전히 장악하였을 뿐 아니라 세계 해상 무역을 독점하고 있었다. 이 두 나라의 상선들이 가는 곳마다 상인들과 선교사들을 대동하고 다녔다. 포르투갈과 스페인 왕들은 그들이 소유하고 있던 해외 식민지의 복음화에 많은 관심을 갖고 있었다. 이후 네덜란드와 영국이 바닷길 개척에 나섰는데 이들 나라는 식민지화나 선교보다는 무역에 더 많은 관심을 기울였다.

1602년에 설립된 네덜란드 동인도회사는 회사 설립 목적 중 하나가 해

---

2 James H. Nichols, *History of Christianity, 1650-1950* (New York: Ronald Press, 1956), 43.

외 식민지에 개혁교회 신앙을 전파하는 것이라고 명시되어 있으나 선교 활동은 거의 하지 않았다. 영국 동인도회사는 이러한 선교적 야망을 갖고 있지도 않았다. 영국 동인도회사는 파견 나온 직원들을 위해 사목(社牧, chaplain)을 파송하기는 했으나 현지인들에게 선교 활동을 절대로 하지 못하도록 금지시키고 있었다. 영국 동인도회사는 선교사들이 자사 소유의 상선을 타고 선교지로 가는 것조차 허락하지 않았으며 식민지 내에서 선교사들이 거주하는 것도 불허했다.

넷째, 개신교회 내에는 가톨릭교회 신앙을 전 세계에 확산시키는 데 매우 중요한 역할을 감당했던 선교회들이 없었다.

로마 가톨릭교회의 전 세계적인 선교 활동에 대해 선교 역사가 슈미들린(Schmidlin)은 다음과 같이 진술하고 있다.

> 로마 교황청과는 별도로 교황의 선교 활동 대리자로서 여러 선교회가 열정적으로 선교 활동에 참여했고, 복음 전파를 위해 서로 선의의 경쟁을 펼치기도 했다. 오래된 가톨릭 선교회들은 그들의 선교 활동을 더욱 더 강화했다. 그리하여 프란시스코회, 도미니크회, 어거스틴회, 카르멜수도회 등은 자체적으로 개혁운동을 전개했다. … 가톨릭교회 내에서 최고의 선교 목표를 이루기 위해 노력한 선교회가 있었는데 예수회(Society of Jesus)였다. 예수회 선교사들에게는 현지 문화 적응(accomodation) 능력과 기동성, 군사 조직 등 중앙 집권화된 명령 체제를 따르기 위해 절대 복종과 완전한 자기희생이 요구되었다.[3]

그로부터 2세기 후에 개신교회들이 선교 활동을 시작했을 때 로마 가톨

---

[3] Joseph Schmidlin, *Catholic Mission History* (Techny, IL: Divine Word Mission Press, 1933), 259.

릭교회의 선교회와 비교할 수 있는 선교회 조직(sodality)을 전혀 갖고 있지 못했다. 당시의 개신교회 중에 가장 큰 선교 집단은 모라비안교회(Maravians)였다. 극히 소수의 사람들을 제외하면 모라비안 선교사들은 대부분 교육을 거의 받지 못한 사람들이었다. 모라비안 선교사들은 세상 지식은 부족하지만 하나님의 열심이 특심한 자들이었고, 경작할 땅과 건축해야 할 집과 부양 가족을 가진 농부, 기술자와 같은 결혼한 사람들로 구성되어 있었다.

이처럼 개신교 선교사들은 가족을 돌보고 집안일도 해야 했기에 가톨릭 선교사들처럼 선교 활동에 전적으로 매진할 수 없었다. 다시 말해 개신교 선교사들은 가톨릭 선교사들의 상대가 되지 못했고, 특히 예수회의 군대식 훈련과 조직에 비교할 수 없었던 것이다.

2. 대륙에서의 선교 시작

1) 칼빈의 브라질 선교

개신교회의 근대 선교 운동이 시작되기 전에 몇 차례 선교적 시도가 행해졌지만 성공을 거두지는 못했다. 최초의 시도는 1555년 머나먼 남미의 신대륙 리오 데 자네이로(Rio de Janeiro)만(灣)에서 박해를 받고 있던 개신교 신자들을 위해 그곳에 식민지를 건설할 목적으로 칼빈이 4명의 목회자와 일단의 프랑스 개신교도인 위그노(Huguenots)들을 파송한 브라질 선교로서 시작되었다. 이들은 남미 원주민들을 복음화하기 위해 몇 가지 선교적 노력을 두서없이 무계획적으로 시도하기는 했지만 별다른 성과는 없었다.

이후 그들의 지도자였던 빌가농(Villeganon)이 가톨릭으로 변절하면서 이 식민지를 포르투갈 사람들에게 넘겨주게 되면서 이 식민지 요새는 파괴되었다. 살아남았던 몇몇 사람들은 그 후 예수회 신부들에게 살해당하고 말았다.

2) 네덜란드 동인도회사의 사목 파송

1622년에 네덜란드 동인도회사의 주도로 동인도 지역에 파견되어 사역할 회사 사목과 선교사들을 훈련시킬 목적으로 레이든(Leyden)대학에 신학교가 설립되기도 했다. 그러나 이러한 시도는 오래 가지 못했는데 12년간 지속되다가 중단되었다. 하지만 이 기간 동안에 12명의 선교사가 파송되었다. 문제는 파송 받은 이들 가운데 대부분은 그들이 사역하고 있던 지역의 현지어(vernacular)를 배우지도 않은 채 5년이 지나면서 본국으로 귀환하고 말았다.

3) 퀘이커교의 선교

1661년 퀘이커교로 알려진 친우회(Society of Friends)의 창시자이자 비국교도인 영국의 조지 폭스(George Fox, 1624-1691)가 3명의 퀘이커 교도들을 중국에 파견했으나 그들은 목적지에 도착하지도 못했다.

4) 폰 벨츠의 선교

선교 활동을 시도한 최초의 루터파 선교사는 저스티니안 폰 벨츠(Justinian von Weltz, 1621-1668) 남작이었다. 1664년 그는 교회가 선교적 책임을 감당해야 한다며 이를 강하게 주장했다. 그는 3개의 소책자를 발간했는데 그 책에서 교회에 주어진 선교 사명을 상세하게 설명하고 선교 사업을 추진하기 위한 선교회나 선교단체를 조직할 것과 선교 지망생들을 위한 선교사 훈련 학교 설립을 주장했다. 그러나 썩 좋지 못했다. 당시 교회들은 정통 교리를 소유하고 있었으나 영적 생활과 선교에 대한 비전을 갖고 있지 못했기 때문이다. 이러한 도전에 가만히 있을 수가 없어서 벨츠의 동료들은 화가 나서 일어나 그를 몽상가, 광신자, 이단이라고 몰아붙였다. 그들은 "하나님의 거룩한 것을 개들과 돼지 앞에 던져서는 안 된다"고 말하기까지 했다.

폰 벨츠는 이러한 방해와 조롱에 좌절하지는 않았지만 당황해서 네덜란드로 이주했고 그곳에서 남작 칭호도 포기했다. '이방인의 사도'로 안수를 받은 후에 폰 벨츠는 남미의 네덜란드령 기아나(현재 수리남)로 배타고 나갔고, 그곳에서 선교의 열매를 거두기도 전에 때이른 죽음을 맞이하고 말았다. 이처럼 두 번째 선교적 모험도 실패로 끝났던 것이다. 개신교회는 선교적 시도를 계속해 기울이기 전에 내부 갱신이 필요했던 것이다.

3. 17세기 독일의 경건주의 운동과 선교

근대 개신교 선교 운동은 1648년 '베스트팔렌 평화조약'(Peace of Westphalia)으로 끝이 난 30년 전쟁(1618-1648) 이후에 독일에서 시작된 경건주의 운동의 직접적인 결과로 시작되었다. 개신교 종교개혁이 로마 가톨릭의 거짓 교리와 도덕적 타락에 대항한 운동이었던 것처럼 경건주의 운동은 유럽 개신교 국가교회(state church)가 주지주의로 치우치며 영적으로 메마르고 형식화된 루터교 정통주의에 대한 반발로 생겨난 신앙 부흥운동이며 교회 개혁 운동이었다.

1) 슈페너

독일 경건주의의 아버지 필립 슈페너(Philip Spener, 1635-1705)는 루터파 목사로서 스트라스부르(Strasbourg)와 프랑크푸르트에서 영성 훈련을 통해 양떼들의 영적 수준을 높이려고 노력했다. 기도와 성경 연구를 위한 오두막 모임을 통해 주일 설교를 보완했고 (지금까지 알려져 있지는 않지만) 친교 분위기를 조성해 회원들을 하나로 묶어 나갔다.

경건주의 신학은 다음의 몇 줄로 요약할 수 있다. 복음 전도에 대한 열정 없이 선교의 비전이 있을 수 없고, 개인적인 경건 생활 없이 복음 전도의 열정이 있을 수 없으며, 진정한 회심의 경험 없이 개인의 경건 생활이 있을 수 없다. 경건주의자들은 신앙은 머리가 아니라 가슴으로 해야 한다고 주장했다. 그러므로 그들은 영적 생활을 고양시키는 데 중점을 두었던 것이다.

2) 프랑케와 할레대학

그 이전의 많은 개혁자와 마찬가지로 슈페너는 교회의 기득권자들의 분노를 촉발시키게 된다. 정부와 교권주의자들은 그와 경건주의운동을 비난했다. 그러나 반대와 심지어 핍박에도 불구하고 경건주의는 계속 확산되어 나갔고 루터파 교회에서 많은 추종자가 생겨났다. 작센(Saxony) 지역의 대학들이 이 새로운 종파에 대해 문을 닫아 버리자 1494년에 경건주의자들은 자신들의 대학을 할레(Halle)에 설립한다. 10년 동안 슈페너는 할레대학을 키워 나갔다.

1705년에 그가 죽은 후에 경건주의의 가장 영향력 있는 지도자는 아우구스트 헤르만 프랑케(August Francke, 1663-1727)였는데 그는 자신의 일생을 완전히 바꿔놓은 깊은 신앙 체험을 한 후에 라이프치히대학에서 해고되었다. 이후 그는 슈페너와 상의한 후에 경건주의를 전심으로 받아들였다. 프랑케의 영향력으로 인해 할레대학은 경건주의 운동의 본산이자 교육센터가 되었고 18세기 선교 운동의 샘터가 되기도 했다.

할레대학은 빈민학교, 소년기숙학교, 고아원, 라틴어학교 등 할레에 속한 여러 교육기관으로 둘러싸여 있었다. 할레에서 6천여 명의 경건주의 목회자들이 할레대학 신학부에서 훈련을 받았는데, 할레대학은 당시 독일에서 가장 큰 신학교였다. 보가츠키(Bogatzky, 1690-1774)는 할레의 가장 영향력 있는 경건 서적 작가들 중의 한 명이었고 프라이링하우젠(Freilinghausen, 1670-1739)은 주요한 찬송가 작가였다. 라인강 하류 지역의 개혁적 경건주의자들조차도 할레대학에 정기적으로 후원금을 기부했다. 미국의 식민주의 시대 루터파 교회들 대부분이 할레대학 출신들에 의해 세워졌다.[4]

4. 덴마크-할레선교회: 지겐발크와 플뤼챠우

할레대학에서 최초의 개신교 선교단체인 덴마크-할레선교회가 생겨났다. 선교사 대부분은 할레대학에서 나왔고 초기에는 덴마크교회가 재정지원을 감당하였기 때문에 덴마크-할레선교회라고 불리어졌다.

1620년에 덴마크는 인도 동남해안의 트랭크바르(Tranquebar)에 무역을 위한 식민지를 최초로 건설했다. 설립 초기부터 동인도회사의 직원들을 영적으로 돌보기 위해 사목들이 이곳에 파견되었다. 그러나 이 일은 인도 현지인들을 위한 선교사역이 시작되기 거의 100년 전의 일이었다.

1705년에 덴마크 궁정의 설교 목사인 프란츠 루트켄즈(Franz Lutkens, 1650-1712)는 덴마크 국왕 프레드릭 4세(Frederick IV, 1671-1730, 재위 1699-1730)의 요청으로 동인도제도에 보낼 선교사들을 찾아보라는 요청을 받았다. 루트켄즈는 덴마크 내에서 적합한 선교사를 찾을 수가 없어서 독일 할레대학의 슈페너와 프랑케와 상의했고, 그 결과 할레대학 출신의 선교사 지망생 2명을 소개받게 되었다. 바돌로뮤 지겐발크(Bartholomew Ziegenbalg, 1682-1719)와 하인리히 플뤼챠우(Heinrich Plütschau, 1677-1752)는 모두 할레

---

4 James H. Nichols, *History of Christianity, 1650-1950*, 84.

대학에서 프랑케에게 교육을 받은 제자들이었다.

덴마크-할레선교회는 설립 초기부터 유럽과 인도 현지에서 반대에 부딪혔다. 독일의 루터파 교회들은 선교 사업을 지원하지 않았다. 그러나 할레대학과 선교에 관심 있는 개인들이 정신적 도움과 재정적 후원을 해주었다. 독일 개신교 선교학의 아버지라 불리는 구스타프 바르넥(Warneck, 1834-1910)은 "할레의 프랑케가 아니었다면 덴마크-할레선교회는 제대로 추진될 수 없었을 것이다"[5]라고 말하기까지 했다. 이 두 명의 독일 선교사들은 경건주의적 확신 때문에 덴마크교회로부터 목사 안수를 받기까지 어려움을 겪기도 했다.

뒤늦게 어렵게 안수를 받은 이들 선교사들은 1705년 11월 29일 인도 동남부 해안가의 트랭크바르(Tranquebar)를 향해 배를 타고 떠났다. 이들의 항해는 독일 루터파 교회 내에 심한 저항을 불러일으켰다. 평소 경건주의 운동을 심하게 비판하던 신학자 에른스트 뢰셔(V. E. Löscher, 1673-1749) 같은 루터교회 지도자들은 경건주의 선교사들에 대한 비판은 상대적으로 심하게 하지 않았고, 덴마크-할레선교회 후원에 대해서도 '형식적인 경고'를 하는데 만족했다. 그러나 대부분의 비판자는 생겨난 지 얼마 되지 않은 덴마크-할레선교회를 격렬하게 비판했다. 비텐베르크(Wittenberg)대학의 신학부 교수들은 이들 선교사들을 '소명이 불확실한 거짓 선지자들'이라고 불렀다.

1706년 7월 9일 인도 트랭크바르에 도착한 선교사들은 덴마크 국왕 프레드릭 4세(Frederick IV)의 신임장을 소지하고 갔음에도 불구하고 덴마크 총독은 이들에게 노골적인 적대감을 드러냈다. 더군다나, 덴마크 동인도 회사의 사목들(chaplain)은 이 선교사들을 남의 터에 들어온 침입자로 간주

---

5   Gustav Warneck, *History of Protestant Missions* (New York: Revell, 1904), 44. 바르넥은 1896년부터 1908년까지 할레대학 최초의 선교학 교수로 재직했다(역주).

해 심하게 대했고, 그들의 경건주의 사상에 전혀 관심을 기울이지 않았다. 덴마크 총독도 일관된 행동 방침을 정하지 못하여 선교사들을 핍박하기도 하고 보호해주기도 했다. 총독은 지겐발크 선교사를 감옥에 투옥시키기도 하였다.

플뤼챠우는 오랫동안 선교하지 못했는데 그의 사역 기간은 겨우 5년밖에 되지 않았다. 그러나 건강이 좋지 않았던 지겐발크는 15년 동안이나 인도에서 사역을 감당했다. 1715년 그는 선교 운동 확산을 위해 안식년 기간 동안 유럽 여러 지역을 광범위하게 순회하면서 선교에 대한 관심을 많이 불러일으켰다.[6] 그는 덴마크와 영국 국왕의 환영을 받았고 독일 할레대학에서 한 달 보름을 머물렀으며, 이때 훗날 모라비안 선교 운동의 아버지가 된 젊은 진젠도르프(Zinzendorf, 1700-1760)를 만나 그에게 많은 영향을 미쳤다.[7]

1719년 지겐발크가 사망할 즈음에 덴마크-할레선교회는 덴마크, 독일, 영국, 심지어 미국 동북부의 뉴잉글랜드 지역에 이르기까지 후원자들을 갖게 되었다.

5. 모라비안 선교

1) 모라비안교회의 유래

모라비안교회(Moravian Church)의 기원은 종교개혁의 선구자로 심한 핍박을 받던 체코의 존 후스(John Huss, 1369-1415)를 따르던 사람들이 발도파(Wladensians) 추종자들과 모라비아 사람들과 함께 '연합형제단'(Unitas Frat-

---

6   1714년 10월 22일부터 1716년 8월 10일까지 지겐발크는 안식년을 가졌다(역주).
7   1715년 10월 17일부터 12월 2일까지 지겐발크는 독일 할레에 머물렀는데, 그 당시 진젠도르프는 프랑케가 할레에 설립한 중등학교에서 공부하던 학생이었다(역주).

rum)이라는 공동체를 형성했던 1467년까지 거슬러 올라간다. 이들은 로마 가톨릭의 반종교개혁으로 인해 그 세력이 거의 잔멸되는 지경에 이르렀으나 크리스티안 다비드(Christian David)의 지도 아래 1722년 독일 작센(Saxony) 지방으로 이주했다. 그곳에서 그들은 드레스덴 부근의 진젠도르프 백작의 영지 내에 피난처를 제공받았다. '헤른후트'(Herrnhut, 주님이 보호하시는 곳)[8] 라고 불리는 이 정착촌은 이후 세계 선교 운동의 중심지가 되었다.

니콜라우스 루드비히 폰 진젠도르프(Nicholaus Ludwig von Zinzendorf, 1700-1760)는 슈페너(Spener)의 영향을 많이 받았고 경건주의 2세대 지도자인 프랑케가 할레에 설립한 중등학교의 학생이었으며, 이때부터 진젠도르프는 자신의 모든 시간과 재산을 주님의 영광을 위해 드리기로 작정했다. 그를 키웠던 할머니와 여러 경건주의자의 영향을 강하게 받은 진젠도르프는 "저에게는 단 한 가지 열망밖에 없습니다. 그것은 예수님, 오직 그분뿐입니다"라고 자신의 간절한 소원을 선언했다. 그는 곧 이 정착촌의 인정받는 지도자가 되었으며 신앙생활을 조직화하기 시작했다.

1737년 5월 20일 그는 모라비안교회의 주교로 임직되었고 이후 30여 년 동안 모라비안교회가 전 세계에 걸쳐 놀라운 선교 활동을 감당하는 데 영감을 불러 넣어 주고 이를 주도했다. 진젠도르프와 프랑케는 18세기 개신교 선교 운동에서 가장 위대한 선교 지도자들이었다.

모라비안교회가 선교에 나서게 된 데는 다소 이상한 방식을 통해서였다. 1730년 진젠도르프는 코펜하겐을 방문해 크리스천 6세(Christian VI, 1699-1746, 재위 1730-1746)의 대관식에 참석한 후 서인도제도에서 온 흑인 한 명과 그린란드에서 온 두 명의 에스키모인을 만났는데 이들은 그에게 자신들의 고국에 선교사를 파송해 달라고 요청했다. 진젠도르프는 선교사 요청에 깊은 감동을 받았고, 헤른후트로 돌아가 교인들에게 선교사로 나갈 사람을 찾는다는 도전을 했다. 이에 응답해 두 명이 즉각적으로 그리고 뜨거운 마음으로 자원했다.

---

8 독일, 체코, 폴란드의 접경 지역에 위치해 있다(역주).

2) 모라비안교회의 선교사 파송 비율

1732년 모라비안교회의 최초의 선교사가 파송되는데 그는 카리브해의 버진 아일랜드에 위치한 덴마크령 세인트 토마스(St. Thomas)섬에 거주하는 흑인 노예들에게 복음을 전파하기 위해 파송되었다.[9] 다음 해인 1733년에는 그린란드(Greenland)에, 1734년에는 버진 아일랜드에 위치한 덴마크령 세인트 크로이(Saint Croix)섬에 선교사를 파송했다. 마지막에 파송한 선교사들 가운데 10명이 도착 첫 해에 사망했으나 모라비안 교인들은 계속해 지원했기에 순직한 선교사들의 빈자리를 채우는 일은 그다지 어렵지 않았다.

계속해 모라비안 형제단은 1735년에 수리남(Surinam), 1737년에 골드 코스트(Gold Coast)와 남아프리카공화국, 1740년에 북미 인디언, 1754년에 자메이카, 1756년에 과테말라의 안티과(Antigua) 등에 선교사를 파송했다. 정리하면, 1732년부터 1760년 사이에 모라비안교회는 226명의 선교사를 10개국에 파송했다.

> 모라비안교회는 선교사역을 시작한 지 20년도 채 안 되어 영국 성공회와 다른 개신교회가 그 이전의 200년간 수행한 것보다 더 많은 선교사역을 감당했다. 모라비안 교인들이 거둔 이 놀라운 선교적 업적은 그들이 세계 복음화는 기독교회에 주어진 가장 긴급한 책무이고 이 세계 선교의 책무를 수행하는 것은 교회 공동체 모두의 '공동 책임'임을 처음부터 인식하고 있었기 때문에 가능한 일이었다. 1930년까지 모라비안교회는 약 3,000명의 선교사를 전 세계에 파송하였는데 교인 당 선교사 파송 비율로 보면 교인 12명 당 1명의 선교사를 파송한 셈이었다.[10]

---

9 최초의 개신교 선교사로 간주할 수 있는데 이는 근대 개신교 선교의 아버지라 불리는 윌리엄 케리(William Carey)보다 60년이나 앞선 때였다(역주).
10 Charles H. Robinson, *History of Christian Missions* (New York: Scribners, 1919), 50.

거의 모든 선교지에서 모라비안들의 노력은 놀라운 선교의 결실을 맺었고, 오래지 않아 본국의 모라비안교회의 교인 1명 당 3명의 선교사를 파송함으로써 타 교단에 비해 월등히 높은 선교사 파송 비율을 나타내 보였다.

3) 모라비안 선교의 특징

(1) 평신도(전문인) 선교사

모라비안 선교사들은 일반 교육도 많이 받지 못했고 정규 신학 교육은 전혀 받지 않은 평신도로서 놀라운 선교사역을 감당했던 것이다. 이런 점에서 모라비안 선교사들은 양질의 교육을 받은 할레대학 출신의 선교사들과 근본적으로 차이가 있었다. 초대교회 사도들과 마찬가지로 모라비안 선교사들은 '학교를 거의 다니지 못한 무지한 사람들'이었고, 사도들처럼 당시의 교양 있고 많이 배운 사람으로부터 무시를 당하곤 했다.

1732년 서인도제도에 최초의 모라비안 선교사로 파송된 두 명 가운데 한 명은 도자기를 만드는 도공(陶工)이었고, 다른 한 명은 목수였다. 그린란드에 파송된 두 명의 선교사는 공동묘지의 무덤 파는 자들이었다. 그러나 그들은 복음에 대한 열정이 넘치는 경건한 자들이었다. 세상 지식은 부족했지만 특별한 열심으로 그 부족함을 메꾸었다. 모라비안 교인 소렌센(Sorensen)에게 라브라도(Labrador)에 갈 준비가 되어 있느냐고 물었을 때 그는 "예, 저에게 신발 두 켤레만 주어진다면 내일이라도 기꺼이 나갈 것입니다"라고 대답했다.

(2) 자비량 선교사

모라비안들은 선교사로 나갈 때 그들 스스로 경비를 마련해야 했다. 목적지에 도착하면 그들은 자신들의 생계를 스스로 해결해야만 했다. 그들은 부인과 자녀들을 데리고 선교지로 나갔다. 그들은 보냄 받은 선교지에서 살다가 죽으면 그곳에 뼈를 묻었다. 낮은 신분 탓에 그들은 오랜 기간 동안 온갖 어려움을 감내해야 했다. 모라비안들은 놀라운 겸손, 용기, 근면, 인내의 힘으로 유럽 지식인 계층의 편견을 점차적으로 이겨낼 수 있었다.

선교사 파송 초기부터 240여 년이 지난 1970년대까지도 모라비안교회는 세계 도처에서 선교사역을 열심히 감당했다. 그들은 서독, 영국, 덴마크, 미국 등 네 곳의 중요한 나라에 선교 거점을 마련했다. 유럽의 네 나라에는 선교사 후원 기관도 설립했다.

4) 모라비안 선교와 19세기에 설립된 유럽 선교회들

18세기 서구 개신교 선교 운동에서 중추적인 역할을 감당한 두 선교회는 덴마크-할레선교회와 모라비안교회였다. 1797년에 네덜란드 개신교회는 네덜란드선교회(Netherlands Missionary Society)를 설립했다. 19세기에 접어들면서 유럽 대륙에는 약 15개의 선교회가 설립되었다. 1815년 스위스에서 바젤선교회(Basel Evangelical Mission Society)가 설립되었는데 이는 19세기에 설립된 여러 선교회 중에서 가장 먼저 세워진 선교단체였다.

바젤선교회를 뒤이어 19세기 독일에서는 베를린선교회(Berlin Missionary Society, 1824), 레니쉬선교회(Rhenish Missionary Society, 1828), 고스너선교회(Gossner Mission, 1836), 라이프치히선교회(Leipzig Mission Society, 1836), 헤르만스부르크선교회(Hermannsburg Mission, 1849) 등 5개의 선교회가 계속해 설립되었다. 1821년과 1874년 사이에 스칸디나비아반도의 스웨덴, 노르웨이, 덴마크, 아이슬란드 4개국에서 6개의 선교회가 조직되었다. 1822년에 프랑스에서는 파리복음선교회(Paris Evangelical Missionary Society)가 설립되었다.

19세기에 설립된 모든 선교회는 계속해 수많은 선교사역을 감당했다. 그러던 중 제1차 세계대전과 제2차 세계대전의 발발로 인해 독일선교회들은 선교 활동에 커다란 타격을 입었다. 1970년대 말 기준으로 독일교회가 파송한 선교사 숫자는 약 1,300명이었다.

6. 복음주의 대각성운동

1) 존 웨슬리와 휫필드의 부흥운동

17세기 독일의 경건주의 운동은 유럽 대륙에서의 선교 활동 촉발의 계기가 되었다는 것은 널리 알려진 사실이다. 이제 18세기의 존 웨슬리(John Wesley, 1703-1791)와 조지 휫필드(George Whitefield, 1714-1770)의 지도 아래 일어난 영국교회의 대각성운동과 연계되어 생겨난 영국교회의 선교 운동의 기원에 대해 살펴보려고 한다. 웨슬리와 휫필드 두 가지 부흥운동은 전혀 상관없는 별개의 운동이 아니었다. 오히려 이 두 개의 운동은 18세기 초의 몇 십 년 동안에 성령의 능력을 놀랍도록 부어 주셔서 세계 기독교계에 엄청난 영향을 끼친 사건으로 서로 긴밀하게 연결되어 있다.

경건주의 운동의 중심 인물은 슈페너, 프랑케, 진젠도르프였다. 복음주의 각성운동의 위대한 설교자는 영국의 웨슬리와 휫필드 그리고 미국의 조나단 에드워즈(Jonathan Edwards, 1703-1758)였다. 이 두 부흥운동이 서로 연계될 수 있었던 데는 웨슬리가 진젠도르프와 모라비안들을 개인적으로 접촉했고 휫필드가 프랑케의 여러 저술을 연구했기 때문에 가능한 일이었다.

2) 존 웨슬리의 조지아 선교

1735년부터 1737년 사이에 존 웨슬리는 영국 성공회의 '해외복음선교회'(SPG, Society for the Propagation of the Gospel)라는 선교단체를 통해 영국 식민지인 미국 남부 조지아(Georgia)에서 몇 년간 선교사로 사역했다. 웨슬리는 북아메리카 인디언을 위한 선교를 계획했으나 사바나(Savannah)강 유역의 백인 정착민들에게 시간과 힘을 거의 다 소진하는 바람에 인디언들에게는 신경을 쓰지 못했다. 심지어 백인 거주민들을 위한 사역마저도 실망스러운 결과를 낳았다. 웨슬리의 완고한 목회 방침과 교회 치리에 있어서 조금도 굽힐 줄 모르는 태도로 인해 교인들의 반발을 초래하기도 했다. 목회에 대해 환멸을 느낀 그는 채 3년도 못 되어 영국으로 다시 돌아가고 말았다.

조지아에서 웨슬리는 모라비안교회의 목사 스팡겐베르크(Spangenberg, 1704-1792)와 모라비안 교인들을 만나게 되는데 그들의 단순한 신앙, 경건, 기쁨에 찬 생활을 보면서 그가 추구해 온 거룩함과는 너무나 대조된다는 사실을 깨닫게 되었다. 특히 구원을 확신하지 못하고 있던 자신에 비해 모라비안 교인들은 구원의 확신을 소유하고 있다는 점에서 많은 도전을 받았다. 조지아 선교를 위해 배를 타고 항해 중에 폭풍우를 만나 자신은 두려움에 빠져있는 반면에, 죽음의 풍랑 속에서도 내적 평온함을 유지하는 모라비안 교인들의 의연함과 믿음에 깊은 감명을 받았다.

영국에 돌아온 후에도 웨슬리는 모라비안과의 관계를 계속 유지했다. 1738년 5월 24일 런던의 올더스게이트(Aldersgate Street)에서 열린 소규모의 모라비안 교인들의 기도 모임에 참석하던 중에 웨슬리는 성령 체험을 하게 되고, 이후 그토록 사모해 왔던 마음의 평화를 경험하게 되었다. 기독교 세계의 전 역사를 변화시키게 될 이 단순하고도 심오한 중생의 경험을 웨슬리는 일기장에서 다음과 같이 기록하고 있다.

> 이상하게도 나의 마음이 뜨거워짐을 느꼈다. 그리고 그리스도만을 내 구주로 신뢰하게 되었다. 또한, 그리스도가 나의 죄를 사하시고 죄와 사망의 법에서 나를 구원하셨다는 확신을 갖게 되었다.

모라비안교회의 교리를 더 깊이 이해하기 위해 웨슬리는 헤른후트를 방문해 그곳에 며칠을 머물면서 진젠도르프와 대화를 나누었다. 회심을 체험한 웨슬리는 이후 역사상 가장 위대했던 복음 전도 사역에 나서게 된다.

웨슬리의 말씀 선포 사역은 40년간 지속되었는데 그는 하루에 평균 3-4번이나 설교를 했다. 그는 타고난 조직의 달인이었는데 이를 십분 활용해 저 위대한 감리교회를 창시하게 되는데 영국 감리교회를 먼저 조직한 후에 미국에서도 감리교회를 조직하게 되었다. 그가 영국을 도덕적, 종교적 재난에서 구했고, 윌리엄 캐리(William Carey, 1761-1834)에 의해 시작되는 근대 개신교 선교 운동의 기초를 놓았다고 해도 지나친 평가는 아니다.

7. 초기 영국의 선교 활동

일반적으로 영국교회의 선교는 1792년 근대 개신교 선교의 아버지라 불리는 윌리엄 캐리로부터 시작되었다고 알려져 있다. 그러나 엄격하게 말하면 이는 사실이 아니다. 캐리 이전에 북아메리카의 영국 식민지에서 활동하던 세 개의 선교단체가 이미 존재하고 있었기 때문이다.

1) 뉴잉글랜드 복음전도회

첫 번째 선교단체는 1649년 런던에서 창설된 뉴잉글랜드 복음전도회(Society for the Propagation of the Gospel in New England)[11]였다. 그 명칭에도 나타나 있듯이 이 선교회는 북미에 거주하던 인디언들에게 복음을 전파할 목적으로 조직되었다. 처음에 모아진 기부금 12,000파운드를 부동산에 투

---

11 개신교 최초의 선교단체로서 북아메리카 인디언 선교를 위해 설립되었다(역주).

자했고 이후 발생한 수익금은 북미 선교후원금으로 사용되었다.[12] 이 선교회의 최초의 선교사는 인디언의 사도라고 불리던 존 엘리어트(John Eliot, 1604-1690)였는데 그는 1631년 이후 매사추세츠주에 거주하면서 그 지역의 인디언 선교에 50년 동안 헌신했다. 이 선교회는 미국 독립 전쟁 때까지 뉴잉글랜드 지역에서 활동했다.

2) 기독교지식보급협회(SPCK)

1698년 3월 8일에 조직된 '기독교지식보급협회'(Society for Promoting Christian Knowledge, SPCK)는 영국 성공회 내의 독립 선교단체다. 이 선교회 조직에 중추적인 역할을 감당한 사람은 토마스 브레이(Thomas Bray, 1656/1658-1730)인데 그는 쉘던(Sheldon) 지역의 교구목사로서, 런던 주교를 대신해 북미의 영국 식민지인 메릴랜드주에 파송을 받아 사역하고 있었다.

기독교지식보급협회가 문서 선교 사업을 시작한 것은 원래 계획된 것이 아니었다. 본래의 설립 목적은 신대륙 식민지의 백인 정착민의 신앙생활을 돕기 위함이였다. 다시 말해 기독교 문서를 보급하고 특히 식민지 거주 목회자들에게 필요한 기독교 도서를 제공해 줄 목적으로 시작되었다. 기독교 문서 보급 사업이 신대륙의 여러 지역으로 확대되면서 기독교지식보급협회는 원래의 의도를 넘어 선교회 역할도 하게 되었다.

기독교지식보급협회는 설립 이후 수년 동안 주로 기독교 교육과 문서 보급의 분야에서 다양한 선교 활동을 전개했다. 남인도에서 사역하던 덴마크-할레선교회가 18세기에 접어들어 위기에 직면했을 때에는 기독교지식보급협회가 지원을 해주어 위기 상황을 벗어나도록 돕기도 했다.[13] 이

---

[12] 선교회 기금으로 엘리어트가 번역한 알곤킨성경(Algonquian Bible, 1663) 인쇄와 성경 인쇄를 위해 뉴잉글랜드에 파견된 인쇄공의 월급도 지불했다(역주).
[13] 변창욱, "An Early 18th Century Mission Partnership between the Danish-Halle Mission

선교기관은 300년 이상 해외 선교 사업을 지원하는 역할을 감당해 왔는데 영국 성공회뿐만 아니라 다른 교파의 선교사들을 위해 양질의 기독교 문서를 지속적으로 제공해 주었다. 1835년 이후 기독교지식보급협회는 출판사를 설립해 자체 제작한 문서를 찍어내고 있고 오늘날에도 영국과 전 세계에 공급망을 갖고 있다.

3) 해외복음선교회(SPG)

전 세계에 SPG로 널리 알려져 있는 '해외복음선교회'(Society for the Propagation of the Gospel in Foreign Parts, SPG)는 가장 오래된 선교회며 100여 년 동안 특별히 선교 사업을 위해 조직된 영국 성공회의 유일한 선교기관이었다. 해외복음선교회와 자매 선교기관인 유명한 '교회선교회'(Church Missionary Society, CMS)의 주요 차이점은 전자는 가톨릭의 전통과 의식을 강조하는 고교회(high Church)에 속하며, 후자는 개신교 성향의 복음을 강조하는 저교회(lower Church)에 속한다.

기독교지식보급협회와 마찬가지로 해외복음선교회 설립에 있어 토마스 브레이 목사가 중요한 역할을 감당했다. 해외복음선교회는 1701년에 영국 왕실의 인가를 받아 설립되었는데 영국의 해외 식민지에 거주하는 영국인들의 영적 필요를 채워주고 영적 무지와 어두움에 살아가고 있는 현지인들을 복음화하기 위한 두 가지 목적을 위해 세워졌다.

18세기 전체 기간 동안 매우 제한된 선교 예산으로 인해 해외복음선교회는 활발한 선교 사업을 전개할 수 없었다. 이 기간 동안 해외복음선교회의 선교 활동은 지리적으로 미국의 식민지와 서인도제도에 국한되어 있었다. 그럼에도 불구하고 다음 장인 제6장(미국에서의 개신교 선교)에서 살펴

---

and the SPCK"("18세기 초 덴마크-할레선교회와 영국 성공회 SPCK와의 선교 협력") 「선교신학」 26 (2016): 105-136(역주).

보게 되듯이 해외복음선교회는 영국의 북미 식민지의 목회자와 선교사들의 긴급한 필요를 채워 주었던 것은 사실이다.

제6장

영국과 미국에서의 개신교 선교의 시작
(A.D. 1750-1850)

만약 서구의 식민지 개척활동이 포르투갈 탐험가 바스코 다가마(Vasco da Gama, 1460-1524)에게서 시작되었다고 한다면 개신교 선교 운동은 윌리엄 캐리로부터 시작되었다고 말할 수 있을 것이다. 마틴 루터가 종교개혁에서 감당했던 것과 같은 역할을 캐리가 개신교 선교 운동사에서 감당했다고 할 수 있을 것이다. 비록 캐리 이전에 활동했던 개신교 선교사들이 존재했지만 윌리엄 캐리를 '근대 개신교 선교 운동의 아버지'라고 보는 것이 마땅하다.

1. 영국에서의 선교 태동

미국 예일대학교의 라투렛 교수가 근대 개신교 선교 운동이 본격화 된 19세기를 '위대한 세기'(the Great Century)라고 명명한 데는 몇 가지 요인 때문이었다. 동인도회사들이 동인도 지역에서 무역을 거의 독점하면서 부를 축적했고 세계적 무역 확산의 초석을 놓았다. 동인도회사들은 하나님의 섭리 가운데 유럽 식민지 개척과 지배를 위한 터전을 마련해 주었고, 서구 식민주의로 인해 기독교 선교 활동이 매우 쉽게 추진될 수 있었다.

증기 기관의 발명으로 인해 바닷길 여행이 이전보다 더 빠르고 안전해졌다. 윌리엄 캐리는 『쿡 선장의 항해기』를 읽은 후에 해외 선교에 더 많은 관심을 기울이게 되었다.

종교적인 영향력 또한 선교 운동 확산에 커다란 영향을 미쳤다. 독일의 경건주의 운동과 영국과 미국에서의 복음주의 대각성운동에 대해서는 이미 언급했다. 캐리시대 이전에도 영국교회 내에서 선교에 대한 관심이 이미 고조되어 있었다. 1719년 근대 찬송의 아버지라 불리는 영국의 아이작 왓츠(Isaac Watts, 1674-1748) 목사는 유명한 선교 찬송가 "햇빛을 받는 곳마다 주 예수 다스리시고"(찬송가 138장, Jesus Shall Reign Where'er the Sun)를 작시했다. 찬송가 작가인 찰스 웨슬리(Charles Wesley, 1707-1788)가 지은 여러 찬송시에도 선교에 관한 주제가 담겨 있다.

18세기 스코틀랜드의 장로교 목사였던 로버트 밀러(Robert Millar, 1672-1752)는 두 권으로 된 『기독교 확장과 이교주의의 추방의 역사』(*The History of the Propagation of Christianity and Overthrow of Paganism*, 1723)를 저술했는데 이 중요한 책에서 그는 중보 기도가 이방 선교의 주요 방법임을 주창했다. 멀지 않아 밀러의 제안은 많은 사람에 의해 열광적으로 수용되었다. 20년 후에 영국 전역에 기도 모임들이 생겨나기 시작했다. 이 기도 단체들은 이방 세계의 회심을 주요 기도 제목으로 삼아 기도했다.

1) 기도합주회

1746년에 한 통의 청원서가 뉴잉글랜드 식민지인 보스턴으로 보내졌는데 그 내용은 신대륙의 그리스도인들이 해외 선교를 위해 7년 동안 '기도합주회'(Concert of Prayer)1를 개최할 것을 요청하는 것이었다. 이에 응답해 1748년 미국의 조나단 에드워즈(Jonathan Edwards, 1703-1758) 목사는 영국에

1　1744년 스코틀랜드에서 '기도합주회'가 개최되고 있었다(역주).

서 시작된 기도합주회를 미국교회의 부흥과 선교 운동의 전 세계적 확산을 위해 중보 기도를 촉구하는 소책자를 저술해 보스턴에서 출간했다.

이로부터 40여 년이 지난 1783년에 에드워즈가 쓴 소책자는 캐리의 친구인 영국 침례교 목사 존 서트클리프(John Sutcliff)에 의해 영국 중부 노스햄턴셔(Northamptonshire) 지역의 목회자 협회에 소개되었다. 이 기도 소책자를 읽은 후 서트클리프는 모든 침례교회와 목회자들이 매월 첫 주 월요일에 함께 모여 이방 선교를 위해 중보 기도회를 개최하자는 안을 내었다. 그 내용은 다음과 같다.

> 모든 관심이 구세주에게만 향하고 애정 어린 마음으로 주님을 기억하도록 합시다. 사람들이 거주하는 지구상 가장 먼 곳까지 복음을 전파하는 것이 우리의 가장 간절한 기도 제목이 되어야 합니다. 우리 침례교단뿐 아니라 다른 교단에 속한 선교단체도 우리와 연합하게 된다면 우리는 이를 기뻐할 것이며 그들이 지금 당장 우리와 한 마음으로 복음 전파 사역에 참여하도록 강력하게 초청하는 바입니다. 이 같은 합심 기도를 드리면 그 결과는 실로 놀라울 것입니다.[2]

2) 윌리엄 캐리[3]

이러한 때에 윌리엄 캐리가 역사의 무대에 등장한 것이다. 캐리는 14세 때 해클턴(Hackleton)에서 구두 수선 가게에 견습공으로 들어갔다가 동료 제화공과 함께 비국교도들의 성경 공부 모임과 기도회에 나가기 시작했으며, 18세가 되던 1779년 회심을 체험했다. 그 후 영국 성공회(Church of

---

[2] H. B. Montgomery, *Prayer and Missions* (West Medford, MA: The Central Committee of the United Study of Foreign Missions, 1924), 78.
[3] 변창욱, "윌리엄 캐리의 선교 신학: 『이교도 선교방법론』(1792)과 『세람포어 선교 협약문』(1805)을 중심으로," 「선교신학」 56권 (2019): 288-318(역주).

England)를 떠나 근처의 여러 비국교도 교회에서 설교하기 시작했다. 그러던 중에 침례교의 가르침에 마음이 움직여 침례교 신자가 되었다.

1787년 캐리는 26세 되던 해에 존 서트클리프(1752-1814), 존 라이랜드(John Ryland, Jr., 1753-1825), 앤드루 풀러(1754-1815)로부터 정식으로 목사 안수를 받았다. 이 기간에도 캐리는 구두를 수선했고, 주중에는 학교에서 가르쳤으며, 주일에는 교회에서 설교를 했다. 여가 시간에 캐리는 닥치는 대로 책을 구해 읽었다. 배움에 대한 이러한 열정은 학교 선생님이었던 캐리의 아버지와 할아버지로부터 물려받은 유전적 요인 때문이었다고 보여진다. 캐리는 또한 라틴어, 헬라어, 히브리어, 이탈리아어, 프랑스어, 폴란드어를 독학으로 공부해 익혔다. 그는 천재는 아니었으나 부지런히 노력하는 사람이었다.

캐리는 『쿡 선장의 마지막 항해기』(The Last Voyage of Captain Cook)를 읽고 나서 해외 선교에 관심을 갖기 시작했다. 그 후 캐리는 외부 세계를 다룬 책들을 구해서 읽기 시작하였는데, 그중에 윌리엄 거스리(William Guthrie, 1708-1770)가 쓴 지도책인 『지리입문』(Geographical Grammar, 1770)도 포함되어 있었다. 캐리는 미국의 신학자 조나단 에드워즈(Jonathan Edwards, 1703-1758)가 편집해 출간한 『데이비드 브레이너드(1718-1747)의 생애와 일기』(Life and Diary of David Brainerd)를 읽고 커다란 감동을 받았다.[4]

그 외에도 캐리는 덴마크-할레선교회, 미국 뉴잉글랜드 지역의 인디언 선교사 존 엘리어트(John Eliot, 1604-1690) 그리고 모라비안 선교사들의 선교 활동에 대해서 잘 알고 있었다. 그는 세계 지도를 손수 만들어 놓고 각 나라마다 자신이 발견한 모든 정보를 깨알같이 적어 놓았다.

이처럼 캐리의 구두 수선 가게는 특별한 곳이었다. 벽에는 세계 지도가 붙어있고, 창문에는 아름다운 꽃들이 놓여 있고, 그의 옆에는 많은 책이

---

[4] 이 책은 미국 원주민(인디언) 선교를 하다가 폐결핵에 걸려 29세의 짧은 생애를 마감한 브레이너드가 죽은 지 2년 후에 발간되었다(역주).

쌓여 있고, 무릎 위에 가죽 앞치마를 두르고 앉아 있는 구두 수선공 캐리의 가게를 상상해 보라.

3) 캐리의 『이교도 선교방법론』(1792)

1792년 캐리는 87페이지 분량의 선교 소책자 『이방인 회심을 위한 수단을 강구할 그리스도인들의 책임에 관한 연구』(An Enquiry into the Obligations of Christians to Use Means for the Conversion of the Heathens)[5]을 출간했다. 당시에 쓰인 책 가운데 해외 선교를 촉구하는 가장 강력한 선교 책자로 평가받고 있는 캐리의 이 책은 기독교 선교 역사에서 분명한 이정표를 제시하는 역할을 했으며, 마틴 루터의 95개조 반박문이 교회 개혁의 기폭제가 된 것과 같은 엄청난 영향력을 세계 선교 운동사에 끼쳤다.

4) 극단적 예정론

캐리는 편안한 안락의자에 앉아 탁상공론식으로 선교전략을 내놓는 사람이 아니었다. 그는 이론이 아닌 선교 현장에서의 실천에 관심을 갖고 있었다. 그가 가졌던 즉각적 관심사와 목표는 선교사를 해외에 파송할 선교회를 조직하는 일이었다.

그러나 선교회 조직이 쉽지 않았던 것은 캐리가 소속되어 활동하던 침례교인들은 '극단적 예정론자'(hyper-Calvinist)이었기 때문이다. 노스햄턴셔(Northamptonshire)의 목회자 모임에서 캐리가 예수의 선교 위임령(the Great Commission)이 지니는 의미에 대해 논의할 것을 제안하자 침례교 목사인 존 라이랜드(John C. Ryland Sr., 1723-1792) 박사는 "젊은이, 자리에 앉

---

[5] 윌리엄 캐리, 『이교도 선교방법론』, 변창욱 번역·주해 (서울: 장로회신학대학교 세계선교연구원, 2020).

게. 하나님께서 이방인을 개종시키는 일이 기쁜 일이라 생각하시면 그분은 자네와 나의 도움 없이도 그 일을 하실 수 있을 것이네!"라고 쏘아 붙였다.

그러나 캐리는 이에 굴하지 않고 복음을 듣지 못한 비기독교 세계의 영적 필요와 선교의 당위성을 알리는 데 모든 노력을 기울였다. 선교 운동의 확산에 캐리뿐 아니라 그와 뜻을 같이 하는 여러 사람이 있었다. 존 서트클리프(1752-1814), 앤드루 풀러(1754-1815), 사무엘 피어스(Samuel Pearce, 1766-1799) 등이 캐리의 선교 비전을 함께 공유하는 친구들이었다. 그러나 그들마저도 신중하게 해야 하는 일이기에 선교 사업의 추진을 늦추자고 충고했다. 그 발상이 너무나 놀랍고 새로운 것이었고 선교의 장애물은 극복하기 어려운 것처럼 보였기 때문이다.

5) 캐리의 유명한 선교 구호

1792년 5월 30일, 노팅햄에서 개최된 침례교 목회자 연합 모임에서 캐리는 이사야 54:2-3 말씀을 본문으로 설교하면서 "하나님으로부터 위대한 일을 기대하고 하나님을 위해 위대한 일을 시도하라!"(Expect great things from God, attempt great things for God!)는 역사에 기억될 유명한 말을 남겼다. 이 설교는 청중들의 마음속에 커다란 반향을 불러 일으켰다. 그 다음 날 캐리는 즉각적인 행동에 옮길 것을 촉구했으나 형제들은 자신들이 하나님의 사업에 나태했다는 점을 인정하면서도 이 사업이 너무나 거대해 바로 실행에 옮기지 못하고 머뭇거릴 수밖에 없었다. 그러나 침례교 목회자 모임은 캐리의 설득으로 인해 다음 모임 시에 침례교선교회를 조직하자는 결의를 한 후에 끝이 났다.

6) 침례교선교회 조직(1792)

다음 회의는 1792년 10월 2일, 케터링(Kettering)에 있는 앤드루 풀러의 예배당에서 열렸다. 이날 모임에서 선교회 조직과 관련된 문제는 논의되지 않은 것처럼 보인다. 그러나 복음 여관(Gospel Inn)이라 불릴 정도로 손님 접대로 널리 알려진 과부 월리스 부인(Mrs. Wallis)의 넓은 응접실에서 가진 저녁 모임에서 12명의 목회자와 1명의 평신도가 캐리와 함께 다시 모였다. 캐리는 선교를 실천에 옮길 행동에 나설 것을 재차 촉구했고 그곳에 모인 사람들은 또 다시 망설였다. 이 가난한 목회자들에게는 수많은 어려움과 불확실성으로 가득 찬 선교 사업을 시작하려는 시도가 쉬운 것은 아니었다.

모든 희망이 사라져 버린 것 같은 그 순간에 캐리는 호주머니에서 『모라비안 선교사들의 정기 보고서』(Periodical Account of Moravian Missions)를 꺼내 들었다. 눈물을 글썽이며 떨리는 목소리로 캐리는 이렇게 외쳤다.

> 만약 여러분이 이 책을 한 번이라도 읽어 보았더라면, 그리고 모라비안 선교사들이 수많은 선교의 장애물을 어떻게 이겨냈는지를 알게 된다면 여러분은 믿음으로 이 일을 시작할 것입니다.

이후 모든 주저함이 사라졌다. 거기에 모인 사람들은 선교 비전을 실행에 옮기기로 동의했다. 당시 모임의 회의록에는 그들이 '이방인 복음 전파를 위한 침례교선교회'(The Particular Baptist Society for Propagating among the Heathen)를 조직하기로 결의했다고 기록하고 있다. 레이놀드 호그(Reynold Hogg) 목사가 선교부 회계로 그리고 앤드루 풀러가 총무로 선출되었다.

이 선교회 운영은 회원 개개인의 기부금으로 이루어지도록 했다. 모든 회원은 즉시 10파운드를 기부해야 했다. 아니면 1년에 10실링 6펜스를 선교비로 내는 사람을 선교 회원으로 받도록 했다. 바로 그 자리에서 13명이 13파운드 2실링, 6펜스를 기부했다. 이제 세계 복음화를 위한 선교 사업을 추진함에 있어 캐리는 더 이상 혼자가 아니었다. 이로써 "존 라이랜드의 능력, 앤드루 풀러의 영향력, 존 서트클리프의 달변, 사무엘 피어스의 열정이 윌리엄 캐리의 신앙과 용기와 견고하게 결합되었다."[6]

7) 캐리의 선교사 파송

선교회를 조직하자는 결의안을 통과시킨 것과 실제로 선교회 운영을 시작하는 것은 전혀 다른 문제였다. 가족 문제, 선교비 모금, 선교지 선정 등 해결해야 할 어려움이 한둘이 아니었다. 캐리의 아버지는 캐리가 미쳤다고 했고, 캐리의 부인은 남편을 따라 선교지로 나가는 것을 거부했다.

그러나 산적해 있던 그 많은 문제가 하나씩 해결되기 시작했다. 비록 출발이 다소 늦추어지고 낙담되는 일도 꽤 있었지만 1793년 6월 13일 윌리엄 캐리는 인도를 향해 배를 타고 항해해 나가기 시작했다. 선교사로 나가기를 꺼려하는 그의 부인 도로시 캐리(Dorothy Carey, 1756-1807)와 네 명의 자녀들과 두 명의 동료가 캐리와 함께 동행했다. 출발한지 5개월 만인 1793년 11월 11일 인도 캘커타에 도착한 캐리는 1834년 6월 9일 사망할 때까지 40년간 인도에서 불굴의 의지로 선교사역을 감당했다.

8) 유럽과 미국의 선교회 조직

윌리엄 캐리의 노력과 선교 편지에 자극을 받아 유럽과 미국 본국에서 선교회들이 생겨나기 시작하였는데 런던선교회(London Missionary Society, 1795), 스코틀랜드-글래스고선교회(Scotland and Glasgow Missionary Societies,

---

6 F. Deaville Walker, *William Carey: Missionary, Pioneer, Statesman* (Chicago: Moody Press, 1925), 89.

1796), 네덜란드선교회(Netherlands Missionary Society, 1797), 영국 성공회의 교회선교회(Church Missionary Society, 1799), 영국성서공회(British and Foreign Bible Society, 1804), 미국회중교회해외선교부(American Board of Commissioners for Foreign Missions, 1810), 미국침례교선교연맹(American Baptist Missionary Union, 1816), 미국성서공회(American Bible Society, 1816) 등이었다.

19세기 개신교 선교 운동에 끼친 캐리의 영향력은 아무리 강조해도 지나치지 않을 만큼 컸다. 캐리를 가리켜서 '근대 개신교 선교 운동의 아버지'라는 호칭으로 불러도 이의를 제기할 사람은 없을 것이다.

2. 미국에서의 선교 태동

이즈음에 대서양을 건너 북미에서도 하나님의 선교의 영인 성령의 움직임이 조용하게 그렇지만 광범위하게 영향력을 끼치고 있었다.

1) 사무엘 밀즈와 건초더미 기도회(1806)

1802년 어느 날, 미국 코네티컷(Connecticut)주의 한 농장에서 밭을 갈고 있던 사무엘 밀즈(Samuel J. Mills, 1783-1818)는 모든 민족에게 복음을 전하라는 하나님의 선교 소명을 받았다. 1806년 밀즈는 그 부르심을 따라 목회자가 되기 위해 미국 동북부 매사추세츠주에 있는 윌리엄스 칼리지(Williams College, 1793년 설립)에 입학했다. 그곳에서 밀즈는 땅끝까지 선교하려는 열망을 가진 사람들과 매주 수요일과 토요일 오후에 정기적으로 기도회를 가지며 선교의 열정을 키워 나갔다.

밀즈는 비슷한 선교 비전을 가지고 있던 제임스 리차즈(James Richards), 프란시스 로빈스(Francis Robbins), 하비 루미스(Harbey Loomis), 고든 홀(Gordon Hall, 1784-1826), 루터 라이스(Luther Rice, 1783-1836) 등 형제단(Society of the Brethren)이라고 불리는 그들과 함께 캠퍼스 인근의 단풍나무 숲에 자주 모여 세계 선교를 위해 기도하고 토론을 벌이곤 했다. 1806년 8월의 어느 날, 기도하러 가는 길에 그들은 천둥번개를 동반한 폭풍우를 갑작스럽게 만나게 되었다. 가까이 있던 건초더미 아래로 몸을 피한 그들은 거기서 이방 세계를 위한 기도 시간을 갖게 되었는데, 기도회를 인도하던 밀즈는 그 자리에 일어나서 "만일 우리가 뜻을 세운다면 우리는 이 일을 능히 해낼 수 있다"(We can do if we will)라고 외쳤다.

이후 그들은 미국 최초의 해외 선교사가 되기로 결의하고, 그 선언문에 서약했으며, 그 기도 모임은 '건초더미 기도회'(Haystack Prayer Meeting)로 알려지게 되었다.

2) 앤도버신학교와 선교연구회

대학을 졸업한 후 그들 중 몇 명은 자유주의로 전향한 하버드대학교에 대해 불만을 품었기 때문에 구 칼빈주의자들(Old Calvinists)과 조나단 에드워즈의 제자인 사무엘 홉킨즈(Samuel Hopkins, 1721-1803)의 추종자들이 1808년에 설립한 앤도버신학교(Andover Theological Seminary)에 입학했다. 뉴잉글랜드의 청교도 정신(Puritanism)과 조나단 에드워즈(Jonathan Edwards)의 복음주의 전통을 계승하고 지켜 나가기 위해 새로 설립된 앤도버신학교는 뉴잉글랜드 지역의 복음화뿐 아니라 해외 선교의 진원지가 되었다.

이 앤도버신학교에 들어와 브라운대학교(Brown University)를 졸업한 아도니람 저드슨(Adoniram Judson, 1788-1850)과 하버드대학교 출신의 사무엘 뉴웰(Samuel Newell, 1781-1821), 뉴욕 유니온대학(Union College) 출신의 사무엘 노트 주니어(Samuel Nott, Jr., 1788-1869)가 서로 알게 되었다. 대학을 수석으로 졸업하고 졸업 연설을 하기도 했던 저드슨의 탁월한 지도력 아래 그들은 '선교연구회'(Society of Inquiry on the Subject of Mission)를 조직하기도 했다.

3) 미국회중교회해외선교부(1810)

1810년 6월 28일, 사무엘 밀즈, 저드슨, 노트, 뉴웰 등은 학교에서 10km 떨어진 곳에 위치해 있는 매사츄세츠 회중교회 총회를 찾아가서 자신들을 지도하고 조언하고 기도해 줄 뿐만 아니라 선교사로 파송해 줄 선교회를 조직해 달라는 청원서를 제출했다. 이들은 선교에 헌신하게 된 신앙 간증을 나누기도 했는데, 그 후 세 사람으로 구성된 위원회가 조직되어 선교회 조직 문제를 논의했다. 다음 날 위원회는 젊은이들의 청원을 승인한 후 선교회 조직을 결의했고, 선교회 조직안은 만장일치로 통과되었다. 그달 말에 아홉 명의 위원들로 구성된 '미국회중교회해외선교부'(American Board of Commissioners for Foreign Missions, ABCFM)가 조직되었다.

1810년 9월 5일 최초의 회중교회 해외선교부 연례 회의가 코네티컷 주 파밍턴(Farmington)에서 5명의 위원이 참석한 가운데 개최되었다. 선교회 위원들은 토의를 거친 후에 14개 조항의 선교회 회칙을 채택했으며, 1811년에는 세 명으로 실행위원회(Prudential Committee)를 구성하고 선교회의 주요 임원들을 선출했다. 그들은 선교 사업을 감당할 선교사 지원자들을 모집하기 위한 교계 연설문도 준비했다. 이처럼 미국 개신교 선교 운동은 미약하게 시작했지만 1970년대 말 80년대 초에 이르러 미국교회는 전 세계 개신교 선교 인력의 70%와 선교 재정의 80%를 감당할 정도로 성장했다.

4) 미국 원주민 선교

미국회중교회해외선교부는 설립 초기부터 해외 선교와 함께 국내 선교에도 관심을 기울였다. 1811년 9월 18일 매사츄세츠주의 워체스터(Worcester)에서 개최된 제2차 해외선교부 연례 회의에서 "본 선교회는 북미 대륙에 거주하고 있는 이방 부족들에 대한 선교적 관심을 잃어버리지 않을 것이다"라고 천명했다. 그리하여 1817년부터 1883년에 이르기까지 회중교회 해외선교부는 미국 원주민, 특히 체로키 인디언(Cherokee), 치카소 인디언(Chikasaw), 촉토 인디언(Choctaw), 다코타 인디언(Dakotas)을 대상으로 활발한 선교사역을 전개했다. 그 결과 총 15개 부족이 복음화되었다고 보고되었다.

5) 4곳의 선교지 선정

해외 선교 추진 과정에 많은 어려운 문제가 수반되었다. 회중교회 해외선교부의 실행위원회는 영국의 런던선교회(LMS) 총무와 편지 연락을 하였고, 심지어 아도니럼 저드슨을 런던에 파견해 선교지와 선교방법에 대해 자세히 문의하기도 했다. 저드슨과 그의 동료 선교사들이 자립 선교를 할 때까지 런던선교회가 재정적으로 도와달라는 요청을 제안한 적도 있었다. 저드슨은 미국 회중교회 선교부와 런던선교회의 공동 후원을 받을 수 있는지 가능성을 타진하기도 했다. 그러나 런던선교회는 미국회중교회해외선교부가 자신만의 정체성을 가지고 독자적으로 선교하는 것이 좋겠다는 현명한 제안을 했고, 미국선교부는 이를 받아들였다. 런던선교회의 제안에 따라 미국회중교회해외선교부는 인도를 최초의 선교지로 결정했다. 1812년 9월에 미국 코네티컷주 하트포드(Hartford)에서 개최된 제3차 연례 회의에서 회중교회 해외선교부는 고대 문명의 발상지, 미개한 후진 문화를 가진 사람들, 고대 기독교의 발상지 그리고 이슬람 신봉자(무슬림) 등 네 종류의 선교지를 선정했다.

6) 선교비 모금

저드슨(Judson), 노트(Nott), 뉴웰(Newell), 홀(Hall) 등 네 명의 젊은이가 미국 회중교회 선교부의 선교사로 지명된 것은 제2차 연례 회의에서였다.

그런데 선교비 모금이 문제였다. 겨우 1,400달러가 모아졌는데 이는 선교사들의 배 삯으로도 충분하지 않은 액수였다. 선교위원회는 계획대로 그들을 파송할 것인지 아니면 추가 지원을 기다려야 할지를 놓고 초조한 마음으로 골똘히 생각했다. 마침내 1812년 1월 27일 위원회는 네 명의 선교사를 먼저 파송하고 부인들은 추가로 선교비가 모금될 때까지는 보내지 않기로 결의했다. 회중교회 해외선교부는 이러한 재정적 어려움을 넉넉히 이겨낼 수 있었을 것이다. 그러나 위원들은 확신과 불안함 사이에서 왔다 갔다 했는데 그 이유는 이 선교 사업이 이전에 해보지 않았던 완전히 새로운 시도였기 때문이었다.

하지만 곧 이러한 걱정을 떨쳐버릴 수 있었다. 젊은 선교사들이 선교지로 가는 배편을 예약했다는 소식이 알려지자마자 미국 전역에서 선교 헌금이 쏟아져 들어오기 시작했다. 3주가 채 되지 않아 6,000달러 이상의 선교비가 모금되었다. 이는 선교사들의 의복, 배삯, 1년 동안의 사역비도 미리 지불할 수 있는 엄청난 액수였다.

7) 목사 안수와 선교사 파송

미국회중교회해외선교부가 최초의 해외 선교사로 파송한 일행은 기혼자인 저드슨(Judson), 노트(Nott), 뉴웰(Newell)과 부인들, 고든 홀(Gordon Hall) 그리고 루터 라이스(Luther Rice)의 총 8명이었다. 이들 5명 선교사들은 모두 앤도버신학교(Andover Theological Seminary) 졸업생으로서 1812년 2월 6일 매사츄세츠주 살렘(Salem)의 회중교회(Tabernacle Congregational Church)에서 목사 안수와 선교사 파송 예배를 드렸다. 이 예배가 아주 인상적이었던 것은 발 디딜 틈도 없이 많은 사람으로 예배당이 붐볐고 전체 회중은 "마치 숲속의 나무들이 강한 바람에 흔들리는 것처럼 감격했기 때문이었다."

그로부터 2주일 후에 저드슨 부부와 뉴엘 부부가 캐러밴(Caravan) 호를 타고 살렘 항구를 떠나 인도로 출발했다. 나머지 선교사들은 1812년 2월 24일 하모니(Harmony) 호를 타고 필라델피아 항구를 출발했다. 4개월의 긴 항해 끝에 그들은 인도에 도착했다. 마침내 미국 최초의 해외 선교가 시작되었던 것이다. 뒤이어 미국 회중교회는 실론(스리랑카, 1816), 중동(1820), 중국(1830) 그리고 실론 최북단의 자프나(Madura, 1834)에도 선교사를 파송했다.

8) 저드슨의 침례교 개종

저드슨은 미국 살렘을 떠나 배편으로 캘커타를 항해해 가는 동안 신약성경을 공부하던 중에 세례에 대한 자신의 생각을 바꾸게 되었고, 인도에 도착하는 즉시 윌리엄 캐리의 세람포어(Serampore)선교회의 동료 중 한 명인 윌리엄 워드(William Ward, 1769-1823) 목사에게 침례를 받았다. 정직한 성품의 저드슨은 그 후 회중교회 해외선교부의 선교사직을 사임하고 미국 침례교 소속으로 사역하게 되었다. 그리하여 1814년 5월 18일 하나님의 섭리 가운데 미국 침례교 해외선교부가 갑작스럽게 생겨나게 되었다.

저드슨은 미국 침례교 해외선교부의 최초 선교사로서도 아주 유명하게 되었다. 그러던 중 1813년 7월 13일에 저드슨 부부는 영국 동인도회사로부터 추방 명령을 받았고 버마(현 미얀마) 랭군(Rangoon)으로 선교지를 변경하게 되었다. 이로써 두 번째 미국 해외선교 사업을 미얀마에서 시작하게 되었다.

9) 여러 교단의 해외선교부 조직

미국회중교회해외선교부가 조직된 이후 다른 교단에서도 해외선교부가 조직되기 시작했다. 예를 들면, 미국 감리회(1819) 이외에 개신교 감독교회(1821), 미국 장로교 선교부(1831), 미국 복음주의 루터교회(1837)가 계속해 선교부를 설립했다. 오늘날 거의 모든 개신교회에는 교단 선교부가 조직되어 있다. 참고로 1980년에 발간된 『선교 핸드북: 북미 개신교 해외 선교 현황』에 의하면, 714개의 선교기관이 선교 사업에 관여하고 있고 세계 200여 개 나라에 53,000명의 선교사를 파송·지원하고 있으며, 이들 선교단체의 전체 예산은 11억 5천만 달러로 조사되었다. 이는 당시 북미(미국, 캐나다) 선교사들이 세계 개신교 파송 선교사의 약 70%를 차지하고 있으며, 선교 재정은 이보다 훨씬 더 높을 것으로 추정된다.

제2부

19세기 이후 개신교 선교 역사

제7장 19세기 개신교 선교의 확장기
제8장 20세기 개신교 선교의 발전기
제9장 이슬람 세계의 선교
제10장 1910년 에딘버러 세계 선교사 대회의 역사적 의의
제11장 아시아 선교
제12장 근대 개신교 선교 운동
제13장 세계 선교 운동의 회고와 평가
제14장 교회의 선교 사명과 미래 전망

제7장

19세기 개신교 선교의 확장기

　미국 예일대학교의 선교 역사가(宣敎歷史家) 라투렛 교수는 총 7권으로 구성된 자신의 기념비적인 저서 『기독교 확장사』(History of the Expansion of Christianity) 중에서 제3권을 그가 '위대한 세기'(the Great Century)라고 불렀던 19세기에 대해 기술하고 있다. 참으로 19세기는 선교의 위대한 세기였는데, 기독교 역사에서 19세기처럼 기독교회가 연합하여 조직적이고 초인적인 노력을 기울여 세상 끝까지 복음을 전하려고 애쓴 때가 없었기 때문이다.

　개신교 선교는 18세기 말엽 영국에서 시작되었고, 미국 최초의 해외선교부인 미국회중교회해외선교부(ABCFM)는 1810년에 조직되었다. 이 19세기의 100년 동안 서구의 개신교 국가들은 소위 '이방 세계'에 선교사들을 파송하기 시작했다. 그리하여 19세기 말에 이르러서는 대부분의 개신교 국가들이 선교지에 선교사를 주둔시키고 있었다.

1. 십자가와 국기

　남아메리카에서는 1810년과 1824년 사이에 스페인의 식민지 제도가 붕괴되고 말았다. 그러나 아시아, 아프리카, 오세아니아, 중동 등 세계의 다른 지역에서는 선교 활동이 유럽 식민 세력의 급속한 확장 시기와 동시에 추진되고 있었다. 외교관, 상인, 선교사의 세 그룹이 서구 국가들의 세력 확장에 주로 관련되어 있었다. 현지인들의 눈에는 이들은 세 가지 형태의 제국주의, 즉 정치적 제국주의, 경제적 제국주의 그리고 문화적 제국주의의 형태로 비추어졌다.

1) 십자가(선교사)가 국기(외교관)를 따라 들어간 경우

지리적으로 보면, 십자가가 국기를 뒤따라 들어간 경우가 많았다. 1706년 최초의 개신교 선교 사업으로 추진된 덴마크-할레선교회 선교사들은 인도 동남부 해안에 소재한 덴마크 식민지인 트랭크바르로 선교하러 나갔다. 그 후 19세기에 영국 선교사들은 영국 국기를 따라 인도와 아프리카로 파송되었다. 네덜란드와 독일 선교사들도 자신들이 속한 국가가 통치하는 식민 지배를 하고 있던 동남아시아 여러 지역에서 사역했다. 스칸디나비아반도의 여러 나라는 식민지를 소유하지 못하고 있었다.

따라서 스칸디나비아 출신의 선교사들은 어느 한 지역에 집중되어 파송되지는 않았다. 미국 선교사들은 지리적으로 가장 광범위한 지역에 흩어져서 선교 활동을 전개하고 있었다. 미국교회는 세계의 거의 모든 지역에 선교사를 파송했는데, 특히 극동 지역에 가장 많은 선교사를 파송했다. 또한 남아메리카는 미국교회가 파송한 선교사들이 남미 전 지역에서 사역을 하고 있었으며, 타교단의 경우 영국 성공회가 파송한 소수의 선교사들이 한두 곳에서 사역하고 있는 것이 전부였다.

2) 국기(외교관)가 십자가(선교사)를 따라 들어간 경우

연대기적 측면에서 볼 때, 위와 정반대로 상황이 전개된 선교지도 있었다. 다시 말해 국가가 십자가를 뒤따라 간 곳도 있었다. 예를 들면, 오세

아니아는 영국과 프랑스가 이 지역에서 식민 통치를 시작하기 훨씬 전부터 선교사들이 선교 활동을 하고 있던 곳이었다. 중앙아프리카에서도 한 번도 개척되지 않은 미지의 광활한 지역을 탐험해 "상업과 기독교를 위한 길"[1]을 개척한 것도 식민주의자들이 아니라 선교사들이었다. 사실 아랍 상인들에 의해 자행되던 사악한 노예 무역을 폐지하도록 유럽 강대국들을 설득해 이를 관철시킨 것도 선교사들이었다. 또한, 선교사들은 본국의 식민 정부가 통치 하던 소위 안전지대에만 머물러 있지 않고, 이 지역을 넘어서도 선교 활동을 하고자 노력하기도 했다.

흥미롭게도 북아프리카는 서구교회가 맨 마지막에 가서야 비로소 관심을 가졌던 중요한 선교지였다. 지난 150여 년 동안 선교사들은 북아프리카를 경유하여 중동, 인도, 동남아시아 등지로 나갔다. 그런데 1880년대에 이르러서야 서구 개신교회는 북아프리카에 처음으로 선교 사업을 시작했던 것이다.

2. 네 종류의 선교 사업

근대 개신교 선교 운동이 시작되면서 여러 종류의 선교 사업이 추진되었다.

---

[1] 1841년 3월 영국 런던선교회 선교사로 파송된 리빙스턴(David Livingstone, 1812-1873)은 안식년 중인 1857년 12월 4일 케임브리지대학교에서 한 연설에서 풍부한 자원이 있는 아프리카에 공정한 무역이 이루어지면 노예 무역도 없어지는 사회 변혁과 개발이 가능하다고 역설했다. 리빙스턴은 문명뿐 아니라 "상업과 기독교를 위한 길을 내기 위해 아프리카로 돌아간다"라고 외쳤다. 그는 영국 전역에 3C's (Commerce, Christianity, Civilization)을 널리 퍼트린 선교사였다(역주).

1) 초교파 선교단체

최초에 설립된 선교회들은 모두 초교파 선교단체였다. 예컨대, 영국 런던선교회와 1810년 조직된 미국회중교회해외선교부는 모두 초교파로 운영되던 선교회였다. 이후 1870년에 미국 장로교회가 독자적으로 선교부를 설립하게 되면서 미국회중교회해외선교부는 회중교회만의 선교부로 남게 되었다.

2) 교파별 선교부

독일의 초기 선교회들도 초교파 선교부로 시작되었다. 후에 개신교 선교 운동이 강해지면서 각 교단이 자체 선교부를 설립하게 되면서 각각의 교파들이 선교 사업을 추진하고 재정 후원도 감당하게 되었다. 당시 교단 중에 가장 뛰어난 교단은 영국 성공회였는데, 성공회는 이후 10-11개의 독립된 선교부를 조직하는데, 그중에 영국 성공회가 공식적으로 조직한 선교부는 하나도 없었다.

3) 신앙선교회

19세기 중엽에 세 번째 종류의 선교 사업인 '신앙선교회'(faith mission)가 나타나기 시작했다. 신앙선교회는 영국제도(영국, 스코틀랜드, 아일랜드, 웨일스)에서 처음 조직되었다. 최초의 신앙선교회는 1852년에 조직된 제나나의료선교회(Zenana and Medical Missionary Fellowship)였다.[2] 뒤이어 1860년

---

[2] 1852년 소외된 인도 여성들을 위한 선교회로 시작한 제나나의료선교회는 1871년 여성 의료선교사를 파송하면서 1880년 제나나성경·의료선교회(Zenana, Bible and Medical Mission)로 개명했다가 성경·의료선교사협의회(Bible Medical Missionary Fellowship)로 재개명했고 1985년 인터서브(Interserve)로 명칭을 바꾸었다(역주).

에 영국-시리아선교회(British Syrian Mission, 현재 중동 크리스천아웃리치(Middle East Christian Outreach)가 조직되었고, 1865년에 중국내지선교회(China Inland Mission, CIM)[3]가 조직되었다. 그 뒤로 여러 신앙선교회가 설립되었다. 19세기 말에 이르러 영국 내에서만 24개의 신앙선교회가 활동하고 있었다.

대서양 건너 미국에서 최초의 신앙선교회는 1860년에 시작된 여성연합선교회(Woman's Union Missionary Society, 현 BMMF International에 통합)였다. 1887년에는 기독교선교연맹(Christian and Missionary Alliance)이 설립되었고, 중국내지선교회는 1888년에 미국에 지부를 설립했다. 이를 뒤이어 1890년 복음주의동맹선교회(Evangelical Alliance Mission), 1893년 수단내지선교회(Sudan Interior Mission),[4] 1895년 아프리카내지선교회(Africa Inland Mission) 등 유명한 신앙선교회들이 잇따라 설립되었다.

이 신앙선교회들은 그 기구 조직이나 지원 방식에 있어 서로 상당히 달랐지만 그 선교방법에 있어서는 공통점이 많았다. 위의 신앙선교회 모두는 복음 전도, 의료 사업, 교육사업을 활발히 전개했고, 이러한 사업을 통해 선교지 사람들의 신체, 정신, 영혼 모두의 필요를 채우기 위해 균형잡힌 선교를 추진하고자 노력했다.

4) 특수 선교

뒤이어 네 번째 형태인 특수 선교가 생겨나게 되었다. 이들 특수 선교회의 선교사들은 일반적으로 선교지의 특별한 계층이나 특수한 상황에 처해 있는 사람들을 대상으로 하는 선교 사업을 추진했다. 예를 들면 유대인,

---

[3] 1949년 중국의 공산화로 인해 1951년에 CIM은 선교 본부를 싱가포르로 이전한 후 동아시아로 사역을 확장하였고, 1964년 동아시아선교회(Overseas Missionary Fellowship, OMF)로 이름을 바꾸었으며, 1993년 1993년 OMF International으로 재개명했다. 현재 40여 개 나라 출신의 1,400여 명의 선교사가 사역하고 있다(역주).

[4] 1982년 SIM은 Serving In Mission으로 이름을 바꾸었다(역주).

미국 원주민(인디안), 에스키모인, 시각 장애인(맹인), 청각 장애인(농아인), 군인, 고아, 부녀자, 어린이, 한센병(나병) 환자 등을 대상으로 사역했다. 또한 문맹 퇴치, 문서 보급, 방송선교, 항공선교, 사회 사업, 구호 사업 등 특별한 종류의 사업에 종사하기도 했다. 이러한 특수 선교들 가운데 일부는 선교사를 직접 파송하기도 했고, 선교지의 선교 활동을 지원하는 일을 하기도 했다. 이처럼 개신교 선교 운동은 지난 300여 년 동안 수많은 선교 기관을 통해 다양한 선교사역을 전개해 왔던 것이다.

3. 성서공회

특별히 성서공회(聖書公會)의 활동에 대해 언급할 필요가 있는데 그 이유는 선교사들이 현장에서 이들 성서공회의 도움을 엄청나게 많이 받았기 때문이다. 때가 되어 여러 개신교 나라가 성서공회를 조직하기 시작했는데, 1946년에는 13개국의 성서공회 대표들이 모여 서로 간의 사역을 조정하고 협력하기 위해 세계성서공회연합회(United Bible Societies, UBS)를 결성하였다.[5]

오늘날 세계성서공회연합회에는 전 세계 150여 개국의 성서공회가 가입해 있으며 200여 나라와 지역에서 초교파로 사역하고 있다. 그간에 조직된 많은 성서공회 중에서 특히 네 개의 성서공회가 기독교 선교 운동에 커다란 공헌을 하였는데, 영국성서공회(British and Foreign Bible Society, 1804), 스코틀랜드성서공회(National Bible Society of Scotland, 1809), 네덜란드성서공회(Netherlands Bible Society, 1814), 미국성서공회(American Bible Society, 1816) 등이다.[6]

---

5 현재 전 세계에는 7359개 언어가 존재하며, 2019년 기준으로 여러 성서공회와 성경 번역 기관들은 3395개 언어로 성서를 번역했다(역주).
6 한국에서의 성서사업은 1895년 영국성서공회가 한국지부를 설립하면서 시작되었으며,

이 성서공회들은 독특한 성격을 지니고 있었는데 역사적으로 볼 때 한 권의 책을 번역, 출판, 보급하기 위해 이토록 많은 기관이 설립된 적이 결코 없었기 때문이다. 오랜 기간 동안 성서공회들은 교파나 신학적 성향 또는 지리적 위치에 상관없이 여러 선교단체와 긴밀하게 협력하며 일해 왔기 때문이다. 사실 성서공회들은 성경의 출판만을 책임지고 감당해 왔다. 성경 번역 작업은 성서공회에 소속된 언어 전문가들의 조언과 감독 하에 현장 선교사들이 추진했다. 또한, 성서공회들은 지역교회가 번역된 성경을 책임지고 보급하도록 했다. 선교 초기에는 고용된 유급 권서인들(colporteur)이 성경 보급의 일을 감당했으나 이후에는 자원봉사자들이 더 많은 일을 감당했다.

성경은 주석이나 해석이 붙어 있지 않은 형태로 출간되었고, 성경 출판은 선교사들의 전적인 협조가 있어야만 가능한 일이었다. 번역된 성경은 무료로 나누어 주기보다는 팔도록 했다. 돈을 받고 팔아야만 사람들이 배포된 성경을 다른 용도로 사용하지 않고 읽기 때문이었다. 이처럼 성경은 선교지 사람들이 지불할 수 있을 정도의 저렴한 가격에 항상 판매되었다. 선교회들처럼 성서공회들도 선교사들을 파송한 교회의 교인들의 헌금으로 운영되었다.

초기에는 영국성서공회(BFBS), 미국성서공회(ABS), 스코틀랜드성서공회(NBSS)의 도움을 받아 성서번역, 출판과 보급사업을 전개하였다. 대한성서공회(KBS, 1895 조직)는 세계성서공회연합회(UBS) 회원으로서 1973년부터 지금까지 총 1억 8,200여만 부의 성경을 국내에서 제작해서 해외로 보급했다. 2016년에 'UBS 성서출판 지원센터'로 공식 인준 받은 이후 KBS는 2019년에도 108개 나라에 185개 언어로 450여 만부의 성경을 제작하여 보급했다(역주).

4. 19세기 선교의 특징

19세기 선교사들은 어떤 자격을 갖춘 사람들이었을까?
학문적인 자질 면에서 볼 때, 당시 선교사들은 글을 읽을 수는 있으나 쓰지 못하는 기술자로부터 대학교 졸업생에 이르기까지 매우 다양한 사람들로 구성되어 있었다.

1) 19세기 초 선교사들의 학력

독일과 스코틀랜드 출신들은 선교사로서 준비나 훈련이 잘 되어 있었는데, 그들 대부분은 4년제 대학교 졸업생이었다. 초기 미국 선교사 대부분도 대학 졸업자들이었는데, 특히 그들 중에는 미국에서 최고의 명문학교인 동부의 대학과 신학대학원 졸업생들이 많았다. 이러한 학문적 배경을 바탕으로 선교사들은 선교지, 특히 중동과 극동 지역에서 매우 훌륭한 교육기관(대학)들을 설립할 수 있었다.
영국 출신의 선교사 중에는 교육을 많이 받은 사람이 별로 없었다. 예컨대, 1815년부터 1891년 사이에 영국 성공회의 교회선교회(Church Missionary Society)는 650명의 선교사를 파송했는데 그중에 240명만이 대학 출신이었다. 또한 대부분의 선교사는 안수받은 목회자가 아니라 평신도들이었다. 1796년 런던선교회는 최초의 선교사로 일단의 선교사들을 남태평양에 파송했다. 30명의 선교사들 중에 4명만이 안수받은 목회자였고 나머지는 수공업자들이었다. 그러나 당시에는 오늘날의 영국이나 미국에서처럼 대학이 많이 없었다는 사실을 기억해야 한다. 따라서 선교사들 가운데 대학 출신들이 많이 있을 수 없었던 것이다.

2) 신앙선교회 선교사들의 학력

19세기 말엽에 신앙선교회들이 나타나기 시작했을 때 선교사들의 전체 학력은 더 떨어지게 되었다. 신앙선교회 운동의 아버지라 불리는 허드슨 테일러(Hudson Taylor, 1832-1905)는 '고등 교육을 받지 않은' 사람들도 선교사로 허입했다. 그 결과 신앙선교회 선교사들 중에는 소수의 선교사만이 대학 졸업생들이었다. 대부분의 신앙선교회 선교사들은 19세기 말에 시작된 성경학교(Bible school) 출신들이었다.

이들 선교사들의 영적 자질은 어떠했는가?

지적 능력은 조금 부족했을지 모르지만 이들 선교사들의 훌륭한 영적인 자질은 그들의 지적 부족을 메꾸고도 남았다. 거의 예외 없이 19세기의 선교사들은 강한 믿음과 긍휼의 마음으로 충만한 자들이었다. 그들은 선교지 사람들이 예수 그리스도에 대한 지식이 없이 버려진 사람들이라고 확신하고 있었다. 선교사들은 '너무 늦기 전에' 구원받지 못하고 버려진 채로 죽어가는 자들에게 복음을 전하기 위해서라면 어떠한 고난도 감당할 준비가 된 자들이었다.

믿기 어렵겠지만, 중국 선교사 자녀(MK)였던 미국의 소설가 펄 벅(Pearl Buck, 1892-1973) 여사는 선교사역에 깊이 공감하며 선교사들에 대해 다음과 같이 진술했다.

> 초기 선교사들은 타고난 전사요 위대한 영웅들이었다. 왜냐하면, 그 당시에 종교는 이 깃발 밑에서 싸워야 할 군기였기 때문이다. 종교라는 깃발 아래에서는 죽음조차도 영광스러운 목적을 지녔기 때문에 그 어떤 나약한 사람이나 겁쟁이도 미지의 땅을 향해 배를 타고 항해해 나갈 수 있었고 죽음과 위험에도 맞설 수 있었던 것이다. 찾아 나서고, 울부짖어 기도하고, 복음을 전하며 이방인들을 구원하는 일이야말로 이미 구원받은 자들의 긴급한 사명이었던 것이다. 거기에는 광기어린 요청과 절박성, 즉 구원에 대한 고뇌가 있었던 것이다.

5. 선교사에 대한 현지인들의 반응

선교사들은 어떤 종류의 대접을 받았는가?

현지인들은 선교 사업에 대해 무관심하거나 의심스러운 눈초리로 바라보았고, 선교사들을 적대적인 태도로 핍박하거나 투옥시키기도 하였다. 선교사들이 거주하는 집은 빈번하게 약탈을 당했고, 선교 시설은 불태워지고 예배당이 훼손되기도 했으며 선교사들은 때때로 생명의 위협을 받기도 했다. 건강이 악화되어 본국으로 돌아가야만 했던 선교사들도 적지 않았고, 말라리아와 같은 열대성 질병에 걸려 선교지에 도착한지 얼마 안 되어 생명을 잃기도 했다. 현지에서 복음을 위해 일하다가 순교한 자들도 많았다. 선교사들은 이 모든 어려움과 난관을 기꺼이 그리고 조금도 후회하는 마음 없이 감당했던 것이다.

현지인을 향한 선교사들의 사랑은 끝이 없었다. 선교사들은 자신들을 원수처럼 대하거나 저주하는 자들을 축복했고, 자신들을 미워하는 자들에게도 선을 베풀었고 박해하는 자를 위하여 기도했다. 이처럼 선교사들은 예수님의 말씀(마 5:44)을 문자 그대로 실천하는 자들이었다. 성인이나 천사는 아니었으나 거의 모든 선교사는 훌륭한 그리스도인들이었다. 그들은 세상의 빛과 소금의 역할을 감당했던 것이다.

1) 약탈, 방화, 살해 위협

그 무엇보다 선교사들이 가장 견디기 어려웠던 일은 그들이 전하는 메시지에 대한 반응이었다. 일반적으로 선교사들은 환영받지 못했고 호감을 얻지도 못했으며 신뢰를 받지도 못했다. 결과적으로 그들이 전하는 메시지도 배척당했다. '흑암에 사는 이교도들이' 선교사가 와서 자신들을 빛 가운데로 인도해 주기를 기다리고 있다고 생각하는 것은 오산이다. 이교도들은 흑암에 갇혀 있으나 그들 스스로는 이를 알지 못하기 때문에 빛 되신 주님을 신속하게 받아들이려고 하지 않는다. 모든 선교지에서 선교사들은 말씀의 씨앗이 옥토에 뿌리내리기까지 수많은 세월을 기다려야만 했다. 추수의 날이 올 때까지 끝없이 인내하며 지치지 않고 꾸준히 사역을 감당해야 했다.

2) 첫 개종자를 얻기까지의 기간

미국 최초의 선교사이자 가장 위대한 선교사였던 아도니람 저드슨(Adoniram Judson, 1788-1850)7은 1813년 불교 왕국 버마(현 미얀마) 랭군(Rangoon, 현 양곤)에 입국했다. 사역 초기부터 저드슨은 그의 강한 정신을 파괴할 정도로 수많은 어려움과 좌절을 맛보아야 했다. 그러나 그 모든 역경을 이겨내고 6년 만에 첫 개종자를 얻게 되었다. 개신교 최초의 중국 선교사 로버트 모리슨(Robert Morrison, 1782-1834)은 첫 개종자를 얻기까지 7년이 소요되었다. 북로디지아(현 잠비아)에서 사역하던 영국의 원시감리교회(Primitive Methodist Church) 선교부는 13년 동안 열심히 사역한 끝에 현지인에게 첫 세례를 베풀었다.

태국에서는 사역의 열매를 얻기가 더 힘들었다. 미국 회중교회 선교사들은 1831년 태국에 입국했는데 18년 동안이나 열심히 사역했지만 단 한 명의 개종자도 얻지 못했다. 그들은 선교사역에 낙심해 1849년 선교지에서 철수하고 말았다. 미국 침례교 선교사들도 비슷한 경험을 하였다. 그들은 중국에서 소수의 개종자를 얻었지만 태국에서는 단 한 명의 개종자도 얻지 못했다.

17년 동안 한 사람에게도 세례를 주지 못한 채 미국 침례교 선교부는 선교지에서 철수했고, 제2차 세계대전이 끝날 때까지 태국에 선교사를 파

---

7 1816년 한 살도 안 된 아들(Roger Judson, 1815-1816)이 열대 질병에 걸려 사망했고, 1826년 저드슨의 부인(Ann Judson, 1789-1826)이 열병과 이질로 죽었고 뒤이어 딸이 사망했다(역주).

송하지 않았다. 그러나 미국 장로교 선교부는 1840년 태국에 선교사를 파송한 이후 오랜 기간 사역의 열매가 없었지만 철수하지 않고 계속 사역에 매진하여 19년이 경과한 1859년 마침내 첫 현지인 개종자를 얻게 되었다.

6. 선교사들이 감내해야 했던 고통

당시 많은 선교사는 선교지에서 사망했는데 특히 아프리카에서 선교사 사망률이 높았다. 선교사의 목숨을 가장 많이 앗아간 질병은 말라리아, 황열병(yellow fever), 장티푸스(typhus)와 장염의 일종인 세균성 이질(dysentery)이었다. 아프리카 선교는 모험, 인내, 생활필수품의 결핍, 질병, 쇠약, 죽음 등의 눈물겨운 고난의 이야기로 가득 차 있다. 초기의 개척 선교사들은 이 거대한 미지의 대륙의 심장부를 온갖 위험을 무릅쓰고 고생과 고통을 견디어 내며 뚫고 지나갔다. 그들이 암흑의 대륙에 닦아 놓은 길은 선교사들의 피와 땀과 눈물로 만들어진 길이었다.

1) 아프리카: 백인 선교사들의 무덤

1876년 아프리카 탄자니아(1878년 우간다로 선교지 이동)로 파송되기 전에 행한 고별 연설에서 스코틀랜드 출신의 영국성공회선교부(CMS) 선교사 알렉산더 맥카이(Alexander Mackay, 1849-1890)는 이렇게 외쳤다.

> 6개월 이내에 여러분들은 아마도 우리 가운데 누군가가 죽었다는 소식을 듣게 될 것입니다. 그 소식을 들을 때 낙담하지 마시고 그 빈자리를 즉시 채울 수 있도록 다른 선교사를 보내주시기 바랍니다.

이 얼마나 예언적인 선포였는가?

맥카이의 말대로 3개월 안에 8명으로 구성된 그의 선교단 가운데 한 명이 죽었고, 1년 안에 5명이 죽었으며, 2년이 경과했을 때는 맥카이 혼자 살아남았다. 몰려드는 생명의 위협에도 불구하고 그는 14년을 버티다가 아프리카 열병에 걸려 죽고 말았다.

서아프리카는 '백인 선교사들의 무덤'으로 불렸다. 1969년대에 아프리카를 방문했던 미국의 정치가 애들레이 스티븐슨(Adlai Stevenson II, 1900-1965)은 그곳에 묻혀 있는 선교사들의 무덤이 너무 많은 것에 충격을 받고 서 말문이 막혔다. 이후 그는 "오, 하나님! 이토록 많은 선교사가 이곳에서 죽은 줄 몰랐습니다"라고 외쳤다.

서아프리카의 시에라리온에서 영국성공회선교부는 사역 초기 20년 동안 53명의 선교사를 잃었다. 그 이웃나라 라이베리아에서는 더 많은 선교사가 목숨을 잃었다. 미국 최초의 감리교 선교사 멜빌 콕스(Melville B. Cox, 1799-1833)는 1833년 3월 라이베리아에 도착했는데 말라리아에 걸려 도착한 지 4개월 만에 사망했다. 그가 죽기 전에 남긴 마지막 말은 "1,000명의 선교사가 죽더라도 절대로 아프리카를 포기하지 말아주세요"였다.

2) 인도와 중국에서의 핍박

순교의 피를 흘림으로써 자신들의 신앙을 증거한 선교사들도 꽤 많았다. 그러나 아프리카에서는 폭력이나 난동으로 죽임을 당한 선교사들이 수적으로 그렇게 많지 않았다. 그 이유는 매우 간단했는데 유럽의 강대국들이 아프리카 부족 사이의 전쟁을 중단시킨 후 전 대륙에 유럽 방식의 평화를 구축해 놓았기 때문이다. 아프리카에 서구 식민 세력이 주둔하고 있었기 때문에 선교사들은 어느 정도 보호를 받았던 것도 사실이다.

인도에서도 이와 비슷한 상황이 전개되었는데 1857-58년 인도인 용병이 주축이 되어 일어난 '세포이 반란'(Sepoy Mutiny)에서 선교사들이 생명을 잃은 경우를 제외하고는 선교사들이 순교한 사례는 거의 없었다.

그러나 중국의 상황은 인도와 달랐는데 중국에서는 거의 10년마다 서양 세력에 반대하는 반외세운동이 일어났다. 서양의 사업가들과 외교관들은 체결된 조약에 의해 개항된 항구 지역에 거주하면서 주둔하고 있던 외국 군대의 보호를 받을 수 있었으나[8] 광활한 중국의 오지에 들어가서 사역하던 선교사들은 광분하여 날뛰는 성난 중국 폭도들의 먹잇감이 되어 많은 인명 피해를 입었다.

1900년 '의화단 사건'(Boxer Rebellion)이라는 반(反)기독교 폭동이 발생해 189명 이상의 선교사와 자녀들이 목숨을 잃었다.[9] 그때 선교사들뿐 아니라 수많은 중국 그리스도인도 희생되었다. 이처럼 이슬람 세계를 제외한 세계의 주요 선교지 가운데 중국은 가장 기독교 복음에 저항적인 곳이었다.

7. 19세기의 뛰어난 선교사들

19세기를 '위대한 세기'라고 부르는 또 하나의 이유는 이 시기에 수많은 위대한 선교사가 배출되었기 때문이었다. 기독교 역사상 이처럼 하늘의 별과 같이 빛나는 특출한 선교사들이 활동하던 때가 없었던 것이다. 1965년 뉴욕의 선교연구도서관(Missionary Research Library)이 발간한 『초기 선교사 전기 목록』(An Initial Bibliography of Missionary Biography)에는 2,286명의 선교사들의 생애와 사역이 전기(傳記) 형태로 기록되어 있다. 이들 대부분은 19세기에 활동한 선교사들이다. 이 책에 수록되어 있는 세계 도처에서 활동했던 선교사들 중에 몇 사람의 특출한 선교사를 살펴보려고 한다.

---

[8] 1860년 '북경조약' 체결 이후 선교의 자유가 허용됨에 따라 수많은 개신교와 로마 가톨릭의 수많은 선교회와 선교사가 중국에 들어오게 되었다(역주).
[9] 중국 오지(奧地)에서 활동하던 CIM의 경우, 58명의 선교사들과 21명의 자녀들이 순교했다(역주).

근대 개신교 선교의 아버지라 불리는 윌리엄 캐리는 인도에서 41년간 사역했는데, 그동안 인도와 동남아시아의 여러 언어(중국어, 버마어, 말레이어 등)로 성경을 번역하고 출판했다.

아도니람 저드슨은 37년을 버마(미얀마)에서 사역하면서 성경을 미얀마어로 번역했고 그의 기념비적인 작업은 오랜 시간에 걸쳐 완성한 『미얀마-영어 사전』(Burmese-English) 편찬이었다. 저드슨의 말년에 미얀마교회에는 7,000명의 교인들이 있었고 163명의 선교사들을 감독했다.

로버트 모리슨(Robert Morrison, 1782-1834)은 지구상에서 가장 인구가 많은 중국의 복음화를 위한 길을 개척하기 위해 27년 동안 사역했다. 모리슨의 위대한 작업은 성경을 중국어로 번역한 것과 6권짜리 『중국어 사전』(Chinese-English, 1815-1823) 편찬이었다.[10] 캐리, 저드슨, 모리슨 등 3명의 선교사들은 엄청난 양의 번역 작업을 했고, 이후의 젊은 선교사들의 사역의 토대를 마련해 주었다.

1) 중국 선교

세계의 많은 선교지 중에서 중국은 세상에서 가장 뛰어난 선교사들을 많이 배출한 선교지가 되었다. 이들 선교사를 열거하려면 끝이 없지만 그 중 몇 명을 소개하면 다음과 같다.

중국어 사전을 편찬한 미국 선교사 사무엘 윌리엄스(Samuel Wells Williams, 1812-1884), 동양고전인 사서삼경(四書三經)을 영어로 번역한 위대한 학자인 스코틀랜드 선교사 제임스 레그(James Legge, 1815-1897), 60년간 사역하면서 서양 학문을 중국에 소개하여 동서 문화 교류의 중요한 역할을 한 윌리엄 마틴(W. A. P. Martin, 1827-1916), 조선(1832) 선교를 시도했던 독

---

10 모리슨에 의해 1813년 신약성경이 번역되었고, 1819년 구약성경 번역이 중국어로 완성되었다(역주).

일 선교사 칼 귀츨라프(Karl F. A. Gützlaff, 1803-1851), 중국내지선교회(CIM)를 설립한 영국 선교사 허드슨 테일러(Hudson Taylor, 1832-1905), 중국(현재 홍콩 Tao Fung Shan/道風山)의 불교 승려 전도를 32년간 시도하여 놀라운 성과를 거둔 노르웨이 출신의 선교사 칼 라이헬트(Karl Ludvig Reichelt, 1877-1952) 등이다.

2) 인도 선교

중국 다음으로 거대한 선교지인 인도도 뛰어난 선교사들을 여럿 배출한 복 받은 선교지였다. 상류층 카스트(caste) 전도로 복음화에 매진한 스코틀랜드 출신의 교육선교사 알렉산더 더프(Alexander Duff, 1806-1878), 선교 찬송가 작사자이자 캘커타 주교로 사역한 지 3년 만에 사망한 레지날드 히버(Reginald Heber, 1783-1826), 실론(현 스리랑카)과 인도에서 의료선교사로 사역한 미국 선교사 존 스커더(John Scudder, 1793-1855), 미국 감리교 선교사 제임스 토번(James Thoburn, 1836-1922), 스코틀랜드 출신의 교육선교사 윌리엄 밀러(William Miller, 1838-1923), 인도에서 현지 교회 자립과 성장에 힘쓴 할레대학 출신의 독일 선교사 크리스챤 쉬바르츠(Christian F. Schwartz, 1726-1798) 등이다.

3) 일본 선교

1858년 '미일(美日)통상조약'이 체결된 다음해에 입국해 일본 기독교회의 초석을 닦은 세 명의 위대한 선교사가 있었다. 미국 북장로교 의료선교사로서 교육선교와 성경 번역에 종사하며 일본어 사전을 편찬한 제임스 헵번(James Hepburn, 1815-1911), 네덜란드 출신의 미국개혁교회 선교사로서 교육선교와 메이지 정부의 주요 인사들을 길러낸 귀도 버벡(Guido Verbeck, 1830-1898), 미국개혁교회 선교사로서 교육선교와 성경 번역에 관여한 사무엘 브라운(Samuel R. Brown, 1810-1880)이었다.

버벡은 언어(네덜란드어, 독일어, 영어)에 재능이 많았으며 일본어도 유창하고 정확하게 구사하여 동료 선교사들을 놀라게 했을 뿐 아니라 일본인 친구들로부터도 사랑을 많이 받았다. 그는 성경을 이용해 영어를 가르치며 복음을 전했고 번역가와 메이지 정부의 정책 고문으로 활동했다. 일본 정부가 서구의 교육 제도를 기반으로 하는 근대식 교육 제도를 수립하는 데 많은 공헌을 했고, 메이지 헌법(明治憲法) 제정에도 도움을 주었다. 그는 국적도 없이 지냈지만 일본 정부의 최고 훈장인 욱일대수장(旭日大綬章)을 받았고 그가 죽었을 때 국장으로 성대히 치러졌다.

4) 한국 선교

1884년 9월 20일 미국 북장로교 의료선교사 호레이스 알렌(Horace N. Allen, 1858-1932)의 입국으로 한국 기독교의 역사가 시작되었다. 다음해인 1885년 4월 5일 부활주일에 미국 북장로교 선교사 호레이스 언더우드(Horace G. Underwood, 원두우, 1859-1916)11와 미국 북감리교 선교사 헨리 아펜젤러(Henry G. Appenzeller, 1858-1902)가 함께 입국했다. 이 선교사들은 개척 선교사로서 한국에 장로교회와 감리교회의 기초를 견고하게 세우는 역할을 감당했다.

서울에서 출생한 언더우드의 손자 원일한(Richard Underwood, 1917-2004)은 아버지(원한경, Horace Horton Underwood, 1890-1951)를 뒤이어 3대째 선교사로 복무하다가 일제에 의해 추방당한 후, 6.25 전쟁 때 미국 해군 대위로 복무하며 1950년대 초 판문점에서 열린 정전 협정 수석 통역관으로 참여하기도 했다.

---

11 장로교 최초의 목사 선교사 언더우드는 제중원의학교에서 교사로 가르치면서 성경 번역자로서 새문안교회를 설립했고, 연희전문학교(현 연세대학교)를 설립하고, 경신학교로 발전하는 고아원을 설립했으며 『한영사전』, 『한영문법서』 등을 저술했다(역주).

5) 남태평양과 인도네시아 선교

남태평양 지역에서는 존(John)의 이름을 가진 세 명의 선교사를 주목할 필요가 있는데 존 페이턴(John G. Paton, 1824-1907), 존 패터슨(John Coleridge Patterson, 1827-1871), 존 게디(John Geddie, 1815-1872)이다.[12] 그 외에 1862년 인도네시아 수마트라섬에 파송된 후 56년 동안 학교, 병원, 신학교를 세워 사역하던 그 유명한 루드비히 노멘센(Lidwig Nommensen, 1834-1918)[13]이 있다. 그는 상대 부족의 머리를 잘라오는 헤드헌터(headhunter)의 식인종이었던 바탁 종족 가운데 교회를 개척했고, 이후 바탁교회(Batak Church)가 견고하게 성장해 나가는 모습을 지켜볼 수 있었다.

6) 중동 선교(터키, 레바논)

중동의 여러 지역에서 미국회중교회해외선교부에서 파송된 선교사들이 아랍 민족주의운동에 크게 공헌했다. 1863년 사이러스 햄린(Cyrus Hamlin, 1811-1900)은 터키의 이스탄불에 로버트 칼리지(Robert College)를 설립한 후 초대 학장이 되었는데, 이 학교는 국무총리, 국회의원, 사업가, 정치가, 예술가, 노벨상 수상자 등 많은 사회 저명인사를 배출했다.

1866년 다니엘 블리스(Daniel Bliss, 1823-1916)는 후에 베이루트 아메리칸

---

12 페이턴은 스코틀랜드 장로교회의 개척 선교사로서 남태평양 뉴헤브리디즈제도(현 바누아투)의 작은 섬에서 사역해 많은 열매를 얻었다. 1858년 선교지에 도착한 페이턴 부인은 1859년 2월 아들을 출산한 후 5개월 만에 아이와 함께 질병으로 사망했다. 패터슨은 17-18세기 영국의 낭만주의 시인 사무엘 테일러 콜리지(Samuel Taylor Coleridge, 1772-1834)의 조카로서 명문 고등학교인 이튼칼리지와 옥스퍼드대학교를 졸업하고 선교사로 나갔고 멜라네시아 최초의 영국 성공회 주교가 되었다. 게디는 스코틀랜드 출생의 캐나다 장로교 선교사로서 1848년 남태평양 뉴헤브리디즈제도(바누아투)의 개척 선교사로 파송되었고, '남태평양의 장로교 선교의 아버지'라 불렸다(역주).

13 1868년 노멘센은 첫째 아이를 잃었고, 1872년 둘째 아이를 잃었으며, 1887년 부인이 사망하고, 1901년 아들 Christian이 살해당했으며, 1909년 둘째 부인이 사망하고, 아들 Nathaniel이 제1차 세계대전에서 전사했다(역주).

대학교(American University in Beirut, 1920)로 바뀐 시리아 프로테스탄트대학(Syrian Protestant College)을 레바논에 설립했다. 1920년 아랍(시리아)의 국왕(Emir) 파이잘(Feisal)은 이 학교가 끼친 영향력에 대해 이렇게 진술했다.

> 대학 설립자, 다니엘 블리스(Daniel Bliss) 박사는 시리아의 할아버지이고 현 총장인 그의 아들 하워드 블리스 박사는 시리아의 아버지다. 이 대학이 제공한 양질의 교육이 없었더라면 자유를 위한 투쟁은 결코 승리를 쟁취하지 못했을 것이다. 아랍 사람들은 이들에게 많은 빚을 지고 있다.

이 외에 다른 두 명의 위대한 선교사는 뛰어난 성경 고전어를 바탕으로 베이루트에서 성경 번역을 시도한 엘리 스미스(Eli Smith, 1801-1857)와 그와 함께 성경 번역을 하였던 의료선교사 코넬리우스 밴 다이크(Cornelius V. Van Dyck, 1818-1895)였는데 이들은 성경을 그 어려운 고전 아랍어로 번역했다.

7) 아프리카 선교

아프리카에서 사역한 선교사 중에서 가장 널리 알려진 사람은 런던선교회 소속의 데이비드 리빙스턴(David Livingstone, 1813-1873)일 것이다. 그는 중앙아프리카를 탐험하면서 아랍 상인들의 노예 무역을 '세상에서 없어져야 할 적폐'라고 보았다. 그는 암흑의 대륙인 아프리카에 '무역(상업)과 기독교를 위한 길을 열기 위해' 노력했다.

리빙스턴의 장인 로버트 마펫(Robert Moffat, 1795-1883)은 스코틀랜드 출신의 런던선교회 선교사로 남아프리카의 '베추아날랜드(Bechuanaland, 현 보츠와나)의 사도'로 불리었는데 아프리카에서 50년을 사역했다. 마펫의 주요 사역은 성경 전체를 보츠와나 언어로 번역하는 일과 그곳에 교회를 세

우는 일이었다.¹⁴

그 외 아프리카의 개척 선교사로 유명한 사람들을 살펴보면 다음과 같다.

스코틀랜드 출신의 플리머스형제단(Plymouth Brethren) 선교사로 자이레에서 현지인들과 함께 거주하면서 언어를 익혀 성경 전체를 현지어로 번역한 대니얼 크로포드(Daniel Crawford, 1870-1926), 프랑스 개신교 선교사로 중앙아프리카(Zambesi mission)에서 사역한 프랑수와 쿠일라드(François Coillard, 1834-1904), 스코틀랜드 자유교회 파송으로 신학과 의학 공부를 한 후 남아프리카공화국에 파송되어 학교(일반 교육과 직업 교육) 설립을 통해 현지 지도자들을 배출하고 병원도 설립한 제임스 스튜어트(James Stewart, 1831-1905)다.

또한, 영국 대학생선교자원운동(SVM)을 시작하고 총무로 섬긴 후 아프리카 말라위 선교사로 사역한 스코틀랜드 출신의 도널드 프레이저(Donald Fraser, 1870-1933), 영국 성공회 파송으로 잔지바르(탄자니아)와 우간다에서 사역하다가 말라리아에 걸려 죽은 알렉산더 맥카이(Alexander Mackay, 1849-1890), 스코틀랜드 장로교회 선교사로 나이지리아에 파송되어 현지인과 같이 살면서 쌍둥이를 죽이는 악습을 폐지하고 직업학교를 운영한 독신 여성 선교사 메어리 슬레서(Mary Slessor, 1848-1915) 등이다.

8) 선교사들의 업적

19세기에 파송된 남녀 선교사들은 특별한 종류의 사람들이었다. 그들은 개척 선교사로서 다른 사람들의 도움 없이 혼자서 불굴의 용기를 가지고 인도에서의 조혼(child marriage) 풍습, 과부를 불태워 죽이는 제도, 이방 신

---

14 1840년 보츠와나 언어로 신약성경이 번역되었고 1857년 보츠와나의 쿠루만(Kuruman)에서 전체 성경이 번역되었다(역주).

전에서의 매음 제도, 불가촉 관습 그리고 중국에서의 전족(foot binding), 아편 중독, 어린이 유기, 아프리카에서의 일부다처제, 노예 무역, 쌍둥이 살해 등의 사회적 악습을 퇴치했다. 선교사들은 세계 도처에서 학교, 병원, 진료소, 의과대학, 고아원, 한센병(나병) 치료와 퇴치를 위한 진료소를 설립했다.

선교사들은 현지 공동체에서 버림받은 빈민 계층을 돌보았고 그들이 생존할 수 있도록 도움을 제공하기도 하였다. 선교사들은 자신과 가족의 안전을 무릅쓰고 기근, 홍수, 전염병과 여러 질병에 맞서 싸웠다. 그들은 버려진 아이들을 데려다가 돌보았고, 여자 아이들에게도 교육의 기회를 제공하며 여성들을 해방시킨 최초의 사람들이었다.

무엇보다도 그들은 비기독교 세계에 예수 그리스도의 복음을 전함으로써 어둠과 암흑에 갇혀 살던 사람들에게 가장 고귀한 해방의 메시지를 전해준 자들이었다.

선교사들은 야만족들을 멋진 교인들로 변화시켰고 이들을 기반으로 기독교회를 세웠는데 그 결과 오늘날 전 세계에 그리스도의 몸된 교회들이 견고하게 세워져 있는 것이다. 19세기 말에 이르러 기독교 복음은 말 그대로 세상 끝까지 전파되었다. 그리하여 유명한 선교 역사가 라투렛 교수는 "이전 어느 시대에도 19세기의 기독교처럼 전 세계 모든 지역에 침투해 들어간 종교는 결코 없었다"[15]라고 선언했다. 그린란드의 그 추운 동토의 지역에서부터 아프리카의 무더운 정글에 이르기까지 사람이 거주하는 지구상의 거의 모든 지역에서 십자가 복음의 전달자인 선교사들을 찾아볼 수 있었다.

선교사들이 세운 교회, 예배당, 학교, 병원들이 터키에서 도쿄까지, 카이로에서 남아프리카공화국 케이프타운까지, 멕시코 몬테레이에서부터

---

[15] Kennetth Scott Latourette, *A History of the Expansion of Christianity,* Vol. 5. (New York: Harper & Row Publishers, 1978), 469.

콜롬비아 몬테비데오까지, 오세아니아 동쪽 폴리네시아에서부터 인도네시아에 이르기까지 아주 광범위한 지역에 산재해 있었다.

선교사가 거주하지 않는 지역이 일부 있긴 하지만, 이는 현지 정부가 선교사 입국을 제한해서 그런 것이지 교회가 세계 복음화를 성취하려는 의지나 능력이 없어서 그런 것은 아니었다. 이제 역사상 최초로 "모든 종족과 언어와 백성과 민족 가운데"(계 5:9) 기독교회가 세워진 것이다. 그리하여 라투렛 교수는 19세기를 '위대한 세기'라고 불렀는데 이는 전적으로 타당한 평가였다.

제8장

20세기 개신교 선교의 발전기

19세기에서 20세기로 접어드는 시기에 기독교 선교 역사에서 신앙선교 운동, 성경학교운동, 대학생선교자원운동의 세 가지 선교 운동이 생겨나 놀라운 역사를 일으켰다. 이 세 가지 선교 운동은 모두 19세기 후반에 시작되었으나 20세기에 들어와서야 열매를 맺게 되었다.

1. 20세기의 세 가지 선교 운동

위의 선교 운동들은 북미교회를 중심으로 활발하게 전개되었고, 그중에 신앙선교 운동과 성경학교운동은 지금도 계속되고 있으며, 해외 선교를 위한 대학생선교자원운동의 경우 공식적으로는 1930년대에 끝나고 말았다.

1) 신앙선교 운동

수많은 초교파 선교단체가 신앙(믿음)선교회(faith mission)라는 용어로 불리어져 왔다. 그 이유는 이들 신앙선교회는 '확실한 재정 후원자'를 갖지 않고 필요한 선교비가 채워지도록 오직 주님만을 바라보며 기도하기 때문이었다.¹ 그러나 신앙선교회는 자신들이 신앙을 독점하고 있다고 결코 주장하지 않는다. 신앙선교회 선교사들은 고정된 월 후원금은 없으나 정해 놓은 범위 내의 후원 액수는 선교회로부터 지원을 받고 있다. 선교사들은 빚(debt)을 지지 않아야 하고 사람들에게 돈을 결코 요구하지 않는다. 교인들에게 선교비가 얼마나 필요한지 알리기는 하지만, 주님이 사람들의 마음을 감동시켜 주시기를 기대할 뿐이다.

신앙선교회 선교사들은 주요 교단의 선교사들과 경쟁 관계에 있다고 생각해 본 적이 결코 없다. 그러나 교단 선교부는 이들 신앙선교회의 소중한 역할을 인정하지 않는 경향이 있으며, 신앙선교회를 '사이비 집단'(sect)처럼 대하기도 했다. 하지만 신앙선교회는 보수적이고 복음주의적 신앙 전통을 지켜 나가고 있다.

(1) 인내심

신앙선교회의 탁월한 특징 중 하나는 선교사들의 인내심이다. 많은 신앙선교회 가운데는 설립된 지 100년을 훨씬 넘긴 선교회가 많고 그 대부분은 지금까지도 활발하게 선교 활동을 전개하고 있다. 19세기에 조직된 신앙선교회 가운데 없어진 단체는 하나도 없다.

(2) 불굴의 역동적 성장

신앙선교회의 두 번째 특징은 선교사들의 끈기 있고 역동적인 성장이다. 오늘날에도 신앙선교회들은 가장 많은 선교사를 파송하고 있고 몇몇 선교회는 1,000여 명의 선교사를 파송하고 있다. '위클리프성경번역선교회'(Wycliffe Bible Translators)는 6,000여 명의 사역자와 자원봉사자를 보유하고 있고 현재 1,000개 이상의 번역 프로젝트를 진행하고 있다.² 국제대학

1　"하나님의 방식대로 행하는 하나님의 사역은 하나님께서 언제나 채워 주신다"(God's work done in God's way will never lack God's supply, 허드슨 테일러)(역주).
2　1942년 캐머런 타운센드(William Cameron Townsend, 1896-1982)에 의해 설립된 이후

생선교회(Campus Crusade for Christ International)³는 현재 1,740개 대학 캠퍼스에서 사역하고 있다.

(3) 창의성

신앙선교회의 세 번째 특징은 창의성에 있다. 20세기에 추진된 창의적인 선교 활동의 대부분은 신앙선교회에 의해 소개되었다. 방송선교, 항공선교, 성경 통신 강좌, 듣기 성경, 설교 테이프, 심층 전도, 신학 연장 교육(Theological Education by Extension, TEE) 등이다. 또한 '숨겨진 종족'(Hidden peoples) 혹은 미전도 종족(Unreached peoples) 개념은 1970년대 말에서 1980년대 초에 사용되던 개념이다.

시간이 지나면서 신앙선교회는 독립성서교회(Independent Bible Church), 침례교회, 여러 초교파 교회(Community Church)들로부터 재정 지원을 많이 받아 왔으며, 신앙선교회의 선교 인력은 성경학교들로부터 충당되었다. 신앙선교회는 선교지에서 복음 전도와 교회 개척에 집중하여 사역을 전개했다.

의료선교 분야에서 신앙선교회는 수많은 병원과 진료소를 운영했다. 교육선교 부문에서는 특히 아프리카 지역에서 수천 개의 초등학교를 설립하고 운영했다. 그러나 고등학교는 몇 개밖에 세우지 않았고 대학교는 하나도 세우지 않았다. 신학 교육 분야에서는 성경학교만 설립하고 이에 만족했다. 1970년대 말에 이르러서야 몇몇 신학교를 설립했을 뿐이다.

2011년 위클리프국제연맹(Wycliffe Global Alliance)으로 이름이 바뀌었고, 현재 60여 개 나라에 지부를 두고 있으며 120여 개 단체들이 참여하고 있다. 2025년까지 전 세계 모든 언어로 성경을 번역하려는 목표로 사역 중이고 번역되어야 할 언어가 2,000개 남아 있으며 현재 1,000개 번역이 진행 중이다(역주).

3 빌 브라이트(Bill Bright, 1921-2003) 박사에 의해 1951년 설립된 이후 2011년 크루(Cru)로 이름을 바꾸었다. 특히 1981년 이후 '예수 영화'(Jesus Film)를 선교지의 현지어로 더빙하여 상영하는 사역이 커다란 결실을 맺고 있다(역주).

2) 성경학교운동

성경학교운동(Bible Institute Movement)은 1880년대에 일어나기 시작하여 1900년대 중반에 이르기까지 그 수가 급증했고 북미에서 신앙선교회운동보다 더 광범위한 영향을 미쳤다.

1962년에 발간된 위트머(S. A. Witmer)의 『성경대학 이야기: 차원 있는 교육』(*Bible College Story: Education with Dimension*)에는 미국과 캐나다에 존재하는 247개의 성경학교와 성경대학의 목록이 수록되어 있다. 초기의 성경학교 중에 뉴욕의 나약성경학교(Nyack, 1882), 시카고의 무디성경학교(Moody, 1886), 캐나다의 온타리오성경학교(1894), 미국 매사추세츠주의 배링턴성경학교(Barrington, 1900)[4] 등이 대표적인 학교다. 설립 초기부터 이들 성경학교들은 국내 목회와 해외 선교사역을 감당할 사역자 배출을 목적으로 전도, 성경 교육에 중점을 두었다.

1970년대 말 이후 많은 성경학교가 교과 과정에 인문 과목을 추가하여 문학사(B.A.) 학위를 수여하고 있다.[5] 1997년 기준으로 미국과 캐나다에 1,200여 개의 성경학교가 있고, 2012년 기준으로 미국에만 400여 개의 성경대학(Bible College)에 31,000명의 학생들이 재학 중이다. 그중에 300개 이상의 학교가 정식 학위과정으로 인가받은 학교로 조사되었다.

성경대학들이 겪었던 여러 변화에도 불구하고 이들 성경학교는 지금도 신앙선교회의 선교 인력 대부분을 배출하고 있다. 이후 여러 해 동안 콜롬비아성경대학(Columbia Bible College),[6] 나약대학, 멀트노마성경학교(Multnomah School of the Bible), 프레이리성경학교(Prairie Bible School), 온타리오성경대학(Ontario Bible College) 등이 해외 선교를 위한 선교사들을 꾸준히 배

---

4   1985년 재정적인 어려움 때문에 고든칼리지(Gordon College)와 합병되었다(역주).
5   현재 북미에는 1,200여 개의 성경학교가 있고 그중 400여 개는 성경대학(Bible College)이며 그중 300여 개는 정식 학위과정으로 인가받은 학교다(역주).
6   1994년 Columbia International University(사우스캐롤라이나주)로 개명했다(역주).

출했다. 무디성경학교(Moody Bible Institute)는 엄청난 수의 선교사들을 배출해 왔다.

1886년 설립된 무디성경학교는 1890년 이후 1980년 초까지 5,800명 이상의 졸업생을 전 세계 108개국 255개 선교부 소속의 선교사로 배출해 왔다. 1981년 기준으로 2,300명 이상의 졸업생이 선교사로 사역하고 있는 것으로 조사되었다. 이 수치는 당시 전 세계에서 사역하는 북미 선교사 18명 중 한 명(약 6%)은 무디성경학교 출신임을 의미하는 것이다. 무디성경학교 출신의 선교사 지원은 줄어들지 않고 계속 유지되어 왔다. 1981년만 하더라도 85명의 무디 졸업생이 선교사로 파송되었다.

북미의 성경학교만큼 많은 숫자는 아니지만 유럽과 영국의 성경학교들도 선교사 배출에 중요한 역할을 담당해 왔다. 1980년대 초 기준으로 40여 개의 성경학교가 유럽 대륙에 있었고 29개가 영국에 있었는데 재학생 수는 전체 합해서 약 3,000명이었다. 대표적인 성경학교로는 런던의 스펄전대학(Spurgeon's College, 1856), 글래스고우 성경훈련원(Bible Training Institute in Glasgow, 1892), 치스윅의 레드클리프선교사훈련대학(Redcliff Missionary Training College in Chiswick, 1892)[7] 등이다.

3) 학생자원운동

성령의 또 다른 선교 운동은 젊은 대학생들이 선교사로 헌신하는 학생자원운동(Student Volunteer Movement, SVM)을 통해 강력하게 일어났다. 해외 선교를 위한 학생자원운동으로 불리는 이 운동 역시 1880년대에 시작되었다. 대학생을 중심으로 일어난 이 학생자원운동의 시작과 초기에 거둔 성공은 프린스턴대학교 졸업생이었던 로버트 와일더(Robert P. Wilder, 1863-1938)의 선교 비전, 19세기의 가장 위대한 평신도 설교자인 드와이

---

7 현재는 Redcliff College로 개명했다(역주).

트 무디(Dwight L. Moody, 1837-1899)를 통한 성령의 역사, 당시 코넬대학교(Cornell University) 학생으로서 조직의 천재였던 존 모트(John R. Mott, 1865-1955)의 탁월한 대학생 선교 동원 때문에 가능한 것이었다.

(1) 헐몬산 수련회와 프린스턴 선교서약문

대학생선교자원운동은 1886년 여름 미국 매사추세츠의 '헐몬산수련회'(Mount Hermon)에서 개최되었던 무디 목사의 집회에서 100명의 대학생과 신학생들이 무릎을 꿇고 "하나님이 허락하시면 해외 선교사가 되겠습니다"라는 '프린스턴 선교서약문'(Princeton Pledge)에 사인함으로써 시작되었다.

1888년에 이 운동은 뉴욕시에서 해외 선교를 위한 대학생선교자원운동이라는 이름으로 공식적으로 조직되었고 존 모트가 회장, 로버트 와일더가 순회 총무를 맡았다. 대학생선교자원운동은 순식간에 미국과 캐나다 전역으로 퍼져 나갔을 뿐만 아니라 해외의 여러 대학교까지 번져 나갔다. 당시 와일더가 만들어낸 대학생선교자원운동의 구호는 '우리 세대에 세계 복음화'(the evangelization of the world in this generation)였다.[8]

(2) 선교대회

대학생선교자원운동과 연관하여 주목할 점은 매 4년마다 열리는 선교대회인데 1891년 미국 오하이오 클리블랜드(Cleveland)에서 첫 대회가 열렸다. 1920년 아이오아주 디모인(Des Moines)[9] 선교대회는 대학생선교자원운동의 절정기였고 이후 이 선교 운동은 약화되기 시작했다. 마지막 선교대회는 1936년 인디애나폴리스에서 열렸는데, 이 선교대회에 대학생 참석자가 줄어들면서 급격하게 약화되었다. 그러나 학생자원운동은 조직된

---

[8] 와일더가 이 선교 구호를 만든 것으로 알려져 있으나, 실제로는 1886년 선교 수련회의 강사 중 한 명인 피어슨(Arthur Tappan Pierson, 1837-1911)이 만든 것이다(역주).
[9] 1920년 선교대회에 가장 많은 학생이 참석했는데 6,890명이 참석했다(역주).

이후 초기 50년 동안 20,500명의 대학생 자원자들을 해외 선교사로 파송하는데 매우 중요한 역할을 감당했다. 그 선교사들 가운데 일부 유럽 출신을 제외하면 대부분이 북미 출신이었다. 이후 실제적으로는 기독학생회(Inter-Varsity Christian Fellowship, IVCF)가 대학생선교자원운동의 전통을 지금까지 이어 나가고 있다.

2. 식민주의의 붕괴와 선교 상황의 변화

1945년 51개국으로 출범한 이후 2020년 현재 유엔(UN)에 가입한 회원국 수는 193개국으로 증가했다. 대부분의 유엔 회원국이 이른바 제3세계 국가에 속하며 선교 활동이 오랜 기간 지속되던 지역이었다. 아시아와 아프리카에 존재하던 광대한 식민 제도의 붕괴는 20세기에 일어난 가장 중요한 사건이었다. 식민 제도의 붕괴로 인해 유엔과 세계에서 힘의 균형이 바뀌었을 뿐 아니라, 미국 국내와 해외의 기독교 선교의 명분과 방향에도 커다란 영향을 미치게 되었다. 특히 세 가지의 주요 변화가 일어났다.

첫째, 기독교에 대한 인식이 달라졌다.
둘째, 선교지에 세워진 현지 교회들의 지위가 달라졌다.
셋째, 서구 선교사의 역할이 달라졌다.

1) 기독교에 대한 인식 변화

제3세계에서 기독교는 언제나 '외래 종교'로 인식되어 왔고 더 나쁜 것은 기독교가 항상 식민주의와 동일시되어 왔다는 점이다. 이제는 더 이상 식민주의가 존재하지 않기 때문에 이러한 오해는 마침내 해소되었다. 사실 서구 선교사들은 식민주의자들과 함께 선교지에 들어왔다. 선교사들이 식민주의자들과 함께 떠나지 않아서 다행이었다. 선교사들이 식민주의자들과 함께 선교지를 떠났다면, 선교사는 식민주의자들과 한패라고 여겨졌을 것이다. 그러므로 이제 기독교는 서구 제국주의의 첨병이라는 오명을 벗고 스스로의 힘으로 선교사역을 감당할 수 있게 되었다. 또한, 선교 활동은 '문화제국주의'라고 비난받을 일이 없어졌고 현지 그리스도인들도 '서구제국주의의 앞잡이'라는 공격에서 벗어날 수 있게 되었다.

2) 현지 교회의 지위 변화

이와 함께 선교지에 세워진 교회의 지위도 달라졌다. 소수의 예외적인 경우를 제외하고 대부분의 현지 교회들은 독립을 쟁취하게 되었다. 그 교회들은 더 이상 서구의 '모교회'(mother church)에 얽매이지 않게 되었다. 역사상 최초로 현지 교회들은 원하는 바를 실행할 수 있는 자율성을 얻게 되었다. 현지 교회 지도자들은 이제 선교사들과 동등한 위치에 서게 되었다. 사실 현지 교회가 마음만 먹으면 선교사의 입국을 거절할 수도 있게 되었다. 현지 교회 지도자들은 이제 교회의 진정한 주인으로서 선교사들의 지시나 명령을 받지 않아도 되며 오직 성령의 권위에만 순종하면 되었다.

3) 선교사의 역할 변화

물론 이러한 사실은 선교사들의 지위와 역할에도 변화가 왔다는 것을 의미한다. 과거에는 선교사가 주인(master)처럼 행세했지만 이제는 현지 교회 지도자들과 동등한 선교 동역자(partner)의 위치로 바뀌었다. 이제 선교사는 주님의 종(servant)인 동시에 현지 교회의 종이 되어야 한다. 이처럼 새롭게 변화된 역할을 받아들이는 것이 쉬운 일은 아니지만 시대가 변했기 때문에 선교사들은 자신들의 변화된 위치를 인정해야 한다.

4) 민족 종교의 부흥

선교지의 많은 국가가 독립하면서 동양의 전통·민족 종교들이 새롭게 힘을 얻기 시작했다. 즉 그간의 수세적인 자세에서 벗어나 공격적으로 변하기 시작했다. 어떤 종교들은 국가의 공식 종교라고 주장하기도 했다. 또한 외국 선교사들을 추방할 것을 주장하기도 했고 현지 교회의 전도 활동을 약화시키기 위해 반(反)개종법을 제정하기도 했다. 어떤 민족 종교는 그들의 선교사들을 서구에 파송하여 서양인들을 개종시키려고까지 했다. 그 결과 미국에서는 동양의 신비주의, 초월적 명상(transcendental meditation), 요가, 선불교(Zen Buddhism) 등에 관심을 갖는 이들이 많아지게 되었다.

5) 공산주의의 출현과 동구 공산권의 붕괴

제2차 세계대전 이후 모든 종교와 철천지 원수 관계인 공산주의가 아시아에서 자리를 잡게 되었고 아프리카와 라틴아메리카에도 침투해 들어가기 시작했다. 중국, 몽골, 북한, 베트남, 라오스, 캄보디아에서 모든 선교 활동이 금지되었다. 어디든 공산주의가 통치 하는 곳에서 교회와 선교사들은 고난을 당했다. 이후 1989년 베를린 장벽이 붕괴되었고 1990년 분단되어 있던 동독과 서독이 통일되었으며, 1991년 공산주의의 종주국인 소련의 붕괴 이후 대부분의 공산 국가들은 매우 빠른 속도로 공산주의를 포기하게 되었다.

특히 동구권 대부분의 공산 국가에서 공산주의의 급속한 붕괴 이후 수많은 사람이 이념의 공백에 빠진 동시에 물질주의와 쾌락주의가 급속히 동유럽권에 확산되었다. 동유럽 국가들은 오랜 세월 동방 정교회 또는 로마 가톨릭을 국교로 신봉해 왔다. 동유럽에서 동방 정교회와 가톨릭교회가 복음의 생명력과 역동성을 상실한 채 형식적인 종교로 오랜 기간 존재해 왔다.

또한, 중국의 개혁 개방(1978년 12월)과 1992년 한·중 수교 이후 중국의 문이 열리면서 한국교회는 중국 선교에 많은 부분을 담당했다. 아직까지도 공식적인 선교 활동이 금지되어 있지만 새롭게 열린 선교의 기회를 잘 선용해야 할 것이다. 역사적으로 보면 중국, 인도, 러시아에서 적지 않은 선교사들이 추방당하거나 추방 위협에 직면하기도 했다.

6) 북미 주류 교단의 선교사 파송 감소

제2차 세계대전 이후 미국 주요 개신교단들의 해외 선교에 대한 관심이 급격하게 줄어들기 시작했다. 1971년 기준으로 미국의 6개 교단(침례교, 장로교, 감리교, 성공회, 연합그리스도교단)은 3,160명의 선교사를 파송했으나 1979년에는 선교사 파송 수가 1,985명으로 감소되었다. 2015년 기준으로 전 세계 선교사 파송 수는 40만 명이며 그중 미국 선교사는 121,000명으로 조사되었다.[10]

선교사 파송 숫자가 감소한 데는 여러 요인이 있다.

첫째, 현지 교회들이 독립하고 성장함에 따라 정책적으로 해외선교부들은 점차 그리고 의도적으로 선교 활동을 줄여 왔다.

둘째, 선교지의 민족주의가 강해지면서 선교 활동이 점점 더 어려워지고 선교의 문이 좁아지고 있기 때문에 선교부가 과거처럼 많은 선교사를 모집하지 않는다.

셋째, 신학교에 지원하는 학생 수가 줄어들면서 목회자 후보생과 선교사 지망생 모두 부족해지고 있다.

넷째, 교인들의 기부금이 줄어들면서 미국 주요 교단들의 예산이 급격

---

[10] 미국 고든-콘웰신학교의 세계적 기독교 통계학자인 토드 존슨(Todd Johnson)의 자료이다. 참고로 미국 선교사의 절반은 몰몬교 선교사들이다(역주).

하게 감소해 총회 직원들을 줄여 나가고 있다.

다섯째, 다원주의와 같은 자유주의 신학의 사조가 선교할 마음을 서서히 그러나 확실하게 약화시키고 있다. 만약 예수 그리스도를 아는 지식이 없어도 구원을 받는다면 굳이 선교하러 나갈 이유가 없는 것이다.

7) 복음주의 교단의 선교사 파송 수 유지

미국 내 주류 교단의 선교사 파송 숫자가 줄어들고 있지만, 미국 남침례교와 같은 보수적인 교단은 선교사 수가 줄어들지 않고 있다. 남침례교는 활발하게 선교를 감당하고 있는데, 이는 교단이 추구하는 신학이 선교사 파송에 있어서 중요한 역할을 하고 있음을 확인해 주고 있다.

미국의 주요 개신교단의 선교사 파송이 줄어드는 반면에, 보수적인 복음주의 교단들은 계속해 선교 사업을 활발하게 전개하고 있다. 많은 수의 선교사를 파송하고 있는 오래된 선교회들은 선교사 파송에 어려움을 겪기도 한다. 그 이유는 매년 사망하거나 은퇴하는 선교사들이 생겨나 새로운 선교사들이 허입되어도 그 숫자를 채우지 못하고 있기 때문이다.

1970년대 말과 80년대 초에 접어들면서 많은 선교회는 선교사 파송을 급속하게 늘리기도 했다. 1942년에 설립된 미국 플로리다주에 본부를 두고 있는 '새부족선교회'(New Tribes Mission, NTM)[11]는 현재 세계 20개 이상의 나라에 3,300명의 선교사를 파송하고 있다.

1942년에 창설된 위클리프성경번역선교회(Wycliffe Bible Translators, WBT)는 1970년대 말 기준으로 3,500명의 사역자를 가지고 있다. 그 외 제2차 세계대전 이후 대유럽선교회(Greater Europe Mission, 1949)와 극동복음선교회(Far Eastern Gospel Crusade, 1947)[12]가 조직되었다.

---

11 새부족선교회(NTM)는 Ethnos360으로 이름이 바뀌었다(역주).
12 전쟁에 참여한 기독 군인들을 중심으로 필리핀과 일본 등의 복음화를 위해 조직되었고 1971년 Central Alaskan Mission과 합하여 SEND International로 이름을 바꾸었다

3. 1970년대 이후 생겨난 두 가지 선교 프로그램

1960년대에 두 가지 새로운 선교 프로그램이 개발되었다. 해외 단기 선교 프로그램과 하계 선교 프로그램이다.[13]

1) 단기 선교 프로그램

사실 해외 단기 선교 프로그램(short-term program)은 1960년대 이전에도 있었으나 70년대 말에 프로그램으로 정착되기 시작했다. 두 가지 단기 선교 프로그램은 대단한 인기를 끌었고 요즈음 젊은이들의 취향에도 잘 맞는 것 같다. 신속한 항공기 여행 시대와 재정적 풍요로움으로 인해 단기 선교가 가능하게 된 것이다. 단기 선교 프로그램에 대한 관심이 많아져서 어떤 선교부는 매년 선교사 지원자의 절반이 단기 선교사로 채워지기도 했다. 사실 여러 주요 교단 선교부와 몇몇 신앙선교회는 경력 선교사(career missionary)를 받지 않고 해외에서 단기 선교사로 한두 차례 경험을 한 사람들을 허입한 후 장기 선교사로 사역하게 한다.

2) 하계 선교 프로그램

하계 선교 프로그램이 해외 단기 선교 활동보다 더 인기가 많다. 매년 수천 명의 대학생들이 여름방학을 이용해 선교단체의 지도 아래 해외에서 봉사 활동을 한다. 그들은 자신들의 여행 경비와 때로는 숙식비까지도 지불한다. 그들은 다양한 재능으로 봉사하며 선교지에서 많은 도움을 주고 있다. 하계 봉사 활동을 마치고 학교로 돌아오면 친구들과 선교 경험과 활

(역주).
13 여름과 겨울 방학 기간에 1-4주로 진행되는 단기 선교를 '선교에 대한 비전을 갖게 하는 여행'이란 뜻의 '비전 트립'(vision trip)으로 부르기도 한다(역주).

동을 공유한다. 미국의 여러 기독교 대학들은 하계 선교 프로그램이 대학생들의 해외 선교에 대한 인식을 완전히 바꾸었다고 보고하고 있다.

3) 두 가지 선교 프로그램의 평가

위의 두 가지 선교 프로그램을 평가하자면, 단기 선교 프로그램에 참여한 대학생 가운데 25%가 장기 선교사로 헌신한다는 통계 자료가 있다. 어떤 선교부는 이 자료보다 좀 더 높은 수치를 보이기도 한다. 예컨대, 1901년 일본에서 조직된 '동양선교회'(OMS International, 현재 One Mission Society)는 1949년에서 1974년까지 25년간 108명을 단기 선교사로 파송했다. 이들이 체류한 기간은 평균 2년 2개월이었다. 108명의 단기 선교사 중에 64명이 동양선교회의 장기 선교사로 헌신했고, 3명은 단기 선교사로 다시 파송되었으며, 4명은 다른 선교회로 허입되어 장기 선교사로 파송되었다.

정리하면, 동양선교회를 통해 단기 선교 프로그램에 참여한 사람들 가운데 약 63%가 장기 선교사로 헌신한 것으로 조사되었다. 또한 단기 선교 프로그램에 참여한 사람들 중에 15명이 그 후 목회 사역에 종사한 것으로 나타났다. 1964년부터 '해외 선교 자원 프로그램'(Volunteers in Service Abroad, VISA)을 통해 지금까지 2만 명 이상의 단기 선교사들을 파송한 미국의 자유감리교회(Free Methodist Church) 세계선교부도 1970년대 말에 동양선교회와 비슷한 통계 자료를 제시하고 있다.

'해외 선교 자원 프로그램'으로 불리는 단기 선교 프로그램의 초기 10년간 1,000명 이상이 참여했다. 이후 5년간 통계를 보면 여러 단기 선교(VISA) 프로그램에 참여한 사람들 중에 62%가 장기 선교사로 헌신한 것으로 조사되었다.

단기 선교 프로그램에 대한 조사에 의하면 단기 선교에 참여한 주요 동기는 두 가지로 나타난다. 즉 참여자들이 선교사역의 목적과 목표를 더 깊이 이해하고 타문화에 대한 이해를 증진시키기 위한 것이었다. 조사 대상자의 98%는 이러한 선교적 통찰력이 선교사를 돕는 것보다 더 중요하다는 사실을 보여주고 있다.

단기 선교에 참여한 사람들 대부분이 자신들의 경험에 높은 만족도를 보인 것으로 조사되었다. 3.1%는 만족하지 못했고 0.4%만이 다른 사람들에게 단기 선교 프로그램에 참여하지 못하도록 하겠다고 답했을 뿐이다.

4. 1930년대 이후 생겨난 두 가지 선교 프로그램

1) 방송선교

거의 지난 100년 동안 교회들은 청각 자료를 이용한 방송선교에 힘써 왔다. 1931년 세계 최초의 기독교 라디오 선교 방송인 HCJB가 남미 에콰도르에서 시작되었다. 1931년 크리스마스에 에콰도르의 끼또(Quito)에만 들리는 소형 250와트짜리 송신기를 이용해 방송하게 되었다. 이처럼 시작은 미약하였으나 오늘날 미국에만 1,600여 개의 기독교 TV와 라디오 방송이 여러 선교단체에 의해 운영되고 있다. 그중 몇몇 방송은 세계적으로도 매우 영향력 있는 방송국에 속한다.

1949년 중국이 공산화된 이후 필리핀 마닐라에 세워진 극동방송(Far East Broadcasting Company, FEBC)은 당시 다른 교육 자료로 접근할 수 없던 중국대륙을 향한 가장 강력한 라디오 방송이었다. 1945년에 설립된 극동방송은 마닐라 방송국을 시작으로 동남아, 러시아, 중앙아시아, 우크라이나, 아프리카, 중동 등 50여 개국에서 40억 명을 대상으로 124개 언어로 복음 방송을 하고 있다. 동경, 뉴델리, 방갈로(Bangalore), 자카르타, 홍콩, 방콕, 사이판, 서울, 싱가폴 등에 자체 방송국을 보유하고 있다. 오늘날은 위성 TV 방송의 급속한 발전과 보급으로 복음이 쉽게 접근할 수 없던 지역(이슬람)에 유용한 복음 선포의 도구로 활용되고 있다.

2) 성경 통신 강좌

라디오를 통한 선교 방송과 함께 성경 통신 강좌가 널리 사용되었다. 대부분의 기독교 방송국들은 자체의 성경학교를 방송으로 운영했다. 수년 동안 수백만 명이 이 통신 강좌 과정에 등록했다. '생명의빛 통신강좌학교'(Light of Life Correspondence School)는 1940년대에 시작된 이래로 인도에서 24개 언어로 진행되면서 교인들의 성경 공부를 도왔는데 100만 명 이상의 학생들이 등록하기도 했다.

이들 통신 과정에는 두 가지 커다란 이점이 있다. 통신 강좌는 대개 무료로 진행되고 가정에서 드러나지 않고 공부할 수 있다. 심지어 교회에 가는 것이 노출되어 어려움을 겪을 수 있는 이슬람 지역에서도 수만 명이 성경 통신 강좌를 통해 하나님 말씀을 공부했다.

5. 1960년대 이후 생겨난 세 가지 선교 운동

1960년대에 선교 운동사에 있어 세 가지 중대한 발전이 있었는데, 교회성장운동과 심층 전도 그리고 분교를 통한 신학 연장 교육(TEE)이었다.

1) 교회성장운동

교회성장운동은 1961년 도날드 맥가브란(Donald McGavran, 1897-1990)이 미국 오레곤주의 노스웨스트대학에 교회성장연구소(Institute of Church Growth)를 설립하고 1964년에 캘리포니아주의 파사데나로 옮기면서 풀러신학교 세계 선교대학원이 교회성장운동의 중심지가 되면서 활발해졌다. 3대째 인도 선교사로 사역하는 가정에서 태어난 맥가브란 박사는 인도 선교사이자 교회성장운동의 창시자로서 수년 동안 교회성장연구소의 소장으로 일했다. 그의 교회성장운동은 1970년대와 80년대를 거치면서 북미의 교회들에게 국내 목회나 선교사역에 있어 성장의 중요성을 깨닫도록 하는 데 크게 공헌했다.

맥가브란이 말하는 교회 성장이란 언제나 영적 성장을 의미했다. 그는 교회 예산이 더 확대되거나 교회 건물을 더 크게 짓거나 행정 조직을 더 키우는 데는 관심이 없었다. 그의 주된 관심은 현지인을 회심시켜 더 많은 개종자를 얻고, 종족을 제자 삼아 교회를 배가시키는 것, 즉 교회 성장에 있었다. 이것이 그에게 있어 가장 가치 있는 일이며 모든 선교 활동의 목적이자 목표였다. 그 외 다른 사역도 가치 있고 필요한 사역이겠지만, 복음 전파와 교회 설립이 언제나 우선적 과제라고 보았다. 또한 월간지 「교회성장회보」(Church Growth Bulletin) 발간, 교회 성장 도서 클럽, 윌리엄 캐리 출판사(1969) 설립 등 세 가지 사업을 추진했다.

2) 심층 전도

선교 운동의 두 번째 발전은 심층 전도(Evangelism-in-Depth, EID)였는데 이는 라틴아메리카선교회(Latin American Mission)의 총무였던 케네스 스트라챈(Kenneth Strachan, 1910-1965) 박사가 창안한 전도법이다. 심층 전도라 불리는 이 선교 운동은 선교지 나라의 교회들이 보유한 모든 자원을 활용해 그 나라의 모든 가정에게 구어체든지 문어체든지 간에 복음을 전하려고 노력하는 시도이다.

심층 전도는 세계 각국으로 번져 나가면서 '만인을 위한 새 생명'(나이지리아), '만인을 위한 그리스도'(자이레), '전도 동원'(일본), '전도의 전진'(과테말라) 등 다양한 이름으로 불리고 있다. 조지 피터스(George W. Peters) 박사는 '침투 전도'(Saturation Evangelism)라는 용어를 만들어 이 모든 운동을 설명하고 있다.

심층 전도는 다음의 네 가지 전제에 근거하고 있다.

첫째, 넉넉하게 씨를 뿌림으로써 넉넉하게 거둔다.
둘째, 그리스도인들은 전도를 위해 협력해야 한다.
셋째, 그리스도인들이 그들이 소유한 자원을 함께 사용할 때 하나님께서 제한된 자원을 배가시킨다.
넷째, 헌신된 소수가 나라 전체에 영향을 미치게 된다.

심층 전도의 특징은 동원(mobilization)이라는 말로 요약할 수 있다. 스트라챈 박사는 공산주의자, 여호와의 증인, 그 외 역동적인 그룹의 선전 방식을 집중적으로 연구한 후 다음과 같은 원리를 선언했다.

> 어떤 운동의 성장 여부는 전체 회원들이 자신들의 신념을 열심히 선전하고 알리는 비율에 따라 성공하게 되어 있다.

3) 신학 연장 교육

세 번째 선교 운동은 '신학 연장 교육'(Theological Education by Extension, TEE) 제도이다. 이 선교 운동은 미국 내에서 개발되어 선교지로 소개된 이론이 아니었다. 이 이론은 라틴아메리카의 실존적 상황에서 생겨났다. 남미에는 급속한 교회 성장이 일어나고 있었고 기존 신학교들이 신학 교육을 잘 감당하지 못해 6만여 명의 목회자들이 성경이나 정규 신학 교육을 받지 못한 상태에 놓여 있었다. 분명히 어떤 획기적이고 전과 다른 교육이 이루어져야만 했다.

이들 목회자들은 나이든 이들이며 목회를 하고 있는 이들이기에 꽤 오랜 기간 동안 자신들이 돌보던 농장, 가게와 가족을 버려두고 떠날 수 없는 이들이었다. 신학 교육을 더 받아야 하는 경우에도 그들은 신학교에 나올 수 없었고 대신 신학교가 그들에게 가야만 했다.

이 신학 연장 교육은 1960년 과테말라의 장로교에서 시작되었다. 랄프 윈터(Ralph Winter, 1924-2009)가 선교 교육을 창안하는 데 주도적 역할을 감당했다. 남미에서 시작된 이 제도는 남미의 다른 나라들로 퍼져 나갔고 마침내 아프리카와 아시아에까지 확장되어 나갔다. 1970년대 중반기에 남미, 아프리카, 아시아의 세 대륙에서 수많은 '신학 연장 교육' 워크샵이 개최되었다. 해외교육 목회조력위원회(Committee for Assisting Ministry Education Overseas, CAMEO)가 이들 워크샵의 조직과 재정을 후원해 주었다.

이러한 신학 연장 교육이 잘 추진되기 위해서는 체계적인 교재(pro-grammed textbook) 개발이 필수적이다. 단계별 교재가 주어지면 학생 목회자들이 자기 스케줄에 맞게, 편리한 시간에, 자기 속도에 따라 자기 주도적인 학습을 할 수 있게 된다. 이후 정기적으로 학생 목회자들은 그들이 오기 좋은 장소에서 신학교 교수를 만나 짧은 시간 동안 상담, 격려, 감독과 지도 그리고 시험을 보기도 한다. 이 경우에 학생들 스스로 공부하고 왔을 것이라는 전제하에 모임을 가지는 것이다.

6. 선교 동원을 통한 선교 헌신자 발굴

1960년대 중반에 특별히 대학생들 가운데 선교에 대한 관심이 매우 낮았던 때가 있었다. 그리하여 선교회 지도자들은 선교사 모집에 많은 어려움을 겪었다. 그러나 1970년대 후반부터 상황은 많이 좋아지면서 기독교회는 다시 한번 선교에 힘을 얻게 되었다. 선교에 대한 젊은이들의 관심이 고조된 상황은 기뻐할 만한 것이며 여기에는 몇 가지 요인이 개입되어 있는데 이를 분석하면 다음과 같다.

1) 어바나(Urbana) 대학생 세계선교대회

첫 번째 요인은 1941년 조직된 기독학생회(Inter-Varsity Christian Fellowship)가 매 3년마다 개최하는 그 유명한 '어바나 대학생 세계선교대회' 때문이다.[14] 예컨대, 1981년 어바나 선교대회에는 14,000명의 대학생들이 참가했고 2006년 어바나 선교대회에는 『목적이 이끄는 삶』의 저자이자 새들백교회의 담임목사 릭 워렌(Rick Warren)을 강사로 초청하고 모였는데 16,000명이 참석했으며 그중에 9,416명이 선교사로 헌신했다.

2) 초교파 선교단체(para-church)

두 번째 요인은 기독학생회(IVF), 네비게이토선교회(Navigators), 대학생선교회(CCC) 등 소위 초교파 선교단체들이 대학에서 캠퍼스 사역을 훌륭히 잘 감당했다는 점이다. 이들 선교단체 출신들 가운데 신학교에 입학해 전임 사역자의 길을 걷는 사람들이 매년 증가하고 있다.

이들 중에는 불신 가정에서 태어나 대학 시절에 복음을 접하고 예수를 믿게 된 이들이 많았다. 이들은 믿는 가정에서 태어나 교회에서 자란 젊은 이들보다 더 헌신된 제자의 삶을 사는 경우가 더 많았다. 이 선교단체 출신의 새 신자들 중에는 주님과의 첫 사랑에 감격해 땅끝까지 나아가 기꺼이 선교사가 되겠다는 이들이 많았다.

3) 성령운동

선교에 대한 관심이 새롭게 고조된 가장 강력한 요인은 미국 젊은이들을 감동시키시는 성령의 은혜로운 역사 때문이라고 생각한다. 하나님께서 또 다시 자신의 백성들을 찾아오신 것에 감사하지 않고는 1970년대와 80년대에 미국에서 커다란 영향을 끼쳤던 '예수운동'(Jesus Movement)을 연

---

14 최초의 어바나 대학생 세계선교대회는 1946년에 개최되었고, 2018년 12월에도 개최되었으며, 차기 대회는 2021년 12월에 개최될 예정이다(역주).

구할 수 없을 것이다. 어디를 가나 종교에 대한 새로운 관심이 되살아나고 있으며 지성인 사이에서도 그러하다.

예수운동 이전 1960년대에 '은사주의운동'(Charismatic Movement)이 일어나 로마 가톨릭교회를 포함해 개신교 주요 교단에 영향을 주었다. 그 결과로 가정 모임뿐 아니라 가게, 학교, 공장, 사무실, 은행 등 직장인 성경 공부 모임이 미국 전역에서 불같이 일어났다. 놀라운 일은 이 모든 일이 어떤 지도자나 조직도 없이 일어나고 있다는 점이다.

이후 10년 내에 이들 젊은이 중에 성경대학이나 신학교에 들어간 사람들과 선교사로 나간 이들이 많이 나왔다는 것이다. 선교는 부흥운동과 항상 같이 일어났다. 부흥운동을 통해 선교부는 선교사로 나갈 사람들을 모집할 수 있었다.

7. 선교의 국제화 시대

현대 선교 운동은 서구교회가 주로 감당해 왔고 이 선교 운동은 언제나 기독교 세계의 개신교 국가에 의해 주도되어 왔다. 20세기 초반에 세계교회가 파송한 선교사 3명 중 1명이 미국 선교사였다. 1970년대 말에는 세계 선교사 3명 중 2명이 미국 선교사일 정도로 미국 선교사 비율이 높아졌다.

이처럼 미국 선교사 파송 비율이 증가한 이유를 찾는 것은 어렵지 않다. 제2차 세계대전 중에 독일교회 선교는 커다란 타격을 받았고 이후 선교사 숫자를 회복하지 못하고 있다. 19세기에 상당한 규모의 선교사를 보내던 영국교회도 경제력의 약화로 인해 이전과 같은 선교사 파송 능력이 없다. 또한 영국은 웨슬리부흥운동(Wesleyan Revival) 이래 볼 수 없었던 쇠퇴의 시기를 보내고 있기 때문이다.

미국교회가 세계 복음화의 과업을 더 감당할 수밖에 없는데 이는 미국이 방대한 자원을 보유하고 있기 때문이다. 모르드개가 에스더에게 "네가 왕후의 자리를 얻은 것이 이때를 위함이 아닌지 누가 알겠느냐?"(에 4:14) 라고 말한 것처럼 우리의 축복이 선교사역을 위한 것임을 알고 하나님께 감사해야 한다.

이와 관련하여 전에 영국에 본부를 두었던 여러 신앙선교회가 제2차 세계대전 이후에 미국과 세계 전역에 지부들을 설치하기 시작한 점을 주목할 필요가 있다. 예를 들면 BMMF 국제선교부(BMMF International, 1852)는 1987년 인터서브(Interserve)선교회로 이름을 바꾸었고 현재 영국, 미국, 한국 등 14개국에 800여 명의 사역자를 보유하고 있다. 이외 일본전도대(Japan Evangelistic Band, 1903), 성서유니온(Scripture Union, 1867),[15] 북아프리카선교회(North Africa Mission) 등이다.

또한, 미국에 본부를 두고 시작된 여러 신앙선교회도 세계의 여러 지역에 지부를 설치했다. 위클리프성경번역선교회(WBT, 1942), 항공선교회(Mission Aviation Fellowship, 1945), 복음녹음선교회(Gospel Recordings, 1939), 트랜스세계라디오방송(Trans World Radio, 1952) 등이 이러한 선교회들이다.

그 활동이 미국으로 제한되어 있던 여러 특수 선교단체도 전 세계적으로 사역의 영역을 확장해 가고 있다. 예를 들면 성경구락부운동(Bible Club Movement), 십대선교회(Youth for Christ), 기드온협회(Gideons), 기독사업가모임(Christian Businessmen's Committee), 어린이전도협회(Child Evangelism Fellowship), 생명의말씀협회(Word of Life Fellowship), 고등학교전도협회(High School Evangelism Fellowship), 영라이프(Young Life), 네비게이토선교회(Navigators), 대학생선교회(CCC) 등이다. 이 중에 일부 선교단체는 선교사를 직접 파송하기도 하고 대부분의 선교단체는 다른 선교회와 연계하여 선교사를 파송하고 있다.

---

15 전 세계 130여 개국에서 사역 중인 성서유니온(Scripture Union)은 최근 스마트폰 사용에 익숙한 젊은 세대를 위한 성경 애플리케이션(Guardian of Ancora)을 개발했으며 스마트폰 게임을 통해 디지털 공간에서 어린이와 청소년들에게 예수님을 소개하고 있다(역주).

8. 기독교 문서 활동

선교사들이 사람들에게 읽는 법을 가르치면 이후에 공산주의자들이 들어와 읽을거리를 주었다는 말을 우리는 자주 들었다. 이는 절반만 맞는 말이다. 선교사들은 언제나 인쇄 출판물에 많은 관심을 기울여 왔다.

인도 세람포어(Serampore)에서 윌리엄 캐리 선교사의 동료였던 윌리엄 워드(William Ward, 1769-1823)는 전문 훈련을 받은 인쇄 기술자였고 북인도에서 최초의 선교 출판사(mission press)를 운영했다. 1820년대에 미국 선교사들이 중동 지역에 도착한 후 본국에 보낸 편지에서 가장 먼저 보내 달라고 요청한 것은 인쇄기였다. 1917년 러시아에서 공산주의 혁명이 일어났을 때 미국 북장로교 해외선교부 총무 아서 브라운(Arthur J. Brown, 1856-1963)은 다음과 같이 보고했다.

> 지금 세계 여러 선교지에서 개신교 선교부는 160개의 출판사를 운영하고 있고 이를 통해 매년 4억 페이지의 기독교 문서를 찍어내고 있습니다.[16]

이후 선교 현지에 세워진 선교 출판사들은 엄청난 양의 기독교 문서를 인쇄했다. 선교 출판사를 통해 찍어낸 기독교 문서 작업은 계속되어 왔다. 선교지를 위한 기독교 문서 출판과 보급을 전담하는 문서 선교기관 중에서 기독교문서선교회(Christian Literature Crusade), 해외복음문서선교회(Evangelical Literature Overseas), 문서선교회(Literature Crusades), 세계문서선교회(World Literature Crusade), OM선교회(Operation Mobilization), 무디문서선교회(Moody Literature Ministries) 등이 대표적이다.

---

16 Arthur J. Brown, *The Why and How of Foreign Missions* (New York: Missionary Education Movement, 1921), 127.

9. 비서구권 교회의 선교사 파송

오랜 기간 동안 우리는 세계 복음화의 과제는 '백인들의 책임'(the white mans burden)이라는 생각에 사로잡혀 있었다. 이러한 생각은 18-19세기에 전 세계를 다니며 복음을 전파하고 성경을 번역하며 교회를 세우는 일을 백인 선교사들이 혼자 감당해 온 데서 유래한다. 오직 남태평양 지역에서만 현지인들이 선교 활동에 참여했다. 그러나 1970년대 말에 이르러 소위 제3세계의 '신생교회'(younger church)들이 해외 선교사역에 나서면서 서구 교회와 세계 선교의 짐을 나누어지기 시작했다.[17]

1970년대 말 기준으로 15,250명의 비서구권 선교사들이 타문화권 사역에 종사하고 있는 것으로 조사되었다. 흔히 예상하는 바와 같이 한국, 일본, 필리핀, 인도 등의 아시아교회가 선구적 역할을 감당하고 있다. 다른 대륙에 비해 늦었지만 아프리카와 남미의 교회들도 세계 선교 운동에 참여하기 시작했다.

1970년대 이후 아시아, 아프리카, 남미의 여러 나라에서 초교파 선교협의회가 조직되었다. 2009년 현재 나이지리아, 가나 등 아프리카교회와 브라질 등 남미의 교회들도 세계 도처에 많은 선교사를 파송하고 있다. 인도교회는 1977년에 인도선교협의회(India Missions Association)를 조직했고 현재 인도 국내의 타문화권 지역에 5만 명의 사역자를 파송하고 있다. 1975년에는 아프리카 최초로 초교파 선교사 파송 기관이 나이지리아에서 조직되었고, 2006년에 나이지리아교회는 전 세계 65개국 이상에 5,200명 이상의 선교사를 파송했다. 브라질은 2000년에 4,754명의 선교사를 전 세계

---

[17] 서구교회와 비서구교회 간의 관계 변화를 보면 1910년 에딘버러 세계 선교사 대회(WMC)에서는 mother church-daughter church, 1928년 예루살렘 국제선교협의회(IMC)에서는 older church-younger church, 1947년 휘트비 IMC 이후로는 동반자(partner)로 바뀌게 된다(역주).

에 파송한 것으로 나타났다.[18]

남미는 1970년대까지 해외 선교에 전혀 관심이 없었지만 1980년대에 교회 지도자들과 선교단체가 모여 남미교회의 역동성을 세계 선교 운동으로 전환시킬 때라고 생각했다. 1987년 브라질 상파울로에서 제1회 코미밤(COngreso Misionera IBeroAMericana, COMIBAM), 즉 이베로-아메리카 선교대회가 열린 이후 매 10년마다 코미밤 대회가 개최되고 있다. 2017년 개최된 코미밤 대회에는 55개국 1,800명의 선교 지도자들이 참석했고, 현재 세계 160개국에 26,500명의 남미 출신 선교사를 파송하고 있다.

현재 필리핀은 전 인구의 10분의 1이 전 세계 197개국에서 해외 노동자(OFW)로 일하고 있는데, 이들이 일하는 나라 중에는 복음에 적대적인 나라도 많다. 2005년 필리핀교회 지도자들과 선교단체는 해외 노동자들을 복음으로 무장시켜 복음 전도의 사역자로 키우고 해외에 개척된 필리핀교회가 선교의 전진기지가 되도록 노력하고 있다. 한국은 2020년 1월 현재 28,039명의 선교사를 파송했다. 이처럼 20세기 선교 활동에서 가장 흥분되는 선교 운동 가운데 하나는 비서구권 세계에서 촉발된 선교사 파송이라는 사실은 의심의 여지가 없다.

---

18 랄프 윈터, 스티븐 호돈, 한철호 편저, 『퍼스펙티브스』1(Perspectives on the World Christian Movement), 변창욱, 정옥배 역 (서울: 예수전도단, 2010), 642-648.

제9장

이슬람 세계의 선교

1. 이슬람의 정복 과정과 확산

미국의 역사학자 윌 듀런트(Will Durant, 1885-1981)는 아래와 같이 선언했다.

> 아라비아반도를 폭발시킨 후 지중해 세계의 절반을 정복하고 이슬람으로 개종시킨 것은 서양 중세사(中世史)에서 가장 놀라운 사건이다.[1]

확실히 기독교회가 지금까지 직면했던 최대의 위협은 7세기에 갑작스럽게 생겨나고 급속하게 퍼져나간 이슬람이었다. 632년에 이슬람교의 창시자 무함마드(Muhammad, 570-632)가 죽은 후에 그의 추종자들은 아라비아반도에서 싸우던 여러 부족들을 정복하고 통합시켜 나갔다. 이후 무슬림들은 승승장구하며 매우 신속하고도 손쉽게 주변 지역을 정복해 나가면

---

[1] Will Durant, *The Age of Faith, The Story of Civilization*, Vol. IV (New York: Simon Schuster, 1950), 155.

서 이슬람으로의 개종 활동을 확장시켜 나갔다.

1) 초기 정복과 확산(7-12세기)

전광석화와 같은 속도로 이슬람 군대는 다마스커스(635), 안디옥(636), 예루살렘(638), 가이사랴(640), 알렉산드리아(642)를 정복했다. 650년경에는 페르시아 왕국까지 정복했다. 이후 이슬람은 서쪽으로 진격해 아프리카 북부 지역을 휩쓸고 지나갔는데 그곳에서 이슬람 군대는 900개 교회를 파괴했다. 이는 당시 기독교 세계에 세워져 있던 전체 교회 수의 1/4에 해당하는 숫자였다. 715년에 이르러는 스페인의 대부분 지역이 이슬람에 정복당하고 말았다.

그 후 이베리아반도의 피레네 산맥을 넘어 프랑스로 진격해 들어가던 이슬람 군대는 732년 투르(Tours) 전투에서 찰스 마르텔(Charles Martel, 686-741)이 이끄는 기독교 군대에 의해 저지당하게 된다. 이후 이슬람은 동양에서 상당한 지역을 확장해 나가는 데 중앙아시아(Central Asia)를 지나 카이버 고갯길(Khyber Pass)[2]을 통과해 인도 서북 지역의 펀잡(Punjab) 지방까지 진출했다. 이후로 기독교와 이슬람은 500년간의 교착 상태에 접어들게 된다.

2) 제2차 정복과 확산(13-16세기)

이슬람의 제2차 정복과 확장은 13-14세기에 오스만 투르크(Ottoman Turks)와 중앙아시아의 몽골족(Mongol)이 무함마드의 추종자가 되면서 일어났다. 오스만 투르크군과 몽골 기마군단은 정복 과정에서 눈에 보이는

---

[2] 파키스탄과 아프가니스탄 국경 산맥을 가로지르는 해발 1,070m의 주요 산길이다 (역주).

모든 것을 닥치는 대로 파괴하고 약탈했다. 15세기에 이르러 오스만 투르크는 그리스와 발칸반도를 침공했다. 이후 1453년에 콘스탄티노플이 이슬람에 의해 정복당했다. 연이은 정복 활동을 통해 이슬람 세력은 북인도까지 급속하게 팽창해 나갔으며, 16세기에는 그곳에 이슬람 왕조인 무굴제국(Mughal Empire, 1526-1857)을 세웠는데 이후 영국은 무굴제국을 멸망시키고 인도를 직접 통치했다.

14-15세기에 이슬람은 인도로부터 무슬림 상인들에 의해 동남아시아 말레이반도, 인도네시아 수마트라섬과 말라카(Malacca) 해협을 지나 계속 확장되어 나갔다. 이후 동쪽과 북쪽으로 퍼져나가 필리핀까지 퍼져 나갔다. 필리핀에서 북진하던 이슬람 세력은 스페인이 이 지역을 통치 하면서(1565-1898) 북쪽의 루손섬(Luzon)부터 가톨릭을 전파하기 시작하자 확장이 가로막혀 남쪽의 민다나오섬(Mindanao)에 집중되어 있다.

이처럼 이슬람은 수백 년 전에 정복한 지역을 지금까지도 장악하고 있다. 20세기에 접어들어 이슬람 세력은 동아프리카와 서아프리카에서 크게 확장하였는데 지금 이들 지역에서 기독교와 경쟁을 벌이고 있는 상황이다.

2. 이슬람 선교의 특징

1) 이슬람의 특징

세계의 여러 종교와 비교할 때 이슬람은 몇 가지 특징을 갖고 있다.

① 13억 명 이상의 신도를 보유하고 있는데, 이는 기독교 다음으로 많은 신도수이다.

② 기독교 이외의 종교 중에 모든 인종을 포용하는 차별이 없는(universal) 종교라고 주장하는 유일한 종교이다.
③ 기독교를 제외하고 전 세계에 걸친 포교활동을 강조하는 유일한 종교이다.
④ 기독교보다 늦게 시작된 유일한 종족 종교이다.
⑤ 기독교와 전쟁을 벌여 많은 영토를 차지한 유일한 종교이다. 스페인을 제외하고는 이슬람에 정복당한 대부분의 지역을 되찾지 못하고 있다.
⑥ 지난 수 세기 동안 이슬람은 기독교에 가장 저항적인 종교임이 입증되었다.

2) 이슬람 선교의 특징

오늘날 기독교 선교에 가장 저항적이며 선교하기에 가장 어려운 종교가 이슬람이다. 지난 세기에 스코틀랜드 장로교회 선교사들은 아라비아반도 주변 지역에서 80년 이상이나 사역을 했지만 교인 30여 명의 교회 한 개만을 세웠을 뿐이었다. 북아프리카의 서부 이집트에서는 거의 100년 이상 사역을 했지만 내세울 만한 규모의 현지 교회를 하나도 세우지 못했다. 20여 년간 중동 지역에서 미국 장로교 선교사로 사역한 파크 존슨(R. Park Johnson, 1907-1998)[3]은 이렇게 말한다.

> 이슬람 교도가 기독교로 개종할 경우 너무나 많은 제약과 억압을 받게 되는데 출생 증명서, 신분증, 선거권, 노동 허가증을 빼앗기고 찢겨버림을

---

[3] 미국 프린스턴대학교(1928), 프린스턴신학교(1932), 프린스턴대학교('41 Ph.D. 근동학)을 마치고 목회하다가 1950-1972년까지 시리아, 레바논, 이란, 이라크, 파키스탄에서 선교사로 사역했다(역주).

당하게 되어 국적이 없는 사람처럼 되고 만다.⁴

3. 이슬람 선교가 어려운 이유

이슬람 지역이 기독교 복음에 수용적이지 않은 데는 몇 가지 요인들이 있다. 다음의 여러 요인들이 종합적으로 작용해 무슬림들이 복음을 받아 들이는 데 커다란 장애 요소로 작용하고 있다.

1) 성경보다 꾸란의 권위를 더 인정한다

이슬람은 기독교보다 더 늦게 생겨났다. 이러한 사실은 무함마드가 유대교와 기독교에서 많은 것을 모방할 수 있었던 이유가 된다. 그 결과, 이슬람은 어떤 종교보다도 기독교와 유사한 점이 많다. 이슬람이 기독교 배경하에 탄생했기에 기독교에 대한 일종의 면역 체계를 가지고 있어서 기독교의 핵심 진리에 대해서도 별다른 반응을 보이지 않는다고 볼 수 있다.

무슬림들은 알라(Allah)로부터 네 가지 계시, 즉 모세의 율법, 다윗의 시편, 예수의 복음서, 무함마드의 꾸란을 받았다고 믿고 있다. 이 말은 무슬림들도 구약성경과 복음서를 알라의 계시로 받아들인다는 뜻이다. 선교사들은 이러한 점을 복음 전도의 접촉점(point of contact)으로 삼아 잘 활용해야 한다.

문제는 무슬림들이 나중 계시가 이전 계시보다 더 큰 힘을 갖는다고 믿고 있다는 사실이다. 다시 말해 예수의 복음서가 모세의 율법보다 더 권위를 지니고 알라의 마지막 계시인 꾸란이 복음서보다 더 우월한 최고 권위를 지닌다는 것이다. 예컨대 꾸란의 내용이 복음서와 다른 경우에 (실제

---

4   R. Park Johnson, *Middle East Pilgrimage* (New York: Friendship Press, 1958), 142.

로 다른 내용이 나오는데) 무슬림들은 꾸란의 내용은 옳고 복음서는 틀렸다고 믿는다.

2) 이슬람은 예수의 신성과 십자가 죽음을 부인한다

예수는 꾸란에 여러 차례 언급되어 있고 예수의 이름이 나올 때마다 영예로운 호칭으로 불린다. 예수는 마리아의 아들, 위대한 선지자, 심지어 죄가 없는 사람으로 묘사되어 있다. 꾸란에는 예수가 여러 차례 기적을 행했다는 사실도 기록되어 있다. 그러나 꾸란의 예수는 신약 복음서의 예수와 두 가지 중요한 점에서 다르게 나타난다. 즉 예수의 신성(deity)과 죽음이 부인되고 있다.

예수의 신성에 대한 교리는 무슬림들이 가장 철저하게 혐오하는 교리이다. 하나님이 아들을 가지려면 반드시 부인을 두어야 하는데 이는 신성모독이라고 무슬림들은 생각한다. 또한, 하나님은 한분뿐이며 두 명의 하나님이 있을 수 없다고 믿는다. 알라 이외에 다른 신을 섬기는 것은 우상 숭배이고 꾸란에서 우상 숭배는 용서받을 수 없는 죄악이다. 만약 선교사가 예수의 신성에 대해 언급만 해도 무슬림 광신도는 흥분하여 그와 같은 신성 모독적 발언을 전적으로 경멸한다는 반응을 보일 것이다.

예수의 죽음에 대해서 꾸란은 예수가 십자가에서 죽지 않았다고 가르친다. 우주의 절대 주권을 가지신 알라가 선지자인 예수가 수치스러운 종말을 맞이하도록 허락하지 않을 것이기에 이런 죽음은 생각할 수 없는 것이다. 이러한 비극적 종말은 하나님의 속성에 대한 명예훼손이자 모독이라고 믿는다. 하나님은 그토록 극악무도한 행위를 허용하지도 그리고 허용할 수도 없으시다. 그러므로 예수는 십자가에서 죽지 않았다. 십자가에서 죽으려고 할 마지막 순간에 다른 사람이 대신 죽었고 예수는 휴거 당했다고 믿는 무슬림들도 있다.

위에서 언급한 이슬람 선교의 두 가지 장애물에 대한 어떤 해결책이 있는 것 같지는 않다. 이슬람권 선교사는 기독교와 이슬람 사이에 유사한 점을 많이 발견할 수 있으며, 이러한 유사점을 잘 이용하고 싶을 것임에 틀림없다.

그러나 조만간 그는 복음의 가장 핵심적인 주제인 '십자가'를 언급해야 할 때를 맞이한다. 그 순간 그는 넘을 수 없는 것 같은 커다란 장벽에 부딪치게 된다. 그는 기독교에 적대적인 다른 요소들을 제거할 수 있을지 모른다. 그러나 십자가에 대한 모욕을 없앨 수는 없다. 십자가와 예수의 신성은 결코 제거할 수 없는 장애물인 셈이다.

3) 이슬람 사회의 배교자에 대한 위협

가장 관대한 힌두교를 포함해 모든 종교는 본래의 신앙을 포기하고 다른 종교로 개종하는 사람들을 차별과 냉대의 눈초리로 바라본다. 그러나 이슬람에서는 배교법(Law of Apostasy)을 제정하여 이슬람을 부인하고 배교한 자들을 공동체가 죽이는 것을 허용하고 있다.[5] 물론 이 법은 헌법에 명시되어 있지 않고, 정부 차원에서 배교법을 집행하지는 않으나 꾸란에는 "누구든지 자기의 종교에서 배교하면 죽이라. 그는 이교도이기 때문이다"[6] 라는 배교자 처형에 대한 내용이 들어 있다. 이슬람에서 개종은 일방통행만 존재한다. 이슬람으로의 개종은 가능하지만 이슬람으로부터 개종은 불가능하다.

---

5 아프가니스탄, 브루나이, 이란, 모리타니, 카타르, 사우디아라비아, 카타르, 수단, UAE, 예멘 등에 이슬람 배교자 사형법이 존재한다. 특히 강성 이슬람의 득세와 함께 배교자에 대한 국가의 처벌 사례가 중동 이슬람 국가에서 증가하는 추세에 있다(역주).

6 꾸란 2:214.

4) 이슬람 사회의 결속성

이슬람에는 교회와 국가의 분리라는 것은 존재하지 않는다. 종교가 정치와 하나로 뗄 수 없을 정도로 밀접하게 얽혀있다. 무슬림에서 기독교로 개종한다는 것은 신앙의 변절자가 되는 것이며 국가의 반역자가 되는 것이기도 하다.

> 이슬람은 종교 이상의 것이다. 이슬람은 사람들의 삶을 완전히 규제하는 행동 규범이며 정치 조직이며 경제 제도이다. 그들에게 전부이며 완전한 것이기 때문에 위대한 실용적인 종교다. 무슬림은 알라와 알라의 법에 모든 것을 굴복한 자이며 다른 무슬림과 함께 사회를 구성해 나간다.[7]

이러한 결속력으로 인해 무슬림들이 기독교로 개종할 것을 고려하는 데 가로막는 요인으로 작용한다는 것에는 의심의 여지가 없다.

> 무슬림들은 서로 대단한 결속력으로 연결되어 있고 이러한 결속력은 종교에 대한 광적인 헌신으로 뭉쳐 있는데 이는 신앙과 애국심이 결합된 형태와 같다. 만약 이슬람을 저버리고 개종하여 다른 사람들에게 국가의 반역자로 비춰지는 것이 얼마나 어려운 일인가를 깨닫는 것은 어렵지 않다. 또한, 배교자가 되는 것이 동료 무슬림들에게 매우 수치스러운 일로 간주되고, 조상 때부터 섬기던 신앙을 저버리고 어려서부터 가장 소중하고 성스러운 것으로 알고 있던 종교를 버리고 최대의 적으로 간주되어 온 종교(기독교)를 받아들이는 것이 무슬림에게 무엇을 의미하는지를 추측하는 것은 어려운 일이 아니다.[8]

---

7 Freeland Abbott, *Islam and Pakistan* (New York: Cornell University Press, 1968), 181.
8 Nazmul Karim, "Pakistan and Islamic State" *Muslim World* 43 (October 1953): 254.

이러한 상황 때문에 영국 동인도회사 식민지 관리들이 특정 지역의 기독교 선교사들이 이슬람 지역에서 선교 활동을 벌이지 못하도록 했던 이유이기도 했다. 식민지 관리들은 무슬림들이 집단으로 소요 사태를 일으킬까봐 두려워했던 것이다. 그러므로 식민지를 안전하게 관리하고자 선교사들의 활동을 막았던 것이다.

물론 중동 지역에서 기독교회들이 소수 종교로서 특별한 권리와 특권을 누려왔던 것이 사실이다. 교회는 자녀들에게 세례를 베풀고 젊은이들을 결혼시키고 장례 예식을 거행할 수 있었다. 예배는 지정된 교회 건물 안에서 드리는 경우에는 허용되었지만 무슬림을 개종하려는 전도 활동은 처벌을 받게 되어 있었다. 이런 제약으로 인해 이슬람 치하의 교회는 항상 자체 교인들 관리만 해왔고 수 세기를 거치면서 고립 집단으로 게토화되었던 것이다. 이슬람 지배하의 그리스도인들은 무슬림 이웃들에게 전도하려는 시도를 전혀 하지 않았을 뿐만 아니라, 서구 선교사들이 들어와 전도하는 행위를 호의적으로 보지도 않았다.

5) 이슬람 신앙의 공적 실천

서구의 그리스도인들과 달리 무슬림들은 자신들의 종교를 겉으로 드러내 보인다. 이슬람은 삶의 모든 영역에 스며들어 있는 종교이고 개인적인 영역보다 공적으로 더 많이 실행에 옮기는 편이다.

> 무슬림들과 친분이 있는 사람들은 그들의 삶에서 종교가 차지하는 비중이 매우 크다는 사실에 강한 인상을 받게 된다. 유대인들을 제외하면 그 어떤 사람도 무슬림들처럼 종교 관습을 충실하게 지키는 사람들이 없음을 알게 된다. 이슬람 세계의 경우에 종교는 여러 규정과 필수 요건을 추종자들의

삶의 모든 영역에서 영향을 미치고 있다.[9]

무슬림이 되기 위해서 반드시 지켜야 할 다섯 가지 의무 사항(5대 기둥) 중의 하나는 기도이다. 매일 다섯 번의 기도 시간을 지켜야 한다. 이슬람 사원의 첨탑에서 기도 시간을 알리는 소리가 들리면 모든 신실한 무슬림은 그때 무엇을 하고 있든지 간에 혹은 어디에 있든지 간에 기도 방석을 깔고는 메카를 향해 기도를 한다. 농부는 들판에서, 교사는 교실에서, 상인은 시장에서, 여행자는 길 위에서, 죄수는 교도소에서 모두 무릎을 꿇고 머리를 땅에 대며 기도문을 외운다. 수만 명의 무슬림이 다 같이 흰 옷을 입은 채로 집단 기도를 드리는 모습은 감동을 준다.

이러한 기도가 일 년에 한두 차례 특별한 절기 때에만 드려지는 것이 아니라, 일 년 내내 그리고 매일 다섯 번에 걸쳐 행해진다. 주변의 모든 무슬림이 무릎을 꿇고 기도할 때 혼자 외롭게 서 있는 사람은 사람들의 주목을 끌 수밖에 없다. 무슬림이었다가 기독교로 개종한 사람이나 그리스도 안에서 새로운 삶을 고려하는 사람이 군중 속에서 드러나지 않을 방법이 전혀 없다. 그는 자기 신분을 숨기고 여행을 하기도 불가능하다.

6) 십자군 전쟁의 나쁜 기억

서구의 그리스도인들에게 십자군 전쟁은 악몽이었기 때문에 기억하지 않는 경향이 있다. 그러나 아랍인들에게 십자군은 이슬람에 대한 기독교의 증오심을 보여주는 확실한 증거였다. 800년의 긴 세월이 흘렀지만 아랍 사람들은 아직도 십자군 전쟁에 관한 기억을 지우지 못하고 있다. 오늘까지도 십자군 전쟁은 이슬람 세계에 쓰라린 경험으로 남아 있다.

십자군 전쟁이 기독교회가 저지른 최대의 실수였다는 점에는 의심의 여

---

[9] Charles Watson, *What Is This Moslem World?* (New York: friendship Press, 1937), 53.

지가 없다. 십자군의 가장 쓰라린 결과는 기독교와 이슬람 사이에 적대적인 관계를 낳았다는 것이다. 교회가 팔레스타인 성지를 회복하기 위해 전쟁을 일으켰다는 사실 자체가 기독교 신앙을 부인하는 행동이 되어 버렸다. 한때 이슬람 공격의 희생자였던 교회가 이제는 공격자가 되어 버린 것이다. 무엇보다 십자군의 행위는 기독교의 본질인 사랑을 버리고 전쟁과 무력을 신성한 것으로 만들려고 했다는 점에서 예수의 가르침을 부인하고 초대교회의 실천에 대조되는 행위였다.

더구나 십자군들이 그리스도의 이름으로 저지른 잔학 행위는 이슬람교도들의 마음에 지울 수 없는 상처를 남겼다. 1099년 마침내 예루살렘을 탈환한 십자군이 1,000명의 수비대를 몰살시킨 것에 만족하지 않고 거의 70,000명의 무슬림들을 잔혹하게 학살하기에 이르렀다.

이후 생존한 유대인들을 회당 안에 몰아넣고 산 채로 화형시켰다. 그러고 나서 십자군들은 성묘교회로 몰려가 완전한 승리를 주신 하나님께 아무런 거리낌도 없이 감사 예배를 드렸다. 오늘까지도 그리스도인들의 잔혹성과 복수심에 대한 소문은 중동 지역에서 사역하고 있는 선교사들의 목에 연자맷돌처럼 둘려져 있다. 몇몇 아랍 작가들은 지금도 그리스도인들을 십자군이라고 지칭하고 있다. 대학생선교회(Campus Crusade for Christ)가 중동 지역으로 진출했을 때 십자군이라는 용어 때문에 그 명칭을 다른 이름으로 바꾸어야만 했던 것도 이해할 만한 것이었다.

4. 이슬람 세계의 틈새를 이용한 선교 방안

이슬람 세계의 토양이 복음을 받아들이기에 척박함에도 불구하고 비록 아주 작지만 틈새들이 생겨나기 시작하고 있다.

1) 인권운동의 확산

지미 카터(Jimmy carter, 1924-) 대통령이 인권운동을 시작하기 훨씬 전에 국제연합(UN)은 '세계인권선언문'(Universal Declaration of Human Rights, 1948)을 채택했다. 세계인권선언문 제18조에서 강한 어조로 종교의 자유에 대해 다음과 같이 선언하고 있다.

> **세계인권선언문(제18조)**
> 모든 사람은 사상, 양심 및 종교의 자유에 대한 권리를 가진다. 이러한 권리는 종교 또는 신념을 변경할 자유와, 단독으로 또는 다른 사람과 공동으로 그리고 공적으로 또는 사적으로 선교, 행사, 예배 및 의식에 의하여 자신의 종교나 신념을 표명하는 자유를 포함한다.

여기에 많은 이슬람 국가를 포함해 대부분의 UN 회원 국가들이 이 선언서에 서명했다. 그렇다고 해서 모든 나라가 제18조 항목을 이행할 준비가 되었다는 것을 의미하지는 않지만, 적어도 이슬람 국가들이 서명을 했다는 점이 중요하다. 1975년 유럽의 35개국이 '헬싱키 협약'(Helsinki Agreement)에 서명한 데서도 나타났듯이, 선언서 서명과 그 약속의 이행 사이에는 언제나 차이가 있게 마련이다.

그러나 미래에 점점 종교의 자유 문제가 중요한 이슈가 되고 있다는 데는 의심의 여지가 없다. 이슬람 국가이건 공산주의(사회주의) 국가이건 간에 현대 세계에 발맞추어 살아가기 위해서는 이러한 현실적 문제를 받아들이지 않으면 안 된다.

영국의 역사가 아놀드 토인비(Arnold Toynbee, 1889-1975)는 지성인이 물려받은 종교와 상관없이 자신의 종교를 선택할 정보와 능력을 보유할 때가 이미 도래했고 점점 더 많은 것을 스스로 선택하게 될 것이라고 주장했다. 그렇다면 이슬람 정부들이 자국 국민들을 어린아이 취급하는 일이 오랜 기간 지속되지는 못할 것이다. 이슬람 국가들이 국민들에게 종교적 자유를 허락할 수밖에 없을 때가 언젠가 올 것이다.

2) 서방 세계와의 접촉 증가

매년 수천 명의 무슬림들, 특히 젊은 학생들이 유럽과 미국을 방문한다. 그들은 여행, 사업, 유학, 기술 연수 등의 목적으로 여러 서구 국가들을 방문하고 있다. 그곳에 머무르는 동안 그들은 서구 사회의 개방성, 관용 정신, 공정한 태도 그리고 무엇보다 종교의 자유를 느끼게 된다. 무엇보다 그들은 서방 세계가 지닌 다원주의 사회의 특성에 깊은 인상을 받을 수밖에 없을 것이다. 세계 모든 곳에서 교육받은 사람들이 그렇지 못한 사람들보다 더욱 관용적인 경향을 보인다. 무슬림들이 고등교육을 더 많이 받을수록 관용 정신이 이슬람 세계에 더욱 퍼져 나갈 것이다.

소도시나 마을에서 뮬라(mullah, 이슬람교의 법과 교리에 정통한 학자)가 미치는 엄청난 영향력이 없다면 종교의 자유는 현재보다 더욱 더 확대되었을 것이다. 이슬람 정부의 고위 관리들은 이슬람 사회의 일반 여론 때문에 자국 내의 기독교 활동을 탄압하라는 압력을 받게 될 때 매우 당황하게 된다. 이슬람에서 온 선교사들은 기독교 국가에서 자유롭게 포교활동을 하고 있다.

그렇다면 이슬람 국가들은 기독교 선교사들에게 그에 상응하는 선교 활동의 자유를 언제 허락할 것인가?

완전한 종교의 자유가 주어진다면 수많은 무슬림이 기독교 신앙을 받아들이게 될 것이다.

3) 이슬람 내 정치 상황의 변화

이슬람 국가에서 정치적 상황의 변화가 일어나고 있다. 사우디아라비아는 거의 금단의 국가였지만 오늘날 수만 명의 서구 기술자들이 그 나라의 정부를 도와 광대한 규모의 근대화를 시키면서 정치적 기류를 바꾸고 있다.

방글라데시가 파키스탄의 일부였을 때 이 나라는 꾸란의 가르침에 따라 통치되는 이슬람 국가였으나, 독립 운동의 지도자이자 초대 총리가 된 무지부르 라흐만(Mujibur Rahman, 1920-1975)은 방글라데시가 이슬람 국가가 아니라 일반 자유 국가라고 선포했다.

이후 그는 여러 광신적 이슬람 정당을 해산시켰다. 만약 진정한 종교의 자유가 방글라데시에 정착된다면 우리는 더 많은 수의 무슬림이 기독교로 개종하는 모습을 볼 수 있을 것이다. 그리 쉬운 문제는 아니지만 이런 변화는 언제나 좋은 것이다. 이런 점에서 아프가니스탄도 마찬가지였다. 수세기 동안 이 나라도 꾸란으로 통치되던 이슬람 국가였다. 1973년 쿠테타 이후 제정된 새 헌법에는 꾸란에 대한 언급이 전혀 들어있지 않았다. 1979년 12월 구소련(USSR)의 아프가니스탄 침공이 이러한 상황을 완전히 바꾸었다.

1989년 소련은 아프가니스탄에서 군대를 철수시켰고 아프가니스탄에서는 1990년대에 들어서면서 정전 불안이 계속됐고 정부의 공백을 틈타 여러 군벌이 내전을 벌였다. 이 같은 혼란 속에 1997년에 정권을 잡은 탈레반은 엄격한 이슬람 규율로 무장하고 강력한 전제 이슬람 국가를 수립했다. 탈레반 정권의 비상식적인 정책들은 기독교 선교에도 직접적인 영향을 미치고 있다. 다른 종교로 개종하는 자에게 사형 선고를 하고, 또 개종을 시도하는 자에게도 사형을 선고한다고 했기 때문이다.

2001년 세계무역센터 폭파 사건(9.11 테러)을 계기로 2001년 11월 탈레반 정권을 무너뜨리고 현재 아프가니스탄 내 테러 근절을 위한 테러와의 전쟁을 계속하고 있다.[10] 이처럼 1979년 소련의 아프가니스탄 침공에서

---

10 2020년 2월 29일 미국 정부와 탈레반이 18년 만에 카타르 도하에서 평화 협정에 서명하고 탈레반은 무장 테러 단체의 활동을 자제시키고, 미군과 국제 동맹군이 14개월 (2021년 5월) 안에 철수한다는 안에 합의했다(역주).

시작된 서방과 이슬람 사이의 긴 갈등의 역사를 이해할 필요가 있다.

4) 미디어를 통한 다양한 복음 전파

한동안 이슬람 국가들은 자국민들이 외부 세계와 갖는 모든 접촉을 완벽하게 차단시킬 수 있었다. 하지만 이제는 이런 차단이 불가능하다. 세계 도처의 기독교 방송국들이 매일 이슬람 세계를 겨냥하여 복음 방송을 보내고 있다. 이전에는 기독교 라디오 방송이 이슬람권을 겨냥한 주요 전도 수단이었으나, 1990년대 후반 인터넷(internet)이 활성화되기 시작하면서 오늘날에는 인터넷 방송이나 위성 TV 등을 활용해 이슬람 국가들에게 복음을 전할 수 있다. 외출과 사회 활동이 자유롭지 못하고 집 안에서 많은 시간을 보내는 이슬람 여성들과 교회를 찾아오지 않고, 노출되지 않고 외부와 차단된 집안에서 무슬림들은 전 세계의 방송을 시청할 수 있다. 이처럼 인터넷 등 다양한 미디어를 통한 복음 전파는 영적 기근에 놓여있는 이슬람 세계에 새롭게 열린 유용한 이슬람 선교전략이다.

5) 이슬람 선교의 열린 문과 닫힌 문

다른 세계와 마찬가지로 이슬람 세계는 많은 변화를 겪었다. 이슬람권의 변화는 기독교 선교에 큰 영향을 미친다. 이러한 변화는 이슬람 선교를 위한 문을 열어주는가 하면 닫기도 하기 때문이다. 예컨대, 1964년 남수단(Southern Sudan)은 17년간의 내전으로 선교 활동이 불가능했다. 그러다가 1970년대 중반에 선교사들이 다시 입국했다. 소말리아는 1953년에 기독교 선교사들에게 문호가 개방되었으나 20년 후에 다시 닫히고 말았다.

1973년 대부분의 선교사들은 아프가니스탄으로부터 추방되고 몇몇 선교사만 잔류 허가를 받았다. 2001년 미군 주둔 이후 탈레반이 붕괴된 뒤에 기독교 개종자들이 증가했으나 핍박과 어려움으로 2005년경 이후 신앙의 자유를 찾아 떠났으며 수천 명의 교인들이 은밀히 신앙을 지켜 나가는 것으로 보도되었다.

2010년 12월 북아프리카 튀니지에서 촉발되어 중동 국가들과 북아프리카로 확산된 이른바 '아랍의 봄' 민주화 시위 이후 이슬람 국가의 소수 종교에 대한 핍박이 더욱 강화된 것으로 나타났다. 아랍의 봄 이후 기존의 독재 정권이 무너진 후에 민주주의가 정착되지 못하면서 혼란과 무정부 사태가 심화되고 '이슬람 국가'(IS)와 같은 극단주의 세력이 발호하면서 사태가 더 악화되어갔기 때문이다.

최근 미국의 여론 조사 기관인 '퓨리서치센터'(Pew Research Center)에 의하면 이집트, 사우디아라비아, 이란, 시리아, 리비아, 이라크, 파키스탄 등은 종교 탄압이 매우 심각한 국가로 나타났다. 이처럼 이슬람권의 정치적 변화에 따라 선교사들이 추방되기도 하고 다시 입국하기도 하며 비거주적 선교사들의 역할이 중요하게 되었고 기독교 선교 활동이 조용히 이루어지고 있다.

6) 인도네시아의 종교 자유와 선교 열매

인도네시아는 진정으로 종교의 자유가 있는 나라다. 그 결과는 매우 놀라운 데 전 세계 모든 이슬람 국가에서 개종하는 숫자보다 더 많은 개종자가 인도네시아 무슬림 중에서 생겨났다는 것이다. 이 나라에는 전 세계에서 가장 많은 무슬림이 거주하고 있다. 그럼에도 불구하고 인도네시아는 이슬람 국가가 아니며 국가가 지정하는 6개 종교(이슬람, 힌두교, 불교, 기독교, 가톨릭, 유교)를 국가 공인 종교로 존중하고 있다.

인도네시아 헌법 전문에는 '빤짜실라'(Pancasila)라고 불리는 인도네시아의 다섯 가지 건국이념이 언급되어 있다. 다섯 가지 원칙은 다음과 같다.

① 유일신에 대한 믿음
② 인간의 존엄성
③ 인도네시아의 단결
④ 합의와 대의제를 통한 민주주의
⑤ 사회정의 구현

비록 이슬람이 주요 종교(87%)를 차지하고 있지만 인도네시아 정부는 그 외 다섯 개 종교(힌두교, 불교, 기독교, 가톨릭, 유교)를 국가 공인 종교로 존중하고 있다.

인도네시아의 이슬람은 타종교에 대해 상당히 관용적인 경향을 보이고 이 나라에는 두 종류의 이슬람(명목상의 무슬림과 급진적 무슬림)이 공존하고 있다. 인도네시아가 관용적인 데는 두 가지 이유가 있다.

첫째, 이슬람의 본거지인 중동 지역으로부터 멀리 떨어져 있는 이슬람 공동체일수록 덜 급진적이다.
둘째, 역사적으로 보면 인도네시아 사람들은 종교를 여러 번 바꾸었다.

정령 숭배(animism)에서 힌두교로, 힌두교에서 불교로 바뀌었고 그 후 불교에서 이슬람으로 바뀌었다. 이제 이슬람교도 중에서 많은 사람이 기독교로 개종하고 있다. 이처럼 인도네시아 사람들의 의식 속에는 다른 종교와 마찬가지로 이슬람도 외래 종교라는 생각이 잠재되어 있고 실제로 이슬람은 외국에서 전래된 종교였다.

7) 이슬람 선교에 대한 낙관주의

수 세기 동안 그리스도인들은 이슬람 세계를 기독교 복음의 무기가 아무런 효과 없는, 공략할 수 없는 성곽이라고 간주하는 경향이 있었다. 그러나 이러한 생각이 바뀌고 있다. 신중한 태도를 견지하면서도 이슬람 선교에 대한 낙관주의적 목소리가 고조되고 있다. 하나님께서 예비하신 이슬람 선교의 때가 된 것 같다는 의견들이 개진되고 있다. 무슬림 선교에 대한 세미나가 도처에서 열리고 있고 이슬람 선교에 관한 저술들이 출간되고 있다.

그리스도인들은 성령께서 무슬림들의 마음 문을 열어 그들의 영혼을 구원할 수 있는 말씀을 온유함으로 받아들이도록 그들의 회심을 위해 과거 어느 때보다 더 간절히 기도하고 있다(약 1:21). 오늘날 중동 지역에서 세계 선교 역사상 그 전례가 없을 정도로 무슬림들의 개종이 빈번하게 일어나고있다. 특히 꿈과 환상을 통해 주님을 직접 만나고 예수를 믿게 된 사람들이 많이 생겨나고 있다.

이슬람 세계의 변화에 대해 레바논 베이루트에서 사역하던 '팀선교회'(TEAM)의 해리 제니트(Harry Genet) 선교사는 다음과 같이 보고한다.

> 지난 수십 년 동안 대도시로의 이주, 세속적인 고등 교육 등으로 외부 세계와의 접촉이 증가됨으로써 이슬람 세계는 점점 약화되고 있다. 이와 동시에 기독교 신앙을 접할 수 있는 개방적 상황이 늘어나고 있다. 한때 난공불락이라고 여겨지던 중동 지역에 승리의 깃발을 꽂게 될 것이다.[11]

아무도 중동의 이슬람 국가들이 변화하고 있다는 사실을 부인할 수는 없을 것이다. 이런 상황에서 이슬람이 무슬림들의 마음을 얼마나 더 완강하게 붙들고 있을지 두고 보아야 할 것이다.

---

11 "Penetrating the Muslim World," *Moody Monthly*, May 1974, 63.

제10장

1910년 에딘버러 세계 선교사 대회의 역사적 의의

1910년 스코틀랜드 에딘버러(Edinburgh)에서 열렸던 세계 선교사 대회(World Missionary Conference)는 개신교 선교 역사에서 개최되었던 여러 선교사 대회 중에 가장 중요한 선교사 대회로 평가된다. 에딘버러 세계 선교사 대회는 윌리엄 캐리 이후 본격화되었던 개신교 선교가 유럽을 중심한 지역 종교에서 벗어나 세계적 기독교(global Christianity)로 변신하는 이정표를 마련한 선교대회였다. 개신교 선교 역사 관점에서 보면, 이 대회는 19세기의 거의 모든 선교지역에서 가장 활발하고도 광범위하게 이루어진 다양한 교파 선교회에 속한 수많은 선교사의 협력의 토대 위에 개최된 선교사 대회였다.

에딘버러 세계 선교사 대회를 온전히 이해하기 위해서는 1806년에 역사상 처음으로 세계 선교사 대회를 제안했던 윌리엄 캐리부터 1850년대부터 아시아, 아프리카, 남아메리카의 선교지와 영국과 미국의 선교 본국에서 개최되었던 19세기의 여러 선교사 대회와 논의된 주제들을 살펴보아야 한다. 이 대회는 그 이전에 열렸던 여러 선교대회의 바탕 위에 개최되었기 때문이다.

본 장에서는 캐리의 세계 선교사 대회 제안의 배경과 1850년대부터 인도, 중국에서 개최되었던 선교사 대회들이 1910년 에딘버러 세계 선교사 대회에 어떤 영향을 주었는지를 살펴본 후, 에딘버러 선교 정신이 오늘날 한국교회의 선교에 시사하는 교훈과 도전을 생각해 본다.

1. 캐리의 초교파 세계 선교사 대회 제안

근대 개신교 선교 운동의 물꼬를 튼 윌리엄 캐리는 1792년 선교사로 나가기 전에 발간한 선교 소논문 『이교도 선교방법론』에서 당시 개신교회에 널리 만연하던 극단적 예정론을 정면으로 논박했다.[1] 캐리는 주님의 지상 명령은 지상의 모든 교회가 순종하여 추진해야 할 선교 사명(obligation)으로 이해했고, 구체적 선교수단(means)으로 교파별로 선교회를 조직할 것을 제안했다. 선교지에 나가기 전에 캐리는 "현재 여러 교파로 분열되어 있는 기독교계(Christendom) 상황에서는 연합하여 선교 사업을 추진하기보다는 각 교파가 개별적으로 추진하는 것이 가장 효과적인 방법"이라고 생각했다.[2]

캐리는 여러 교파 선교사들과 협력할 수 있는 방안에 대해 다음과 같이 제안하고 있다.

> 남의 터에 들어가서 방해할 필요 없이 우리 모두가 일할 수 있는 선교지역은 충분하다. 그러므로 만일 비우호적으로 다른 선교부의 선교지역을 침범하는 일만 발생하지 않는다면, 한 교파의 선교부가 다른 교파 선교부에 호의를 베풀 수 있고 다른 교파의 선교사역이 성공하도록 기원할 뿐 아니

---

1 Kenneth Cracknell, *Justice, Courtesy and Love: Theologians and Missionaries Encountering World Religions, 1846-1914* (London: Epworth Press, 1995), 20-22.

2 윌리엄 캐리, 『이교도 선교방법론』(*An Enquiry into the Obligations of Christians To Use Means for the Conversion of the Heathens*), 변창욱 번역·주해 (서울: 장로회신학대학교 세계선교연구원, 2020), 103.

라 기도할 수 있게 될 것이다. 왜냐하면, 교파 선교부 사이에 마찰이 일어나지 않으면 한 교파 선교회는 다른 교파 선교회를 위대하고 참된 신앙의 전파를 위해 노력하는 동역자로 간주할 수 있게 되기 때문이다.[3]

이후 선교지 인도에서 사역한 지 13년 되던 해인 1806년 5월 15일 캐리는 "전 세계의 여러 지역에서 사역하는 모든 개신교파의 선교사를 위한 전체 모임"을 10년마다 개최할 것을 제안하면서 그 첫 모임을 1810년 혹은 늦어도 1812년에 희망봉에서 개최하자고 했다.[4] 선교지에 나가기 전의 생각이 바뀌어 선교지에서 타교파 선교사들과 협력의 필요성을 절실히 느끼게 된 것이다. 해외 선교는 이처럼 한 교파의 힘만으로는 감당할 수 없는 거대한 사업이며 선교는 교파를 초월한 협력 혹은 에큐메니칼 협력을 위한 중요한 기회와 장을 마련해 주게 된다.

캐리는 세계의 모든 선교사들이 한 자리에 모이는 초교파 '세계 선교사대회'가 필요한 이유에 대해 다음과 같이 주장한다.

우리는 2년 혹은 3년에 걸친 서신 왕래보다도 2시간의 대화를 통해서 다른 선교사를 서로 더 잘 이해할 수 있게 되고, 또한 다른 선교사의 입장에서 서로를 온전히 더 깊이 잘 알 수 있게 된다.[5]

---

[3] 윌리엄 캐리, 『이교도 선교방법론』, 104.
[4] E. D. Potts, *British Baptist Missionaries in India, 1793-1837* (London: Cambridge University Press, 1967), 53; Kenneth Scott Latourette, *These Sought A Country* (New York: Harper & Brothers Publishers, 1950), 34-35.
[5] Eustace Carey, *Memoir of William Carey, D. D., Late Missionary to Bengal, Professor of Oriental Languages in the College of Fort William, Calcutta* (Boston: Gould, Kendall and Lincoln, 1836), 364; Ruth Rouse, "William Carey's Pleasing Dream," *International Review of Mission* 38 (April 1949): 181-192; Kenneth Scott Latourette, "Ecumenical Bearings of the Missionary Movement and the International Missionary Council," in Ruth Rouse and Stephen Neill, eds., *A History of the Ecumenical Movement, 1517-1948* (Philadelphia: The Westminster Press, 1954), 355; K. S. Latourette, *These Sought A Country*, 35.

캐리의 제안에 대해 침례교 선교부 총무 앤드루 풀러(Andrew Fuller)는 '유쾌한 망상'(pleasing dream) 같은 이야기라며 이를 일축해 버렸다.[6] 그러나 당시에 허망해 보였던 캐리의 선교사 대회 제안은 불과 반(半)세기가 채 되지 않아서 이루어지기 시작했다. 1820년대부터 선교지에서 여러 교파 선교사 간에 다양한 형태의 친교 모임이 일어나기 시작했고 1850년대에 접어들면서 선교지에서 지역별 선교사 대회가 열리기 시작했으며, 1870년대 말 이후 선교사를 파송한 본국인 영국과 미국에서 거대한 규모의 선교사 대회가 개최되기 시작했다.

캐리의 제안에 따라 선교 현장의 문제를 토의하기 위한 초교파 선교사 대회는 대략 10년마다 개최되었다. 런던 선교사 대회(1878, 1888), 뉴욕 에큐메니칼 선교사 대회(1900), 에딘버러 세계 선교사 대회(1910) 등이 그 대표적인 예이다. 이 중 에딘버러 세계 선교사 대회는 캐리가 선교사 대회를 제안한 지 정확하게 100년 만에 그의 열망을 실현시키는 대회가 된 셈이었다. 1910년 에딘버러 세계 선교사 대회는 19세기 위대한 세기의 선교 운동을 정리하며 20세기 에큐메니칼운동을 태동시키는 계기를 마련하는 대회가 되었다.[7]

2. 에딘버러 세계 선교사 대회 이전 19세기의 선교사 대회

본격적인 선교사 파송이 시작된 19세기 초엽부터 인도, 중국, 일본, 아프리카, 남미의 선교사들은 서로 만나 선교에 대해 논의하며 필요한 정보

---

[6] S. Pearce Carey, *William Carey* (London: The Carey Press, 1934), 268-269; K. S. Latourette, *These Sought A Country*, 35.
[7] 브라이언 스탠리(Brian Stanley)는 이러한 캐리의 제안은 "교파주의적 현실주의"(Denominational Realism)와 "에큐메니칼 이상주의"(Ecumenical Idealism)가 혼합된 절충안이었다고 평가했다. Brian Stanley, *The History of the Baptist Missionary Society* (Edinburgh: T & T Clark, 1992), 21.

를 교환했다. 교파 교회 설립을 위해 파송 받았지만 선교사들은 선교지에서 교파를 초월해 함께 어울리며 다양한 형태의 친교 모임을 가지기 시작했고 이는 점차 지역별 선교사 대회로 발전되어 갔다.

기록에 의하면, 1825년 11월 인도 봄베이(Bombay)에서 영국과 미국의 선교사들이 초교파 친교 모임이 시작되었다. "개혁교회 신앙"을 수용하는 개신교 선교사들이 모여 인도 선교에 대한 여러 의견을 교환하던 중에 이 모임은 "봄베이선교사연합회"(Bombay Missionary Union)로 개명되었다.[8]

이처럼 1820년대에 친목이나 식사 모임으로 시작된 선교사 모임은 1850년대에 접어들면서 선교사 대회로 공식화되고 정기적 모임으로 바뀌기 시작했다. 특히 1860년대 이후 인도, 중국 등지에서 개최되던 선교사 대회와 영국과 미국에서 열렸던 교단 선교부간 총무 회의의 여러 초교파 모임은 마침내 1910년 에딘버러 세계 선교사 대회의 내용이나 형식에 직접적이며 결정적인 영향력을 미치게 된다.

1) 인도 선교사 대회(1855-1902)

선교사 대회 중에서 인도와 중국에서 개최된 선교사 대회의 형식과 절차는 1910년 에딘버러 세계 선교사 대회에 직접적인 영향을 주었다. 먼저 아시아에서 가장 오랜 역사를 자랑하며 가장 이른 시기에 그리고 가장 빈번하게 개최되었던 인도의 역대 선교사 대회와 그 특징을 살펴보면 다음과 같다(괄호 안은 참석 선교사 수와 참여 선교회 수).

---

8 William Richey Hogg, *Ecumenical Foundations: A History of the International Missionary Council And Its Nineteenth-Century Background* (New York: Harper & Brothers, Publishers, 1952), 18.

(1) 북인도 선교사 대회(1855-1863)[9]

① 제1회 북인도 선교사 대회(1855.9.4-9.7.): 캘커타(55명-6개)
② 제2회 북인도 선교사 대회(1857.1.6-1.9.): 바나레스(31명-5명 현지인)
③ 제3회 북인도 선교사 대회(1862.12.26-1863.1.2): 캘커타(55명-8명 현지인)

(2) 남인도 선교사 대회(1858-1900)[10]

① 제1회 남인도 선교사 대회(1858.4.19-5.5): 오타카문드(31명-8개)
② 제2회 남인도 선교사 대회(1879.6.11-6.18): 뱅갈로어(118명-15개)
③ 제3회 남인도 선교사 대회(1900.1.2-1.5): 마드라스(160명 대표-24개)

1850년대 중반 이후 1900년까지 북인도와 남인도에서 개최된 여러 선교사 대회 중에서 1900년 마드라스(현 첸나이)에서 열렸던 제3차 남인도선교사 대회는 10년 뒤에 개최된 1910년 에딘버러 세계 선교사 대회의 형식과 절차에 직접적으로 가장 커다란 영향을 준 대회였다.[11] 1900년 이전에 열렸던 여러 선교대회들과 달리 마드라스 선교사 대회는 그 조직과 운영 절차 면에서 다음과 같은 특징을 지니고 있었다.[12]

첫째, 1900년 남인도 선교사 대회(마드라스)부터 선교사들은 자기가 속한 선교회 "대표"로 참석하기 시작했다.

---

9 W. R. Hogg, *Ecumenical Foundations*, 18-20.
10 W. R. Hogg, *Ecumenical Foundations*, 20-23.
11 Ninan Koshy, *A History of the Ecumenical Movement in Asia*, Vol. I (Hong Kong: World Student Christian Federation Asia-Pacific Region, 2004), 49.
12 W. R. Hogg, *Ecumenical Foundations*, 17, 20-23.

둘째, 마드라스 선교사 대회부터 선교대회 결의문이나 권고문의 효력이나 구속력이 강해지기 시작했다. 마드라스 선교사 대회 이전에 개최된 선교사 대회의 경우 선교사들의 토의 후에 그 내용이 선교 선언문이나 결의문 형태로 발표되었지만 아무런 힘이 실리지 않았다.
셋째, 마드라스 선교사 대회에서부터 각 선교회의 선교사 숫자에 비례하여 선교사 대회에 대표로 참석하게 하는 선교사 대회의 규정이 생겨나기 시작했다.
넷째, 위원회별로 하나의 주제(subject)가 주어지고 각 위원회는 결의문 초안을 전체 회의에 상정하여 토론을 거친 후 최종 실행에 옮기게 되었다.
다섯째, 마드라스 선교사 대회부터 위원회 보고서, 결의문 그리고 선교 통계를 포함하는 간결하고 일목요연한 보고서가 자료집으로 출판되었다.

이처럼 1900년 마드라스 선교사 대회는 1910년 에딘버러 세계 선교사 대회뿐 아니라 이후의 여러 에큐메니칼선교대회의 조직과 회의 절차에 있어 좋은 본보기를 제공해 주었다. 마드라스 선교대회의 절차를 보면, 선교회 대표들은 '위원회'에 배속되고 각 위원회는 한 주제에 대한 잠정적인 결의문을 초안하여 전체 회의에 상정하면 전체 회의에서 각 위원회 보고서를 놓고 토론한 후에 최종 안으로 통과시켰다.

(3) 10년마다 개최되는 전(全)인도 선교사 대회(1872-1902)[13]

인도에는 북인도와 남인도에서 제각기 열리던 선교사 대회 이외에 1872년 이후 10년마다 개최되던 전(全)인도 선교사 대회가 있었다. 전인도선교사 대회는 이전의 선교사 대회보다 참여 규모가 컸고, 특히 현지 교회

---
13 W. R. Hogg, *Ecumenical Foundations*, 23-25.

지도자들의 비교적 높은 참여도와 활발한 의견 개진이 있었다. 전인도 선교사 대회와 특징을 살펴보면 다음과 같다(괄호 안은 참여한 선교사와 선교회 숫자).

① 제1회 전인도 선교사 대회(1872.12.26-1873.1.1.): 알라바하드(136명-19개)
② 제2회 전인도 선교사 대회(1882.12.28-1883.1.2.): 캘커타(475명-27개)
③ 제3회 전인도 선교사 대회(1892.12.29-1893.1.4.): 봄베이(620명-40개)
④ 제4회 전인도 선교사 대회(1902.12.11-12.18.): 마드라스(286명-55개)

1902년 개최된 제4회 전인도 선교사 대회는 1900년 마드라스에서 열린 남인도 선교사 대회의 규정을 따르도록 결의했다. 이 결의에 따라 1902년 마드라스 전인도 선교사 대회는 직전에 있었던 1900년 마드라스의 남인도선교사 대회를 모방하여 위원회 체제로 운영되었고 선교사 숫자에 비례하여 선교사 대회 참석자 수를 배정했다. 1902년의 마드라스 전인도 선교사 대회는 향후 개최될 1910년 에딘버러 세계 선교사 대회의 절차에 커다란 영향을 미쳤다.[14]

종합하면, 1900년 마드라스 남인도 선교사 대회는 1902년 마드라스 전인도 선교사 대회에 영향을 주었고, 이 대회는 다시 1907년 중국 개신교 선교 100주년 기념 선교사 대회에 영향을 주었으며, 이 대회는 다시 1910년 에딘버러 세계 선교사 대회의 운영과 조직에 많은 영향을 끼쳤다.

---

14 Brian Stanley, *The World Missionary Conference, Edinburgh 1910* (Grand Rapids, MI: William B. Eerdmans Publishing Company, 2009), 26-28, 33-34; W. R. Hogg, *Ecumenical Foundations*, 24-25.

2) 중국 선교사 대회(1877-1907)

인도의 선교사 대회의 참여자 대부분이 영국 선교사였다면 중국 선교사 대회의 참석자 대부분은 미국 선교사들이었다. 중국의 역대 선교사 대회와 그 특징을 살펴보면 다음과 같다.

(1) 제1회 중국 개신교 선교사 대회(1877)

중국 상해에서 1877년 5월 10일부터 24일까지 개최된 제1회 중국 개신교 선교사 대회는 20개 선교회에 소속한 126명의 선교사들이 참석했다. 이는 중국에서 처음 개최되는 선교사 대회였고 인도보다 20여 년 늦게 개최되었다. 1874년 8월부터 준비위원회가 모여 선교사들에게 회람용 편지를 보내 토의 주제 선정과 집필 선교사에 대한 의견을 청취해 방대한 주제 목록을 만들었다.[15] 일치, 협력, 연합, 선교지 분할 협정 등의 주제에 대한 여러 선교사의 논문 발표와 열띤 토의가 있었다. 또한 이 회의에서는 10년마다 중국 선교사 대회를 개최하기로 결의했다.[16]

(2) 제2회 중국 개신교 선교사 대회(1890)

제2회 중국 개신교 선교사 대회는 제1회 선교사 대회(1877)가 열린 지 13년이 지난 1890년 5월 7일부터 20일까지 36개 선교회에 소속한 445명의 선교사들이 참여한 가운데 중국 상해에서 열렸다. 이 대회는 제1회 중국선교대회와 1877년 런던 선교사 대회와 비슷하게 논문 발표와 토론 형식을 취했다.

---

15 *Records of the General Conference of the Protestant Missionaries of China, Held at Shanghai, May 10-24, 1877* (Shanghai: Presbyterian Mission Press, 1878), "Introduction," i-iii.
16 *Records of the General Conference of the Protestant Missionaries of China, Held at Shanghai, May 10-24, 1877*, preface, 1-4.

이 선교사 대회의 특징은 대회를 시작하기 전에 발표할 논문을 미리 배포한 것이었다. 1877년 예비위원회가 조직되어 선교사들에게 편지를 보내 선교사 대회 개최의 필요성, 개최 시기와 장소 등을 질의했고 재차 편지를 보내 선교사 대회의 주제와 발표자에 대한 의견을 수렴했다. 12명의 위원으로 구성된 총 19개 위원회가 작성한 17개의 보고서가 본 회의에 제출되었다. 주제 발표자와 토론자는 각 5분 이내에, 결의문 토론자는 3분 이내에 발언을 마쳐야 하는 시간 제한이 있었다.[17]

'선교사의 자질,' '선교방법에 관한 역사적 고찰,' '여성 독신 선교사,' '의료선교,' '자립,' '선교지 분할,' '조상 제사' 등의 문제가 심도 깊게 다루어졌다. 1877년 상해대회와 1888년 런던대회에서는 결의문 통과가 허용되지 않았으나, 1890년 제2회 중국 선교사 대회에서는 선교지에서 협력을 촉구하는 많은 결의문을 통과시켰다.[18]

(3) 중국 개신교 선교 100주년 기념 선교사 대회(1907)

1907년 봄, 상해에서 개최된 제3회 중국개신교 선교사 대회는 1807년 로버트 모리슨이 중국에 온 지 100년이 되는 해였기에 중국 개신교 선교 100주년 기념 선교사 대회로 지켜졌다. 10명 이하 선교사를 가진 선교회는 1명, 10명 이상인 경우 10명당 1명이 대표로 참여할 수 있었다. 당시 중국 전역의 개신교 선교사 3,445명 중에 약 1/3인 1,170명이 참여했다. 25년 이상된 선교사는 대표로 참여할 수 있었고 일반 선교사는 누구나 참여할 수 있었으나, 발언권과 투표권은 63개 선교회를 대표하는 509명에게만 주어졌다.

---

17 *Records of the General Conference of the Protestant Missionaries of China, Held at Shanghai, May 7-20, 1890* (Shanghai: American Presbyterian Mission Press, 1890), ix-xi, xxiv; W. R. Hogg, *Ecumenical Foundations*, 26-27.

18 *Records of the General Conference of the Protestant Missionaries of China, Held at Shanghai, May 7-20, 1890*, preface, xii; W. R. Hogg, *Ecumenical Foundations*, 27.

본 대회는 1900년 인도 마드라스 선교사 대회의 절차를 받아들이기로 결의했기에 이와 비슷한 방식, 즉 논문 발표, 토의, 결의문 발표의 형식으로 진행되었다. 12개 분과위원회에 하나씩 총 12개 주제가 할당되었고 각 분과에는 10-13명의 위원이 배당되었다. 분과위원장은 분과별 주제를 본 대회에서 발표했고 토론을 거친 후 결의문 채택이 있었다. 결의문 제안과 설명에는 15분이 할당되었다.[19]

3) 인도와 중국의 선교사 대회와 에딘버러 선교사 대회

인도와 중국에서 초교파 모임으로 개최되었던 여러 선교사 대회의 공통점과 차이점을 비교해 보면 다음과 같이 몇 가지 흥미로운 점을 발견할 수 있다.[20]

첫째, 교파 교회를 설립하기 위해 파송 받은 선교사들은 선교지에서 초교파 선교 협력을 위해 많은 노력을 시도했다.
둘째, 19세기 초에서 말엽으로 가면서 성장해 가는 현지 교회와 현지 교회 지도자들의 목소리가 점점 더 커져갔다.
셋째, 현장 선교사들 사이에 교파를 인정하면서도 교파주의(denominationalism)가 초래하는 폐해에 대한 우려가 점점 커져갔다.
넷째, 중국 선교사 대회보다는 인도 선교사 대회에서 현지 교회 지도자의 참여가 더 두드러졌다.
다섯째, 19세기 후반부터 여러 선교방법이 제안되고 발전해 나가기 시작했다. 특히 인도와 중국의 여러 선교사 대회에서 선교 현장의 문제에 대해 많은 토론이 있었고 실제적인 선교방법이 제시되기 시작했다.

---

19 *China Centenary Missionary Conference Records, Held at Shanghai, April 25 to May 8, 1907* (Shanghai: Centenary Conference Committee, 1907), III.
20 W. R. Hogg, *Ecumenical Foundations*, 31-35.

여섯째, 아시아(인도와 중국 등)에서 개최된 여러 선교사 대회를 통해 축적된 회의 절차나 진행 방법은 1910년 에딘버러 세계 선교사 대회에 많은 영향을 주었다.[21]

3. 에딘버러 세계 선교사 대회의 역사적 의의

1) 에딘버러 세계 선교사 대회의 개최 배경

에딘버러 세계 선교사 대회는 1910년 6월 14일부터 23일까지 영국 스코틀랜드에서 세계 각국의 159개 선교회를 대표하는 1,215명[22]의 선교사가 참여한 가운데 성황리에 개최되었다. 이들은 교회나 교단을 대표하는 것이 아닌 개신교회와 영국성공회선교부(SPG)[23]와 독일 선교단체 등의 선교회가 참석한 선교사 대회였다.

에딘버러 세계 선교사 대회는 대략적으로 볼 때 개신교 선교 100주년이 되는 1888년에 영국 선교사들 주도로 개최된 런던 선교사 대회(139개 선교 회의 1,579명 선교사 참석)와 1900년 일반 교인들의 선교열 고취를 목적으로 대규모 집회 형태로 열린 뉴욕 에큐메니칼 선교사 대회(162개 선교회의 2,500명 선교사 참석)에 이어 제3회 에큐메니칼 선교사 대회로 계획되었

---

21 예컨대, 1902년 인도 마드라스선교사 대회와 1907년 상해 중국 개신교 선교 100주년 기념대회는 선교대회 개회 전에 특별위원회를 임명하여 선교사 대회 개최를 준비하게 했는데 1910년 에딘버러 세계 선교사 대회는 이러한 준비 절차를 그대로 답습했다. W. Richey Hogg, "Edinburgh 1910: Perspective 1980," *Occasional Bulletin of Missionary Research* 4 (October 1980): 146.
22 영국선교회 509명, 북미선교회 491명, 유럽선교회 169명, 남아공과 호주선교회 27명, 비서구 대표 19명(그중 18명은 아시아인) 등이다. 에딘버러 세계 선교사 대회에 참석한 1,215명 중에 1,008명은 남자였고 나머지 207명은 여자였다.
23 참고로 고교회 전통을 가진 영국성공회선교부(SPG) 선교사들은 19세기 선교지에서 개최된 여러 선교사 대회에 거의 참여하지 않았다.

다.[24]

에딘버러 세계 선교사 대회는 그 규모 면에서 1888년의 런던대회나 1900년 뉴욕대회보다는 작았지만 선교 역사적 측면에서는 훨씬 더 큰 영향력을 미쳤다. 그러나 로마 가톨릭과 동방 정교회가 참여하지 못하는 상황을 고려하여 '에큐메니칼'이란 이름 대신에 '세계 선교사 대회'로 이름을 바꾸었다.

에딘버러 세계 선교사 대회는 1908년 7월 결성된 준비 위원회에서 2년여의 준비 끝에 총 8개 분과에서 총 8개의 주제를 가지고 분과별로 20명의 위원(분과장 포함)이 배정되어 총 160명의 분과 위원이 참여했다. 에딘버러 세계 선교사 대회가 열리기 1년 4개월 전인 1909년 2월 각 분과위원회에서는 선교 현황에 대한 여러 질문을 담은 설문을 전 세계의 모든 선교지로 발송했다. 이후 선교사들의 답신을 토대로 8개의 분과 주제[25]와 토의 안건을 만들었고 이에 대한 보고서가 1910년 6월 14일 에딘버러 세계 선교사 대회 직전에 출간되었다.

이 선교사 대회에 참여하는 대표는 선교단체에 속한 선교사 숫자와 지원하는 선교비에 비례하여 선출되었다. 분과 위원장은 그날의 주제별로 분과별 보고서를 전체 회의에 제출해야 했는데, 총 45분을 넘지 못하도록 했고 토론에 참여할 발언자는 7분을 넘지 못하도록 했다.[26] 에딘버러 세계 선교사 대회에서 채택된 발언의 시간 제한은 이보다 앞서 시행되었던 1902년 마드라스 선교사 대회(3분)나 1907년 상해 개신교 선교 100주년

---

24 Brian Stanley, "Defining the Boundaries of Christendom: The Two Worlds of the World Missionary Conference, 1910," *International Bulletin of Missionary Research* 30 (October 2006): 171.
25 8개의 분과 주제는 ① 비기독교 세계에 대한 선교 ② 선교지 교회 ③ 현지인의 삶을 기독교화하기 위한 교육 ④ 타종교에 대한 선교 메시지 ⑤ 선교사 훈련 ⑥ 선교사 파송 본국 ⑦ 선교와 식민 정부와의 관계 ⑧ 선교 협력과 일치 증진 등이다.
26 *World Missionary Conference, 1910: The History and Records of the Conference Together with Addresses Delivered at the Evening Meetings* (Edinburgh and London: Oliphant, Anderson and Ferrier, 1910), 73-74.

기념 선교사 대회(7분)의 회의 절차를 그대로 본 딴 것이었다.[27]

2) 에딘버러 세계 선교사 대회의 역사적 교훈과 도전

1910년 영국 스코틀랜드에서 개최되었던 에딘버러 세계 선교사 대회의 특징과 역사적 교훈을 정리하면 다음과 같다.

첫째, 에딘버러 세계 선교사 대회는 19세기 말과 20세기 초엽의 서구 교회 선교의 자신만만하고 낙관주의적 분위기 속에 진행되었다.[28] 또한, 에딘버러 세계 선교사 대회 참석자들은 세계 복음화를 서구의 기독교 세계가 비서구 세계를 복음으로 정복하는 개념의 선교관을 가지고 있었다. 선교 사업과 관련해 각종 군대 용어나 상징적인 표현이 사용되었기 때문이다.[29]

둘째, 1910년 에딘버러 세계 선교사 대회 당시 세계 기독교의 변방이던

---

27 W. H. T. Gairdner, *"Edinburgh 1910": An Account and Interpretation of the World Missionary Conference* (Edinburgh and London: Oliphant, Anderson and Ferrier, 1910), 17; Brian Stanley, *The World Missionary Conference, Edinburgh 1910*, 85-86; W. R. Hogg, *Ecumenical Foundations*, 125.

28 데이비드 보쉬(David Bosch)가 제안하는 현대 선교에 요구되는 자세인 "담대한 겸손"(bold humility)이나 "겸손한 담대함"(humble boldness)은 찾아보기 어려웠다. 데이비드 보쉬, 『세계를 향한 증거』(*Witness to the World: The Christian Mission in Theological Perspective*), 전재옥 역 (서울: 두란노, 1993), 190; David J. Bosch, *Transforming Mission: Paradigm Shifts in Theology of Mission* (Maryknoll, NY: Orbis Books, 1991), 338.

29 "군사"(army), "기독교 군대"(missionary forces), "영적 전투"(spiritual campaign/warfare), "전쟁"(battle), "정복"(conquest, occupation), "미정복"(unoccupied), "진격"(advance), "적"(enemy), "십자군"(crusade) 등 공격적인 군사 용어가 자주 사용되었다. *World Missionary Conference, 1910, Report of Commission I: Carrying the Gospel to All the Non-Christian World* (Edinburgh and London: Oliphant, Anderson & Ferrier, 1910), 190, 434-435; *World Missionary Conference 1910: The History and Records of the Conference Together with Addresses Delivered at the Evening Meetings*, 246, 249-250, 341; Timothy Yates, *Christian Mission in the Twentieth Century* (Cambridge: Cambridge University Press, 1996), 21-23.

아시아, 아프리카, 남미교회가 기독교의 중심부로 변했다. 에딘버러 세계 선교사 대회에 참석한 19명의 비서구 출신 가운데 아시아 대표는 18명이었고 아프리카 대표는 단 1명뿐이었다.[30] 이후 100년 만에 세계 기독교의 중심이던 서구 기독교는 쇠퇴했고 기독교의 변방이던 아시아와 아프리카가 새롭게 기독교의 중심으로 떠올랐다.[31]

선교 역사학자 앤드루 월스(Andrew Walls)가 주장한 것처럼 기독교가 특정한 중심부에 오랜 기간 동안 고착되어 있을 때는 영적으로 쇠퇴하거나 부패하여 지역 종교로 전락하게 되고, 기독교가 주변부로 옮겨가게 되면서 그 주변 지역이 새롭게 기독교의 중심부로 변하면서 영적으로 건강해진 것이다.[32]

셋째, 1910년 에딘버러 세계 선교사 대회 개최 당시에 선교지로 간주되지 않았던 남미에서 지난 100년 사이에 개신교회는 놀라운 성장을 이루었다. 이 대회에서는 가톨릭이 대다수인 남미에서 사역하던 개신교 선교사들을 선교사로 간주하지 않았기 때문에 그 지역에서 사역하는 선교사들과 교회 지도자들도 초청 대상에서 제외시켰다. 그 이유는 로마 가톨릭 지역에서 이루어지는 개신교회의 선교 활동은 같은 기독교의 갈래에 속하는 교인들을 개신교회로 빼가는 행위(proselytism)에 해당하기에 정당한 선교 활동으로 볼 수 없다고 결론지은 것이다. 이는 영국성공회선교부를 에딘

---

30 이들은 모두 고국교회의 대표가 아니라 서구교회 선교회의 대표로 초대받은 자들이었다. 지금까지 아프리카 대표는 없었다고 알려져 왔으나 최근의 연구에 의하면 1명(Mark C. Hayford 목사)이 참석한 것으로 나타났다. Brian Stanley, *The World Missionary Conference, Edinburgh 1910*, 97-99.
31 Andrew F. Walls, "The Great Commission, 1910-2010," 6 (Towards 2010 online 강의안, 2002년 4월), www.towards2010.org.uk; Lamin Sanneh, *Whose Religion Is Christianity? The Gospel Beyond the West* (Grand Rapids, MI: William B. Eerdmans Publishing Company, 2003), 14-15.
32 Andrew F. Walls, "The Mission of the Church Today in the Light of Global History," in *Vision at the Dawn of the 21st Century: A Vision for the Church*, edited by Paul Varo Martinson (Minneapolis, MN: Kirk House Publishers, 1999), 384-386.

버러 세계 선교사 대회에 참석시키기 위함이었다.³³

흥미로운 점은 로마 가톨릭이나 러시아 정교회 지역에서 행해지는 개신교의 선교 활동을 정당한 선교로 볼 수 있는가?

위의 문제는 지금도 에큐메니칼 진영에서 문제가 되곤 하는데, 이는 에딘버러 세계 선교사 대회를 앞둔 1909-1910년에 처음으로 제기되었던 문제였던 것이다.

넷째, 에딘버러 세계 선교사 대회는 서구-비서구, 북반구-남반구, 기독교-비기독교 지역, 우월-열등 민족, 본국 교회(home church)-어린교회(younger church), 시혜자-수혜자, 선교국-피선교국의 이분법적 도식으로 전 세계를 구분한 전형적인 서구의 자민족 중심적 세계관을 보여준다. 하버드대학교의 미국교회사가 윌리엄 허치슨(William R. Hutchison) 박사의 분석처럼 1,215명의 선교회 공식 대표 중에 1,000명 이상이 영미권에서 왔고 유럽과 비서구 대표를 합해도 200명이 채 안 되었다는 점에서 에딘버러는 이전의 어느 선교사 대회보다도 앵글로색슨족(Anglo-Saxon)의 주도하에 거행된 대회였다.³⁴

다섯째, 에딘버러 세계 선교사 대회에서는 선교사와 현지 교회 지도자 간의 협력과 동반자 의식의 중요성이 부각되었다.³⁵ 비록 이 대회에 소수의 아시아교회 지도자만이 참여했지만 그들의 목소리는 결코 작지 않은 도전과 반향을 불러 일으켰다. 인도 대표로 참여한 사무엘 아자리야(Samuel Azariah, 1874-1945)는 일부 서구 선교사들의 인종 우월적인 발언을 염두에 둔 듯한 발언을 했다.

아자리야는 선교지의 선교 사업은 선교사와 현지 그리스도인들 간에 영적인 우정이 형성될 때만 잘 진행될 수 있다고 주장하며, 두 인종 사이

---

33 Brian Stanley, *The World Missionary Conference, Edinburgh 1910*, 13, 72.
34 William R. Hutchison, *Errand to the World: American Protestant Thought and Foreign Missions* (Chicago and London: University of Chicago Press, 1993), 135.
35 N. Koshy, *A History of the Ecumenical Movement in Asia*, Vol. I, 17, 50.

에 '자발적인 상호 배움과 상호 도움'을 제안했다. 아자리야는 주인처럼 군림하며 도움만 주는 선교사가 아니라 현지인들을 "사랑"(love)하며 "친구"(FRIENDS!)처럼 함께하는 선교사를 보내달라고 호소했다.[36]

여섯째, 에딘버러 세계 선교사 대회에서 서구 선교사들의 선교 재정의 투명성에 대한 논란이 제기되었다. 현지 교인이 선교사의 선교비 사용에 대해 언급하는 것은 매우 민감한 문제이다. 그런데 이 문제가 존 모트의 주선에 의해 미국 실행위원회 초청 자격으로 이 대회에 참석한 한국의 윤치호(1864-1945)에 의해 제기되었다.[37] 윤치호는 선교비는 하나님 나라의 확장을 위해 보내온 돈이므로 선교사는 현지 교회로부터 의심을 받지 않도록 투명하게 선교비를 분배해야 한다고 말했다.

나아가 해외에서 선교사를 통해 들어오는 선교비의 분배 과정에 현지 교회 지도자들도 허심탄회하게 참여할 수 있도록 해야 한다고 주장했다. 서구교회 선교 지도자들에게 "선교사들이 현지 교회 지도자들과 마음에서 우러나오는 협력을 하기 전에는 하나님 나라의 진보가 이루어지지 않을 것"이라고 말했다.[38]

일곱째, 에딘버러 세계 선교사 대회를 통해 세계 복음화는 단지 한 교파나 선교단체가 감당할 수 있는 사업이 아니라, 교파를 초월하여 온 교회가 협력해야 할 공동의 사업으로 이해되기 시작했다. 에딘버러 세계 선교사 대회의 선교 전통은 여러 교회가 연합으로 수행할 공동 과업이 무엇인지를 여실히 보여주었다.

이제 선교의 양태는 서구의 북반구에서 비서구의 남반구로 나아가는 일방 통행식 선교가 아니라, "남반구에서 북반구"로 그리고 "남반구에서 남

---

36 V. S. Azariah, "The Problem of Co-operation between Foreign and Native Workers," in *World Missionary Conference, 1910: The History and Records of the Conference Together with Addresses Delivered at the Evening Meetings*, 315.
37 N. Koshy, *A History of the Ecumenical Movement in Asia*, Vol. I, 17-18.
38 *World Missionary Conference, 1910, Report of Commission II: The Church in the Mission Field* (Edinburgh and London: Oliphant, Anderson & Ferrier, 1910), 358-359.

반구"로 나아가는 쌍방 통행의 다양한 선교사 파송이 이루어지고 있다. 21세기 선교는 단순히 서구의 제1세계나 새롭게 기독교 중심부로 떠오른 제3세계교회의 혼자 힘만으로는 가능하지 않다. 또한, 서구교회가 시혜자 입장에서 일방적으로 베풀기만 하는 태도에서 벗어나 동반자적 태도(partnership)가 요구되는 시대로 변했다.

4. 에딘버러 세계 선교사 대회의 선교 정신과 한국교회

개신교 선교 역사에서 19세기가 위대한 선교의 확장 시기라면 20세기는 선교신학의 중요한 발전을 거둔 시기였다.[39] 20세기 초에 개최된 에딘버러 세계 선교사 대회는 19세기에 여러 선교지에서 일어났던 선교 운동과 선교사들의 초교파적 협력을 바탕으로 개최된 전 세계적인 선교사 대회였다. 인도와 중국의 선교지에서 1850년대 이후 계속되었던 여러 선교사 대회가 밑받침되어 1910년 에딘버러 세계 선교사 대회의 개최가 가능했다.

여러 면에서 1910년 에딘버러 세계 선교사 대회는 개신교 선교 역사상 가장 중요한 선교사 대회였다. 윌리엄 캐리의 시대를 앞서가는 예언자적 제안에 따라 지금도 지역별, 국가별, 권역별 혹은 전 세계 선교사 대회가 정기적으로 개최되고 있기 때문이다.

캐리의 선교사 대회 제안 200년이 되고 에딘버러 세계 선교사 대회 개최 100년이 되는 2010년에 세계 선교사 대회가 두 곳에서 개최되었다. 하나는 에큐메니칼 진영에서 주최하는 '2010 에딘버러 100주년 기념 선교 대회'로서 스코틀랜드 에딘버러에서 개최되었고, 또 하나는 '제3차 로잔

---

[39] T. V. Philip, *Edinburgh to Salvador, Twentieth Century Ecumenical Missiology: A Historical Study of the Ecumenical Discussions on Mission* (Delhi: CSS & ISPCK, 1999), 23.

국제대회'로서 2010년 남아프리카공화국에서 개최되었다. 캐리가 제안한 세계 선교사 대회는 200년이 지난 지금도 이루어지고 있는 것이다.

위대한 선교의 세기인 19세기 말에 복음을 받은 한국교회는 인도나 중국이나 일본보다도 더 늦게 복음을 받았지만 짧은 기간 내에 세계 선교 역사상 전례 없는 경이로운 성장을 이루었다. 존 모트는 1907년 한국을 방문해 "한국은 불원간 비기독교 세계에서 최초의 기독교 국가가 될 것이다"[40]라고 예견했다. 또한 1910년 1월 내한한 이후 한국교회의 급성장하는 모습을 지켜보았던 사무엘 오스틴 마펫(Samuel Austin Moffett) 선교사는 1910년 에딘버러 세계 선교사 대회에서 세계교회 지도자들 앞에서 다음과 같이 전망했다.

> 한국이 이웃 국가인 일본이나 중국처럼 군사 대국이나 무역 대국이 되리라고 기대하지 않습니다. 그러나 한국이 기독교 국가, 영적 강대국이 되어 중국과 일본, 심지어 러시아를 포함하는 여러 강대국에게 영적으로 커다란 영향력을 끼치는 극동 지역의 위대한 영적 강대국(spiritual power)은 될 수 있으리라고 생각합니다.[41]

110년 전 마펫이 한국교회가 영적 강대국이 될 것이라고 한 예견은 틀리지 않아 지금 한국교회는 극동 지역에서만 아니라 선교지와 세계교회에서 엄청난 영향력을 미치고 있다. 100여 년 전 에딘버러 세계 선교사 대회 때 신생교회였던 한국교회는 지금 그때와 비교할 수 없을 정도로 높아진 위상과 특심한 열정으로 세계 복음화를 위해 노력하며 에딘버러 세계 선교사 대회의 선교 정신을 이어가고 있다.

마펫은 한국이 경제 대국은 될 수 없으리라고 보았지만, 한국은 지금 세

---

40 *The Korea Mission Field* 4 (May 1908): 65.
41 Samuel A. Moffett, "The Place of the Native Church in the Work of Evangelization," *Union Seminary Magazine* 12 (October-November 1910): 226-227.

계 10위권에 속하는 무역 대국으로 성장했다.⁴² 우리가 누리고 있는 모든 영적·물질적 축복이 선교 한국으로 삼기 위한 "이 때를 위함이 아닌지 누가 알겠느냐?"(에 4:14).

1910년 에딘버러 세계 선교사 대회의 선교 정신이 오늘의 한국교회 선교에 주는 교훈을 온고이지신(溫故而知新)의 마음으로 잘 헤아려 "하나님으로부터 위대한 일을 기대하고 하나님을 위해 위대한 일을 시도하는" 선교 한국이 되기를 소원해 본다.

---

42 2019년 IMF 통계에 의하면, 한국의 국가별 무역 규모는 세계 9위(수출 7위, 수입 9위)였다.

제11장

아시아 선교

1. 아시아에서 시작된 기독교

　기독교 선교 운동은 예수님과 그 제자들에 의해 아시아의 예루살렘에서 시작되었다. 예수님은 아시아에서 태어나 죽으셨고 이후 복음은 서쪽과 동쪽과 남쪽의 여러 방향으로 확산되어 나갔다. 불교가 인도로부터 중국에 전래되던 때에 바울과 그 제자들에 의해 기독교는 유럽에 전파되었다. 아시아에서 시작된 기독교는 동쪽으로 비단길(silk road)을 따라 페르시아(아기 예수를 처음 경배한 자들도 페르시아인)를 지나 52년경 남부 인도로 그리고 635년 중국 당나라 때에 수도인 장안(현재 서안)까지 퍼져 나갔다. 남쪽으로는 아프리카 이집트를 통해 아프리카 북동부 지역으로 그리고 아프리카 북부 해안을 따라 서쪽으로 확산되어 나갔다. 이처럼 기독교 역사는 초기부터 아시아와 매우 밀접한 관련을 지니고 있다.

2. 기독교와 이슬람의 조우

1) 이슬람 확장과 초기 기독교 지역

사도행전 2장에 보면, 오순절에 예루살렘에 왔던 순례자 중에 오늘날의 이란(바데, 메데, 엘람), 이라크(메소포타미아), 터키(갑바도기아, 본도, 아시아, 브루기아, 밤빌리아)에서 온 사람들이 있었다. 이처럼 기독교 초기 4세기 동안 복음은 로마제국의 영토를 넘어 당시 로마의 적대 세력이던 페르시아 제국까지 확산되어 나갔다.

이후 수 세기 동안 기독교 인구는 유럽에서 급증하기 시작했다. 그러나 아시아와 아프리카에서는 감소하기 시작했는데, 그 이유는 622년 아라비아반도에서 발흥한 이슬람이 초기 기독교 지역을 급속도로 정복해 나가면서 아시아 기독교는 약화되었기 때문이다. 예컨대, 이슬람은 다마스커스(635), 시리아 안디옥(636), 예루살렘(638), 가이사랴(640), 알렉산드리아(642) 등지를 파죽지세로 정복해 나갔다. 651년 페르시아 제국이 이슬람에 멸망당할 때까지 한동안 기독교는 이라크(모술과 아르빌[한국 자이툰 부대가 주둔하던 지역])에서도 번성했다.

2) 아시아 기독교의 쇠퇴

A.D. 715년경에 이슬람은 이베리아반도를 넘어 스페인의 대부분 지역까지 정복해 나갔다. 이후 피레네 산맥을 넘어 프랑스로 진격해 들어가던 이슬람 군대는 732년 투르(Tours) 전투에서 찰스 마르텔(Charles Martel)에 의해 패퇴하면서 유럽 진격을 멈추었다. 이후 이슬람은 중앙아시아로 확장되면서 997년 카이바르 고원 지대(Khyber Pass)를 통과해 서북 인도의 편잡(Punjab) 지방까지 확장되어 나갔다. 그 후 500년간 정체 기간이 있은 후 1453년 동방 기독교의 본산인 콘스탄티노플(Constantinople)이 이슬람의 오

스만 투르크에 의해 함락당하면서 성 소피아(St. Sophia)성당1은 이슬람의 모스크로 바뀌고 말았다. 이슬람은 북인도까지 확장되어 16세기에 무굴제국을 세웠고 말레이시아반도, 인도네시아 해협과 필리핀 남부의 민다나오 섬까지 확장되어 나갔다. 이때 정복당한 지역 중에 이베리아반도를 제외하고 기독교 지역으로 다시 회복된 지역은 거의 없다. 이처럼 이슬람의 발흥 이후 아시아 기독교는 쇠퇴하기 시작했고, 이후 아시아에서 소수 종교로 전락하고 말았다.

3. 아시아 선교 개관

1) 아시아는 지구상 인구 밀도가 가장 높은 지역이다

1km²당 세계 인구 밀도는 59.3명인데 비해, 아시아의 인구 밀도는 148.3명으로 세계에서 가장 높다. UN 경제사회국 인구부서(2019년 7월)에 의하면, 나라별 인구 밀도는 방글라데시 1,252.6명, 타이완 671.6명, 한국 526.8명의 순이다. 또한, 아시아에는 전 세계 인구의 3/5이 살고 있다. 즉 세계 인구 77억 1천만 명 가운데 59.6%인 46억 1백만 명이 살고 있다. 이들 중에 1/3은 하루 수입이 최저 생계비에도 못 미쳐 날마다 일용할 양식을 걱정해야 하는 절대 빈곤층에 속한다. 특히 중국 14억 3천만 명과 인도 13억 6천만 명의 인구만 해도 세계 인구의 36.2%를 차지한다.

---

1 537년 완공된 성 소피아성당은 1453년 이후 약 500년간 모스크로 개조되어 사용되다가, 1935년 박물관으로 용도가 바뀌었다. 이후 2020년 7월 10일 터키 최고행정법원은 성 소피아박물관을 다시 모스크로 바꾸라는 판결을 내렸다(역주).

2) 아시아는 세계 주요 종교의 본거지다

아시아에서 기독교는 한때 한 나라의 국교였던 조로아스터교, 불교, 힌두교, 도교와 같은 주요 종교들과 맞닥뜨렸다. 이런 종교와의 만남은 유럽이나 아프리카에서 지역적으로 더 작은 규모의 여러 종족 종교을 만났을 때보다 기독교 전파와 선교 활동에 더 많은 어려움을 주었다. 인도(80.5%), 네팔(86%) 등지에서 힌두교는 전체 인구 83%가 신봉하는 종교가 되었다.

소승불교는 남동부 지역의 스리랑카, 미얀마, 태국, 인도네시아로 전래되었고 대승불교는 북동지역의 중국, 한국, 일본으로 전파되어 나갔다. 인도에서 전파되기 시작된 불교는 현재 아시아에서 가장 널리 퍼져 있는 종교이고 도교는 중국에서, 신도는 일본에서 시작되었다. 또한, 중국에서 시작된 유교는 한국을 포함한 극동 지역에 널리 전파되어 아직까지도 광범위한 영향력을 끼치고 있다.

3) 아시아는 기독교 선교 역사에서 초기의 선교지였다

A.D. 52년경 인도에 도착한 사도 도마는 남부 인도 근처의 마일라포(Mylapore)에서 선교하다가 72년에 한 과격한 힌두교도에 의해 살해당했다. 남부 인도의 마도마교회(Mar Thomas Church)는 도마의 이름을 딴 것이다. 네스토리우스교회는 먼저 인도 그리고 중국 당나라 때(618-907)에 복음을 전했고 이곳에서 200여 년간 번성했다. 14세기 초에 로마 가톨릭의 프란시스코 선교사들이 중국에서 활동했고, 예수회 선교사들은 1542년에 인도에 상륙했고 16세기에 일본에서 사역했으며 17세기에 중국에 입국했다.

4) 아시아는 개신교 선교가 처음으로 시작된 곳이었다

1706년 덴마크-할레(Danish-Halle)선교회는 남인도의 트랭크바르에서 개신교 최초의 선교 사업을 시작했다. 영어권 최초의 선교사 윌리엄 캐리도 인도에서 사역을 시작했다. 1812년 미국 최초의 선교사로 파송된 아도니람 저드슨 부부는 인도에 파송되었다가 동인도회사의 선교 방해로 1813년 미얀마로 사역지를 변경했고 그곳에서 침례교회의 기초를 닦았다. 1807년 중국 최초의 선교사로 입국한 로버트 모리슨(Robert Morrison)은 중국 광저우(廣州)에서 사역을 시작했다. 개신교나 로마 가톨릭 선교에 있어서 거의 언제나 아시아는 아프리카나 남미보다 더 많은 선교사와 선교비가 투입되었던 지역이었다.

5) 아시아에서 지난 세기 동안 괄목할 만한 그리스도인 수의 증가가 일어났다

아시아는 그간에 기독교 선교의 열매가 가장 미미한 곳이었다. 위대한 선교의 세기인 19세기에 인도와 아프리카에서 일어났던 선교의 부흥이 극동 아시아 지역에서는 일어나지 않았다. 아시아에서 로마 가톨릭은 지난 500년간 그리고 개신교는 300년간 선교하여 아시아 전체 인구의 7%의 그리스도인이 생겨났다. 그러나 지난 100년 동안에 아프리카와 아시아 대륙에서 기독교는 괄목할 만한 성장을 이룩했다.

과거 100여 년 동안의 아시아-아프리카 그리스도인의 숫자와 다가올 2050년까지 추이를 비교해 보면 다음과 같다.

〈 표 1 〉 아시아-아프리카 대륙의 그리스도인 증가 추이(1900-2050년)[2]

	1900	1970	2000	2020	2025	2050
아시아	20,826,000	90,619,000	275,751,000	373,887,000	401,854,000	566,719,000
아프리카	8,458,000	112,636,000	363,736,000	639,862,000	730,933,000	1,283,481,000

1900년에 아프리카 기독교 인구는 전 세계 그리스도인의 1.7%에 불과했지만, 2000년에는 19.3%로 지난 100년간 그 비율이 10배 이상으로 늘어났다. 2020년에는 35%였고, 2050년에는 39%까지 늘어날 것으로 예상한다.

한편, 아시아 그리스도인 비율은 1900년에 4%였으나 2000년에는 14.6%로 지난 100년간 그 비율이 3배 이상으로 늘어났다. 2020년 조사에서는 20%였고, 2050년에는 17%를 차지할 것으로 예상한다. 2000년에 아시아의 그리스도인 수(275,751,000)는 북아메리카(204,298,000)와 오세아니아 대륙(21,178,000)의 그리스도인 수를 합친 것보다 많아졌다. 2020년 1월 기준으로, 아시아 대륙의 그리스도인 수는 3억 7,389만 명이며, 연 증가율은 1.53%이며 그 수가 매년 572만 명씩 증가하고 있다.

6) 아시아 복음화를 위해 더 많은 선교적 노력이 필요하다

미국 해외선교연구센터(OMSC)가 발간하는 「국제선교연구지」(International Bulletin of Missionary Research)의 2020년 1월호에 발표한 대륙별 그리스도인 수를 보면 유럽(6억 3,986만), 아프리카(6억 3,986만), 남미(6억 475만), 아시아(3억 7,388만), 북미(2억 1,889만), 오세아니아(2,462만) 순이었다. 주목할 점은 2010년까지만 해도 가톨릭교회의 텃밭인 남미가 유럽 다음으

---

2   Gina A. Zurlo, Todd M. Johnson, and Peter F. Crossing, "World Christianity and Mission 2020: Ongoing Shift to the Global South," *International Bulletin of Mission Research* 44 (January 2020): 17.

로 그리스도인 수가 많았으나, 이후 아프리카가 남미를 제치고 두 번째로 그리스도인이 많은 대륙이 되었다.

하지만 이슬람교와 힌두교, 불교의 원산지이며 최다 인구가 밀집돼 있는 아시아의 기독교 인구는 여전히 소수에 지나지 않는다. 참고로, 지난 100년간 주요 대륙에서 사역하던 개신교 선교사 숫자와 증가율을 살펴보면 다음과 같다.

〈 표 2 〉 개신교 선교사 분포와 성장률(1900-2000년)[3]

	1900	2000	증가율(%)
아프리카	1,669	3,126	87
아시아	3,476	13,607	291
남미	1,489	3,837	158
비서구 전체	6,634	20,570	210
유럽	15,701	16,077	2
북미	43,554	50,720	16
태평양	3,672	3,526	-4
서구 전체	62,927	70,323	12
전체	69,561	90,893	31

4. 아시아 3개국 선교

1) 중국 선교

19세기에 서양 선교사들이 중국에 도착했을 때 중국인들은 푸른 눈에 하얀 피부를 가진 서구 선교사들을 '백인 귀신'(white devil) 혹은 '서양 오

---

3   탐 스테픈, 로이스 M. 더글라스, 『선교사의 생활과 사역』, 김만태 역 (서울: CLC, 2010), 25.

랑캐'(양이, 洋夷)라고 불렀다. 중국인들 뿐 아니라 당시 조선의 대원군도 1871년 신미양요(辛未洋擾)를 겪은 후 "佯夷侵犯 非戰則和 主和賣國 戒吾萬年子孫"(서양 오랑캐가 침범하니 싸우지 않으면 화친해야 되는데 화친을 주장하면 나라를 파는 것이다. 우리의 만대 자손에 경고하노라)이라는 척화비(斥和碑)를 서울의 종로 1가와 전국 각 읍의 거리에 세우게 함으로써 서양인과 서구 선교를 끝까지 배척하게 했다.

(1) 중국 최초의 개신교 선교사 로버트 모리슨(1782-1834)

1807년 9월 4일 모리슨은 약관 25세의 나이에 외국인에 대해 적대적이던 중국에 들어가 사역한 개신교 최초의 선교사가 되었다. 1807년부터 1834년 52세의 나이로 죽기까지 중국어 성경 번역과 중국어-영어사전(華英辭典)을 편찬하는 등 문서 선교를 통해 중국 선교의 초석을 마련한 개척 선교사였다. 25년간 사역하면서 10여 명의 중국인에게 세례를 베풀었다. 모리슨은 영국에서 태어나 1804년 22세에 런던선교회(LMS)의 선교사로 허입되었고 이후 2년간 선교사 훈련을 받았다. 처음에는 아프리카 선교사를 지원했으나 런던선교회는 그의 사역지를 중국으로 변경하였다.

① 영국 동인도회사의 선교정책

인도에서와 마찬가지로 중국에서도 영국 동인도회사(East India Company)는 자신들의 영토 내에 선교사가 들어와 사역하는 것을 허락하지 않았다. 모리슨은 중국으로 가는 통행 허가증과 동인도회사 상선의 배편을 얻지 못해 미국에 가서 중국 광동으로 가는 미국의 배편을 이용할 수밖에 없었다. 그때 한 미국인 상인은 모리슨과 다음과 같은 질문을 주고받았다.

　　　미국 상인: "아니 모리슨씨, 당신은 중국 전역의 우상 숭배에 대해 조금이라도 영향을 끼칠 수 있으리라고 생각하십니까?"

모리슨: "물론 저는 할 수 없지만 우리 하나님께서는 하실 수 있습니다."

1807년 5월 12일 뉴욕을 출발한 배(Trident)는 출항한 지 4개월이 지난 9월 6일 중국 남부의 광동에 도착했다. 당시 중국 정부는 야만인으로 취급하던 외국인들에게 북경에서 멀리 떨어진 광저우(廣州)에 제한적 거주를 허락하고 있었다. 또한, 중국 정부는 외국 여자가 광동에 거주하는 것을 허락하지 않았기 때문에 1809년 2월 20일 결혼한 모리슨의 부인(Mary Morton)은 포르투갈 식민지였던 마카오에서 살아야만 했고, 모리슨은 신혼 초부터 광동과 마카오에서 6개월씩 지내며 제한적인 선교 활동을 감당할 수밖에 없었다.

19세기 초반, 중국 정부는 중국인이 외국인에게 중국어를 가르치지 못하게 했다. 만약 이를 어길 경우 사형에 처하는 법을 공포해 놓았다. 따라서 모리슨은 중국어 선생을 구하지 못해 많은 어려움을 겪었다. 그래서 모리슨은 비밀리에 중국어를 배워야 했고, 그에게 중국어를 가르쳐주고 성경 번역 조력자로 일하던 중국인 개종자는 중국 당국에 발각되면 자살하려고 극약을 가지고 다니기도 했다. 이러한 중국어 제약은 19세기 중엽에 가서야 철폐되었다. 그는 사전 편찬 작업도 진행하여 중국에 온지 18개월 만에 사전을 펴내기도 했다. 이후 모리슨은 선교사로서 입국이 어려운 상황에서 25년간 동인도회사의 관리(통역관)로서 합법적 신분을 유지했다.

모리슨의 첫 번째 개종자는 7년이 지나서야 생겼다. 그러나 그에게 세례를 주면 영국과 중국 관리들이 분노할 것이 분명했기에 '사람의 눈을 피해' 세례를 베풀 수밖에 없었다. 1811년 모리슨은 신약성경을 번역해 출간했고 1823년 중국어 성경전서를 출판했다. 1821년에 첫 번째 부인 메리 모리슨(Mary Morrison)이 아홉 살 딸과 일곱 살 아들을 남기고 갑자기 죽은 후, 1824년 모리슨은 중국에 온지 17년 만에 안식년 휴가를 얻어 영국으로 돌아가 2년을 보냈다. 1826년 그는 2명의 자녀와 두 번째 부인 엘리자베스(Elizabeth)를 데리고 중국으로 돌아왔다. 이후 기독교 서적 번역과 은

밀한 전도 활동을 계속하면서 중국과 영국 사이에 벌어진 전쟁과 상업적 갈등 사이에서 수고를 했다.

② 모리슨 가족의 묘비

마카오에 있는 모리슨 기념예배당 묘지 안에는 로버트 모리슨 선교사의 묘지가 있다. 원래 이 묘지는 모리슨의 첫 번째 부인인 메리가 죽자 동인도회사가 거금을 주고 포르투갈로부터 구입한 땅인데 이후 중국에서 사망한 여러 개신교 선교사들도 묻혔다. 모리슨의 묘는 그의 부인 메리(1821년 29세에 사망) 그리고 아버지를 뒤이어 동인도회사 관리와 외교관 선교사로 사역하다가 말라리아에 걸려 29세에 순직한 두 번째 아들 존 모리슨(John Robert Morrison, 1814-1843)4의 묘와 가지런히 놓여 있다. 그런데 모리슨과 부인 메리의 비석 사이에 오래되고 조그마한 비석 하나가 우리의 주목을 끈다. 그것은 모리슨과 메리 사이에 태어난 첫 아들 제임스 모리슨의 조그마한 비석이다. 그는 태어난 날 죽었다.5 이처럼 당시 외국인들의 사망률은 매우 높았다.

(2) 중국내지선교회의 창시자 허드슨 테일러

아편전쟁에서 영국에 패한 중국은 소위 불평등 조약이라 불리는 난징조약(1842)을 체결하지 않을 수 없었고, 이에 따라 선교사들은 중국의 5개항(광저우, 샤먼, 푸저우, 닝보, 상하이)에서 전도할 수 있게 되었다. 제2차 아편전쟁에서 패한 중국이 톈진조약(1858)과 베이징조약(1860)을 체결하면서 선교사들은 중국 전역에서 선교 활동을 보장받았다. 더 많은 선교사가 중

---

4   존 로버트 모리슨(John Robert Morrison, 1814-1843)은 1842년 중국 근대사에서 최초의 불평등조약인 난징조약(1842) 체결 시에 영국 대표단의 통역 및 조약문 기초 작업에 참여했다.
5   비석에는 "제임스 모리슨(James Morrison), 1811년 3월 5일에 태어나고 죽다"라고 새겨져 있다.

국에 왔고 전도, 학교, 병원, 출판 사업 등의 사역을 했다. 이러한 선교사역의 형태는 중국이 공산화된 1949년까지 계속되었다.

허드슨 테일러(1832-1905)는 17세에 회심하고 중국 선교를 목표로 18세에 의학 공부를 시작했다. 1854년 이른 봄 21세의 나이에 중국 선교사로 상해에 도착했고 1865년 '중국내지선교회'(China Inland Mission)를 설립했다. 당시 허드슨 테일러는 대부분의 선교사들이 상해 등 해안 지대에 머물고 있는 사실을 발견하고 외국인 거주 지역에서 벗어나 판자촌으로 들어갔다. 올바른 선교방법은 중국인의 옷을 입고 중국인의 풍습을 따르는 것이라고 생각하여 자기의 머리 색깔을 검게 물들이고 변발을 했다. 이는 오래 전 중국의 마테오 리치(Matteo Ricci, 1552-1610)가 시도한 방법이었다.

① 중국내지선교회의 특징

중국내지선교회는 허드슨 테일러의 선교 경험이 반영되어 독특하게 운영되었는데 그 특징은 다음과 같다.

첫째, 어떤 교파에도 속하지 않는 초교파 선교단체이다.
둘째, 가능한 한 신속한 시간 내에 중국 전역에 기독교 복음을 전하는 데 모든 노력을 기울였다.
셋째, 선교 본부를 영국이 아니라 선교 현지에 두도록 했다. 그래야만 선교사들의 모든 필요를 제대로 알고 적절한 결정을 내리고 그 민감한 필요를 적시에 채워줄 수가 있기 때문이다.
넷째, 대학 교육을 받지 않더라도 하나님과 복음에 헌신된 사람들을 선교사로 인선했다. 또한 독신 여성 선교사들도 선교사로 보내기 시작했다. 이들은 온갖 위험을 무릅쓰고 오지에 들어가 선교했으며, 이로써 중국 내의 다른 선교단체와 불필요한 충돌이나 갈등도 피할 수 있었다.
다섯째, 중국내지선교회는 선교지의 모든 필요를 사람의 도움에 호소하지 않고 전적으로 하나님께만 의존하는 신앙선교회(faith mission)의 기원을 형성했다.

② 해안선 선교 시대에서 내지 선교 시대로

허드슨 테일러의 중국내지선교회는 '해안선' 시대에서 '내지' 선교 시대로 개신교 선교의 새로운 시대를 개척한 선구자로서, 중국 전역에 복음이 편만하게 전파되는 데 커다란 공헌을 했다. 중국내지선교회가 설립된 지 20년이 지나서야 다른 선교단체들도 테일러가 특별히 강조한 복음이 미치지 못한 내륙의 변방 지역을 선교지로 삼기 시작했다. 또한, 40개 이상의 새로운 신앙선교회가 생겨나 아시아와 아프리카의 내지로 들어가 개척 선교를 감당하기 시작했다. 테일러의 생전에만 800명 이상의 선교사들이 사역하고 있었으며, 그의 사후 수십 년 동안 그 숫자는 더 늘어만 갔다.

1882년까지 내지선교회는 중국의 모든 성에 선교사를 파송했고, 선교회가 설립된 지 30년이 경과된 1895년에는 640명 이상의 소속 선교사들이 중국을 위해 헌신하기에 이르렀으며, 1914년에는 세계에서 제일 큰 선교회가 되었고, 최대 전성기인 1934년에는 1,368명의 선교사가 중국에서 활동했다. 중국내지선교회는 지금까지 존재했던 선교회 중에 가장 놀라운 선교 열매를 얻었는데, 이는 종과 같은 자세로 섬기는 헌신된 선교사들 때문에 가능했다. 예나 지금이나 선교는 헌신과 희생이 요구되는 사역이기 때문이다.

2) 인도 선교

(1) 인도의 개관

유엔(UN)이 2019년 6월에 발표한 '세계인구전망보고서'(World Population Prospects 2019)에 의하면 세계 인구는 약 77억 명이며 그중에 중국은 인구가 14억으로 1위, 인도가 13억으로 2위를 차지했다. 중국과 인도의 인구를 합치면 77억 명으로 추산되는 전 세계 인구의 1/3이 넘는다. 이는 세계 인구의 35%에 해당한다. 또한 2027년이 되면 인도가 중국을 추월해 세계 최대 인구 국가로 부상하게 되고, 2036년에는 그 격차가 1억 3천만 명으로 벌어질 것으로 예측된다. 현재 인도는 세계 인구의 17.7%, 아시아 인구의 29.7%를 차지하며 광대한 영토에 다양한 인종과 언어와 종교로 이루어진 연방 국가로 존재한다.

① 인도의 종교 상황

인도는 힌두교, 불교, 자이나교(Jainism), 시크교(Sikhism)의 4대 종교 발생지로서 기독교, 이슬람, 바하이교, 파르시교(Parsee) 등의 외래 종교가 공존하고 있다. 인구 대비 비율은 힌두교 83%, 이슬람 11%, 기독교 2.4%, 시크교 2%, 불교 0.7%, 자이나교 0.5%, 기타 0.4% 등이다. 인도는 종교뿐 아니라 다양한 인종, 언어, 문화를 가지고 있고 표면적으로 여러 종교가 평화적 공존을 유지하는 것으로 보이지만 종교 간 분쟁의 불씨를 지니고 있다.

16세기 초부터 19세기 중반까지 인도 북부와 파키스탄 지역을 지배한 이슬람의 무굴(Mughul)제국은 상징이나 신의 형상을 만들지 않고 일부다처제와 카스트 제도를 인정하지 않는 등 차별화된 포교 정책으로 이슬람 확장을 위해 노력했지만 지금도 대부분의 무슬림은 소외된 하류 계층에 속한다.

② 인도의 독립과 파키스탄과의 분리

인도와 파키스탄 간 분쟁은 힌두교와 이슬람 사이의 뿌리 깊은 반목과 갈등 때문이었다. 16세기말 인도의 식민지화에 착수한 영국은 1858년 인도 병합을 완료하면서 종교별, 민족별로 통치했다. 이러한 분리 통치 정책은 두 종교 간에 증오심을 강화하는 결과를 가져왔다. 1947년 인도는 영국으로부터 독립을 쟁취했으나 두 종교 간 대립으로 인해 통일 국가 설립에는 실패했다. 수 세기에 걸쳐 인도에 뿌리 내린 무슬림들은 영국으로부터 독립할 때 힌두교의 인도로부터 독립을 강력하게 원하여 이슬람을 국교로 하는 파키스탄으로 분리하는 데 성공했다.

이후 서파키스탄은 파키스탄으로 남고, 동파키스탄은 1971년에 방글라데시로 분리되어 독립했다. 1947-1949년에 인도와 파키스탄은 격렬한 영토 분쟁 끝에 그 지역에 거주하는 주민들의 의사를 무시하고 인도 북서부의 아자드 카시미르(Azad Kashmir)는 파키스탄에, 남동부의 잠무 카시미르(Jammu Kashmir)는 인도로 분할했다. 핵으로 무장한 인도와 파키스탄은 지금도 카시미르(Kashmir) 지역을 둘러싸고 분쟁중이다.

③ 힌두교와 이슬람의 분쟁

인도와 파키스탄은 이후 세 차례에 걸친 전쟁(1948-49, 1965, 1971)을 치르면서 60년 넘게 피로 얼룩진 분쟁과 살상의 역사를 이어왔다. 가장 쟁점이 된 것은 인도 북서부에서 파키스탄 북동부에 이르는 산악 지대인 카시미르 지역 때문이었다. 주민의 77%가 이슬람에 속하는 가운데 카시미르 지역의 영주(힌두교도)가 카시미르의 인도 귀속을 결정함으로써 무슬림이 대부분인 주민들이 이에 반발하고 파키스탄이 이에 개입함으로써 영토 분쟁이 일어났다.

이후 1992년 12월 과격 힌두교도들이 인도 북부 우타르 프라데쉬(Uttar Pradesh)주 아요디야(Ayodhya)의 16세기 건축물인 이슬람 사원(Babri Masjid)을 강제로 파괴함으로써 전 인도에 걸친 종교 분쟁이 촉발되었다. 2002년 2월 인도 서부의 구자라트(Gujarat)주에서 발생한 두 교도 간의 대규모 폭동 사태가 일어났다. 이처럼 인도내의 절대 다수인 힌두교와 소수 종교 중에 가장 다수인 이슬람교와의 뿌리 깊은 갈등은 언제든 계기만 있으면 다시 폭발할 가능성이 있다.

④ 힌두교와 기독교의 분쟁

최근에는 과격 힌두교의 영향력이 강해지면서 이슬람뿐 아니라 기독교에 대한 적대적인 태도가 노골화되고 있다. 1999년 1월 힌두교 과격 집단은 30년 이상 인도의 나환자를 돌보며 복음을 전하던 호주 선교사 그래함

스테인즈(Graham Staines)와 두 아들이 함께 오리사(Orissa)주의 시골 지역에서 사역을 마치고 지프차에서 자는 동안 차에 불을 질러 태워 죽였다.

2008년에는 오리사주에서 힌두교 과격 집단이 교회와 성당 그리고 그리스도인의 집과 고아원을 불태우고 수녀를 성폭행하고 그리스도인들에게 힌두교로 개종할 것을 강요했다. 이 와중에서 수백 개의 교회가 불타고 200여 개의 마을이 공격을 받았으며 4,000채의 가옥이 파괴되었다. 그리스도인 20명이 사망하고 핍박을 피해 13,000명의 교인이 9개의 구호 캠프에 분산 수용되었다. 그해 9월 '세계교회협의회'(WCC) 코비야 총무와 '루터교세계연맹'(LWF) 노코 총무는 무자비한 폭력의 종식을 위해 인도 정부가 개입해 줄 것을 촉구하는 공동 서한을 만모한 싱(Manmohan Singh) 인도 수상에게 발송하기도 했다. 이처럼 교회와 선교사에 대한 힌두교 과격 세력의 공격이 간헐적으로 일어나고 있다.

(2) 도마의 인도 선교: 『도마행전』의 역사성

인도의 기독교는 유구한 역사를 자랑한다. 부활하신 주님을 직접 만나보지 못했던 도마(Thomas)는 그 손의 못자국과 옆구리의 창자국을 만져보기 전에는 예수님의 부활을 믿지 못하겠다고 했다. 이처럼 의심 많은 도마가 50년 혹은 52년에 머나먼 인도의 남부까지 왔다는 전승이 인도에 전해져 내려온다.

인도 남부에 7개 교회를 세웠고, 브라만, 크샤트리아, 바이샤, 수드라 계층에 속한 수천 명을 기독교로 개종시켰으며 이후 선교하다가 순교했다는 것이다. 또한, 인도 남부의 그리스도인 중에는 도마라는 이름을 가진 사람들이 많으며, 자신들을 도마 그리스도인(Thomas Christian)으로 부르는 교인들이 있으며 마도마교회(Mar Thomas Church)는 지금도 건재하고 있다. 이후 도마는 인도 남동부의 마일라포(Mylapore)에서 순교했고, 첸나이(Chennai, 옛 마드라스)에는 도마의 무덤이 있으며 해마다 많은 순례자가 이곳을 찾아 도마의 선교 행적을 기리고 있다.

3세기 초 에뎃사(Edessa)에서 시리아어로 기록된 신약성경의 외경 『도마행전』(Acts of Thomas)에는 사도 도마의 인도 선교에 대한 기사가 나온다. 예수 그리스도의 승천 이후 오순절에 성령의 큰 권능을 받은 사도들은 전 세계로 흩어져서 선교 사업을 수행하기로 했다. 도마가 선뜻 인도로 가지 못하고 있을 때 인도에서 온 한 상인을 예루살렘에서 만나게 되었다. 그 상인은 인도의 곤다포러스(Gondaphorus) 왕의 사절이었는데 왕의 궁전을 지을 목수를 찾고 있었다.

이후 인도로 간 도마는 왕에게서 거액의 건축비를 받고 6개월 만에 준공하겠다고 약속했으나 계약대로 이행하지 못해 왕에게 불려가서 문초를 받았다. 도마는 왕에게 왕이 사후에 하늘에 가서 살 궁전을 지었다고 말하고 그 많은 돈은 가난한 사람을 위해 썼다고 말했다. 왕은 대노하여 도마를 감옥에 가두었는데 왕의 동생이 꿈에 하늘에서 왕의 화려한 궁전을 보았다고 말하자 왕은 화를 풀고 다시 많은 돈을 주어서 궁전을 짓게 했다. 도마는 그 왕국에서 선교하여 많은 사람을 회심시켰고 마지막에 순교했다고 전해진다.

한 동안 『도마행전』은 믿을 수 없는 것으로 보는 이들이 많았다. 이후 1834년 아프가니스탄에서 곤다포러스 왕의 동전이 발굴됨으로써 곤다포러스가 역사적 인물임이 어느 정도 확증되었다. 또한, 19세기 말에 한 석판이 파키스탄 페샤와르 부근의 한 불교 도시의 폐허에서 석판 하나가 발굴되었는데 그 속에서 곤다포러스 왕의 이름이 발견되었다. 판독한 결과 그는 도마와 같은 1세기 인물이었음이 확인되었다.[6]

---

6 사무엘 H. 모펫, 『아시아 기독교회사』(A History of Christianity in Asia), Vol. I. 김인수 역 (서울: 장로회신학대학교출판부, 1996), 74-86.

(3) 인도의 가톨릭 선교 역사

16세기 포르투갈의 동양 진출과 함께 시작된 가톨릭의 선교는 예수회의 프란시스 자비에르(Francis Xavier, 1506-1552)로부터 시작된다. 1542년 인도 고아(Goa)에 도착한 후 남부 해안의 어부들을 대상으로 선교 활동을 전개해 많은 개종자를 얻었다. 그는 타밀어(Tamil)로 교리문답서를 만들었고 최하층에 속하는 이들을 대상으로 집단 개종을 시도했다. 인도 선교의 선구자로서 선교의 기반을 견고히 세운 그는 1549년 새로 발견된 일본으로 건너가 일본 선교의 초석을 놓았고 이후 중국 선교를 위해 가던 도중 세상을 떠났다.

17세기 예수회 선교사 로베르토 드 노빌리(Roberto de Nobili, 1577-1656)는 최상류층 브라만을 대상으로 선교했다. 그는 브라만 계층이 회심해야 기독교에 대한 인식이 바뀔 수 있다고 생각했다. 그는 인도인들이 불결하게 생각하던 유럽인(파랑기, Parangui)들을 멀리하고 힌두교도처럼 살려고 노력했다. 자신을 브라만과 동일시하면서 브라만의 옷차림에 술과 소고기를 멀리하며 인도의 고행자(sannyasin)처럼 금욕 생활을 했다.

인도의 카스트(caste) 제도와 그가 400번이나 목격한 '사티'(sati, 남편의 화장 장작더미 위에서 과부를 화형시키는 힌두교의 악습)에도 관용적이었다. 새로 개종한 자들에게도 힌두교의 관습을 유지하도록 허용했다. 그는 타밀어(Tamil)로 교리문답서를 만들었고 산스크리트어를 배워 힌두교 경전을 연구하며 이를 접촉점으로 선교를 시도한 거의 최초의 유럽인이었다. 이러한 급진적 현지 문화 순응식(accommodation) 선교방식은 당시에도 많은 논란과 저항을 촉발시켰다.

(4) 현지 문화 순응식 선교

선교지의 문화와 전통을 수용하는 적응주의(適應主義)적 선교정책은 중국의 마테오 리치(Matteo Ricci, 1552-1610)와 일본의 알레산드로 발리냐노(Alessandro Valignano, 1539-1606), 인도의 로베르토 드 노빌리(Robert de Nobili, 1577-1656), 인도차이나반도의 알렉산드르 데 로즈(Alexandre de Rhodes, 1591-1660)와 같은 예수회 선교사에 의해 널리 채택되어 상류 계층에서 많은 개종자를 얻기도 했다. 그러나 이후 도미니크회와 프란시스코수도회의 원리주의(原理主義)적 선교정책과 마찰이 생겨 중국(1634-1742)과 인도(1703-1744)에서 소위 '전례논쟁'(典禮論爭, Rites Controversy)을 촉발시키게 된다.

중국의 전례논쟁은 마테오 리치가 죽은 직후부터 시작되어 1742년에 교황 베네딕트 14세가 예수회의 적응주의적 선교방법을 정죄함으로써 100년 만에 끝이 난 지루하고도 소모적인 논쟁이었다. 당시 중국에서 전례논쟁이 한창 진행되고 있을 때 교황 알렉산더 7세는 검토 끝에 1656년 예수회의 선교 방침을 허용하는 훈령을 내렸다. 이후 1659년 교황청 포교성성(布敎聖省, Sacra Congregatio de Propaganda Fide, 1622년 설립)이 중국에 있는 대리 감독에게 보낸 지침에는 이러한 현지 문화 적응의 원칙이 잘 제시되어 있다. 즉 모든 선교사에게 기독교 신앙에 위배되지 않는 한 선교지의 문화 전통과 관습을 존중해야 한다고 훈시했다.

> 중국 사람들에게 프랑스나 스페인, 이탈리아 또는 유럽의 어떤 나라를 그대로 옮겨놓는 것보다 더 어리석은 일이 또 어디에 있겠습니까? 그들에게 우리의 조국이 아니라 신앙을 가져다주어야 합니다. 어떤 민족이든 그 민족이 갖고 있는 고유한 예절이나 관습이 전혀 사악한 것이 아니라면 신앙은 결코 그것을 거부하거나 파괴하지 않으며 오히려 그것을 보존하고 보호하기를 원합니다.

이러한 교황청의 결정에 불만을 품은 도미니크회는 다시 이의를 제기했고 교황청은 1669년 먼저의 훈령과 나중의 관용 훈령 둘 다 각각 제시된 문제점과 환경에 따라 지켜져야 한다고 신축성 있는 태도를 취했다. 그러나 이러한 문화 적응의 견해들이 있었음에도 불구하고 클레멘스 11세는

1715년 회칙 "*Ex illa die*"를 통해 조상 제사를 엄격하게 금했고, 이후 베네딕트 14세는 회칙 "각 경우에 따라서"(*Ex quo singulari*)를 통해 1742년 7월 11일 그간의 교황청 조치를 총정리해 선교지에서 시행된 문화 적응 노력을 금지시켰다.

(5) 인도의 개신교 선교 역사

① 덴마크-할레선교회

인도의 개신교 선교는 1705년 개신교 최초의 선교단체인 덴마크-할레선교회가 설립되면서 시작된다. 1706년 덴마크-할레선교회는 독일 할레대학 출신의 바돌로뮤 지겐발크와 하인리히 플뤼챠우를 인도 남부 타밀나두(Tamil Nadu)주의 동남 해안에 위치한 덴마크 동인도회사 영토인 트랭크바르(현 Nagapattinam)에 파송했다. 이들은 인도 최초의 개신교 선교사들이었고 트랭크바르 선교는 서구 개신교회가 유럽 이외의 지역에서 추진한 최초의 개신교 선교 사업이었다.

지겐발크와 플뤼챠우는 독일 출신의 선교사였지만 1705년 10월 덴마크 코펜하겐의 루터교회에서 안수를 받고, 덴마크 국왕 프레드릭 4세(Frederick IV, 1671-1730)의 재정 후원을 받고 선교사로 파송되었다. 프레드릭 국왕은 덴마크의 식민지인 트랭크바르에 선교사를 보내고 싶었지만 자국 내에서 선교사 지망생을 찾을 수 없어서 경건주의의 본산인 독일 할레대학의 헤르만 프랑케(Francke)를 통해 선교사를 구했던 것이다.

흥미로운 점은 지겐발크가 남인도의 사회, 종교, 문화 연구에 힘을 기울여 그 결과물로 남인도 지역의 『말라바르 신들의 계보』(*The Genealogy of the Malabar[South-Indian] Gods*)라는 책을 독일어로 펴냈다는 것이다. 이 연구에서 지겐발크는 힌두교도들의 사회 관습과 종교 의식을 이해하려고 노력했다. 그 이유는 진리이신 예수 그리스도를 힌두교도들에게 전하기 위해 남인도 사람들의 종교 의식을 이해할 필요가 있다고 생각했기 때문이었다.

지겐발크는 인도 최초의 개신교 선교사일 뿐 아니라 지역 연구와 힌두교 연구를 통해 인도 선교의 학문적 기초를 마련한 최초의 인도학자라고 평가할 수 있다.

이후 지겐발크는 이 글의 독일어 원고를 본인이 교육받은 독일 경건주의의 본산인 할레대학의 프랑케(A. H. Francke, 1663-1705)에게 보냈다. 그러나 인도 최초의 개신교 선교사에 의한 이 힌두교 연구물은 그다지 환영받지 못했다. 지겐발크의 교수였던 프랑케는 지겐발크에게 다음과 같이 답장했기 때문이다.

> 선교사가 할 일은 힌두교의 이교도 사상을 박멸하기 위한 것이지 이런 말도 안 되는 이교도의 사상(non-sense)을 유럽에 퍼뜨리기 위해 보냄 받은 것이 아니다.[7]

지겐발크는 1707년 고아들을 위한 학교를 설립했고, 1708년 타밀어 신약성경 번역을 끝마쳤으며, 1715년 7월 타밀어 신약성경을 출간했다. 뛰어난 언어학자이기도 했던 지겐발크는 죽을 때까지 구약성경 룻기까지 번역을 마쳤다.

또한, 1707년 루터교 찬송가와 마틴 루터의 소교리문답서(Small Catechism)를 타밀어(Tamil)로 번역했고 1713년에 이 소교리문답서를 출간하여 보급했다. 덴마크-할레선교회가 재정적으로 어려움을 겪을 때 영국 성공회의 '기독교지식보급협회'는 이 독일 선교사들에게 재정 지원과 함께 1712년 인쇄기, 포르투갈 신약성경 등을 보내주어 초교파(inter-denomina-

---

[7] E. Arno Lehmann, *It Began at Tranquebar: The Story of the Tranquebar Mission and the Beginnings of Protestant Christianity in India*, trans. by M. J. Lutz (Madras: Christian Literature Society, 1956), 34. 지겐발크의 원고는 100년 이상이나 창고에 방치되어 있다가 이후 출간되었다.

tional) 국제적 선교 협력의 좋은 전통을 만들어 나갔다.[8]

② 윌리엄 캐리와 영국교회의 선교

'근대 개신교 선교의 아버지'라 불리는 윌리엄 캐리는 영국 침례회 선교사로서 1793년부터 41년간 인도에서 사역했다. 이 기간 동안 인도와 동남아시아의 35개 언어와 방언으로 성경을 번역했다. 구두 수선공이었던 캐리는 『쿡 선장의 항해기』와 『데이비드 브레이너드의 생애와 일기』와 같은 책을 읽으며 선교열을 고취시켜 왔다.

캐리는 덴마크-할레선교회, 미국 인디안 선교사 존 엘리어트(John Eliot), 모라비안(Moravian) 선교 등에 대해서도 잘 알고 있었다. 특히 캐리는 조나단 에드워즈가 저술한 『기도합주회』라는 책자를 통해 영적 각성을 경험했고, 해외 선교는 교회가 순종해야 할 선교 명령이라는 사실을 확신했던 것이다.

③ 캐리와 극단적 예정론

캐리는 해외 선교에 무관심하던 당시 개신교회에 새로운 선교 도전을 주었으며 선교적 사명과 선교 정신을 고취시킨 사람이었다. 그 당시 대부분의 사람은 주님께서 주신 지상 명령이 사도들에게만 주어진 명령이므로 선교 사업은 자신들과 아무런 상관이 없다고 생각했다. 1785년 캐리가 노샘프턴셔(Northamptonshire)의 침례교 목회자 모임에서 해외 선교의 필요성을 역설했을 때 노년의 존 라이랜드(John Ryland, Sr., 1723-1792) 목사로부터 다음과 같은 핀잔을 받기도 했다.

---

8 변창욱, "An Early 18th Century Mission Partnership between the Danish-Halle Mission and the SPCK"("18세기 초 덴마크-할레선교회와 영국성공회 SPCK과의 선교 협력"), 「선교신학」 26 (2016): 105-136.

이봐 젊은이, 자리에 앉게나. 만일 하나님이 이교도를 회심시키려고 마음 먹으시면 자네의 도움이나 나의 도움 없어도 얼마든지 이 일을 충분히 하실 수 있을 것이네![9]

이러한 진술은 당시 만연한 극단적 예정론(Hyper-Calvinism)의 전형적인 생각이었다. 인간의 선교적 노력 없이도 하나님이 선교를 알아서 주도해 나가신다는 이러한 생각을 가진 사람들과 당대의 교회를 염두에 두고서 1792년 캐리는 그 유명한 선교 소책자 『이교도 선교방법론』[10]을 출간했다.

총 87쪽의 선교 소책자에서 캐리는 영국 내에도 불신자들이 있지만 그들은 복음을 들을 기회가 충분히 있음에도 거부한 이들이지만 선교지의 불신자들은 자신들의 의지와 상관없이 복음을 들을 기회를 전혀 갖지 못한 자들임을 비교하면서, 교회에는 선교지의 사람들에게 복음을 전할 책임(obligations)이 주어져 있음을 강조하며, 예수는 모든 사람의 구주가 되시며 선교사를 보내지 않으면 구원을 받을 수 없다는 사도 바울의 말씀을 상기시킨다.

> 유대인이나 헬라인이나 차별이 없음이라 한 분이신 주께서 모든 사람의 주가 되사 그를 부르는 모든 사람에게 부요하시도다. 누구든지 주의 이름을 부르는 자는 구원을 받으리라. 그런즉 그들이 믿지 아니하는 이를 어찌 부르리요. 듣지도 못한 이를 어찌 믿으리요. 전파하는 자가 없이 어찌 들으리요. 보내심을 받지 아니하였으면 어찌 전파하리요. 기록된 바 아름답

---

[9] J. Herbert Kane, *A Concise History of the Christian World Mission: A Panoramic View of Missions from Pentecost to the Present* (Grand Rapids, MI: Baker Book House, 1982), 85.

[10] 윌리엄 캐리, 『이교도 선교방법론』(*An Enquiry into the Obligations of Christians to Use Means for the Conversion of the Heathens*), 변창욱 번역·주해 (서울: 장로회신학대학교 세계선교연구원, 2020).

도다 좋은 소식을 전하는 자들의 발이여 함과 같으니라(롬 10:12-15).

캐리는 교회가 선교할 구체적인 방법(means)을 모색해야 함을 촉구하며 구체적 방법으로 선교회(mission society) 조직을 주장한다. 『이교도 선교방법론』은 마틴 루터의 95개 조항이 종교개혁에 미친 것과 같은 엄청난 영향력과 도전을 개신교 선교 운동사에 미쳤다. 1792년 5월 캐리는 이사야 54:2-3을 본문으로 설교하면서 "하나님께로부터 위대한 일을 기대하십시오. 하나님을 위해 위대한 일을 시도하십시오!"라는 말씀을 통해 침례교 목사들에게 선교에 대한 강한 동기를 부여했다. 또한 캐리는 마태복음 28:18-20을 교회에 주신 새로운 선교 명령으로 되살렸다.

④ 캐리와 침례교 선교회 조직

캐리의 여러 가지 노력으로 말미암아 1972년 10월 '침례교해외선교회'(BMS)가 조직되었다. 1793년 6월 마침내 캐리는 이 침례교 선교회의 파송을 받아 인도로 갔다. 이러한 캐리의 선교 열정과 헌신을 통해 "위대한 세기"로 불리는 19세기에 새로운 선교 운동이 일어나게 된다.

예컨대, 캐리를 통해 교파별 선교회 조직, 선교를 위한 '기도합주회'(concert of prayer)와 같이 조직적이고 체계적인 선교의 시대가 시작된다. 그 결과 그동안 독일어 사용국에 의해 주도되어 온 개신교 선교 운동의 흐름이 영국과 미국 등의 영어 사용국으로 넘어가게 되는 계기를 맞게 된다.

⑤ 현재의 인도 상황과 반(反)개종법

2009년 1월 기준으로 인도의 여러 주에서 반개종법이 통과되어 시행 중이다. 힌두교 원리주의를 표방하는 지난 정권인 바라티야 자나타당(BJP)의 정치적 비호 속에 5개 주(마디야 프라데시, 오리사, 차티스가르, 히마찰 프라데시, 구자라트)에서 반개종법이 시행되고 있고 2개 주(라자스탄, 아루나찰)에서 통과된 상태이다. 반개종법은 기독교와 이슬람을 겨냥한 것으로 힌두교인을 다른 종교로 개종시키거나 혹은 자신이 개종할 경우 30일 전에 주 정부에 신고하지 않으면 최소 2년 혹은 3년의 징역과 엄청난 액수의 벌금을 부과한다는 내용을 담고 있다.

이후 반개종법은 급진적인 힌두교도들을 자극해 교회와 그리스도인들을 탄압하는 수단으로 남용돼 왔다. 한편 인도의 여러 주에서 반개종법을 제정하는 것은 극우파 힌두교 세력이 견제하지 않으면 안 될 정도로 기독교가 성장하고 있음을 보여준다.

제12장

근대 개신교 선교 운동

개신교회는 종교개혁 이후 200여 년간 조직적인 선교 활동을 하지 못하다가 18세기 초에 이르러서야 선교를 시작하게 되었다. 18-19세기에 아시아, 아프리카에서 추진된 개신교 선교의 앞길에는 수많은 장애물이 놓여 있었다. 그러나 바돌로뮤 지겐발크, 아도니람 저드슨, 헨리 마틴, 알렉산더 더프, 게오르그 슈미트, 알렉산더 맥케이, 로버트 마펫, 데이비드 리빙스턴 등은 수많은 장애물을 극복하고 아시아와 아프리카 선교의 개척자로서 놀라운 선교 역사를 만들어 갔다.

1. 아시아 선교

1) 가톨릭교회의 개신교 비판

종교개혁이 일어난 후 1700년대 초에 이르는 기간 동안 개신교회는 비기독교 지역에 선교사를 파송하는 일에 별다른 노력을 기울이지 않았다. 하지만 같은 기간에 로마 가톨릭교회는 열심히 선교해 유럽에서 개신교에게 빼앗긴 숫자보다 이방 세계에서 더 많은 숫자의 개종자를 얻었다. 그리하여 가톨릭 예수회의 변증신학자 로베르트 벨라르민(Robert Bellarmine,

1542-1621)은 선교 활동을 하지 않는 개신교회를 다음과 같이 공격했다.

> 이단(개신교)들이 이교도나 유대인들을 기독교 신앙으로 회심시켰다는 말을 들어보지 못했다. 그들은 단지 그리스도인들(로마 가톨릭)을 잘못된 길로 빠뜨렸을 뿐이다. 그러나 로마 가톨릭교회는 금세기에만 신대륙(남미)에서 수만 명의 이교도들을 회심시켰다. 해마다 상당수의 유대인들이 충성스러운 가톨릭 교도들에 의해 회심하고 로마의 감독에게 세례를 받고 있다. 또한, 로마와 다른 지역에서 회심하는 사람들 중에는 이슬람교도인 투르크인들(지금의 터키인들)도 있다. 루터교도들은 자신들을 사도들과 전도자들에 비교한다. 저들이 수많은 유대인과 같이 살고 있고 폴란드와 헝가리에는 투르크인들을 그 이웃으로 두고 있지만 루터교도들은 소수의 이교도들조차도 개종시키지 못하고 있다.[1]

벨라르민은 참 교회의 표지 중에 하나는 선교인데 개신교회는 선교 활동을 하지 않기 때문에 참 교회가 아닌 '이단'이라고 단정했다. 그러나 가톨릭교회는 선교를 많이 하기 때문에 교회의 표지가 있는 참 교회라고 주장하고 있다.

2) 개신교 선교의 시작

개신교회의 선교 활동이 본격적으로 이루어진 것은 독일 할레대학에서 개신교 최초의 선교기구인 덴마크-할레선교회가 조직되었던 18세기 초였다. 1620년에 덴마크는 인도 동부 해안의 트랭크바르에 무역을 위한 최초의 식민지를 개척했다. 이후 이곳 식민주의자들의 영적 필요를 채우기 위해 파견된 목회자들은 동인도회사의 사목(chaplain)이었다. 따라서 이들

---

1 Stephen Neill, *A History of Christian Missions* (New York: Penguin Books, 1979), 221.

의 사역 대상은 현지인들이 아니었다. 그러던 중 1705년 덴마크 국왕 프레드릭 4세(Frederick IV)는 인도에 보낼 선교사를 찾았지만 덴마크 내에서는 적임자를 찾지 못했고, 독일 경건주의 운동의 본산인 할레대학의 프랑케(August Hermann Francke)와 연결되어 그곳 대학 졸업생들을 선교사로 파송하게 되었다.

(1) 최초의 초교파 선교 협력

1706년에 시작된 최초의 개신교 선교는 덴마크 왕의 선교비 부담과 할레대학의 선교 인력 제공을 통한 협력 사업으로 추진되었다. 그리하여 이 선교회는 덴마크-할레선교회로 불린다. 흥미로운 점은 그 후 덴마크-할레선교회가 재정 위기에 처했을 때 영국의 '기독교지식보급협회'(SPCK)는 이들의 선교 사업을 도왔다. 예컨대 1709년 지겐발크가 덴마크에 인쇄기를 요청했을 때, 기독교지식보급협회가 이에 호응하여 1712년 인쇄기와 함께 활자, 인쇄지, 잉크, 인쇄공까지 배편으로 보내주었다. 이는 개신교 선교 역사상 최초의 에큐메니칼 선교 협력 사업으로 평가되고 있다.

(2) 지겐발크: 최초의 개신교 선교사

덴마크-할레선교회는 두 명의 독일 출신 선교사 바돌로뮤 지겐발크와 하인리히 플뤼챠우를 선교사로 인선했다. 두 선교사는 덴마크 루터교회에서 안수를 받은 후 1706년 7월 9일에 인도 동부의 덴마크 식민지 트랭크바르에 도착했다. 이후 지겐발크는 트랭크바르에서 13년간 사역 후 36세의 젊은 나이에 죽었다. 그는 1708년 신약성경 번역을 시작해 1711년에 신약성경 번역을 끝마쳤고 신약성경은 1714년에 출간되었다. 이후 1714년 9월에 출애굽기 번역을 마쳤고 그의 사망 직전에는 룻기까지 번역을 마쳤다.

(3) 위대한 세기: 선교회를 통한 선교

기독교 역사상 19세기만큼 전 세계의 모든 개신교회가 5대양 6대주에 복음을 편만하게 전파하기 위해 수많은 선교사를 파송한 적이 없었다. 또한, 이 시기처럼 선교지 도처에서 협력적이고 조직적인 노력을 기울여 세상 끝까지 나아가 복음을 전하려는 시도를 한 적은 일찍이 없었다. 그리하여 선교사가 라투렛은 19세기를 개신교 선교의 "위대한 세기"라고 불렀다.

미국의 신학자 마틴 마티(Martin Marty)는 19세기에 종교적으로 타종교가 무기력한 상태에 놓여있을 때 기독교는 재빨리 그들의 자리를 차지함으로써 기독교가 세계 종교가 되었다고 평가했다. 영국 성공회의 인도 선교사로서 사역한 바 있는 영국의 선교 역사가 스티븐 니일(Stephen Neill)은 19세기를 "선교회의 위대한 시대"라고 불렀는데 이는 영국침례교선교회(1792), 런던선교회(1799), 네덜란드선교회(1797), 바젤선교회(1815), 미국회중교회해외선교부(1810), 미국침례교선교회(1814) 등 많은 선교회가 이 시기에 조직되었고 이들 선교회를 통해 광범위한 선교 활동이 이루어졌기 때문이었다.

3) 아시아의 위대한 선교사

개신교의 해외 선교가 본격적으로 시작되었을 때 최초의 선교사들이 사역하기 시작한 지역은 거의 모두가 아시아였다. 덴마크-할레선교회의 지겐발크는 1706년부터 13년간 인도에서 선교사역을 감당했다. 영어권 최초의 선교사 캐리는 1793년 이후 거의 40년 동안 인도에서 사역했고 이 기간 중 35개의 인도 현지어로 성경을 번역했다. 미국 최초의 선교사였던 저드슨은 1813년부터 1850년까지 버마(현 미얀마)에서 37년간 사역하며 침례교회의 기초를 닦았다. 최초의 개신교 선교사로 1807년 중국에 간 모리슨은 광저우에서 사역을 시작했다.

(1) 아도니람 저드슨: 버마(현 미얀마) 선교의 선구자

아도니람 저드슨(Adoniram Judson, 1788-1850)은 미국 최초의 해외 선교사로서 1812년 2월 6일 미국회중교회해외선교부(ABCFM) 소속으로 파송 예배를 드린 후, 같은 해 2월 19일 출발해 4개월의 항해 끝에 6월 12일 인도 캘커타에 도착했다. 저드슨 부부는 항해 기간 중에 회중교회의 세례는 잘못된 것이고 침례가 보다 더 성경적이라고 확신하여 1812년 9월 6일 침례를 받고 회중교회에서 탈퇴하여 침례교로 전향했다.

하지만 이들은 영국 동인도회사의 방해 때문에 인도에서 선교하지 못하고 추방되어 1813년에 미얀마 랭군으로 선교지를 옮겼다. 매일 12시간씩 어려운 미얀마어를 배워 카렌족 대상으로 전도하기 시작했다. 한국에서 선교사들이 사랑방을 활용해 전도했듯이, 정자같이 사방이 틔어 있고 누구든지 와서 쉬며 토론을 하거나 쉬어가는 승려들에게 설법도 들을 수 있는 공공장소에 자야트(Zayat)를 세워 현지인들에게 전도하기 시작했다.

1819년 미얀마에 온 지 6년이라는 긴 세월이 흐른 뒤에 그리고 자야트를 만든 지 한 달 만에 드디어 한 명에게 세례를 주었다. 참고로 중국 최초의 개신교 선교사 모리슨은 첫 개종자를 얻는 데 7년이 걸렸다.

1824년 미얀마와 영국 간의 전쟁이 일어나 간첩으로 오인되어 감옥에 갇히기도 했다. 1825년 11월, 1년 반의 억류 끝에 석방되어 선교의 자유를 보장해 준다는 조건을 제시한 영국군의 미얀마어 통역사로 일했다. 이후 아내와 어린 딸이 질병으로 죽었다. 1834년 랭군에 교회를 세웠고 과부인 여성 선교사 사라 보어드만(Sarah Boardman)과 재혼했다. 결혼 후 10년 동안 8명의 자녀를 낳았고, 1845년 선교에 필요한 자금 확보를 위해 33년 만에 미국으로 되돌아가던 중에 두 번째 부인 사라가 질병으로 죽었다.

이후 미국 각지를 순회하면서 전도했고 1846년 6월 작가 출신의 에밀리 첩보크(Emily Chubbock, 1815-1851)와 결혼, 그해 11월 미얀마에 도착한 후 3년간 미얀마에서 선교사로 같이 사역했다. 1850년 저드슨은 질병 치료를 위해 미국에 돌아가다가 뱅골만에서 죽어서 시신은 바다에 수장되었다.

미국으로 돌아간 세 번째 부인도 1851년 질병으로 죽었다.

저드슨은 미얀마 문법, 미얀마-영어 사전을 편찬하고 미얀마어 성경을 번역하고 2편의 성가를 간행하기도 했다. 그의 선교방법은 현지인들과 함께 살면서 그들의 눈높이에서 전도하기 위한 접촉점으로 자야트를 세워 복음을 전했다. 이처럼 선교기지(mission station)에서 고립되어 살아가는 방식이 아니라 현지인과 섞여 살면서 복음 전할 기회를 찾고자 했다.

(2) 헨리 마틴: 동인도회사 사목

헨리 마틴(Henry Martyn, 1781-1812)은 『데이비드 브레이너드의 생애와 일기』와 캐리의 인도 사역자 모집에 자극 받아 해외 선교에 헌신하게 되었다. 케임브리지대학교 수학과를 수석으로 졸업한 마틴은 오직 하나님께만 영광 돌리기 위해 금욕 생활, 독신 생활을 자원해서 살았다. 영국 동인도회사가 인도에서 추진한 선교 불허 정책 때문에 인도에서 선교 활동을 하기 위해서는 동인도회사의 사목이 되는 수밖에 없음을 깨닫고 1805년 봄 영국 성공회 사제 서품을 받고 동인도회사 사목으로 인도를 향해 출발했다.

1805년 인도에 도착한 마틴은 "이제 나는 인도를 위해 내 자신을 불태워 버리겠다"라고 다짐했다. 그는 캐리와 세람포어 선교사들을 만나고 성경 번역 작업에 착수했다. 마틴은 동인도회사 사목으로서 회사 직원들과 그 가족들을 돌보는 것이 주된 임무였으나 그의 마음은 항상 현지인을 위한 선교사역에 있었다. 4년 동안 군대에서 종군하며 유럽인, 인도인에게 복음을 전하고 학교를 세우며 신약성경을 힌두어, 페르시아어, 아랍어 등으로 번역했다.

마틴은 언어에 남다른 재능을 가지고 있었는데 신약성경을 우르두어(Urdu), 페르시아어, 아랍어 등으로 번역하는 일생의 큰 업적을 남겼다. 그는 중앙아시아에서 사역한 선교사 중 최고의 성경 번역가였다.

마틴은 1812년 31세의 나이에 아깝게 요절하고 말았지만 성경 번역, 선교사의 생활과 사역 고취, 학문 자극의 분야에 있어 많은 영향력을 보여주었다. 데이비드 브레이너드의 사역을 통해 큰 감동을 받고 그를 본받아 선교사로 헌신한 마틴의 『헨리 마틴의 생애와 일기』는 19세기에 가장 큰 영향을 끼친 책이다.

(3) 알렉산더 더프: 상류층 선교의 선구자

알레산더 더프(Alexander Duff, 1806-1878)는 인도 선교사들 중에서 가장 혁신적인 사람이었다. 더프 이전의 선교사들 대부분은 "하류층"을 선교 목표로 삼았던 것에 비해서 그는 "상류층"을 선교 대상으로 삼았다. 그는 브라만 계층 선교가 이루어져야만 인도인들이 그리스도께로 돌아오게 될 것이라고 생각했다. 세인트앤드루스대학교를 졸업한 더프는 1820년 경 스코틀랜드 부흥운동의 영향으로 33세의 나이에 스코틀랜드교회의 첫 번째 해외 선교사가 되었다.

더프는 인도의 상류층이 많은 관심을 가지고 있는 서구의 학문(과학과 기술)을 "영어"(English)로 가르친다는 계획을 실천에 옮겼다. 당시 대부분의 미션스쿨이 "현지어"(vernacular)로 수업을 진행하던 것과 비교하면 더프의 선교계획은 이와 판이하게 달랐다. 비록 그가 3년의 사역 후에 겨우 4명의 개종자밖에 얻지 못했지만, 이 소수의 영향력 있는 사람들을 통해 인도 사회에 결코 적지 않은 영향력을 끼쳤음을 기억할 필요가 있다. 이처럼 더프는 학교의 교육사업과 복음 전도사업을 연결하는 선교방법을 채택했다.

4) 아시아 복음화의 장애물

아시아 대륙은 지구상에서 가장 큰 대륙이며 2020년 기준으로 전 세계 인구 77억 9천만 명 가운데 60%인 46억 4천만 명이 거주하는 곳이다. 로마 가톨릭은 570여 년, 개신교는 300여 년간 아시아에서 선교사역을 감당했지만 아시아의 복음화 비율은 8%에 지나지 않는다. 이처럼 아시아는 유구한 선교 역사에도 불구하고 타 대륙에 비해 매우 낮은 사역의 열매를 보이고 있다. 아시아 대륙의 특징 중 하나는 뿌리를 깊이 내린 전통 종교들과 다양한 문화 전통을 갖고 있다는 것이다. 그래서 언어와 문화와 종교, 민족이 매우 다양하게 공존하는 현실 때문에 아시아교회는 복음화에 어려움을 겪고 있다. 아시아교회의 복음화는 다양한 문화적 전통 속에서 이루어져 왔고, 이렇게 다양한 종교와 문화들은 예수 그리스도와 복음의 빛 속에서 완성을 기다리고 있다.

(1) 무례한 기독교

아시아의 다양한 종교와 문화 전통을 넘어서 우리가 길이요 진리요 생명이라고 고백하는 예수 그리스도의 복음을 굳게 견지하면서 이를 어떻게 전할 것인가에 대한 고민과 성찰이 지금 우리에게 가장 시급히 요청되는 과제이다.

미국 풀러신학교의 전(前) 총장 리처드 마우(Richard Mouw) 박사는 『무례한 기독교』(*Uncommon Decency*)에서 오늘날의 문제 중 하나는 예의 바른 사람은 종종 강한 신념이 없고 강한 신념을 가진 사람은 예의가 없음을 지적한다. 그는 복음의 진리를 드러내기 위해 그리스도인들이 과격한 십자군식의 강압적인 방식을 지양하고 기독교적 교양과 예절을 갖춘 정중한 태도를 가질 것을 제안한다(벧전 3:15-16).

(2) 타종교와의 공존

아시아 대륙의 대표적인 가톨릭 국가인 필리핀이나 타종교들과 비교적 안정적이며 평화롭게 공존하는 한국을 제외하면, 아시아의 대부분 그리스도인들은 그 지역에서 지배적 종교인 이슬람, 힌두교, 불교 등의 주요 종교 가운데 소수자로 살아가야 하는 어려움에 직면해 있다. 아시아 지역 도처에서 행해지는 종교 간 긴장과 갈등, 박해 문제는 여전히 심각하다.

또한, 아시아교회는 그 인구 중 절반 이상이 절대 빈곤층에 속하여 빈곤이나 빈부 격차 등 온갖 종류의 사회 문제를 안고 있다. 많은 선교사는 선교지에서 문맹 타파, 신분 제도 철폐, 미신 타파 등을 위해 많은 노력을 기울여 왔다.

(3) 아시아와 세계교회와의 연대

아시아 복음화를 위한 아시아교회의 과제가 커지면 커질수록 교회 간 교류와 협력은 더욱 필요해질 것이다. 서구 사회의 복음화율이 계속적으로 줄어들고 신앙적인 활력도 감소하는 것과 대조적으로 아직 낮지만 꾸준히 증가하고 있는 그리스도인 증가율은 아시아교회뿐 아니라 세계교회 전반에 희망을 불어 넣어주고 있다. 그간에 아시아교회는 정치·경제·문화·종교·사회적 갈등에도 불구하고 타 대륙과 비교해 볼 때 교인 수 증가율 부문에서 최고의 성장세를 보였다.

특히 아시아의 전통 안에서 발견되는 여러 부정적인 요소인 가난과 빈부 격차, 불법 낙태, 여성과 어린이 인권 침해, 노동 착취 등 생명 파괴와 환경 문제 등을 포함해 인간의 생존과 존엄성을 위협하는 아시아 대륙의 당면 문제를 해결하기 위해 아시아 및 서구의 교회와 사회 복지 분야에서 연대하고 협력할 필요성이 강조되고 있다.

무엇보다 아시아 지역에서의 대규모 이주(migration)와 난민 문제는 한 국가만의 문제가 아니라는 점에서 더욱 긴밀한 연대가 요청되는 분야다. 최근 아시아에서는 결혼으로 인한 이주 뿐 아니라 경제적 빈곤과 세계화의 영향으로 이주 현상이 급증하는 추세다. 이러한 이주는 노동력 착취뿐 아니라 가정 파괴에도 영향을 미치는 심각한 사회 문제가 되고 있다.

2. 아프리카 선교

아프리카 대륙은 북아프리카와 사하라 사막 이남의 아프리카로 분명하게 구분된다. 사하라 이남 지역은 블랙 아프리카(Black Africa)로 알려져 있다. 사하라 이북에 거주하는 사람들은 인종적으로 아랍족과 베르베르족(Berber)에 속하며 종교적으로는 이슬람을 신봉하고 있다. 이러한 이유로 인해 사하라 북부의 5개국은 그 외 아프리카 지역보다 중동 지역과 비슷한 점이 더 많다. 본 장에서는 19세기 아프리카 선교의 정치적 배경과 열악했던 선교지 상황을 살펴보고 아프리카 선교에서 선구자적 역할을 감당했던 모라비안교회의 최초 선교사 슈미트와 영국 선교사 맥케이, 마펫, 리빙스턴의 사역을 개관한다.

1) 아프리카 선교의 시작[2]

아프리카에 온 초기 선교사들은 15세기에 항해자 헨리 왕자(Prince Henry the Navigator)의 적극적인 지원 하에 인도로 가는 항로를 개척하던 포르투갈 탐험가들을 따라 나섰던 로마 가톨릭 교도들이었다. 이 가톨릭 선교사들은 동행하던 유럽인들을 위해 군목으로 사역했고 아프리카 사람들을 위해서는 선교사로서 사역했던 것이다. 이 로마 가톨릭 선교사들은 서아프리카 가운데 남쪽의 자이레와 앙골라에 이르기까지 여러 선교기지를 개척했다. 동아프리카에서 가톨릭 선교사들은 현재의 짐바브웨(Zimbabwe)에 이르는 내륙 지역까지 침투해 들어갔다. 이 지역에서 가톨릭 선교는 한동안 번성했으나 18세기 말에 이르러 모두 사라지고 말았다.

19세기 초에 개신교 선교가 시작되었을 때 개신교 선교사들은 아프리카의 남쪽, 서쪽, 동쪽 그리고 콩고강 상류의 4개 방향에서 선교사역을 시작

---

[2] Kane, *A Concise History of the Christian World Mission*, 137-139.

했다. 개신교 선교 초기에 내륙으로 들어가기가 매우 어려웠고 사망자가 속출했으며 선교의 열매도 미진했다. 19세기 아프리카 선교 역사는 모험과 인내, 궁핍, 질병, 쇠약, 죽음의 놀라운 이야기로 가득 차 있다.

2) 아프리카 기독교의 성장

아프리카에서 급속한 교세의 성장은 1900년경부터 시작되었다. 1900년부터 1950년까지 아프리카의 기독교 인구는 60배로 급격하게 증가했다. 고무적인 사실은 1950년부터 현재까지 그리스도인 증가율은 이전보다 더 빠르게 진행되고 있다는 것이다. 오늘날 아프리카는 기독교와 이슬람 두 종교의 각축장이 되어가고 있다. 어느 지역에서는 이슬람이 기독교보다 우세하지만 다른 지역에서는 그리스도인 증가세가 이슬람을 훨씬 앞지르고 있다. 기독교는 아프리카의 사하라 사막 이남에서 다른 지역에서보다 더 많은 개종자를 얻고 있다.

〈표 1〉 아시아-아프리카-남미의 그리스도인 증가 추이(1900-2050년)[3]

	1900	1970	2000	2020	2025	2050
아프리카	8,458,000	112,636,000	363,736,000	639,862,000	730,933,000	1,283,481,000
아시아	20,826,000	90,619,000	275,751,000	373,887,000	401,854,000	566,719,000
남 미	60,026,000	262,794,000	480,747,000	604,756,000	629,269,000	694,754,000

위의 <표 1>을 보면 1900년에 아시아 그리스도인들은 아프리카 그리스도인들보다 훨씬 많았다. 그러다가 1970년에 이르면 상황이 역전되어 아

---

3 Gina A. Zurlo, Todd M. Johnson, and Peter F. Crossing, "World Christianity and Mission 2020: Ongoing Shift to the Global South," *International Bulletin of Mission Research* 44 (January 2020): 17.

프리카 그리스도인들 숫자가 아시아 그리스도인들보다 많아졌고 이후 그 격차는 더 벌어지고 있다. 이처럼 아프리카는 아시아보다 더 늦게 개신교 선교가 시작되었지만 아시아보다 더 빠르게 개종자들이 생겨나고 있고 남미 대륙보다 더 빠른 속도로 그리스도인 숫자가 증가하고 있음을 보여준다. 2050년에 이르면 기독교는 아프리카에서 아시아와 남미를 합친 숫자와 비슷한 규모로 성장할 것으로 예상된다.

3) 서구 식민지 확장과 선교(3M: Missionary, Merchant, Military)

서구교회의 선교 활동은 19세기 동안 아시아, 아프리카, 오세아니아, 라틴 아메리카, 중동 등 세계의 거의 대부분을 식민화했던 서구 유럽 열강들의 제국주의 시대의 급속한 팽창의 역사와 그 궤를 같이한다. 특히 식민국가의 외교관(군인), 무역상, 선교사의 주요 세 그룹은 서구의 식민지 확장과 밀접하게 관련되어 있었다. 선교 현지인들의 눈에 이들 그룹은 서구의 패권 세력이 주변의 약한 지역과 나라들을 식민화하는 과정에서 정치적, 군사적, 경제적 제국주의의 형태로 비추어질 수밖에 없었다. 일반적인 선교의 양상은 십자가가 국기의 뒤를 따라가는 형세를 취했다.

1706년 최초의 개신교 선교회인 덴마크-할레선교회는 2명의 독일 선교사를 인도 남부의 덴마크 식민지 트랭크바르에 파송했다. 이후 19세기에 영국 선교사들은 영국 국기를 따라 인도와 아프리카의 여러 식민지로 나갔다. 인도네시아를 포함하는 동인도제도에는 네덜란드와 독일 선교사들이 선교하고 있었다. 스칸디나비아반도 출신의 선교사들은 어느 한 지역에 집중하여 선교하지 않았다. 그들만의 식민지가 없었기 때문이다.

미국 선교사들은 가장 넓은 지역에 퍼져 선교했는데 특히 극동 지역에 많은 수의 선교사가 활동하고 있었다. 이후 1898년 마닐라만에서 미국 함대가 스페인 함대를 격파한 때부터 로마 가톨릭이 지배하던 필리핀은 미국의 개신교 선교지로 선교의 문이 활짝 열렸고, 이후 미국의 각종 교파와 선교단체들이 식민지 당국의 보호와 지원을 받으며 여러 교파의 교세를 확장하는 선교를 해왔다.

(1) 국기와 십자가(3C: Christianity, Commerce, Colonial)

십자가가 국기의 뒤를 따라갔지만 반대로 국기가 십자가를 뒤따라간 경우도 있었다. 오세아니아의 경우 영국과 프랑스는 그들의 식민 통치를 시작하기 전부터 선교사들은 선교 활동에 참여하고 있었다.

아프리카 선교사 데이비드 리빙스턴(David Livingstone, 1817-1873)은 1857년 12월 4일 케임브리지대학교에서 행한 강연에서 "나는 아프리카에 상업과 기독교(Commerce and Christianity)를 위한 길을 활짝 내기 위해 아프리카로 돌아간다"라고 외쳤다. 그는 비인도적인 아프리카인 노예 무역을 막고 아프리카를 구하기 위해 기독교뿐 아니라 합법적인 교역 활동도 필요하다고 보았다. 리빙스턴의 호소를 통해 대학생들이 아프리카 선교사로 헌신하기도 했다. 그러나 불행하게도 리빙스턴이 개척한 길들을 통해 선교사들보다는 많은 노예 무역상이 뒤따라 들어왔다.

(2) 선교사들의 학력

영국 출신 선교사들은 그다지 높은 교육을 받지 못한 이들이 많았다. 예컨대 1815년에서 1891년 사이에 영국 성공회의 교회선교회(CMS)는 650명의 선교사를 파송했는데 그 가운데 240명만이 대학 졸업생이었다. 이처럼 대졸자 출신 비율이 36.9%에 불과했다. 또한, 이들 대부분은 안수를 받은 목사 선교사가 아니라 평신도 선교사들이었다. 영국의 런던선교회(LMS)에서 1796년 남태평양에 최초로 파송한 선교사 30명 중에 4명만이 안수 받은 목사였고 나머지는 직공 출신들이었다. 그러나 독일과 스코틀랜드 출신 선교사들은 그 대부분이 대학 졸업생들이었다. 또한, 초기 미국의 선교사 대부분도 미국 동부의 소위 유명한 대학 출신들이었다. 그리하여 이들 대졸 선교사들은 아시아와 극동 지역 그리고 중동의 여러 선교지

역에서 훌륭한 교육기관들을 많이 설립했다.[4]

(3) 허드슨 테일러와 신앙선교회

이후 1865년 허드슨 테일러가 설립한 '중국내지선교회'(CIM) 이후 생겨난 여러 '신앙선교회'에 허입된 선교사들은 거의 정식 교육을 받지 못한 이들이었다. 즉 이들 중에 일부만 대학 졸업자였고 그 외 대부분은 성경학교 출신들이었다. 그러나 이들은 누구보다 더 헌신되고 어떠한 어려움도 능히 감당하며 놀라운 선교사역을 감당했다. 일반적으로 고등 교육을 받은 사람은 아시아로 파송되었고, 비교적 교육을 덜 받은 선교사들은 아프리카로 파송되었다.

4) 아프리카 선교와 혹독한 시련

검은 대륙 아프리카는 다른 어느 지역보다 선교사들이 혹독한 시련을 겪으며 선교의 대가를 치룬 곳이었으나 그만큼 더 많은 결실을 거둔 곳이기도 했다. 아프리카 개신교 최초의 선교는 1737년에 모라비안 선교사 게오르그 슈미트(Georg Schmidt, 1709-1785)에 의해서 시작되었다. 슈미트는 네덜란드를 거쳐 1737년 7월 9일 케이프타운에 도착했고 아프리카 최남단 호텐토트족(Hottentots)을 위해 선교사역을 시작했다. 당시 남아프리카의 네덜란드 식민지 당국자들은 돈벌이에 방해가 되었기 때문에 선교 활동에 심한 적대감을 나타내었고, 케이프 식민지에 있던 네덜란드 개혁교회도 모라비안 선교를 싫어했다.

이런 어려움 속에서도 목수였던 슈미트는 본국의 재정적 도움 없이 자급하며 호텐토트족과 함께 노동을 하며 매일 그들과 접촉하면서 복음 전도를 수행해 나갔다. 그는 위축되지 않고 복음 전파에 힘써 1742년에는 5

---

[4] Kane, *A Concise History of the Christian World Mission*, 96.

명에게 세례를 베풀었고, 이들은 아프리카 최초의 흑인 크리스천이 되었다. 그러나 정식으로 안수를 받지 않고 세례와 성례를 베푼다는 문제가 제기되었고 1743년 그는 추방된다.

이후 그동안 세워졌던 작은 교회는 50년 가까이 목자가 없이 버려졌다. 그렇지만 슈미트 사후 7년이 되는 1792년 모라비안들이 다시 그 지역으로 돌아갔을 때 슈미트에게 세례를 받았던 한 할머니가 슈미트에게서 받은 네덜란드 개혁교회의 신약성경을 50년 넘게 보관하며 읽고 있었다. 이후 슈미트가 닦아놓은 기반 위에 모라비안 선교사들이 재차 파송되었고, 20세기 중반까지 38개의 선교기지와 5만 명 이상의 그리스도인들이 생겨났다.

(1) 아프리카: '백인 선교사들의 무덤'

19세기 동안 아프리카에서는 탐험의 위대한 시대를 맞이했다. 하지만 세계의 선교지 가운데 아프리카는 그 열악한 환경 때문에 수 세기 동안 '백인의 무덤'이라고 불릴 만큼 험난한 곳이었다.

첫 번째 선교지역은 서아프리카였다. 아프리카 특유의 민족적 배타성뿐만 아니라 아프리카 열병 중 가장 치명적인 질병이었던 말라리아나 황열병 때문에 서아프리카에서 수많은 선교사는 생명을 빼앗겼다. 이처럼 아프리카에는 세계의 다른 어느 지역보다도 선교사들을 괴롭히는 질병들이 유난히 많았다. 아프리카 선교사들의 이야기는 모험과 인내, 궁핍, 질병 쇠약, 죽음 등으로 가득 차 있다. 아프리카 선교의 선구자들은 거대한 암흑의 대륙의 내륙에서 온갖 위험을 무릅쓰고 갖은 고통과 고생을 견뎌 냈다.

(2) 자신의 관을 짜서 나간 선교사들

아프리카로 나간 초기 선교사들은 온갖 질병과 풍토병 속에서 언제 닥칠지 모르는 죽음을 늘 인식하며 살아갔다. 1804년 서아프리카 시에라리온에 파송되었던 79명의 영국성공회선교부(CMS) 선교사들 중에 1826년까지 살아남은 사람은 14명에 지나지 않았다. 그 외 65명의 선교사는 모두 선교지에서 질병으로 사망했다. 또한 영국 성공회가 1823년 시에라리온에 파송한 총 12명의 선교사(선교사 7명, 선교사 부인 5명) 중에서 6명은 선교지에 도착한지 1년도 되지 않아 황열병에 걸려 죽었고 4명은 1년 6개월 내에 사망했다.

당시 선교사들, 특히 1800년대 전반기에 아프리카로 파송되었던 백인 선교사들 중에는 자신들이 죽게 되면 사용하기 위해 나무로 자신의 관(棺)을 짜서 나가는 이들도 있었다. 이들 선교사들은 자신들이 아프리카에 도착하자마자 수년 내에 죽을 것을 알면서도 선교지로 나갔다. 참고로 당시 이 시기의 백인 선교사들의 평균 수명은 8년이었다.[5]

1878년 11월 스코틀랜드의 알렉산더 맥케이(Alexander McKay, 1849-1890)는 다른 7명의 젊은 선교사들과 함께 동부 아프리카 우간다의 개척 선교사로 떠나면서 다음과 같은 비장한 말을 남겼다.

> 6개월 이내에 당신들은 아마 우리들 중 누군가가 죽었다는 소식을 들을 것입니다. 이후 다른 선교사들이 죽었다는 소식도 듣게 될 것입니다. 우리의 사망 소식을 들을 때 낙담하지 마시고 그 빈자리를 채울 수 있는 다른 선교사를 즉시 보내주시기 바랍니다.

맥케이의 예언처럼 3개월 안에 이 8명의 선교사들 중에 1명이 죽었고, 이후 1년이 지나지 않아 2명이 열대성 질병에 걸려 죽었으며, 2명은 건강이 악화되어 영국으로 귀국했고 2명은 원주민에 의해 살해되어 아프리카에 묻혔다. 선교지 도착 후 2년이 되었을 때 맥케이만 홀로 살아남았는데,

---

5 Eugene Stock, *The History of the Church Missionary Society* (London: CMS, 1899), 156-172.

그는 아프리카의 온갖 위험에 직면하여 12년간 사역하다가 1890년 결국 말라리아에 걸려 사망하고 말았다.[6]

(3) 한 알의 밀이 죽으면

서구 선교의 아프리카 선교는 이러한 혹독한 상황 속에서 시작되었다. 서아프리카에서 일한 초기 선교사들의 대부분은 영국에서 왔고 서구의 선교기관은 서아프리카에서 의료선교 사업을 시작했다. 그러나 '백인들의 무덤'이라고 일컬어질 정도로 풍토병이 심각했던 아프리카의 기후로 인해 아프리카 선교를 위해 자원하는 백인들은 그리 많지 않았다.

아프리카 선교는 서구 백인 선교사들에 의해 시작되었고, 수많은 선교사가 목숨을 내어주고 백인들의 무덤이라고 할 만큼 복음을 전파하기 위한 대가는 혹독했다. 선교사들은 자신들의 생명을 내어줌으로써 많은 생명을 심어준 셈이었다. 아시아에 비해 수많은 선교사가 생명을 앗아갔던 아프리카 선교는 아시아보다 더 늦게 시작되었지만 이제는 가장 많은 선교의 성과와 열매를 거두고 있는 선교지가 되었다.

5) 로버트 마펫과 데이비드 리빙스턴

남아프리카선교회의 설립자로서 50여 년을 이 지역에서 선교하며 복음 전파자, 성경 번역가, 교육자, 외교관 역할을 수행함으로써 아프리카 역사상 가장 위대한 선교사로 평가받는 스코틀랜드 출신의 로버트 마펫(Robert Moffat, 1795-1883)은 기독교가 아프리카 문명화(개화)에 도움을 줄 수 있다고 믿었다. 그는 쿠루만(Kuruman)에 선교기지를 개척하고 '성경과 경작'(Bible and Plough)이라는 자신의 선교 철학을 실천했다.

---

[6] 1884년 맥케이는 첫 개종자를 얻었고 이후 2년이 지난 때는 86명의 교인들이 생겨났다.

마펫의 사위로서 우리에게 빅토리아 폭포를 발견한 탐험가로 널리 알려진 데이비드 리빙스턴(David Livingstone, 1813-1873)은 영국의 빅토리아 여왕 시대가 꼭 필요로 했던 선교사였다. 그는 1세기 이상 영어권에서 최고의 선교사요 영웅이었으며 그의 선교적 헌신과 충성은 많은 그리스도인에게 도전과 자극을 주었다. 1841년 남아프리카의 케이프에 도착한 이후 많은 어려움과 난관 속에서 선교사역을 감당했다. 1873년 5월 1일 리빙스턴은 말라리아와 이질에 걸려 침대 옆에서 기도하는 자세로 무릎을 꿇고 숨졌다.

이후 아프리카 교인들은 그의 심장을 꺼내어 아프리카에 묻었고(지금 이곳에는 리빙스턴 기념관이 있음), 그의 시신은 미라로 방부 처리되어 2,400km가 넘는 내륙을 횡단하여 해안까지 운반되어 영국 웨스트민스터사원에 안장되었다.

6) 지역 사회 개발과 선교

예수님은 우리를 구원하기 위해 육신을 입고 이 세상에 오셔서 말씀을 선포하셨지만 이와 동시에 병자를 고치시고 창녀들을 돌보셨다.

1932년 인도 선교사의 아들로 태어났고, 이후 부모를 이어 그 자신도 1960년부터 6년간 인도에서 선교사로 일했던 세계적인 선교학자요 문화인류학자인 폴 히버트(Paul G. Hiebert, 1932-2007)는 미국 풀러(Fuller)신학교 교수로 있던 1978년 '세계선명회'(World Vision)의 지도자들에게 행한 연설에서 지금부터 10년 후에는 자신들의 선교계획에 지역 사회 개발을 포함시킨 선교단체만이 비서구권의 많은 나라에서 선교 활동을 허락받게 될 것이라고 주장했다.[7]

---

7 J. 허버트 케인, 『선교사의 생활과 사역』, 백인숙 역 (서울: 두란노서원, 1986), 469.

히버트 박사의 예견은 틀리지 않아 지금 대부분의 선교단체나 선교사들은 그들의 교회 개척 프로그램에 교육, 의학 그리고 농업 분야의 다양한 지역 사회 개발 프로그램을 추진하고 있다.

선교사들이 복음 전파와 지역 사회를 위한 봉사는 서로 구분할 수 없는 문제임을 인식하기 시작한 것이다. 육신을 입고 사람들의 영적, 육적 필요를 채우면서 지역 개발과 복음화의 두 가지 목적을 성취하는 과정에서 추진되는 지역 사회 개발은 단순한 구호나 구제 사업에서 벗어나 지역을 재구조화하고 자립의 단계로 발전시키는 방향으로 추진되고 있다.

3. 선교: 젖은 나무 불붙이기

해방 이후 한국장로교회 최초의 해외 선교사로 태국에 파송되었던 김순일 선교사는 "태국 선교 사업은 마치 물에 젖은 나무에 불붙이기와 같았다"고 회고했다. 물에 젖은 나무에 불을 붙이는 것은 보통 어려운 게 아니다. 불이 붙었다 싶어도 꺼지기 일쑤고 연기만 잔뜩 피어나 눈물과 콧물을 한없이 흘려야 하기 때문이다.

선교 역사적으로 보면 이 말은 사실이다. 개신교 선교의 아버지라 불리는 캐리는 인도에서 첫 개종자를 얻기까지 7년을 기다리며 인내해야 했고, 미국교회 최초의 선교사였던 저드슨은 미얀마에서 첫 회심자를 얻는 데 6년이 걸렸으며, 중국 최초의 개신교 선교사로 중국에 파송되었던 영국런던선교회의 모리슨은 첫 회심자를 얻는 데 7년이 소요되었고, 아프리카 잠비아에서 감리교 선교부는 첫 회심자를 얻는 데 13년을 기다려야만 했다. 리빙스턴은 아프리카에 들어온 지 11년 동안 한 명의 개종자도 얻지 못했다.

제13장

세계 선교 운동의 회고와 평가

인간이 지금까지 추진해 온 수많은 사업 가운데 100% 성공한 사업은 없었다. 인간은 유한한 존재이고 타락한 피조물이며 따라서 인간의 가장 뛰어난 노력도 불완전과 실패를 맛보게 되어 있다. 개신교회가 추진해 온 근대 개신교 선교 운동도 예외는 아니다. 선교 역사가 스티븐 니일은 선교 운동에 대해 다음과 같이 진술하고 있다.

> 기독교의 선교 활동은 이 세상에서 가장 어려운 사업이다. 이제껏 수많은 선교 활동이 시도되었다는 사실이 그저 놀라울 뿐이다. 그리고 많은 선교의 결실을 맺었다는 것은 놀라운 사실이다. 또한 선교 역사에서 수많은 실수가 있었다는 사실은 조금도 놀라운 일이 아니다.[1]

문제는 선교에 대해 부정적으로 말하는 사람들의 말을 계속 듣다 보면 선교사역 전체를 완전한 재앙이었다고 판단할 수 있다는 것이다. 그러나 선교 사업이 재난이었다거나 실패였다는 평가를 내리기 전에 선교사들이 무엇을 해야만 했는지 분명히 이해해야만 한다. 만약 선교사들이 꼭 해야만 했던 일을 하지 못했다면 그 경우에 그들은 당연히 실패한 이들이라고

---

1 Stephen Neill, *Call to Mission* (Philadelphia: Fortress Press, 1970), 24.

평가할 수 있다. 그러나 그들이 반드시 해야 할 일이 아니었던 일을 하지 않았다고 해서 그들이 잘못했다고 말할 수는 없을 것이다.

1. 선교사들의 과오(過誤)

1) 선교사들은 인종적 우월 의식을 갖고 있었다

대부분의 선교사는 서구의 문화가 다른 문화보다 훨씬 더 우월하다고 생각했다. 더 나쁜 점은 자신들의 문명을 기독교 문명과 동일시하면서도 이를 전혀 부끄러워하지 않았다는 것이다. 선교사들은 현지인들을 '원주민'(natives)이라고 불렀고 본국으로 보내는 선교 편지에서도 원주민들을 게으르고, 더럽고, 잘 속이고, 무책임하고, 신뢰할 수 없는 사람으로 묘사했다.

선교사들을 변호하기 위해서는 몇 가지 점을 살펴볼 필요가 있다. 당시에 인종적 우월감을 가진 부류들이 선교사만은 아니었다는 것이다. 사실 19세기에 서구에서 우월 의식을 갖지 않은 사람들이 거의 없었다. 예컨대 대학 교수, 성직자, 정치가, 지식인들 모두가 이 점을 전혀 인식하지 못하고 있었다. 그들은 서구 문명이 다른 모든 문명보다 우월하다고 생각했을 뿐만 아니라 이러한 생각을 자유로이 표현하기까지 했다. 미국에서는 이러한 인종적 우월감은 자신들이 타인종을 정복하고 선교해야 할 '명백한 사명'(manifest destiny)[2]을 하나님으로부터 부여받았다는 개념으로 표출되어 나타났다.

---

2 변창욱, "'명백한 사명'과 해외 선교에 대한 함의,"("'Manifest Destiny' and Its Implications for Foreign Mission")「영산신학저널」45권 (2018): 223-250(역주).

선교사들은 선교지에서 매일 현지 인구의 80-90%를 차지하는 하류 계층 사람들과 주로 접촉했다. 따라서 선교사들이 현지인들을 가난하고, 무식하고, 더럽고, 미신에 찌들어 있고, 영양실조에 걸려 있고, 온갖 질병이 만연해 있다고 묘사한 것이 솔직히 말해서 잘못된 것은 아니었다. 다시 말해 선교사들이 본국에 보고할 때 그들은 있는 그대로의 사실을 전했을 뿐이다. 선교사들의 잘못은 그들이 본국 교회에 보고한 내용 때문이 아니라 그들이 보고하지 않은 내용에 있다. 선교사들은 그들이 가장 잘 아는 현지인들의 삶의 가장 부정적이고 어두운 면만을 전했던 것이다.

오늘날 사람들은 이들 초기 선교사들이 목숨을 걸고 선교지의 비천한 사람들 가운데 들어가 그들과 함께 사는 것이 무엇을 의미하는지를 깨닫지 못할 것이다. 매우 흥미로운 사실은 도시에서 현대식 고등 교육을 받은 사람들도 자기 나라의 시골에 들어가 가난하고 무식한 동포들과 함께 사는 것을 어려워한다는 것이다. 서구에서 교육을 받은 사람들 중에 "시골 사람들을 섬기기 위해" 소도시와 시골 마을에 정착하고 사는 사람들은 거의 없다. 그들은 시골에 살기보다 현대 문명이 제공하는 여러 편리함을 즐길 수 있는 대도시에 모여 사는 것이다.

2) 선교사들은 이방 종교에 대한 이해가 부족했다

선교사들은 선교지의 여러 종교에 대해 불필요할 정도로 부정적인 시각을 갖고 있었고, 현지인들이 듣기에 매우 공격적인 태도로 그들의 종교를 우상 숭배라고 설교하곤 했다. 같은 사실을 말해도 좀 더 부드럽게 얘기할 수도 있었을 텐데 선교사들은 그렇게 하지 않았다. 충분히 연구해 보지도 않은 채 선교사들은 현지 종교는 전적으로 거짓된 것이라고 판단해 배척해 버린 것이다. 그 후에 선교사들은 현지 종교에 대한 이러한 접근법이 문제를 해결하기보다 더 크게 키운다는 사실을 깨닫고 이러한 접근법을 포기했다. 그러나 선교사들의 행동은 그들의 명성에 오랜 기간 부정적인 영향을 끼쳤다.

3) 선교사들은 기독교와 서구 문명을 구별하지 못했다

선교사들은 선교지로 나갈 때 복음과 함께 서구 문명의 짐 꾸러미를 메고 나갔다. 서구 사회가 사회적 또는 도덕적으로 금기(taboo)시 하는 것, 개인적 편견과 편애, 윤리적 또는 법률적 규범, 경제 제도와 정치 제도 등 수많은 것을 선교사들은 자신들의 짐 꾸러미 속에 담고 떠났다. 이처럼 선교사들은 현지 개종자들이 감당할 수 없을 정도로 힘들고 무거운 멍에를 그들의 목에 메어 놓은 것이다. 그 결과 선교지에 이식된 기독교에 '미국산'(Made in USA)이라는 낙인이 찍히고 말았다. 아시아에서 기독교가 '외래 종교'로 알려지고 아프리카에서 '백인들의 종교'라고 불리는 것은 전혀 놀라운 일이 아니다. 그 이유는 기독교가 서구 제도의 특징을 지니고 있었기 때문이다.

4) 선교사들은 복음과 함께 서구교회의 교파주의를 이식했다

초기에 개신교 선교사들은 교파를 이식하지 않으려고 하였다. 그러나 그들은 자신들의 선한 의도를 망각하고 말았다. 선교사들은 사역을 마치기도 전에 서구교회의 주요 교단과 소규모 교단에 이르기까지 거의 모든 교단을 선교지에 이식시켜 놓았다. 예컨대, 중국 교인들은 미국 선교사들이 중국 북부 지역에서 남침례교회를 세우고 중국 남부 지역에서 북침례교회를 세우는 모습을 보고서 매우 혼란스러워 했다.

서구교회에 있어 여러 교파 교회와 교파별 차이점은 역사적 의미를 지니고 있지만, 선교지에서 여러 교파 교회가 설립되는 것이 현지인들에게 별다른 의미가 없다. 힌두교, 불교, 이슬람에서 개종한 사람들은 그리스도인이 되기 위해 값비싼 대가를 지불해야 했을 것이다. 그들은 교인이 되기 위해 아내나 가족 그리고 자신의 생명까지 내주었을 수 있다. 그들은 자신이 속한 사회에서 쫓겨나기도 한다.

또한, 그들은 자신이 받아들인 이 새로운 신앙이 어떤 교파에 속하든지 간에 그 교파가 자신의 신분증명서 역할을 할 것으로 기대한다. 그런데 그는 단순하게 교인이 되는 것만으로는 충분하지 않고 장로 교인 혹은 루터 교인 또는 침례 교인이 되어야만 한다는 말을 듣고 나서는 놀랄 뿐 아니라 실망하기까지 한다. 설상가상으로 여러 교파 선교사는 한 사람의 개종자를 놓고 서로 경쟁을 하게 되면 충격을 받아 더 분개하게 된다.

5) 선교사들은 기독교가 토착화된 기독교가 되도록 격려하지 못했다

선교사들은 기독교가 핵심적인 내용을 간직하면서도 비서구적(non-Western) 형태로 표현될 수 있을 것이라고 결코 생각하지 못했다. 기독교의 본질을 지키기 위해서는 형식이 바뀔 수 없다고 생각했고 기독교는 영원히 서구적인 형태를 지녀야 한다고 생각한 것이다. 예컨대 교회 건물을 지을 때에 뾰족한 첨탑, 종이 있어야 하고 교회 꼭대기에는 십자가를 세워야 한다고 믿었다.

선교사들은 서양식 가사와 곡조로 만들어진 찬송가를 사용하도록 했다. 아프리카인들의 삶에서 매우 중요한 북(drum)과 춤(dance)은 금지시켰고 대신 서양식 악기를 사용하도록 했다. 선교지의 예배 의식도 서구교회 양식을 따르도록 했다. 이 점에 있어서는 로마 가톨릭교회가 가장 엄격한 규정을 갖고 있었다. 그들은 전 세계의 모든 선교지에 세워져있는 로마 가톨릭교회는 미사를 드릴 때 라틴어(Latin)만 사용하도록 했다. 영국 성공회는 성경과 함께 (그리고 성경이 번역되지 않았을 때는 성경보다) '성공회 기도문'(Book of Common Prayer)을 번역해 사용하도록 했다.

예배를 집례하는 목사와 주교들이 입는 예복도 서구교회의 옷을 가져다 입혔다. 인도 뉴델리의 영국 성공회 예배는 런던의 예배 형식과 똑같았다. 심지어 신학 교육에 있어서도 서구 신학교의 교육 과정의 내용과 동일했다.

6) 선교사들의 온정주의적 태도는 잘못된 것이었다

이 점에 있어서 선교사들이 범한 잘못에 대해 반론을 제기하기가 쉽다. 기독교 선교에 별로 관심이 없는 사람들조차도 이 불행한 여러 사례에 대해 잘 알고 있다. 그러나 온정주의(paternalism)가 항상 나쁜 것은 아니었다는 점을 기억해야 한다. 개신교 선교가 처음으로 활발하게 추진되었던 19세기 초기에 선교사들의 온정주의적 태도는 자연스럽고, 필요하고 불가피한 면이 있었다. 특히 초기 개종자의 대부분이 도망한 흑인 노예와 부족의 범죄자들이었던 아프리카에서는 이러한 경향이 강했다.

선교사들은 자신들이 거주하고 있는 선교지부(station)에 이들이 들어와서 살도록 했고, 이후 선교사들에게 이들은 돌봐 주어야 할 대상이 되었던 것이다. 책임을 맡은 선교사들은 이들의 의식주 문제를 해결해 주어야 했고 안전도 책임져야 했으며, 읽기와 쓰기를 가르쳤고 경작할 땅과 씨앗을 제공했으며, 정원을 가꿀 수 있도록 농기구를 주었고 무역도 가르쳤다. 그 대가로 선교사들이 요구한 것은 순종뿐이었다.

만약 그들이 선교사 사회의 치리를 받아들이지 않는 경우에 징벌을 받았다. 아주 드문 경우이긴 했지만 매질을 당하기도 했다. 최대의 징벌은 선교사 공동체에서 추방이었다. 이는 매우 심한 온정주의의 사례였다. 이처럼 초기 상황에서 선교사들은 온정주의적 태도에서 벗어날 수 없었던 것이다.

진짜 문제는 온정주의가 그 목적을 달성한 이후에도 계속되었다는 데 있다. 선교사들이 남겨놓은 기록들을 보면 오랜 기간 선교지에 머물면서 선교사들이 계속해서 자신들의 힘을 행세하고 있었다는 것이다. 선교사들이 1세대 현지인 개종자들을 대했던 태도는 용서해 줄 수 있다.

그런데 2세대, 3세대 개종자들에 대한 선교사들의 태도는 어떠했는가? 현지인들은 자신들의 땅에서 주인이 되고 싶어 하는 능력과 경험까지 겸비한 교육받은 이들이었다. 바로 이 점에 있어 선교사들은 현지 교회와 교회의 새로운 신자들의 필요를 완전히 잘못 해석한 것이다. 선교사들은 현지 교인들이 이제는 교회의 직책을 감당하고 징계(치리)도 행할 수 있으며, 교회의 여러 행정 업무를 처리할 수 있는 성숙한 성인으로 대우하지 않고 아직도 어리고 미숙하고 보호와 간섭을 받아야 하는 어린아이로 생각했다.

7) 선교사들은 서구교회가 지원한 선교 자금을 지혜롭게 사용하지 못했다

너무나 자주 선교사들은 이성적인 판단을 하지 못하고 감정적으로 대응했다. 서구의 모든 선교 자금이 너무나 쉽게 그리고 너무나 오랜 기간 사용되었기 때문에 개발 도상에 있는 현지 교회들에게 피해를 끼쳤다는 사실을 기억해야 한다. 그러나 외국 자금의 사용과 관련된 문제는 겉으로 보이는 것보다 훨씬 더 복잡한 경우가 많다. 현지 교회와 현지 교인들을 도와주어야 하는 이유를 살펴보면 다음과 같다.

첫째, 자선(charity)은 기독교의 주요 덕목이었다. 또한 우리 주님은 주는 것이 받는 것보다 더 복이 있다고 말씀하셨고 "거저 받았으니 거저 주라"는 말씀도 하셨다. 그러므로 만약 선교사가 자신의 선교비를 가지고 현지 교회를 풍족하게 도와주었다고 해서 그의 행동이 비기독교적이었다고 그를 비난할 수 없을 것이다.

둘째, 적어도 서구의 기준에 의하면 선교지의 그리스도인들은 대개 매우 가난했고, 현지인들이 기독교로 개종하고 신앙을 고백하는 경우에 직업을 얻거나 직장을 계속 유지하기가 어려운 경우가 많았다.

셋째, 서구 기준으로 볼 때 선교사의 월 보수는 형편없이 낮은 액수였지만 선교지에서 선교사는 굉장한 부자로 간주되었다. 이러한 상황에서 가난한 사람들에게 돈을 나누어줌으로써 문제를 쉽게 해결하려는 유혹을 받을 때가 아주 많았다. 그런 상황에 처하게 되면 대부분의 사람들도 그렇게 했을 것이다.

8) 선교사들은 서구 식민주의와 밀접하게 관련되어 있었다

비록 그들의 잘못은 아니었지만, 선교사들은 19세기에 아프리카, 아시아, 남태평양에서 제국을 형성해 나가던 유럽 국가들의 거대한 세력 확장의 일부였다. 서구 식민주의 행정 관리들과 선교사들은 같은 배를 타고 나갔고 같은 나라의 국기 아래서 일했을 뿐 아니라 같은 나라에서 일했으며 서로 도와주기까지 했다.

선교사들은 중산층 형성에 기여했고 그 중산층이 서구 세력에 호의적이 되도록 해주었기 때문에 식민주의자들이 식민 지역을 보다 쉽게 통치 하게 해주었다. 선교사들은 '현지인'(natives) 사이에서 소위 '문명화'(civilizing) 선교 활동을 감당해왔다. 식민 정부는 선교사들에게 여러 선교지부(mission station)를 개설할 수 있는 땅을 제공해 주고 선교사들이 세운 학교들을 후원해 주고 위험에 처할 때는 보호해 주는 등 선교사들의 호의에 보답했다. 여러 관점에서 볼 때 이는 19세기 기독교 선교가 잘못한 것 가운데 가장 큰 실수였다고 생각한다.

2. 선교사들의 공적(攻績)

위에서 선교사들의 과오와 실수에 대해 살펴보았기 때문에 선교사들의 공적과 치적에 대해 살펴볼 차례이다. 선교사들이 잘한 부분이 분명히 있고 선교사들이 잘한 업적 때문에 오늘의 우리가 존재한다. 당시 선교사들의 숫자는 부족하고 선교 자원은 충분하지 못했고 사역 환경도 매우 열악했으며 건강, 기후, 언어, 문화와 관련해 믿기 어려울 정도로 여러 문제에 직면해 있었다. 또한, 현지인들의 무관심, 배은망덕, 반대와 핍박 등 많은 어려움에도 불구하고 선교사들이 이룩한 업적과 변화는 놀라운 것이었다.

1940년 히틀러(Hitler)의 영국 침공에 맞서 싸워 영국을 지켜낸 후 행한 유명한 연설에서 윈스턴 처칠(Winston Churchill, 1874-1965) 수상은 "인류 역사상 그토록 많은 사람이 그토록 많은 것을 그토록 소수의 사람들에게 빚을 진 적은 없었습니다"라며 전력의 열세에도 불구하고 독일 공군의 공격을 성공적으로 막아낸 영국 공군 조종사들의 노력을 치하했다. 처칠의 이 말은 19세기 선교사들에게도 똑같이 적용될 수 있을 것이다. 이 선교사들이 거둔 성공 가운데 몇 가지를 살펴보면 다음과 같다.

1) 선교사들은 선교지의 사람들을 사랑했다

선교사들의 온정주의적 태도(paternalism)도 사랑의 마음에서 비롯된 것이었다. 사도 바울이 데살로니가 교인들을 사랑하여 했던 고백을 선교사들도 할 수 있었다.

> 우리가 이같이 너희를 사모하여 하나님의 복음뿐 아니라 우리의 목숨까지도 너희에게 주기를 기뻐함은 너희가 우리의 사랑하는 자 됨이라(살전 2:8).

선교사들은 자신들의 자녀를 사랑한 것같이 그들이 사역하던 사람들을 사랑했다. 아플 때나 건강할 때나, 평화로울 때나 전쟁 중에나, 역경 중에서나 번영할 때나, 살아서나 죽어서나 선교사들은 항상 현지인들과 함께하며 그들을 사랑하고 도우며 돌아보며 자신의 것을 나누어 주었다. 현지 교인들과 함께하기 위해 선교사들은 1년에 9개월 동안은 자신의 자녀들과도 기꺼이 떨어져 살기도 했다. 선교사들이 실수한 것도 많이 있지만 그들에게 사랑이 없었다고 말할 수는 없다. 19세기에 아시아에 선교사로 나간 사람들 중에 무엇을 얻으려고 나간 사람은 없었고 그들 모두 주기 위해 나간 유일한 사람들이었다.

영국 성공회 선교사로서 남인도의 순회 복음 전도의 개척자인 토마스 라글랜드(Thomas Gajetan Ragland, 1815-1858)는 1858년 사망했다. 그가 죽은 후 40년이 더 경과했을 때 어떤 선교사가 그에게 훈련받은 현지 목회자에게 라글랜드 선교사의 목회자 훈련 방법에 대해 질문했다. 그 노인 목회자는 잠시 생각에 잠기더니 조용한 목소리로 이렇게 대답했다.

> 그는 우리 현지인들을 사랑했습니다. 그는 우리를 매우 사랑했습니다. 예, 우리를 너무너무 사랑했습니다.

선교사들은 희생적 사랑을 감당하기 위해 온갖 고생을 다했다. 그들은 선교지 사람들의 생명을 구하기 위해 그들 자신의 목숨을 아끼지 않았다. 장티푸스, 황열병, 림프절 페스트(Bubonic plague) 등의 전염병이 창궐할 때 의료선교사들과 간호사들은 현장을 떠나지 않고 현지인들과 함께하며 병든 자들과 죽은 자들을 돌아보고 매장해 주었다.

2) 선교사들은 현지 문화의 가치와 중요성을 진정으로 인정해 주었다

선교사들은 현지 문화를 약화시킨 후 서구 문화로 대체했다는 비난을 종종 받아왔다. 선교사들은 선교지에 서구식 근대 교육 제도를 도입했고 특히 중국에서는 선교사들이 설립한 서구의 교육 제도가 중국의 전통적인 교육 체제를 붕괴시켰던 것은 사실이다. 그러나 선교사들이 고의로 현지 문화를 파괴하기 시작했다고 말하는 것은 사실이 아니다. 그 누구보다도 선교사들은 현지 문화의 좋은 면을 보전하려고 노력했다.

대부분의 경우에 있어 선교사들이 선교지의 낯선 문화에 적응하는 데 많은 시간이 소요됐다. 그러나 현지 문화에 적응을 하고 나면 선교사들은 이내 그 문화의 가치를 인정하게 되었다. 중국의 유명한 교육자 후스(胡適,

1891-1962)가 복잡하고 어려운 고전 한문(古文) 대신에 쉬운 중국어를 보급한 것처럼, 영국 선교사 윌리엄 캐리는 1809년 인도에서 벵갈어(Bengali language)로 신구약성경을 번역하고 벵갈어 문법책과 사전을 편찬하여 보급했다. 후스는 복잡하고 어려운 한문을 폐지하고 누구나 쉽게 구사할 수 있는 구어체의 중국어를 고안함으로써 현대 중국인들이 쉽게 이해할 수 있는 언어로 만들었던 것이다.

캐리는 인도 힌두교의 유명한 2대 서사시인 '라마야나'(Ramayana)와 '마하바라타'(Mahbhrata)를 영어로 번역함으로써 인도 문화의 진가를 인정했다. 중국에서 사역한 영국 런던선교회의 제임스 레그(James Legge, 1815-1897) 선교사 역시 '사서'(四書)와 '오경'(五經)을 영어로 번역해 서양에 소개함으로써 캐리와 같은 역할을 수행하였던 것이다.

근대 인류학자들이 세계 구석구석을 누비기 시작하기 훨씬 전부터 선교사들은 그들이 사역하던 지역의 문화를 연구해 왔다. 지역에 대한 연구를 시작한 사람 중에 하나는 영국 성공회 선교사 로버트 코드링턴(Robert H. Codrington, 1830-1922)은 태평양의 멜라네시아 사람들의 관습과 사회 규칙을 연구했다. 그는 유명한 고전인 『인류학과 민속학을 통해 본 멜라네시아인 연구』(The Melanesians: Studies in their Anthropology and Folklore, 1891)를 포함하여 그들의 문화와 언어를 연구한 여러 권의 저서를 남겼다.

코르딩턴이 발견한 유명한 개념 중 하나가 '마나'(mana)였는데 이는 영(靈)이나 신(神)과는 다른 비육체적이고 실재하지 않는 초자연적인 힘 또는 영향력을 지칭한다. 이러한 현상은 세계 여러 곳에서도 발견되는데, 코드링턴의 연구는 이러한 점을 분명하게 밝혀내었고 그의 연구는 종교의 인류학적 연구에 중요한 기초 작업을 놓은 셈이다. 남아프리카 출생의 선교사 자녀이자 남아프리카 선교사로 사역한 에드윈 스미스(Edwin W. Smith, 1876-1957)는 영국 왕립인류학회(Royal Anthropological Institute)의 회장이 되었고 『아프리카인들의 신 개념』(African Ideas of God, 1951)과 『황금걸상』(The Golden Stool, 1927)을 포함한 다수의 저술을 남겼다.

3) 선교사들은 현지 언어를 습득했다

선교지 사람들에게 표할 수 있는 최대의 경의는 그들의 언어를 배우는 것이다. 선교사들은 온갖 어려움을 무릅쓰고 선교지의 언어를 배움으로써 현지인들에게 이러한 점을 보여주었다. 원시적인 선교지에서 현지어를 배우는 것은 결코 쉬운 과제가 아니었다. 또한, 말만 있고 글이 없는 언어도 많았다. 이러한 경우 선교사들은 언어에 대한 입문서나 사전의 도움도 없이 처음부터 그들의 말(구어체)을 배운 후에 문자를 고안해야 하며 그 후에 개종자들에게 고안한 문자를 가르쳐야만 했다. 여기에는 많은 시간과 고통스러운 과정이 뒤따르며 대개 수년에 걸친 힘든 지적 작업이 수반된다.

1970년대에 아프리카에는 860개의 언어와 방언이 있었다. 1850년대에 아프리카에는 자기 말과 언어를 모두 가진 부족은 20개가 채 되지 않았다. 그 이후 선교사들의 수고를 통해 500개의 언어가 말뿐 아니라 글도 소유하게 되었다. 아프리카의 모든 언어가 원시적이라고 생각해서는 안 된다. 자이레에서 사역한 댄 크로포드(Dan Crawford, 1870-1926) 선교사는 중앙아프리카에서 12개의 성(gender)을 가진 명사와 24개의 시제(tense)를 가진 동사(verb)를 가지고 있는 언어를 발견하기도 했다.

4) 선교사들은 성경을 번역했다

사람들은 성경 번역이 얼마나 엄청난 작업인지를 모른다. 일반적으로 선교사가 성경 번역을 시작할 정도로 충분한 언어학적 실력을 갖추기까지 10년이 걸린다. 선교사는 문법, 구문론(syntax), 형태론(morphology)을 포함한 언어의 세밀한 부분을 이해해야 할 뿐만 아니라 현지의 문화도 철저하게 알아야 한다. 이런 이유로 '영국성서공회'(BFBS)는 번역자가 그 문화권에서 10년 동안 살지 않으면 번역물을 출판하지 않는다.

성경 번역에는 엄청나게 많은 기술적 문제가 발생한다. 다음과 같은 짧은 성경 구절을 예로 들어보자.

> 도가니는 은을, 풀무는 금을 연단하거니와 여호와는 마음을 연단하시느니라(잠 17:3).

은이나 금을 사용하지 않는 문화권이나 그곳 사람들이 도가니나 풀무를 본 적이 없을 때 선교사들은 이 구절을 어떻게 번역할 것인가?

또한, '마음' 대신에 '창자,' '신장,' '간'이나 그 외 다른 신체 기관을 대신할 수도 있을 것이다. 이처럼 성경 번역에는 다니엘의 지혜와 욥의 인내를 필요로 한다.

오늘날 성경 번역을 하는 선교사들은 전문적인 언어학 훈련을 받은 이들이다. 그러나 개신교 선교 초기에 선교사들은 전문적인 지식도 없이 성경 번역을 감당했다. 당시 선교사들은 자신들이 가진 도구와 재능을 총동원하여 최선을 다할 수밖에 없었다. 이들이 성경 번역에서 이룩한 기념비적인 업적은 기적과 다를 바가 없다.

2019년 '세계성서공회연합회'(UBS)가 발표한 '2018년 세계 성서번역 현황 보고서'에 의하면, 전 세계 7,350개의 언어 가운데 성경은 56억 명의 인구가 사용하는 692개 언어로 번역된 것으로 나타났다. 전 세계 71억 가운데 56억 명이 모국어로 된 성경(신구약)을 소유하고 있지만 15억여 명의 사람들은 아직도 모국어로 된 신구약성경을 소유하지 못하고 있다. 또한, 신약성경만 번역된 것은 8억 500만 명이 사용하는 1,547개 언어로 번역되었고, 단편성경(쪽 복음 등)은 4억 1,100만 명이 사용하는 1,123개의 언어로 번역된 것으로 조사되었다. 모국어로 된 성경이 전혀 없는 인구도 2억 4,600만 명에 언어는 3,988개였다.[3]

---

[3] "전 세계 성서 3362개 언어로 번역: 세계성서공회연합회 세계 성서 번역 현황 밝혀,"

위의 자료를 정리하면, 오늘날 신구약성경이 전체나 부분적으로 번역된 비율은 세계 인구의 96%로 조사되었다. 신구약성경 전체가 번역된 비율은 78.87%이고, 신약성경만 번역된 비율은 11.39%에 이르며, 성경이 단편적으로 번역된 비율은 5.79%로 나타났다. 세계 인구의 3.46%에 해당하는 2억 4천 6백만 명의 사람들은 아직도 하나님의 말씀을 전혀 접할 수 없는 것으로 집계되었다. 위클리프성경번역선교회(WBT)는 앞으로 번역되어야 할 성경이 2,000개이며 현재 1,000개 성경 번역이 진행 중이다.

5) 선교사들은 선교지 사람들에게 근대 과학 교육 등 다양한 문물을 전파했다

선교지마다 설립된 최초의 학교들은 모두 기독교 학교(mission school)였다. 또한 서양 학문을 최초로 소개한 사람들은 거의 모두 선교사들이었고 아시아의 거의 모든 나라에서 앞 다투어 서구식 학문을 수용했다. 선교사들은 또한 여성 교육에 있어서도 선구자적인 역할을 감당했다. 19세기에 여성 교육은 유럽 이외의 지역에서는 생소한 것이었고 수많은 반대가 뒤따랐다.

미국 감리교의 여성선교사 이사벨라 토번(Isabella Thoburn, 1840-1901)은 인도에서 최초의 여학교를 설립했을 때 집집마다 찾아다니며 딸들을 학교에 보내 달라고 호소해야만 했다. 이에 분개한 어떤 힌두교 아버지는 이렇게 쏘아 붙였다.

> 당신들이 내 딸을 교육시키기 원한다고? 다음번엔 당신들은 우리 집의 소를 데려다가 교육시키려고 하겠군.

「한국기독공보」 2019. 3. 28, https://pckworld.com/article.php?aid=8017032323.

다행히 그 이후로 상황이 우호적으로 바뀌었다. 1970년대에 인도에 여성 수상이 생겨났다! 중국에서도 상황은 비슷했다. 중국의 학자층은 기독교에 대해 적대 행위를 계속하였는데 그 이유는 서구식 교육이 자신들의 우월적 지위를 위협하게 될 것이라고 생각했기 때문이다. 그러나 선교사들은 자신들의 거처가 성난 학생들에 의해 포위당하는 위험 속에서도 그 어려움을 이겨내며 버텼다. 선교사들은 수천 개의 초등학교, 수백 개의 고등학교 그리고 제대로 된 13개의 기독교 대학을 운영했다.

6) 선교사들은 '현지인'들의 잠재력을 신뢰한 최초의 서구인들이었다

스페인 사람들이 신대륙에 도착했을 때 식민주의자들은 야만적인 남미 원주민들을 부정적인 시각으로 바라보았다. 대부분의 스페인 정복자들은 원주민들을 인간 이하의 열등한 존재로 간주했고, 이들은 문명의 초보적인 지식도 습득하기 어려운 사람들이라고 보았다. 그러나 선교사들만은 이러한 시각에 동의하지 않았다. 이러한 정복자와 식민 통치자들이 원주민은 인간이 아니라 동물과 다름없다며 함부로 대하자 1537년 6월 9일에 교황 바오로 3세는 『지극히 높으신 하나님』(*Sublimis Deus*)이라는 교서를 발표하면서 이렇게 주장했다.

> 우리는 원주민도 영혼과 이성을 가진 존재이며, 그들도 로마 가톨릭교회의 신앙을 이해할 수 있을 뿐만 아니라 기독교 신앙을 간절히 받기를 갈망하고 있다.

스페인의 도미니크회 선교사였던 바돌로메 라스 까사스(Bartholomew de Las Casas, 1474-1555)와 스페인의 프란시스코수도회 선교사 후안 즈마라가(Juan de Zumárraga, 1468-1548)와 그 외 선교사들은 그들의 일생을 멕시코와 남아메리카 원주민들의 사회적, 문화적 해방을 위해 헌신했다.

아프리카에서도 상황은 같았다. 그곳 원주민들의 잠재력을 최초로 알아보고 아프리카인들로 하여금 이러한 잠재력을 인식하도록 도왔던 사람들은 인류학자가 아니라 선교사들이었다.

> 아프리카로 갔던 선교사들은 몇 가지 실수를 했음에도 불구하고 한 가지 점에 있어서는 단호한 태도를 취했다. 선교사들은 아프리카인들에게 어떤 기회가 주어진다면 그들이 해내지 못할 일이 없다는 점을 강조했다. 어느 누구도 아프리카인의 능력을 믿지 않고 있을 때 선교사들만은 그들의 잠재력을 믿고 있었다. 또한, 선교사들은 이러한 믿음을 실천에 옮겼다. 이 백인 선교사들은 아프리카인이 이룩한 사례를 증명해 보였다. 누구도 이러한 생각을 꿈도 꾸지 못하고 있을 때 선교사들은 "흑인은 아름답다"(Black is Beautiful)는 사실을 증명해 보였던 것이다.[4]

7) 선교사들은 병원, 진료소, 의과대학들을 설립하였다

선교사들은 교육 제도뿐 아니라 근대 과학과 의료 기술을 도입했다. 선교 초기에 그들은 현지인들의 미신과 두려움은 말할 것도 없고 주술사, 마법사들과도 싸워야만 했다. 카메룬(Cameroon)에 파송되었던 한 의료선교사는 아프리카인이 용기를 내어 백인 의료선교사의 도움을 받으러 나오기까지 8년이 걸렸다고 진술한다.

그러나 그의 인내는 보상을 받았고 그의 인내는 결국 승리했다. 의료선교사들이 한 번 혹은 두 번의 외과 수술을 성공적으로 마치게 되자 선교사의 의술에 대한 의구심과 반대가 사라져 버렸다. 이후 많은 이들이 의료선교사를 찾아오기 시작했는데 그중에는 임종이 가까운 환자들도 많았다.

---

4 Max Warren, *I Believe in the Great Commission* (Grand Rapids, MI: Eerdmans Publishing Company, 1976), 110.

시골 지역에 선교사들은 진료소, 보건소(약국)를 설립했다. 의료 시설들은 제대로 된 건물도 갖추지 못한 경우가 많았다. 시골의 활짝 트인 곳에서 의료선교사들은 이빨을 뽑거나, 뼈를 맞추고, 곪은 부위를 절개하고, 상처를 씻어내며, 약을 나누어 주었다. 규모가 큰 도시에서는 세계적 수준의 훌륭한 병원들을 설립하기도 하였다.

중국에서 선교사들은 270개의 병원을 운영했는데 이는 당시 5억 인구에 비해 많은 숫자는 아니었지만 전체 병원 수의 절반 이상을 차지하는 수치였다. 오늘날 '인도기독의학협회'(Christian Medical Association of India)에는 350개가 넘는 선교 병원이 속해 있다.[5]

인도의 남부 도시 벨로어(Vellore)에 있는 기독의과대학(Christian Medical College, CMC)과 병원은 세계적 수준의 뛰어난 의료 기술을 자랑하고 있다. 이 병원은 1900년 인도에 도착하여 의료 사역을 시작한 아이다 스커더(Ida Scudder, 1870-1960)에 의해 1918년에 설립되었다.[6] 그녀는 부모님 소유의 조그만 방갈로에서 진료를 시작했는데, 그녀가 맨 처음 사용한 장비는 두 권의 책, 현미경 한 대와 표본용 뼈 몇 개였다. 오늘날 기독의과대학과 병원에는 1,914명의 전임 의사, 3,206명의 전문 간호사와 의료 보조원들이 근무하고 있다. 또한 200여 명의 의대생과 간호학교 학생들 그리고 대학원생들이 훈련을 받고 있다.

---

[5] 1905년 의료선교협회(Medical Missionary Association, MMA)로 시작되었고, 1926년 인도기독의료협회(Christian Medical Association of India, CMAI)로 이름이 바뀌었으며 2019년 현재 5개 의과대학, 350여 개의 의료기관에 1만 2천여 명의 회원이 활동하고 있다(역주).

[6] 현재 인도 260여 개 의과대학 평가에서 2위에 평가되는 학교로서 미국 최초의 인도 의료선교사 존 스커더(John Scudder, 1793-1855)의 손녀이며 1899년 코넬대학교 의과대학을 졸업한 아이다 스커더가 1918년에 설립했다(역주).

8) 선교사들은 사회 개혁과 정치 개혁을 이끄는 역할을 했다

선교사들은 직접적인 방식이 아닌 간접적인 방식으로 이러한 개혁을 이끌었다. 초대교회와 마찬가지로 선교사들은 선교지의 사회적, 정치적 제도를 정면으로 공격하지 않았을 뿐 아니라 공격할 수도 없었다. 조용히, 은밀하게, 꾸준히 선교사들은 당시 세상에서 가장 혁명적인 메시지를 선교지 사람들에게 가르치고 설교하는 임무를 수행해 나갔다. 교훈과 실천적 모범을 통해 선교사들은 기독교의 주요 사상과 가치관(구별된 삶, 개인의 가치 존중, 노동의 신성함, 사회 정의, 고결한 인격, 언론과 사상의 자유)을 심어주고자 노력했다. 이러한 가치는 1948년 국제연합(UN)이 선포한 세계인권선언문에 포함되기도 했다.

인도에서의 불가촉천민 학대와 과부 화형 제도, 중국에서의 전족과 축첩 제도 그리고 아프리카에서의 쌍둥이 살해 풍습 등은 이후 정부의 법령에 의해 금지되었다. 많은 희생과 대가를 치르면서도 이러한 사회 악습에 대항해 싸우며 문제점을 지적한 것은 선교사들이었다.

9) 선교사들은 동서 문화의 교류를 위한 가교 역할을 했고 상호 이해를 도왔다

순식간에 전 세계를 파멸시킬 수 있는 핵무장 시대에 동서양 간의 상호 이해는 세계 평화에 필수적이다. 노벨문학상 수상자 러드야 키플링(Rudyard Kipling, 1865-1936)은 "동양과 서양의 노래"(*The Ballad of East and West*, 1889)라는 시에서 "동양은 동양이고 서양은 서양이니 둘은 결코 만나지 못하리라"고 노래했다. 그러나 만날 수 없을 것 같았던 동서양이 서로 만나게 되는데 선교사들은 이 둘이 만나는 데 가장 많은 공헌을 했다. 그들은 기독교와 서구문명을 땅끝까지 전파했을 뿐만 아니라 동양의 위대한 문명을 서양 사람들에게 전달해 주었던 것이다.

19세기 영국의 위대한 역사가이자 1835년의 『교육 백서』(*Minute on Indian Education*)의 저자인 토마스 맥콜리(Thomas Macaulay, 1800-1859)는 영어를 매체로 한 서구식 교육을 100년 이상 인도에서 시행했다. 그 결과 인도의 전통 교육과 문화는 열등한 것으로 간주되었고 영어를 통한 영국식 교육이 전통식 인도 교육을 완전히 대체해 버렸다. 맥콜리는 산스크리트어와 아랍어를 전혀 모른다는 사실을 밝힌 후에 다음과 같이 주장했다.

> 나는 동양의 언어와 문화를 연구하는 서구학자(오리엔탈리스트)들 가운데 인도와 아라비아의 동양 문학을 다 합쳐도 그 가치가 유럽 도서관의 책장 한 칸의 책들의 가치에도 미치지 못한다는 사실을 반박하는 사람을 단 한 명도 찾아보지 못했다. 서양 문학이 원래부터 동양 문학보다 더 우월하다는 사실은 동양식 교육 계획을 지지하는 교육위원회 위원들도 전적으로 인정하고 있는 사실이다.[7]

이러한 생각과 대조적으로 근대 개신교 선교의 아버지라 불리는 인도 선교사 윌리엄 캐리는 인도 문화의 중요성과 가치를 깊이 이해하고 인정했고 기념비적인 저술인 『산스크리트어 파생어 사전』(*Dictionary of All Sanskrit-derived Languages*)을 편찬했다.

중국에서도 선교사들은 중국 문화에 대해 감탄과 찬사를 쏟아 냈다. 1904년 55세의 나이에 중국 선교사로 나간 미국 북감리회의 제임스 브래쉬포드(James W. Brashford, 1849-1919) 주교는 공자를 그리스 철학자 소크라테스, 에픽테투스 그리고 로마의 황제이자 철학자인 마르쿠스 아우렐리우스(Marcus Aurelius, 재위 161-180)와 함께 세계의 가장 위대한 스승으로 평가했다.

---

7 Michael Edwards, *A History of India: From the Earliest Times to the Present Day* (Norwich: Jarrold and sons, 1961), 261.

미국 장로교의 중국 선교사 마틴(W. A. P. Martin, 1827-1916)은 『중국의 구비설화』(*The Lore of Cathay; Or, the Intellect of China*, 1901)에서 중국 문명을 변호하며 "중국인들처럼 많은 오해를 받았던 위대한 민족은 결코 없었다"고 진술했다. 미국의 중국 선교사이자 중국학자인 사무엘 웰스 윌리엄스(Samuel Wells Williams, 1812-1884)의 유명한 저작인 『중국총론(中國總論)』(*The Middle Kingdom: A Survey of the Geography, Government, Education, Social Life, Arts, Religion, etc. of the Chinese Empire and Its Inhabitants*, 1848)은 오늘날까지도 19세기의 중국에 관한 대표적인 저술로 간주된다. 1877년 중국에서 돌아온 후 윌리엄스는 미국 예일대학교 최초의 중어중문학과 교수로 임명되었다.

중국 춘추전국시대에 공자가 편찬한 것으로 전해지는 유교 고전인 『사서삼경』(四書三經)을 영어로 번역한 스코틀랜드 선교사 제임스 레그(James Legge, 1815-1897)는 영국에 돌아간 후에 옥스퍼드대학교 최초의 중국어 교수가 되어 20년 동안 가르쳤다.

선교사들이 남긴 저작에 그다지 많은 호감을 가지지는 않았지만 미국 역사학자이자 중국 전문가인 폴 바그(Paul Varg) 교수는 다음과 같이 진술했다.

> 선교사들의 노력이 없었더라면 서구인들은 중국에 대해 거의 알지 못했을 것이다. 자신들의 반(反)계몽주의적 신학적 견해로 인해 선교사들을 혐오하며 냉대하며 묵살해 버리는 사람들은 선교사들을 공평하게 평가하지 않는다. 그러나 동양 문화를 이해하려고 노력하는 사람들은 선교사들이 저술한 많은 학술 논문을 발견하게 될 것이다. 예컨대, 왕립아시아협회(Royal Asiatic Society)의 학술지에 게재된 논문들은 뛰어난 수준의 글이며 이런 글을 읽음으로써 동양 이해에 많은 도움을 받게 될 것이다.[8]

---

8 Paul A. Varg, *Missionaries, Chinese, and Diplomats: The American Protestant Missionary Movement in China, 1890-1952* (Princeton: Princeton University Press, 1958), 120-121.

아프리카인에 대한 정보를 염두에 두고서 하버드대학교의 체질인류학 교수인 어네스트 후톤(Earnest A. Hooton, 1887-1954)은 다음과 같이 말하고 있다.

> 인류학자로서 나는 선교사들에 대한 나의 생각을 완전히 바꾸었다. 이들 남녀 선교사들은 전문적인 여행가나 탐험가들이 전 세계의 여러 민족에 대해 제공해 준 것보다 더 많은 정보와 지식을 우리에게 제공해 주었다. 선교사들은 인류학자들이 이룩한 일보다 더 많은 일을 해냈다.[9]

학자 선교사들만 세상 사람들에 대한 우리의 지식을 증대시켜 주었던 유일한 사람들은 아니었다. 평범한 선교사들이 본국 선교부에 보낸 선교 편지와 보고서 그리고 안식년 동안 본국에서 보고한 선교 내용들도 우리의 지식을 상당하게 확장시켜 주었다. 프랭클린 루즈벨트 대통령 밑에서 국무장관을 했던 헨리 스팀슨(Henry L. Stimson)은 다음과 같은 말을 남겼다.

> 중국에 대해 우리가 가지고 있는 지식의 대부분은 위대한 선교 운동의 결과로 얻게 된 것이다. … 이러한 선교 운동의 규모와 영향력에 대해 항상 정당한 평가를 내린 것은 아니었다고 역사학자들은 평가한다. … 선교사들의 보고서와 편지를 통해 그들의 활동 내역은 미국 내 거의 대부분의 지역의 수많은 사람에게 알려졌다. 이러한 선교사역의 발전 상황은 많은 미국인의 주요 관심사 가운데 하나가 되었다.[10]

---

[9] *Christian World Facts* (New York: Foreign Missions Conference of North America, 1941), 96.

[10] Henry L. Stimson, *The Far Eastern Crisis: Recollections and Observations* (New York, London: Published for the Council on Foreign Relations by Harper & bros., 1936), 153-154.

제2차 세계대전 중인 1942년 루즈벨트 대통령은 전 세계의 전황 파악을 위해 미국의 정치가인 웬델 윌키(Wendell Willkie, 1887-1954)를 세계 여러 곳에 파견했다. 현지 상황을 확인 후에 귀국한 윌키는 다음과 같은 보고를 했다.

> 나는 한 가지 분명하고 중요한 사실을 확인하고 돌아왔다. 그것은 오늘날 세계 도처에서 미국인들에 대해 호의적인 태도를 가진 사람들이 엄청나게 많다는 것이다. 이 거대한 호의를 조성한 데는 많은 이유가 존재한다. 그 중에 가장 먼저 언급할 내용은 미국에서 파송한 수많은 선교사, 교사, 의사들이 세계 구석구석에까지 나아가 병원, 학교, 대학들을 설립해 놓았기 때문이다.[11]

10) 선교사들은 세계의 거의 모든 나라에 교회를 설립했다

근대 선교 운동이 시작된 초기에 교회는 유럽과 미국에만 세워져 있었고 그 결과 교회는 서구 기관이었다. 그동안 선교사들의 사역의 결과로 오늘날 교회는 세계 모든 지역에 세워져 있는 참으로 가장 세계적인 기관이 되었다.

1706년 7월 9일 최초의 독일 루터교 선교사 바돌로메 지겐발크와 하인리히 플뤼챠우가 인도 동남부 해안에 도착했을 때 그들은 인간적으로 도저히 불가능한 임무를 떠맡았던 것이다. 그들을 뒤이어 모라비안 선교사들이 1732년 서인도제도에 그리고 1733년에 그린란드까지 나아갔다.

19세기 초에 영국에서 시작된 선교 운동은 이후 미국에서 불붙기 시작했고 이윽고 세계 모든 지역으로 확대되어 나가면서 활발하게 전개되었다. 불과 30년 이내에 남태평양제도, 미얀마, 중국, 아프리카, 중동 지역

---

11 Wendell L. Willkie, *One World* (New York: Simon and Schuster, 1943), 158.

에까지 많은 선교부가 설립되었다. 20세기 초에 이르러 선교 활동을 허락하는 모든 국가에서 선교사들을 찾아볼 수 있게 되었다.

선교사들은 파송된 지역마다 병원과 미션스쿨을 지었다. 그러나 그들의 궁극적인 목적은 교회 설립에 있었다. 이 목적을 위해 선교사들은 자신들의 모든 자원과 에너지를 쏟아 부었다. 적어도 초기에 선교사들이 세운 학교는 교육받은 목회자가 있는 건강한 자립교회를 세우는 목표를 성취하기 위한 보조적인 사업에 지나지 않았다. 선교사들은 가는 곳마다 복음을 전했고 현지어로 성경을 번역했으며, 전도용 문서를 배포하고 초신자들의 신앙 교육을 시켰으며, 개종자들에게 세례를 베풀고 목사, 전도자들, 전도부인(Bible women)들을 훈련시키고, 교회를 조직하고, 성례전을 거행했다.

세워진 이들 교회의 구성원들은 지역에 따라 크게 달랐다. 인도의 브라만 계층, 중국의 유학자들, 일본의 사무라이들, 아프리카의 호텐토트족(Hottentot)과 부쉬맨족(Bushman), 그린란드의 에스키모인들, 오스트레일리아의 원주민들, 남아메리카의 원주민들, 뉴기니의 사람 사냥꾼(headhunter)들, 남태평양의 식인종들이 기독교 복음을 받아들였다.

사회의 다양한 계층과 직업을 가진 사람들이 복음의 초청에 응답했다. 노인과 젊은이, 부자와 가난한 자, 글을 깨우친 사람과 문맹자, 공장장과 노동자, 군인과 노예, 추장과 주술사, 탁발승과 철학자, 왕자와 거지, 학자와 청소부 등 모두가 기독교의 울타리 안에 들어올 수 있었으며, 그리스도의 몸된 지체가 되었다.

오늘날 기독교회가 존재하지 않는 나라는 거의 없다. 어느 지역에서나 교회들이 존재하며 암흑 속에서 빛을 밝히는 교인들이 있다. 주님이 오신 이후 2,000년이 경과한 지금 예수 그리스도의 교회는 진실로 세계적인 교회가 되었고 "세계의 모든 각 족속과 방언과 백성과 나라 가운데서"(계 5:9) 예수 믿는 사람들이 생겨나 영과 진리로 예배하는 날이 점점 더 다가오고 있다.

오늘날 열방 가운데 주님을 경배하는 일이 실제로 일어나고 있다. 대부분의 나라에서 선교사는 지금도 수수께끼 같은 존재로 기억되고 있다.

그렇게 논쟁적인 인물에 대해 균형을 유지하는 것이 가능할까?

미국 예일대학교에서 역사학과 교수로서 세계 선교 운동에 많은 관심을 가졌던 라투렛 교수는 그 누구보다 사실에 가까운 이야기를 전하고 있다.

> 선교사들은 서양의 영향력이 중국인들에게 혜택으로 작용하도록 최대의 노력을 기울였던 일단의 외국인들이었다. 고집불통이며 편협하기도 했으며 미신적이기도 하고 때로는 군림하는 태도를 지녔던 선교사들은 그들이 속한 서구 문화와 기독교에 대한 우월 의식을 확신했다. 선교사들을 비판하는 말을 할 수 있을 것이다. 그러나 상당한 아니 때로는 엄청난 대가를 지불하면서 비위생적이고 참기 힘든 환경에서 충분하지 못한 사례비를 받으며 자신의 목숨을 잃기도 하고, 때로는 자신의 목숨보다 더 소중하게 여기는 가족들의 생명을 바치면서까지 중국에 와서 선교사들과 그들이 전하는 복음을 원하지도 않는 이방인들의 구원을 위해 헌신적으로 사역했다는 사실은 매우 중요하다. 선교 사업의 주요 전제나 방법, 선교의 결과에 대해 어떠한 최종 판결을 내리든지 간에, 선교사들이 지녔던 순수한 박애 정신과 영웅적인 신앙은 찬란하게 빛나는 인류 역사의 한 페이지를 장식하고 있다는 사실을 부인할 수 없을 것이다.[12]

---

12 Kenneth Scott Latourette, *A History of Christian Missions in China* (New York: The Macmillan Company, 1929), 824-825.

제14장

교회의 선교 사명과 미래 전망

선교는 교회의 본질적 사명이며 교회가 존재하는 이유이다. 선교는 교회를 역동적으로 변화시켰고 교회가 선교를 활발하게 추진할 때 교회는 영적 활력이 넘치게 되었음을 교회의 역사는 증언한다. 이 장에서는 최근의 선교 통계 조사를 바탕으로 지난 200여 년간 세계 주요 종교의 지형 변화(성장과 쇠퇴)를 살펴보고, 미래 세계 선교의 전망을 개관한다. 선교는 아직 끝나지 않은 과업이며 주의 몸된 교회가 순종해야 할 교회의 머리된 주님의 명령이다. "물이 바다를 덮음 같이 여호와의 영광을 인정하는 것"(합 2:14)이 온 세상에 가득할 때까지 한국교회가 주님의 선교 명령을 잘 감당해야 할 것이다.

1. 교회는 인명 구조소

교회가 단지 자신만을 위해 존재한다면 교회는 자신의 존재 목적을 부정하게 된다. 교회가 그 본래의 존재 목적을 상실했을 때 일어날 수 있는 상황을 풍자적으로 표현한 데오도어 웨델(Theodore Wedel)의 "인명 구조소" 이야기는 이러한 교회의 선교적 본질을 잘 보여주고 있다.

배가 자주 파선하는 위험한 해안에 난파한 사람들을 구조하기 위한 작은 인명 구조소가 하나 있었다. 말이 구조소이지 인명 구조를 위한 장비래야 다 낡아빠진 작은 배 한 척에 허름한 오두막집 한 채에 불과했다. 그러나 몇 안 되는 구조 요원들의 헌신적인 봉사를 통해 수많은 사람이 구출되었고 이 작고 낡은 구조소는 점점 유명하게 되었다.

시간이 흐르면서, 여기서 구출된 몇몇 사람들과 인명 구조 사업에 호감을 가진 사람들이 자신들의 시간과 돈을 바치기 시작했다. 여러 척의 새로운 배를 구입하고 구조 대원들이 증원되면서 인명 구조소도 그 규모와 시설이 점점 확장되고 현대화되었다. 좋은 가구와 시설이 구비되면서 구조소는 점점 안락한 장소가 되어 회원들이 즐겨 모이는 사교 클럽처럼 변모되어 갔다. 점차 인명 구조 사업에 대한 관심과 활동이 줄어들었고 마침내 자기들이 모은 돈으로 구조선에서 일할 선원들을 고용해 자신들의 구조 활동을 대신하도록 했다. 인명 구조에 대한 본래의 목적은 이제 화려하게 변한 인명 구조소의 장식품에서만 볼 수 있게 되었다. 주요한 행사를 개최하는 큰 방에 구조선을 상징적으로 들여다 놓고 그것을 예배하듯 대했으나 인명 구조에 대한 열정은 식어버렸다.

그 즈음에 큰 배가 파선해 고용된 구조선 선원들이 익사 직전에 구출된 난민들을 데리고 왔다. 그중에는 누추하고 병든 사람들도 있었고 흑인과 동양 사람들도 있었다. 아름답게 장식된 인명 구조소가 삽시간에 더러워지고 소란스럽게 되자 구조소 사람들은 인상을 찌푸렸다. 자신들의 사교 활동에 방해가 된다고 생각한 이들은 새로운 대책 마련에 나섰다. 관리 위원회가 긴급하게 모여 클럽 바깥에 간이 목욕실을 만들어 먼저 깨끗하게 한 후에 난파당한 사람들이 구조소에 들어올 수 있도록 규정을 만들었다. 다음 날 구조소 회원들 간에 의견 마찰이 노골화되었다.

대부분의 회원은 구조 활동을 중단하고 그 집과 시설을 사교 클럽으로만 사용하기를 원했다. 몇 사람만이 집과 시설을 본래 목적대로 인명 구조를 위해 계속 사용할 것을 주장했으나 투표 결과 그들의 의견은 관철되지 못했다.

다만 만일 그들이 계속하여 인명 구조 활동을 원한다면 다른 곳에 구조소를 만들라는 권유를 받았고, 결국 그들은 본 건물 옆에 새로 작은 구조소를 지어 다시 시작하는 수밖에 없었다.

몇 해가 지나자 새로 시작했던 구조소도 처음의 것과 똑같은 수순으로 변모해갔고 다시 구조 사업에 헌신하는 사람들에 의해 또 다른 구조소가 세워졌다. 지금도 그 해안 지대에는 사교장으로 변한 화려한 여러 채의 인명 구조소만이 즐비하게 늘어서 있을 뿐 자주 난파하는 배에 탄 대부분의 선원들은 구조 받지 못한 채 죽어가고 있다.[1]

교회가 그 본래의 목적을 잊어버리고 스스로만을 위해 외형적인 성공을 추구하는 것이 얼마나 비극적인 결말을 초래하는가를 지적하는 경고이다. 이 이야기는 교회가 선교 없이 존재할 때 실제로는 하나님의 집단이 아닌 한낱 사교 집단으로 전락할 수밖에 없는 것을 말해 주고 있다. 인도의 선교사요 선교학자였던 레슬리 뉴비긴(Lesslie Newbigin, 1909-1998)은 선교 사명을 잃은 교회는 본질을 잃어버린 교회라고 했다.

미국 풀러신학교의 찰스 벤 엥겐(Charles Van Engen)도 지역교회의 선교적 본질에 대해 말하면서 선교하는 교회는 예수님을 따르는 제자들이 사랑의 사귐(koinonia)을 이루고, 말과 행동으로 예수 그리스도를 주로 고백(kerygma)하고, 하나님이 우리와 함께 하신다는 온 세대 최고의 사건을 증거(marturia)할 때 비로소 세상에서의 존재 목적을 발견하게 된다고 역설하고 있다.

---

[1] Theodore O. Wedel, "Evangelism: the Mission of the Church to Those Outside Her Life," *Ecumenical Review* 6 (October 1953): 19-25.

2. 세계 종교 지형의 변화

지난 수 세기 동안 그리스도인 비율을 살펴보면 500년경에는 세계 인구 중에 22%가 신자였고, 1500년에는 19%로 약간 감소했고, 1800년에는 22.68%, 1900년에 34.47%로 늘어났고, 2000년에 32.37%로 약간 감소한 것으로 조사되었다. 세계 선교 정보와 통계의 전문가인 데이비드 바레트(David Barrett)와 토드 존슨(Todd Johnson)에 의하면, 근대 개신교 선교의 아버지라 불리는 윌리엄 캐리로부터 2020년까지 지난 200여 년간 기독교를 포함한 세계 종교 인구에 생겨난 변화와 추이는 다음과 같다.

	1800	1900	2000	2020
총인구	903,650,000	1,619,625,000	6,145,007,000	7,795,482,000
기독교	204,980,000 (22.68%)	558,346,000 (34.47%)	1,988,967,000 (32.37%)	2,518,834,000 (32.31%)
전기 대비 증감률	------	+11.79%	-2.10%	-0.06%
이슬람	90,500,000 (10.01%)	200,301,000 (12.37%)	1,291,280,000 (21.01%)	1,893,345,000 (24.29%)
전기 대비 증감률	------	+2.36%	+8.64%	+3.28%
힌두교	108,000,000 (11.95%)	202,976,000 (12.53%)	822,397,000 (13.38%)	1,062,595,000 (13.63%)
전기 대비 증감률	------	+0.58%	+0.85%	+0.25%
불교	69,400,000 (7.68%)	126,946,000 (7.84%)	452,301,000 (7.36%)	545,584,000 (7.00%)
전기 대비 증감률	-----	+0.16%	-0.48%	-0.36%

---

2 Gina A. Zurlo, Todd M. Johnson, and Peter F. Crossing, "World Christianity and Mission 2020: Ongoing Shift to the Global South," *International Bulletin of Mission Research* 44 (January 2020): 14-15; Gina A. Zurlo, Todd M. Johnson, and Peter F. Crossing, "Christianity 2019: What's Missing? A Call for Further Research," *International Bulletin of Mission Research* 43 (January 2019): 94-96.

1) 기독교는 지난 19세기에 급증하다가 20세기에 소폭 감소했다

위의 〈표 1〉을 보면 지난 200년간 전 세계 인구 대비 그리스도인의 비율은 1800-1900년의 100년 동안 11.79%의 놀라운 성장을 보였다(22.68% ➡ 34.47%). 이는 '위대한 선교의 세기'라 불리는 지난 19세기 동안 기독교회가 세계 전역에 걸쳐 많은 선교적인 노력을 기울인 결과라고 해석할 수 있다. 그런데 지난 1900-2000년 동안 기독교 신자는 2.10% 감소했다 (34.47% ➡ 32.37%).

기독교 인구가 산술적으로는 늘어났지만, 1800-1900년의 100년 동안 세계 인구 증가율이 179.23%였는데, 기독교 신자 증가율은 272.39%로서 기독교 증가율이 인구 증가율보다 훨씬 높았음을 보여준다. 반면에 1900-2000년의 100년 동안 세계 인구 증가율은 379.41%였는데 기독교 신자 증가율은 356.22%로서 그리스도인 증가율이 세계 인구 증가율을 따라잡지 못하고 있음을 보여준다.

20세기에 접어들어 서구교회의 교인수가 급격하게 감소하고 있지만 아시아, 아프리카, 남미 등 비서구 지역에서 기독교가 눈부신 성장을 보임으로써 서구 기독교의 급속한 감소를 막을 수 있었다.

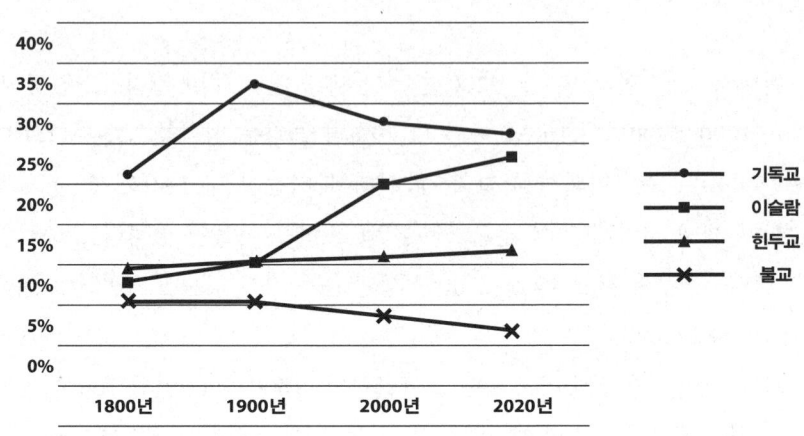

〈표 2〉 세계 주요 종교별 인구 추이(1800-2020)

2) 이슬람은 19세기에 완만한 증가세를 보이다가 20세기에 급성장을 하였다

위의 〈표 1〉과 〈표 2〉에 나타난 것처럼, 지난 200년간에 일어난 이슬람의 눈부신 확장에 주목할 필요가 있다. 먼저 기독교는 19세기(1800-1900) 동안에 활발한 선교 활동의 결과로 인해 주요 종교 가운데 가장 높은 11.79% 괄목할 만한 성장을 했다. 이에 반해, 같은 시기에 이슬람은 2.36% 성장하여 기독교에 필적할 만한 성장을 보이지는 못했다. 하지만 이슬람은 힌두교(0.58% 성장)나 불교(0.16% 성장)보다는 몇 십 배나 높은 증가율을 보였다.

이슬람의 성장과 관련해 주목할 점은 지난 세기의 100년간(1900-2000) 기독교가 2.10% 감소하고, 불교가 0.48% 감소하고 힌두교가 0.85%의 미미한 성장에 머무는 동안 이슬람은 유일하게 8.64%의 가장 높은 증가세를 보였다는 것이다. 1800년의 세계 인구 대비 종교별 인구 비율은 기독교(22.68%) ➡ 힌두교(11.95%) ➡ 이슬람(10.01%) ➡ 불교(7.68%)의 순위였다. 당시 이슬람 인구는 기독교의 절반에도 미치지 못했고 힌두교도보다도 적었다. 그러나 100년이 경과한 1900년에는 기독교(34.44%) ➡ 힌두교

(12.53%) ➡ 이슬람(12.37%)과 같이 종교별 순위에 변동은 없으나 이슬람은 힌두교와의 격차를 현저히 줄였다. 2000년을 기준으로 보면, 기독교(32.34%) ➡ 이슬람(21.03%) ➡ 힌두교(13.38%)의 순으로 이슬람은 신도 수에서 힌두교를 제치고 3위에서 2위로 자리바꿈을 했다.

3) 기독교와 이슬람의 미래

미국의 '퓨연구센터'가 발표한 2050년까지의 '세계 종교의 미래' 보고서에 의하면, 세계 종교 지형 변화의 핵심은 2000년 이후 기독교의 성장 둔화와 이슬람의 급증 그리고 불교의 쇠퇴이다. 특히 기독교-이슬람 인구를 살펴보면, 20세기가 시작될 무렵에 이슬람 인구는 기독교의 1/3을 조금 넘는 수준이었다.

1970년까지도 이슬람 인구는 기독교의 절반에도 미치지 못했다. 그러다가 2020년 기준으로 보면, 이슬람 인구는 약 13억 명(21%)으로 약 20억 명(32%)을 차지하는 기독교 인구와의 격차가 크게 줄었음을 알 수 있다.

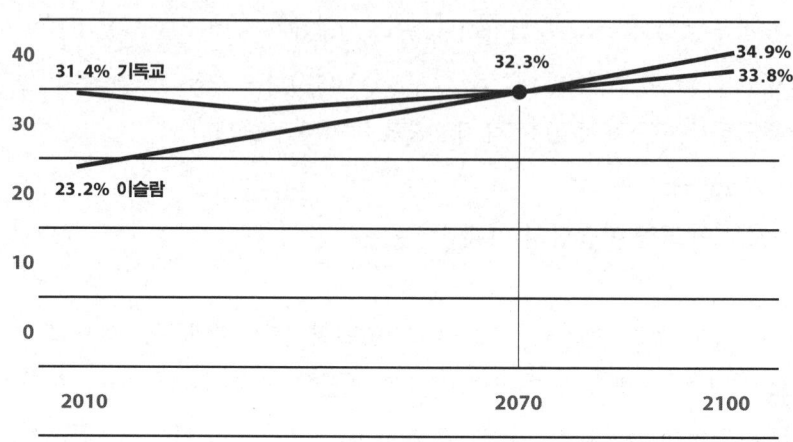

〈표 3〉 기독교와 이슬람 예상 인구수(2010-2100년)[3]

앞의 〈표 2〉과 바로 위의 〈표 3〉에서 보듯이, 2000년 이후 이슬람은 기독교와의 격차를 점점 줄여 나가면서 힌두교와의 격차는 점점 더 벌여 나가고 있다. 주목할 점은 기독교가 세계 최대 종교로서의 지위를 향후 50여 년 동안 유지할 것이지만, 2070년 이후에는 이슬람에게 1위 자리를 내줄 것으로 전망한다.

또한, 기독교는 세계 인구 증가율과 비슷하게 성장할 것으로 예상되지만, 이슬람은 세계 인구 증가 속도보다 훨씬 빠르게 늘어날 것으로 예측한다. 현재에도 이슬람은 세계에서 가장 높은 출산율(평균 7-9%)과 더불어 활발한 포교활동(*dawah*)을 통해 가파른 성장세를 보이고 있다. 기독교는 서구 세계의 출산율 저하와 서구교회의 교인수 감소 등의 요인으로 성장 정체기에 접어들었다고 볼 수 있으며, 전체적으로는 2000년 이후 미세한 비율로 감소하고 있다. 힌두교는 미세하게 성장하고 있지만 거의 정체 현

---

3 Pew Research Center, "The Future of World Religions: Population Growth Projections, 2010-2050." https://www.pewforum.org/2015/04/02/christians/에서 인용.

상을 보이고 있고, 불교는 주요 종교 가운데 유일하게 감소하고 있다.

4) 세계 기독교의 중심이 서구교회에서 비서구 세계로 옮겨졌다

20세기에 일어난 또 하나의 주목할 현상은 세계 기독교 중심축이 서구에서 비서구로, 북반구에서 남반구(Global South) 교회로 이동했다는 것이다. 1970년대 말에서 1980년대 초엽에 교회 역사상 처음으로 서구에 거주하는 그리스도인들보다 비서구에 거주하는 그리스도인들의 숫자가 더 많아졌다. 참고로 1900년대 초에 세계 그리스도인의 83%는 유럽과 북미에 살고 있었으나 1980년대에 접어들면서 아시아, 아프리카, 남미 그리고 태평양제도 등 비서구 세계에 살고 있는 그리스도인 숫자가 서구교회의 그리스도인들보다 더 많아졌다.

〈 표 4 〉 서구-비서구의 그리스도인 비율 추이 비교(1900-2050년)[4]

	1900	1970	2000	2020	2025	2050
유럽, 북미, 오세아니아	83%	57%	41%	43%	31%	23%
남미, 아프리카, 아시아	17%	43%	59%	57%	69%	77%

1200년경 유럽 전역은 명목상으로는 기독교 국가가 되었고 1500년경에는 전체 그리스도인의 92%가 유럽인이었다. 이후 1900년에는 서구(유럽, 북미, 오세아니아, 러시아)와 비서구(남미, 아프리카, 아시아)의 그리스도인 비율은 83% 대 17%였으나 80년대부터 역전되기 시작했고, 이후 점점 비서

---

[4] Gina A. Zurlo, Todd M. Johnson, and Peter F. Crossing, "World Christianity and Mission 2020: Ongoing Shift to the Global South," *International Bulletin of Mission Research* 44 (January 2020): 17.

구교회의 그리스도인 비율이 높아지고 있다. 특히 유럽 기독교는 현저한 쇠퇴를 경험했는데 1900년 세계 그리스도인의 71%에 달했던 유럽 기독교는 2000년에 29%로 급격히 감소했고, 2050년에는 14.6%로 떨어질 것으로 예측된다.

위의 〈표 4〉에서 보듯이, 2020년 기준으로 세계 기독교 인구 중에 서구 그리스도인 43%, 비서구 그리스도인 57%로 비서구 거주 그리스도인 비율이 서구보다 더 높으며, 시간이 경과할수록 그 격차는 점점 더 벌어질 것으로 예상한다. 세계 기독교 변화를 연구하는 세계적인 종교사학자 필립 젠킨스(Philip Jenkins)는 이제 기독교는 더 이상 서구(유럽과 북미)의 종교가 아니라 아시아, 아프리카, 남미와 태평양제도를 중심으로 하는 글로벌 기독교(Global / World Christianity)가 되었다고 주장한다. 과거 기독교 중심지가 이제는 기독교 변방이 되었고 이전에 전 세계에 선교사를 파송하던 나라가 지금은 선교사를 절실히 필요로 하는 선교지가 되고 말았다.

이처럼 기독교 역사를 보면, 기독교의 중심지로 간주되던 곳이 쇠퇴하고 기독교의 변방으로 여겨지던 곳이 급속하게 세계 기독교의 중심지로 발전했던 것이다.[5]

3. 21세기 미래 선교의 전망

지난 19세기 동안 불교, 힌두교, 이슬람교가 지역적으로 성공을 거두었다면 기독교는 세계적인 종교로 나타나는 데 성공했다. 이 시기에 서구의 해외 선교는 당시 세계의 중심지인 유럽과 영국과 미국에서 일어나 세계 변두리였던 아시아, 아프리카, 라틴 아메리카 지역으로 확산되어 나갔다.

---

[5] Andrew F. Walls, "Christian Mission in a Five Hundred Year Context," 『선교와 신학』 제25집 (2010): 67.

그 결과 오늘날 세계의 모든 나라에 기독교회가 존재하지 않는 곳은 거의 없다. 하지만 20세기에 이슬람이 엄청난 기세로 확산되어 나가는 동안 기독교의 성장세가 둔화되기 시작했다.

변화하고 있는 상황 속에서 21세기 선교의 추세와 동향을 정리하면 다음과 같다.

첫째, 서구교회의 쇠퇴가 지속되겠지만 한국을 포함하는 소위 '비서구 교회'(Global South)의 급성장세가 두드러져서 서구의 쇠퇴를 상쇄시킬 뿐 아니라 나아가 세계 선교의 주도적인 역할을 감당하게 될 것이다.

둘째, 세계는 점점 더 도시 중심으로 발전되어 나갈 것이다. 1900년에 세계 인구의 12%만이 도시에 거주했다. 1950년에는 30%가 도시에 거주했다. 지난 2000년에 세계의 도시와 농촌 인구는 각각 절반이었다. 그러나 대부분의 선교사역이 이루어지는 아시아, 아프리카, 남미의 도시 집중 현상은 더 심화되고 있다. 따라서 이제 대부분의 선교사역은 농촌 지역이 아니라 도심에서 이루어지고 있다.

셋째, 미국이 주도하는 '테러와의 전쟁'은 앞으로도 세계 선교, 특히 이슬람 선교에 커다란 도전과 어려움으로 작용할 것이다.

넷째, 미래 선교는 더 이상 서구나 북미에서 이외 지역으로 나아가는 일방통행식 선교가 아니라 현지 교회와의 협력과 동반자적(partnership) 선교가 요구될 것이다.

다섯째, 단기 선교(혹은 비전트립[vision trip])가 증가되고 장기 선교사를 위한 선교 재정은 감소될 것이다.

여섯째, 다양한 지역 사회 개발을 포함한 선교 프로그램의 개발이 요구되고 있다.

4. 이슬람의 도전과 기독교 선교

지금부터 100여 년 전 영국 에딘버러에서 개최된 세계 선교사 대회 (1910)에서 이슬람의 확산에 대한 우려를 표명하며 이슬람권 선교의 중요성이 강조되었다.[6] 1910년 에딘버러 세계 선교사 대회에서 여러 교회 대표들과 선교사들은 이슬람의 공격적 확산에 대해 지적했고, 에딘버러 대회장 존 모트(John Mott)는 아프리카와 아시아에서 기독교는 이슬람과 선교의 경쟁 관계에 있는데 "만약 이런 상황이 계속 전개된다면 아프리카는 이슬람 대륙이 될 지도 모른다"며 아프리카에서 확대되고 있는 이슬람 세력에 대한 경각심을 불러 일으켰다.

에딘버러 세계 선교사 대회에 참여하지 못한 독일 개신교 선교학의 아버지 구스타프 바르넥(Gustav Warneck)도 모트에게 보낸 편지에서 아프리카에서 기독교는 이슬람으로부터 심각한 위협을 받고 있다며 다음과 같이 적었다.

> 만약 지금 우리가 모든 힘을 다해 이슬람의 전진을 막지 않는다면 우리는 이교도 지역인 아프리카 대부분의 지역만 아니라 이미 기독교화 된 지역도 이슬람에게 빼앗기게 될지 모른다. 멀지 않은 장래에 동부 아프리카에서 이슬람과의 주요한 전쟁을 치르게 될 것이다. 지금 적(이슬람)은 이미 우리 코앞에 다가와 있다.[7]

그러나 이러한 경고의 목소리 때문인지 지난 세기 아프리카에서 이슬람의 성장보다 기독교의 확장과 성장이 더 높게 나타났다. 교회가 각성하여

---

[6] 2010년 10월 남아프리카공화국 케이프타운에서 개최된 제3차 로잔세계복음화대회(LCWE)에서도 이슬람 선교에 대한 많은 강조가 있었다.
[7] John R. Mott, 『비기독교 국가들에 대한 선교: 1910년 에딘버러 세계 선교사 대회 제1분과위원회 보고서』 (서울: 한국연합선교회, 2012), 57.

아프리카 선교에 이전보다 더 많은 노력을 기울였기 때문일 것이다.

가톨릭 신학자 한스 큉(Hans Küng)은 "종교 간의 평화 없이는 국가 간의 평화도 있을 수 없다"라고 주장한 바 있다. 큉이 세계의 여러 종교에 대해 언급하고 있지만, 그가 말하는 종교 간 평화나 대화는 결국 기독교와 이슬람을 염두에 둔 것이다. 두 종교 간 갈등과 분쟁에 비하면 다른 종교와의 갈등은 매우 미미하기 때문이다.

큉은 "눈에는 눈, 이에는 이로 보복하는 일이 계속된다면 결국 이 세상은 시각 장애인과 이가 빠져 합죽이가 된 사람들로 가득 차게 될 것"이라는 마하트마 간디(Gandhi)의 말을 인용하며 서로를 존중하는 기독교-이슬람의 평화 공존(convivencia)을 위한 실천 방안을 제안한다.[8]

역사적으로 보면, 이슬람이 발흥한 7세기 중엽부터 13세기가 지난 오늘에 이르기까지 기독교와 이슬람의 관계는 (중세기에 이베리아반도에서 공존의 시기도 있었지만) 갈등과 분쟁이 끊이지 않고 이어져 왔음을 보여준다. 주목할 점은 기독교와 함께 선교적 종교의 성격이 강한 이슬람은 기독교 선교에 가장 저항적이었다는 것이다. 변화하는 종교 지형 속에서 이슬람권 선교 방안을 새롭게 마련해야 하는 과제가 교회에 주어졌다. 한국교회의 이슬람 선교를 위한 몇 가지 제안을 하면 다음과 같다.

첫째, 과거에 취했던 공격일변도의 선교방법을 지양해야 한다.

무함마드, 꾸란의 내용, 이슬람의 인권 문제, 무슬림들의 윤리 문제 등을 직접적으로 공격하게 되면 무슬림들은 더 강하게 기독교 교리를 공격하게 될 것이기 때문에 이러한 방식은 재고해야 한다.

둘째, 무슬림들이 복음을 받아들이지 못하게 가로막는 선교의 걸림돌과 장애가 무엇인지 이해해야 한다.

---

8 Hans Küng, *Der Islam: Geschichte, Gegenwart, Zurkunft*, 손성현 역, 『이슬람: 역사·현재·미래』(서울: 시와 진실, 2012), 8-9, 861.

역사적으로 8세기부터 16세기 종교개혁에 이르기까지 교회는 이슬람을 이단, 하나님의 진노의 막대기로 봤고, 무함마드를 거짓 선지자, 적그리스도 등으로 봤다. 그리고 기독교의 삼위일체, 성육신, 십자가의 죽음 등이 이슬람 선교의 주요 걸림돌이었다.[9]

셋째, 우리 주위에 이웃으로 함께 하는 무슬림 선교에 보다 적극적인 관심을 가져야 한다.

이슬람은 더 이상 우리에게서 멀리 떨어져 있는 종교가 아니다. 우리 주변에는 수십만 명의 무슬림 노동자들과 다문화 가정들이 이웃으로 살아가고 있다. 이들이 한국의 주류 사회에 잘 동화될 수 있도록 다가가면서 복음을 전할 수 있는 기회를 찾아야 할 것이다. 이슬람권 선교를 강조하면서도 우리 가운데 나그네(레 19:33-34)와 이웃으로 살아가는 무슬림 형제와 이슬람권 출신의 다문화 가정에 대한 선교적 노력을 기울이지 않는 것은 어불성설이다. 한국교회는 우리 이웃으로 살아가는 무슬림들을 환대와 사랑으로 대하여야 한다.[10]

5. 교회는 선교 공동체

우리가 믿고 고백하는 기독교 신앙은 본질적으로 선교적이다. 그런데 기독교만이 선교적인 신앙이 아니라 이슬람과 불교 또한 선교적인 종교다. 이들 선교적 종교의 특징은 그 신봉자들 모두가 자신의 종교가 보편적인 의미를 지닌 궁극적인 위대한 진리를 보여주고 있다고 확신한다는 것

---

9 변창욱, "종교개혁자들의 이슬람 이해," *Muslim-Christian Encounter* 10 (2017): 124-126.
10 무슬림으로 있다가 기독교로 개종한(MBB) 나빌 쿠레쉬는 전도의 대상으로만 생각하는 그리스도인들에게 무슬림들은 쉽게 마음의 문을 열지 않지만, 자신들에게 관심을 기울여주는 그리스도인들에게는 마음의 문을 여는 경우가 많다고 증언한다. 나빌 쿠레쉬, 『알라를 찾다가 예수를 만나다』, 박명준 역 (서울: 새물결플러스, 2016), 187-188.

이다. 이러한 확신은 우리를 신앙 가운데 견고하게 세워주는 좋은 점이 있다. 하지만 확신이 지나쳐서 때때로 타종교에 대해서 무례하거나 공격적인 성향을 띄기도 한다.

사도 베드로는 그리스도인들에게 이렇게 가르친다.

> 너희 마음에 그리스도를 주로 삼아 거룩하게 하고 너희 속에 있는 소망에 관한 이유를 묻는 자들에게는 대답할 것을 항상 준비하되 온유와 두려움으로 하고(벧전 3:15).

그런데 '온유와 두려움'이란 표현이 영어 성경(NIV)에 부드러움과 존중(with gentleness and respect)으로 번역되어 있다. 다시 말해, 그리스도인들이 타종교에 대해 어떠한 태도를 지녀야할지를 권고하고 있다. 주님은 우리를 예수의 '증인'으로 부르신 것이지(행 1:8) 변호사나 재판관으로 부르지 않았다는 점에 주목할 필요가 있다.

남아프리카공화국의 선교학자 데이비드 보쉬(David Bosch)는 선교는 하나님의 본성에서 나온 것이라고 말한다. 성부 하나님이 예수님을 파송하듯이 이제 성부와 성자와 성령께서 교회를 세상에 보내신다. 이처럼 교회는 세상에서 부름받은 동시에 다시 세상 속으로 파송받는 창조적인 긴장 속에서 그 선교적 책임을 부여받은 선교 공동체이다. 따라서 교회는 본질적으로 선교적이어야 한다. 선교 활동에 대한 강력한 사명 의식이 없다면 교회는 사도적인(apostolic) 공동체로 간주될 수 없다.

우리가 교회를 사도적이라고 말하는 참된 의미는 교회가 사도적 전승을 계승함과 동시에 교회의 원초적 사명인 선교(파송)를 한다는 것을 뜻한다. 따라서 교회는 사도들을 기억하거나 그들의 메시지를 그대로 지킨다고 해서 사도적이 되는 것이 아니다. 온 세상에 사도들의 신앙 전승을 전파하는 선교적 행위가 있을 때에만 사도적이 된다. 교회가 선교적일 때만 사도적이라고 부를 수 있다. 이처럼 사도적 전승은 교회의 사명의 범주에 속하는 것이다. 그러나 때때로 교회는 제도화되고 세속화되어 비선교적인 기관이 되었다. 교회가 선교적이기를 중단하는 것은 자체의 존재 의의를 저버리는 것이며 스스로 교회되기를 중단하는 것과 같다.

6. 조선(Chosen), 선택받은 나라 한국

1910년 영국과 미국 등 서구교회 주도로 개최되었던 에딘버러 세계 선교사 대회에서 아프리카와 아시아교회의 존재는 미미했다. 그러나 지난 100년 만에 아프리카교회 교인수는 800만 명(1910년)에서 5억 명(2010년)으로 비약적인 성장을 했다.

또한, 1907년 평양 대부흥운동을 통해 한국교회는 놀라운 속도로 성장하고 있었지만 1910년 에딘버러 세계 선교사 대회 당시의 서구교회는 25년의 짧은 역사를 가진 한국교회에 별다른 관심을 기울이지 않았다. 그러나 이제 한국교회는 130여 년 만에 세계 2위의 선교사 파송국이 되어 100년 전과 비교할 수 없을 정도로 많은 선교적 사명을 감당하고 있다.

130여 년의 짧은 선교 역사를 가진 한국교회는 2020년 1월 현재 전 세계 172개국에 28,039명의 선교사를 파송함으로써 미국 다음으로 많은 선교사를 파송하고 있다(KWMA 자료). 그러나 교인 1인당 선교사 파송 비율의 측면에서는 한국교회가 미국교회보다 더 많은 선교사를 보내고 있는 셈이다. 현재 전 세계의 선교지가 "와서 우리를 도우라"(행 16:9)고 한국교회에게 도움의 손길을 요청하고 있다.

한국교회의 놀라운 성장과 물질적인 축복이 이때를 위함인지 어찌 알겠는가?

"내가 누구를 보내며 누가 우리를 위하여 갈꼬"라고 한탄하시는 주님의 요청에 "내가 여기 있나이다. 나를 보내소서!"(사 6:8)라고 자원하는 선교헌신자들이 많아지기를 소망한다.

Soli Deo Gloria

선교 역사 연대표

29	성령 강림과 교회 탄생
36	바울 회심
39	베드로 이방인 전도
45-64	바울 선교여행
49	예루살렘 공의회
52	도마 인도 선교
54-68	네로 재위
62	바울 로마 도착
64	로마 대화재와 네로 황제의 박해
67	베드로와 바울 순교
70	예루살렘 멸망
110	이그나티우스(안디옥 감독) 순교
156	폴리갑(서머나 감독) 순교
161-180	마르쿠스 아우렐리우스 재위
165	변증가 저스틴 순교
165-180	로마제국 1차 역병
180	판테누스 인도 선교

206	에뎃사의 아브갈 9세 (재위 179-216) 회심
249-251	데키우스 황제 재위
250-262	로마제국 2차 역병
254	오리겐 순교
303	디오클레티안 황제의 박해 시작
306-337	콘스탄틴 황제 재위
313	콘스탄틴 회심
313	밀라노 칙령 (콘스탄틴 황제, 기독교 종교의 자유)
325	니케아 공의회
328	프루멘티우스 에디오피아 선교
330	로마제국 수도 로마에서 비잔티움으로 천도 (이후 콘스탄티노플, 현재 이스탄불)
360	투르의 마틴 선교
391	기독교 로마제국의 국교 (테오도시우스 황제)
430	반달족 북아프리카 침공
431	에베소 공의회
432	패트릭 아일랜드 선교
476	서로마제국 멸망
496	클로비스 (프랑크족의 왕)의 회심
532-537	소피아 대성당 재건축 (유스티니아누스 황제)
563	콜럼바 스코틀랜드 선교
590-604	그레고리 교황 재위
596	그레고리 교황 어거스틴을 영국 선교사로 파송
597	에덜버트 (켄트족의 왕) 세례
622	헤지라 (무함마드가 메카에서 메디나로 피신) 이슬람 시작
627	에드윈 (노덤브리아의 왕) 세례
631	동 앵글족 회심

635	네스토리우스파 기독교 중국 선교
637	롬바르드족 개종
638	이슬람 예루살렘 점령
685	윌프리드(Wilfrid) 영국 개종 완성
716	보니페이스(Boniface) 선교사역 시작
723	토르(Thor)의 참나무 쓰러뜨림
732	찰스 마르텔이 투르(Tours) 전투에서 이슬람 군대 격퇴
826	하랄드(덴마크 왕) 세례
827	안스카 덴마크 선교
831	안스카 스웨덴 선교
862	키릴과 메소디우스 모라비아 선교
864	보리스(불가리아 왕자) 회심
954	올가(러시아 여왕) 세례
987	블라디미르(러시아 왕자) 세례
1000	행운아 라이프(Leif the Lucky)의 그린란드 선교
1054	서방(가톨릭)교회와 동방(정)교회 분열
1095	교황 우르반 2세 십자군 전쟁 촉구(클레르몽 회의)
1096-1291	8차에 걸친 십자군 출정
1202-1204	제4차 십자군 콘스탄티노플 약탈(1204년 4월 12일)
1219	프란시스코 수도사 북아프리카 선교
1295	몬테코르비노의 요한 북경 도착
1368	중국 명왕조 기독교 금지
1453	오스만 투르크 콘스탄티노플(비잔틴 제국) 함락
1492	스페인에서 이슬람 축출
1492	콜럼부스 신대륙 발견
1493	교황 알렉산더 6세 분계교서
1493	로마 가톨릭 선교사 신대륙 도착

1498	바스코 다가마와 함께 로마 가톨릭 선교사 인도 항해
1517	마틴 루터 95개 조항 게시
1534	선교사들과 함께 까르띠에 캐나다 도착
1540	예수회 선교 시작
1542	프란시스 자비에르 인도 선교
1550-1551	바야돌리드(Valladolid) 논쟁 (라스 까사스와 세풀비다)
1555	칼빈 브라질에 선교사 파송
1564	어거스틴 수도사 필리핀 도착
1571	레판토(Lepanto) 해전 (오스만 투르크 해군 격파)
1583	마테오 리치 중국 도착
1593	프란시스코 선교사 일본 도착
1606	로베르토 드 노빌리 인도 도착
1614	일본 반(反)기독교 칙령 발표
1622	포교성성 (교황 그레고리 15세) 설립
1649	미국 뉴잉글랜드 복음선교회(SPG) 설립
1664	폰 벨츠(von Weltz) 선교 호소
1698	기독교지식보급협회(SPCK) 설립
1701	해외복음선교회(SPG) 설립
1705	덴마크-할레선교회 설립
1706	지겐발크 인도 도착
1722	진젠도르프 헤른후트(Herrnhut) 설립
1732	모라비안교회 첫 선교사 파송
1736	중국 반기독교 칙령 발표
1747	조나단 에드워즈 세계 선교를 위한 기도 호소
1759	예수회 선교사 브라질에서 추방
1773	예수회 폐지
1792	윌리엄 캐리『이교도 선교방법론』출간

1793	윌리엄 캐리 인도 항해
1795	런던선교회(LMS) 설립
1797	네덜란드선교회 조직
1799	영국 성공회 교회선교회(CMS) 설립
1799	종교소책자협회(Religious Tract Society) 조직
1804	영국성서공회(BFBS) 설립
1806	건초더미 기도회(윌리엄스 칼리지)
1807	최초의 개신교 선교사 로버트 모리슨 중국 도착
1810	미국회중교회해외선교부(ABCFM) 조직
1812	아도니람 저드슨(최초의 미국 선교사) 인도 도착
1813	아도니람 저드슨 미얀마로 선교지 변경(동인도회사의 방해)
1813	영국 동인도회사의 정관 개정(선교사 입국 가능)
1814	예수회 부활
1815	바젤선교회(Basel Missionary Society) 조직
1816	미국성서공회(American Bible Society) 설립
1817	로버트 마펫 아프리카 도착
1819	런던 선교부 총무협의회 조직
1822	파리복음선교회 조직
1825	미국소책자협회(American Tract Society) 조직
1826	미국국내선교부(American Home Missionary Association) 조직
1828	레니쉬선교회(Rhenish Missionary Association) 조직
1837	미국 장로교 해외선교부 결성
1839-1842	제1차 아편전쟁
1840	데이비드 리빙스턴 아프리카 도착
1842	난징조약으로 중국 5개항 개방
1846	복음주의연맹(런던) 결성
1852	성경의료선교협회 설립

1854	아그라(Agra) 논쟁(기독교와 이슬람)
1854	런던 세계 선교사 대회
1854	뉴욕 세계 선교사 대회
1856	톈진조약으로 중국 내 여행과 선교 자유
1859	최초의 개신교 선교사 일본 도착
1860	리버풀 세계 선교사 대회
1860	여성연합선교회 조직
1861	스코틀랜드성서공회 설립
1865	중국내지선교회(CIM) 설립(허드슨 테일러)
1867	성서유니온(Scripture Union) 설립
1880	신학교선교연맹(Inter-Seminary Missionary Alliance) 결성
1884	최초의 개신교 선교사 알렌(MD) 한국 도착
1886	헐몬산 수련회에서 프린스턴 선교서약문 채택
1886	해외선교를 위한 학생자원운동(SVM) 시작
1888	성경기증선교회(Scripture Gift Mission) 설립
1888	런던 개신교 선교 100주년 기념대회
1893	북미 해외선교부 총무 협의회 조직
1900	의화단 사건으로 중국 선교 혼란
1900	뉴욕에큐메니칼 선교사 대회
1905	인도선교회 설립
1910	에딘버러 세계 선교사 대회
1912	국제선교평론지(International Review of Missions) 출간
1912	영국선교회 총무 회담 조직
1914-1918	제1차 세계대전
1917	러시아에서 노동자 혁명 발발
1917	초교파 해외선교협회(IFMA) 조직
1921	노르웨이선교협의회 설립

1921	국제선교협의회(IMC) 설립
1927	근동기독교협의회(Near East Christian Council) 설립
1928	예루살렘국제선교협의회
1929	미국 대공황
1930	평신도해외선교조사단(Laymen's Foreign Mission Inquiry) 아시아 방문
1931	라디오방송국 HCJB(에콰도르) 방송 시작
1934	위클리프성경번역선교회(WBT) 조직
1936	학생해외선교연맹(SFMF) 조직
1938	마드라스 국제선교협의회
1939-1945	제2차 세계대전
1942	영국교회협의회(BCC) 조직
1945	복음주의해외선교협회(EFMA) 조직
1946	제1회 Inter-Varsity 선교대회
1946	세계성서공회연합회(UBS) 조직
1946	교회세계봉사회(CWS) 설립
1947	루터교세계연맹(LWF) 조직
1947	국제복음주의학생협회 설립
1947	휘트비(Whitby) 국제선교협의회
1948	세계교회협의회(WCC) 조직
1951	세계복음주의연맹(World Evangelical Fellowship) 조직
1951	대학생선교회(CCC) 설립
1951	중국 선교사 추방 시작
1952	빌링겐국제선교협의회
1956	짐 엘리어트 등 5명 순교(에콰도르 아우카족)
1957	신학교육기금(TEF) 설립
1958	가나(Ghana)국제선교협의회

1958	영국에서 복음주의선교사동맹(EMA) 결성
1959	아시아기독교대회 개회
1960	신학 연장 교육(TEE) 시작
1960	니카라과에서 심층복음전도운동(Evangelism-in-Depth) 시작
1961	제3차 WCC 뉴델리 회의에서 IMC가 WCC와 통합
1962-1965	제2차 바티칸 공의회
1963	세계 선교와 전도분과(DWME) 회의(멕시코시티)
1964	복음주의선교계간지(Evangelical Missions Quarterly) 출간
1966	아프리카와 마다가스카르 복음주의자 협회 조직
1966	미얀마에서 선교사 추방
1966	중국 홍위병의 교회 파괴
1966-1976	중국 문화대혁명
1966	태평양지역교회협의회(PCC) 조직
1966	베를린 복음전도대회
1968	제4차 세계교회협의회 제4차 웁살라 총회
1968	아시아남태평양전도대회(싱가폴)
1970	프랑크푸르트 선언(피터 바이어하우스)
1970	복음 전파를 위한 전 필리핀대회
1970	중국을 위한 복음전도대회(대만)
1970	도널드 맥가브란(Donald A. McGavran) 『교회성장이해』 출간
1971	일본해외선교협회(JOMA) 결성
1973	미국선교학회(ASM) 창립
1973	세계 선교와 전도분과 방콕대회
1973	전 아시아 학생선교대회(필리핀)
1973	전 아시아 선교협의회(AAMC, 서울)
1973	동서선교연구개발원(조동진) 설립(서울)과 하기선교대학원(SIWM) 개설

1974	제1차 로잔세계복음화대회 로잔언약(존 스토트)
1974	일본 전도대회
1974	엑스플로(Explo) 74 전도대회(김준곤)
1975	인도차이나에서 선교사들 추방
1975	아시아선교협회(AMA) 결성
1976	중국을 위한 세계전도대회(홍콩)
1976	이슬람세계대회에서 기독교 선교사 추방 촉구
1977	전 인도선교와 복음화대회
1977	인도선교협회(IMA) 조직
1978	무슬림 전도를 위한 북미대회
1979	중국교회의 부활
1980	필리핀 제자화를 위한 선교대회(DAWN)
1980	세계 선교와 전도분과(DWME) 대회(멜버른)
1980	로잔 세계복음화협의회(LCWE)(파타야)
1981	제2차 중국을 위한 복음전도대회(싱가폴)
1981	세계기독교백과사전 출간
1982	복음주의와 사회적 책임과의 관계에 대한 협의회 (그랜드 래피즈)
1982	아시아선교협의회 총회(서울)
1982	제3세계 신학자협의회(서울)
1989	제2차 로잔세계복음화대회(필리핀) 마닐라 선언문
1989-1990	러시아와 동유럽에서 공산주의 정권 붕괴
2001	세계무역센터 붕괴(9월 11일), 테러와의 전쟁 시작
2006	아시아로잔복음화대회(마닐라)
2010	제3차 로잔세계복음화대회(남아공) 케이프타운 서약 (크리스토퍼 라이트)

2013 제10차 세계교회협의회 부산 총회
2017 종교개혁 500주년 기념대회
2020 코로나 바이러스(COVID-19) 창궐로 교회 예배 중단
    (온라인 예배)